权甲龙 编著　岳亮 译

权甲龙道场

内部训练题

（中级 高级）

山西出版传媒集团 书海出版社

图书在版编目（CIP）数据

权甲龙道场内部训练题：中级、高级／（韩）权甲龙编著；岳亮译. —太原：书海出版社，2012.3（2022.7 重印）
ISBN 978-7-80550-876-4

Ⅰ. ①权… Ⅱ. ①权…②岳… Ⅲ. ①死活棋（围棋）-基本知识 Ⅳ. ①G891.3

中国版本图书馆 CIP 数据核字（2011）第 204702 号

权甲龙道场内部训练题：中级、高级

编　　著：（韩）权甲龙
译　　者：岳　亮
责任编辑：阎卫斌
助理责编：韩　硕
装帧设计：谢　成

出 版 者：山西出版传媒集团 · 书海出版社
地　　址：太原市建设南路 21 号
邮　　编：030012
发行营销：0351-4922220　4955996　4956039　4922127（传真）
天猫官网：https：//sxrmcbs.tmall.com　电话：0351-4922159
E - mail：sxskcb@163.com　发行部
　　　　　sxskcb@126.com　总编室
网　　址：www.sxskcb.com

经 销 者：山西出版传媒集团 · 书海出版社
承 印 者：山西出版传媒集团 · 山西人民印刷有限责任公司

开　　本：787mm×1092mm　1/16
印　　张：10
字　　数：200 千字
版　　次：2012 年 3 月第 1 版
印　　次：2022 年 7 月第 5 次印刷
书　　号：ISBN 978-7-80550-876-4
定　　价：20.00 元

中
级

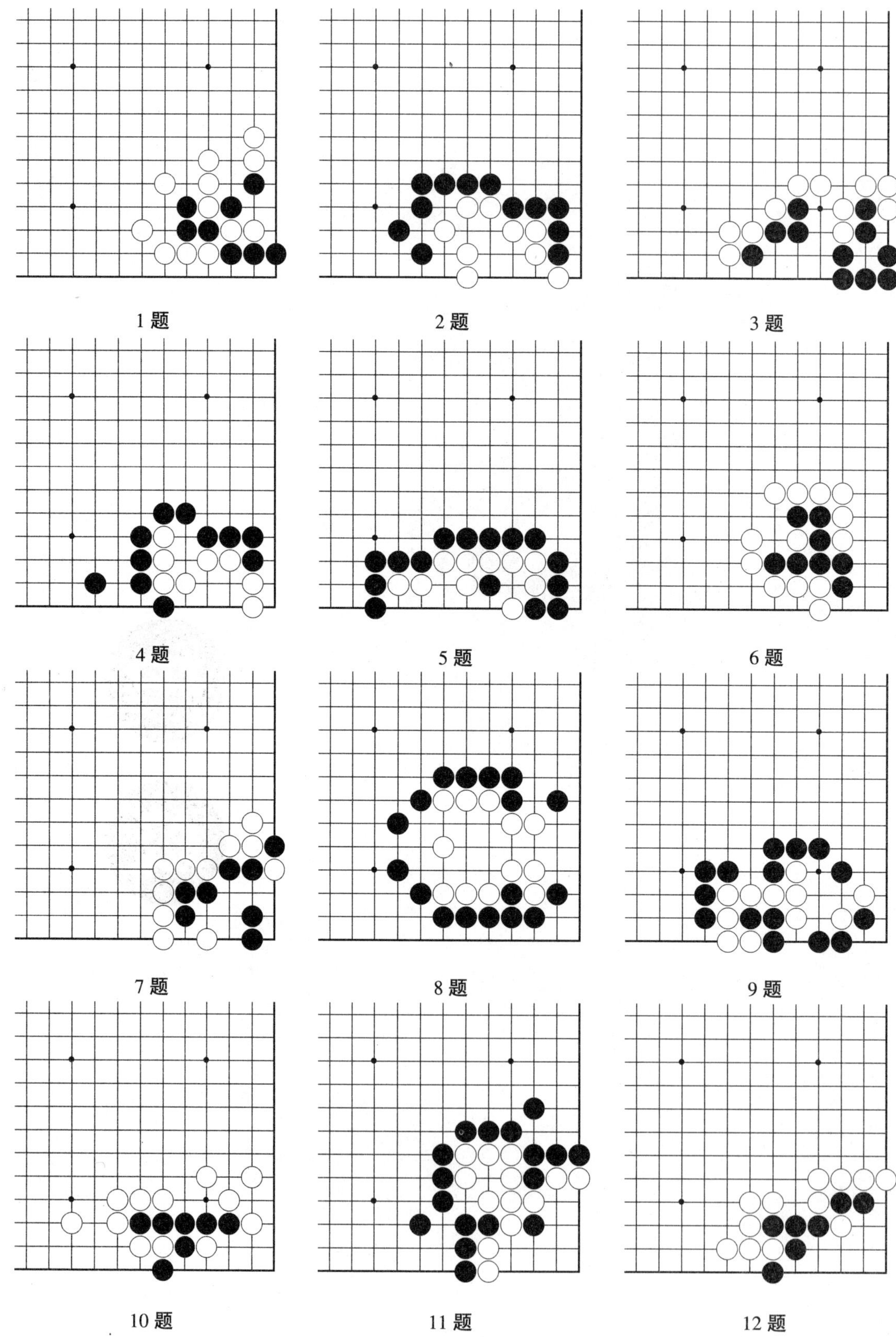

1 题

2 题

3 题

4 题

5 题

6 题

7 题

8 题

9 题

10 题

11 题

12 题

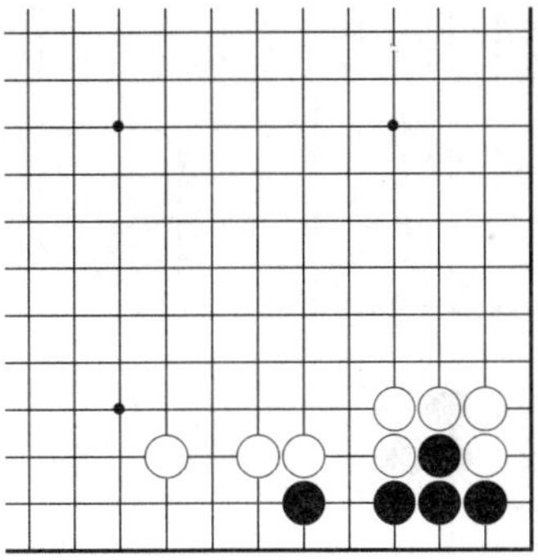

13 题

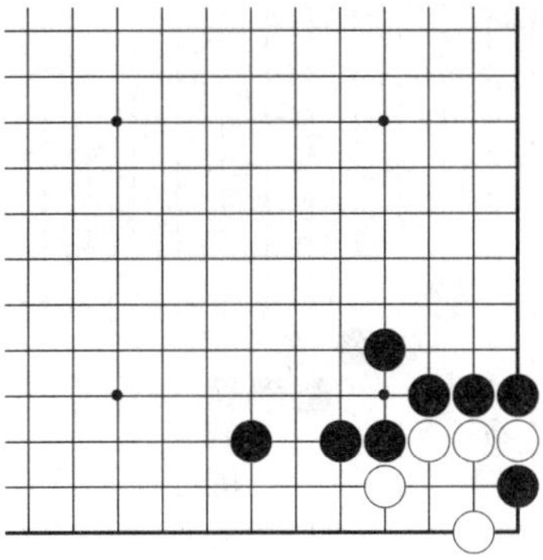

14 题

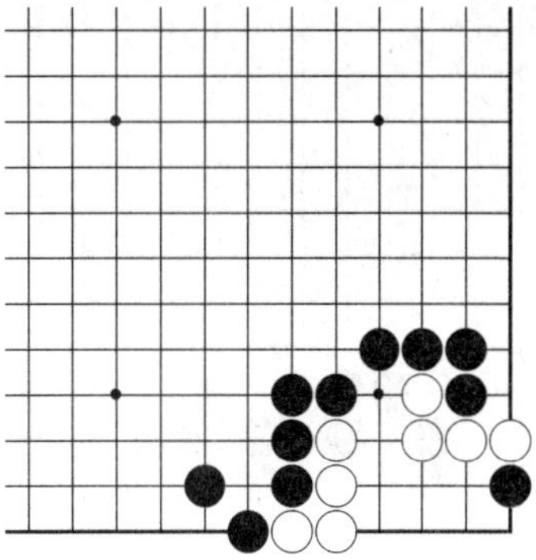

15 题

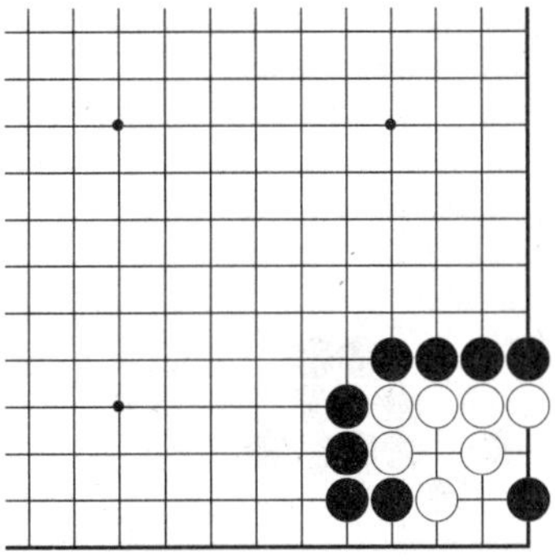

16 题

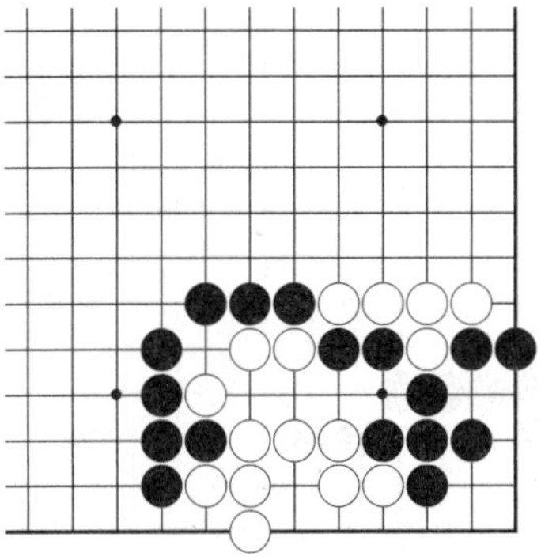

17 题

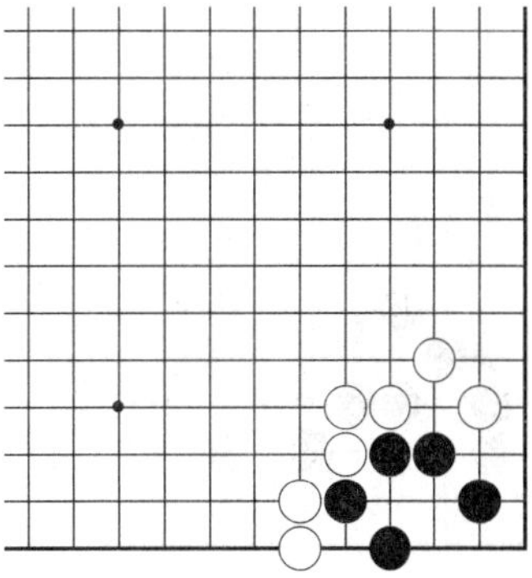

18 题

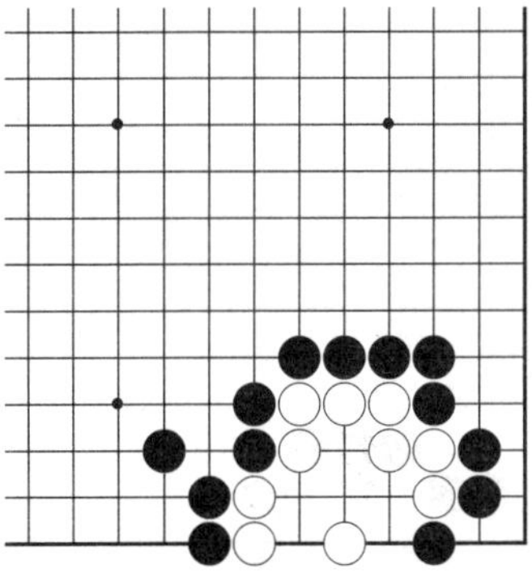

19 题

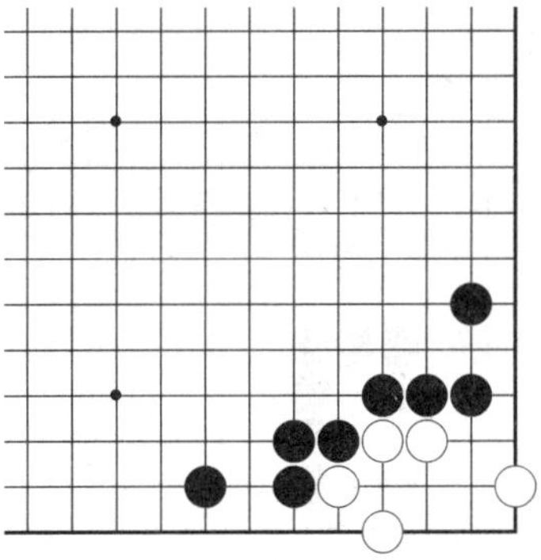

20 题

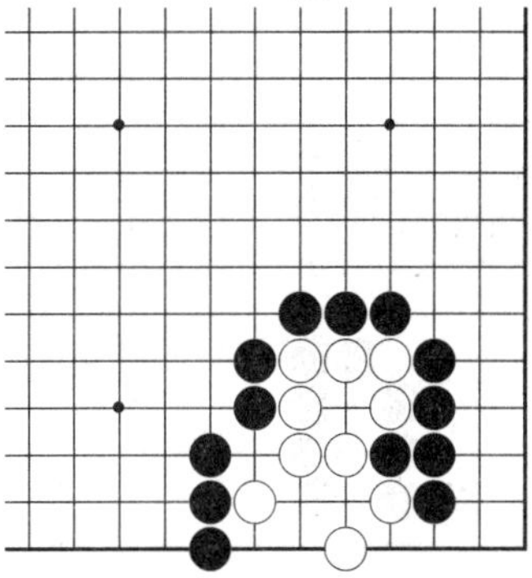

21 题

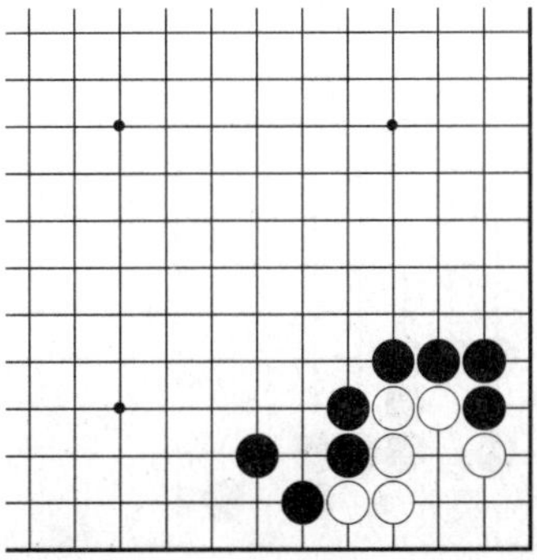

22 题

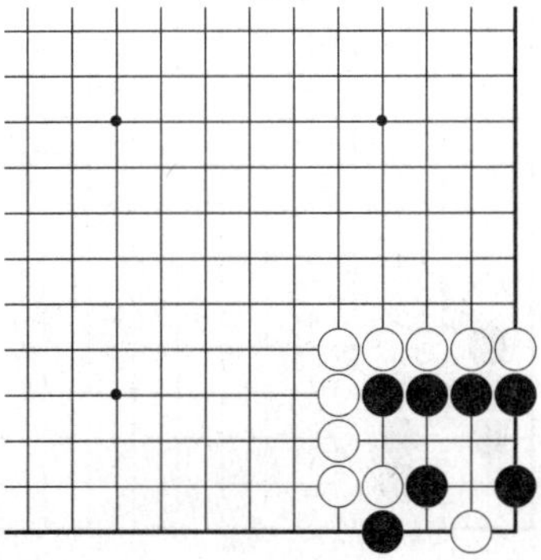

23 题

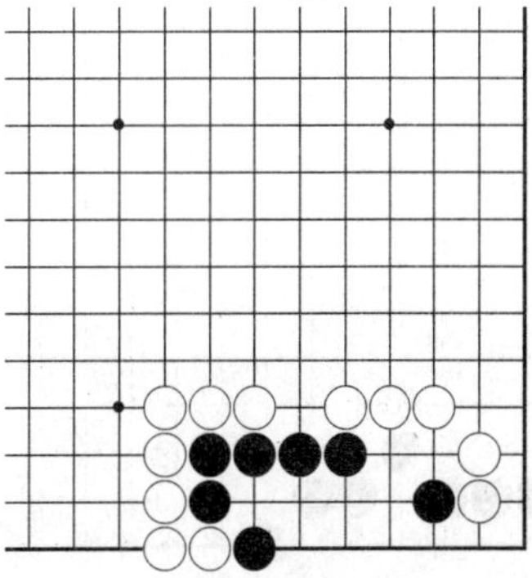

24 题

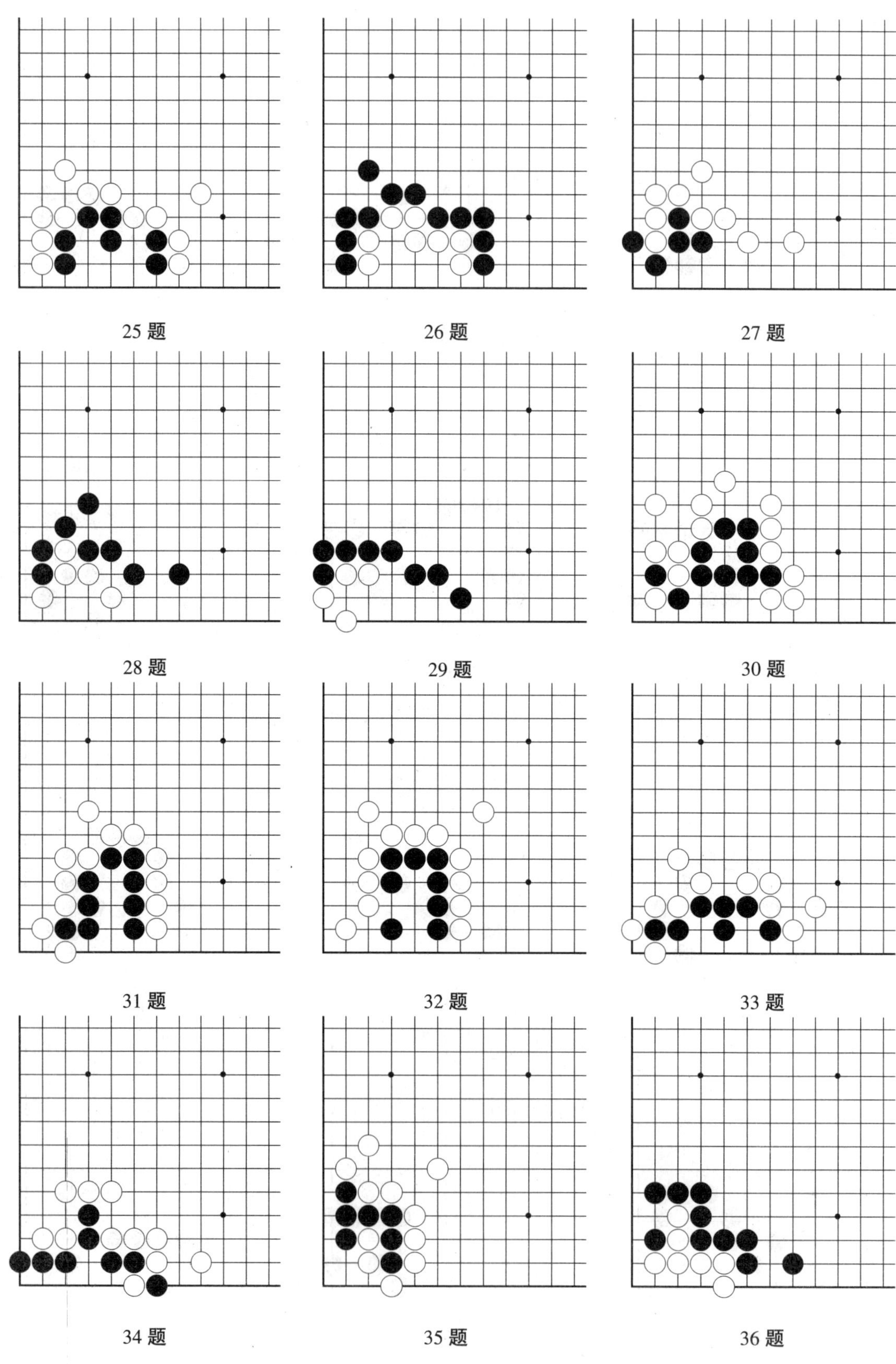

25 题 26 题 27 题

28 题 29 题 30 题

31 题 32 题 33 题

34 题 35 题 36 题

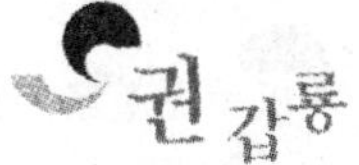

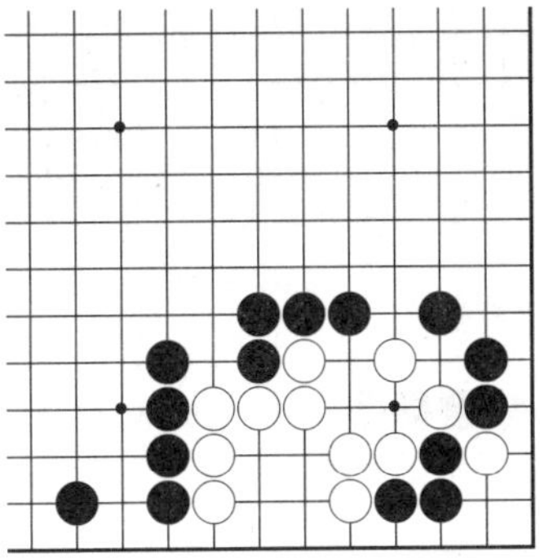

37 题

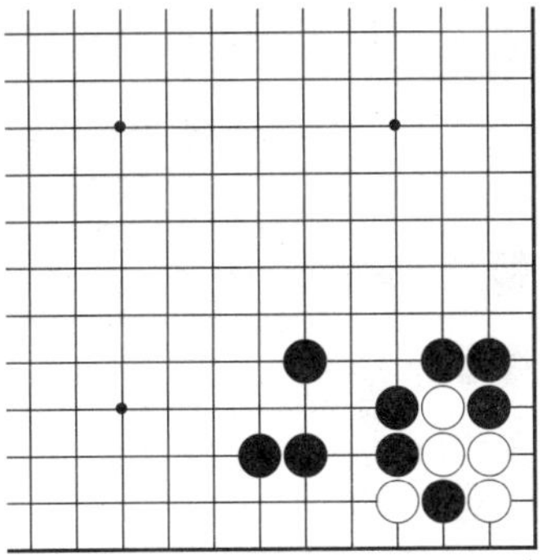

38 题

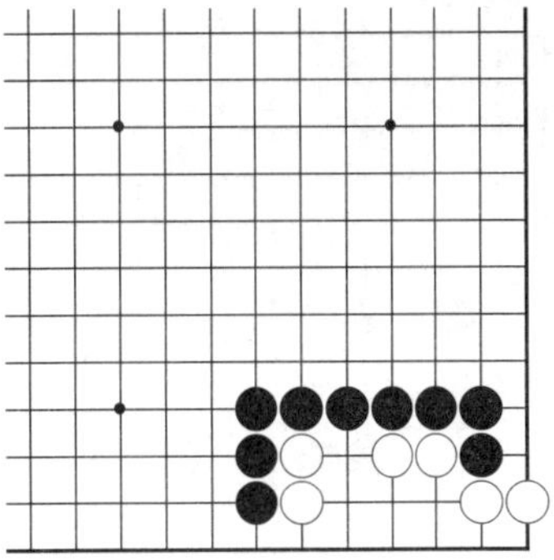

39 题

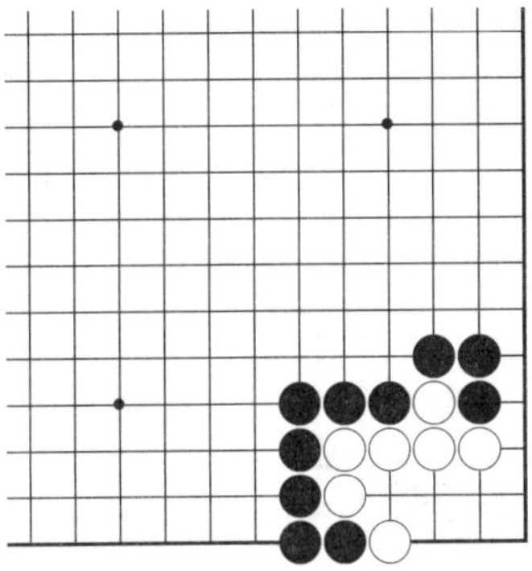

40 题

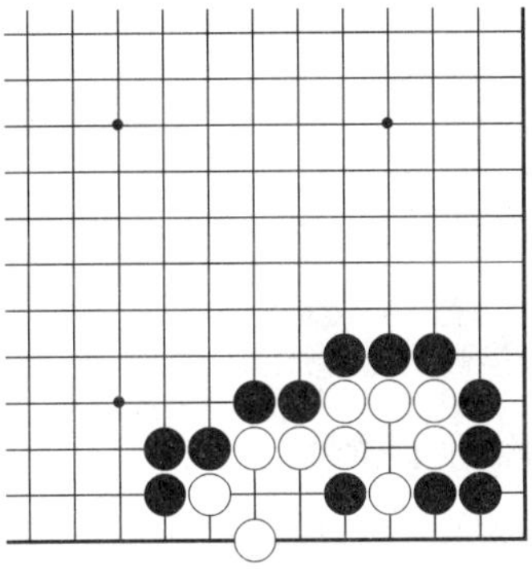

41 题

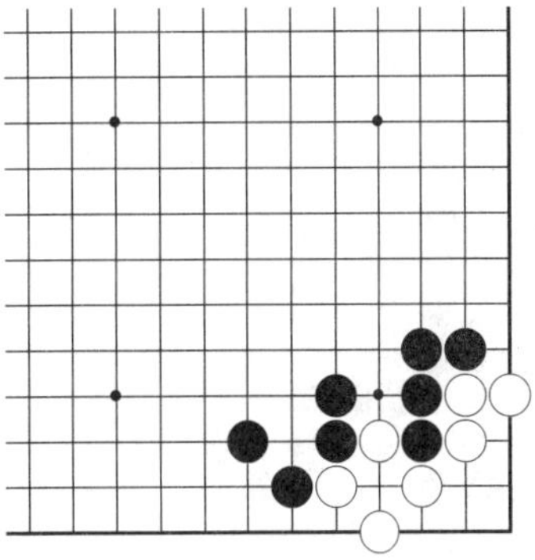

42 题

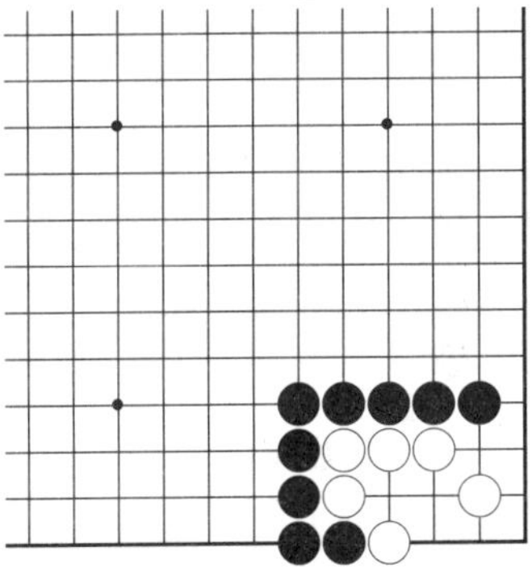

43 题

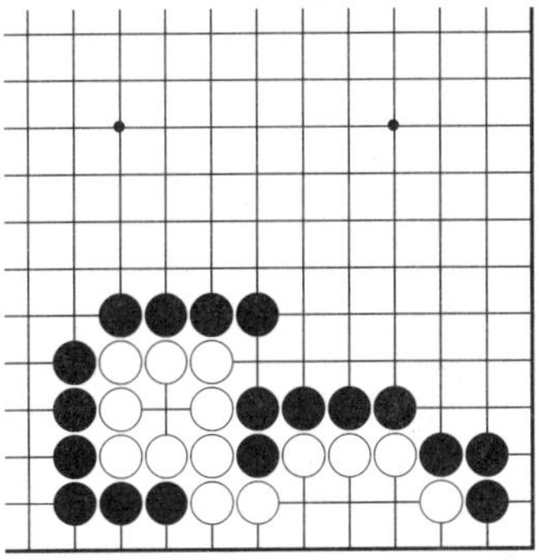

44 题

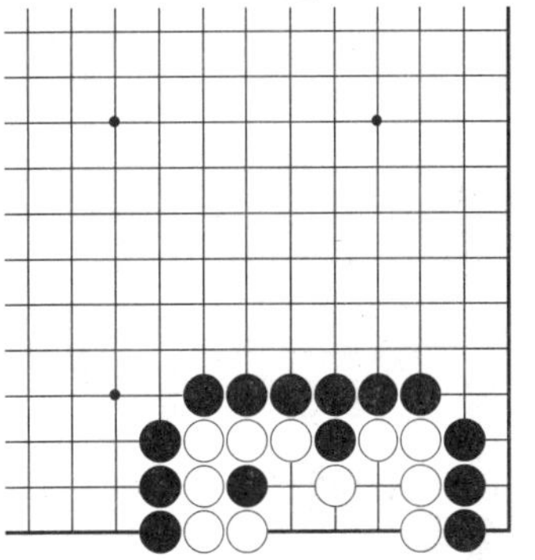

45 题

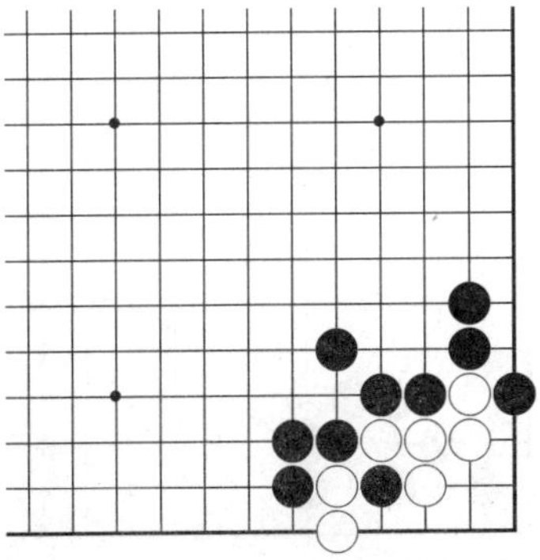

46 题

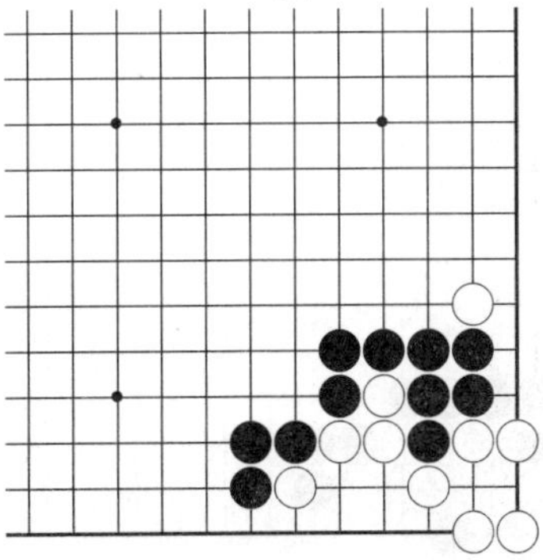

47 题

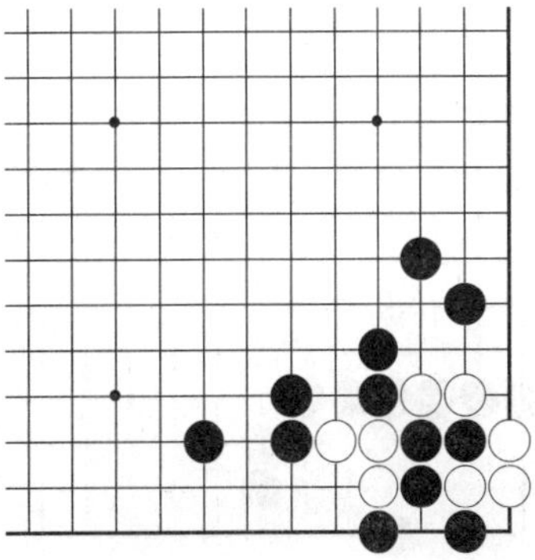

48 题

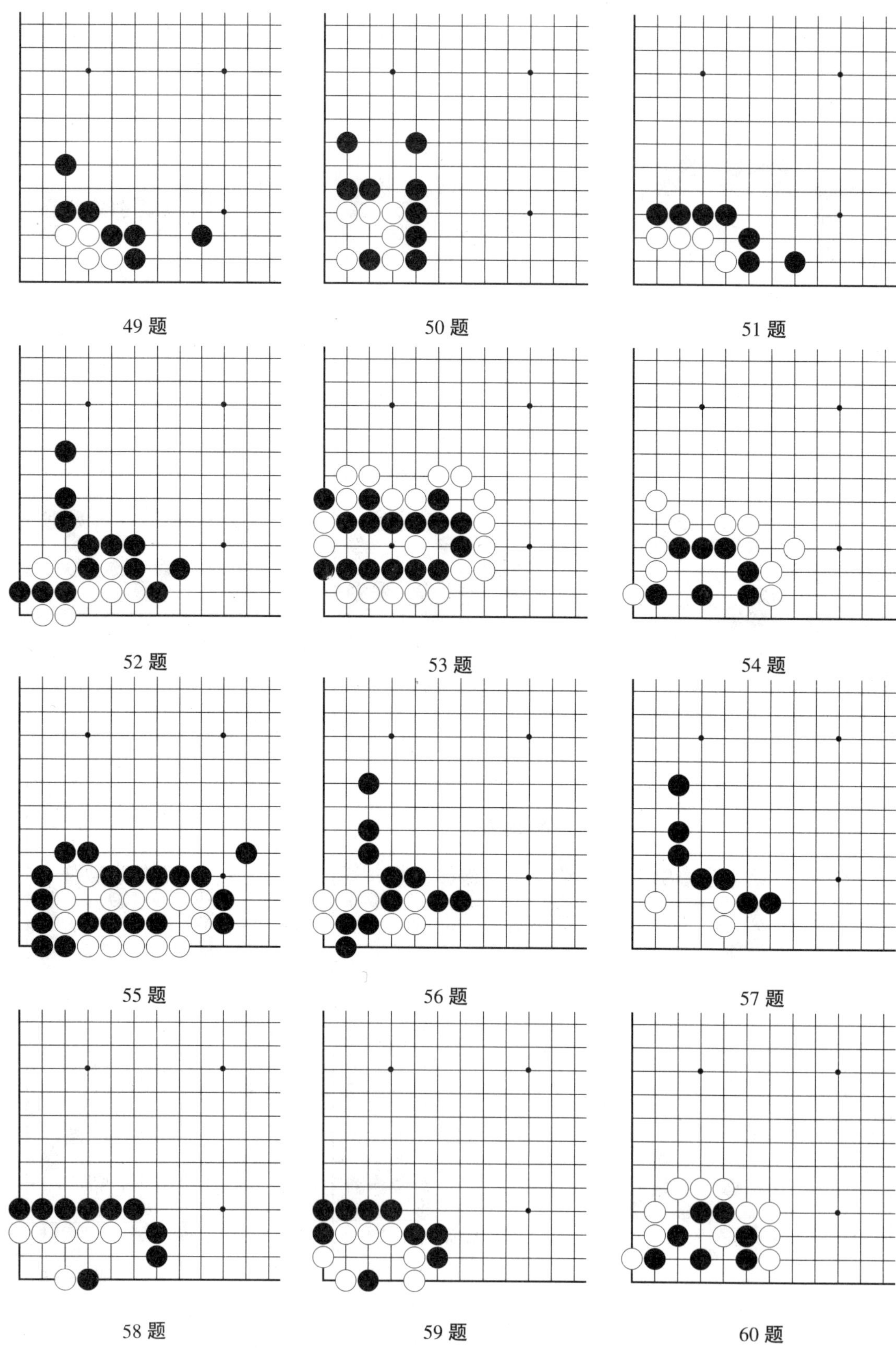
49 题
50 题
51 题
52 题
53 题
54 题
55 题
56 题
57 题
58 题
59 题
60 题

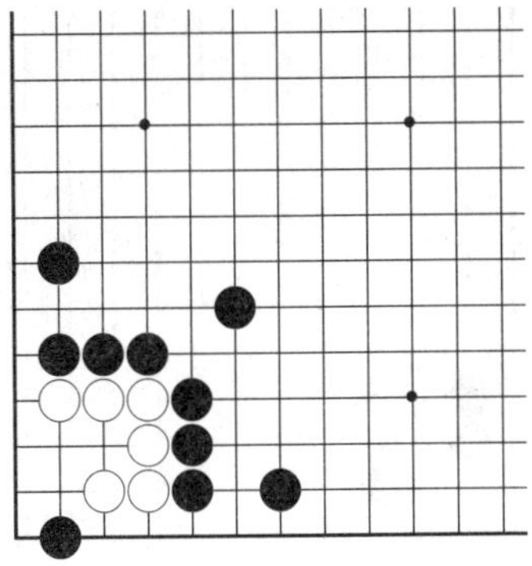

61 题

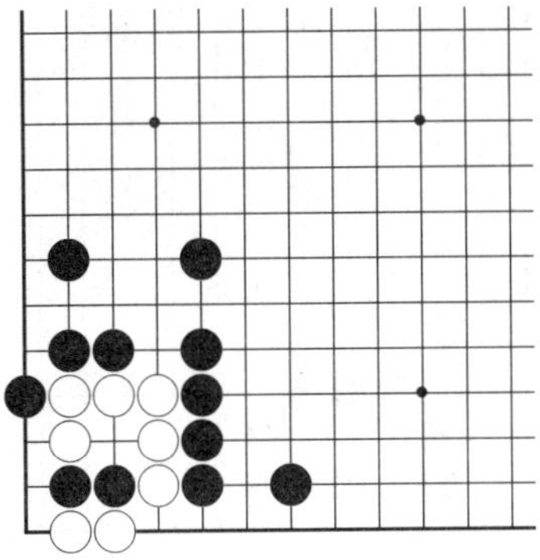

62 题

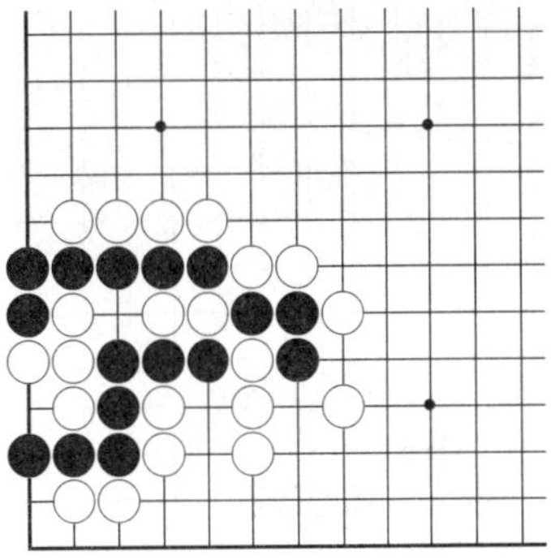

63 题

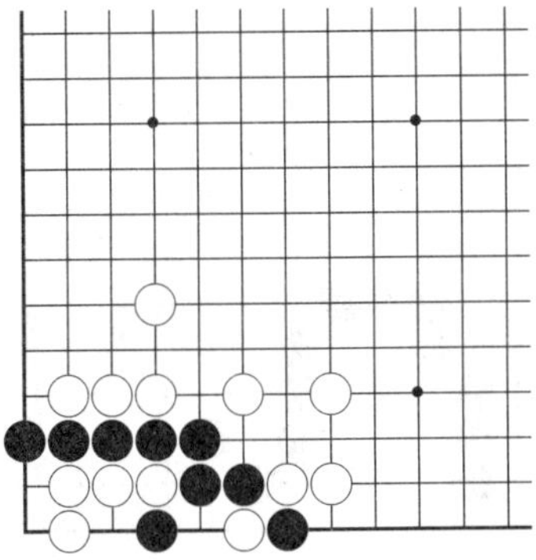

64 题

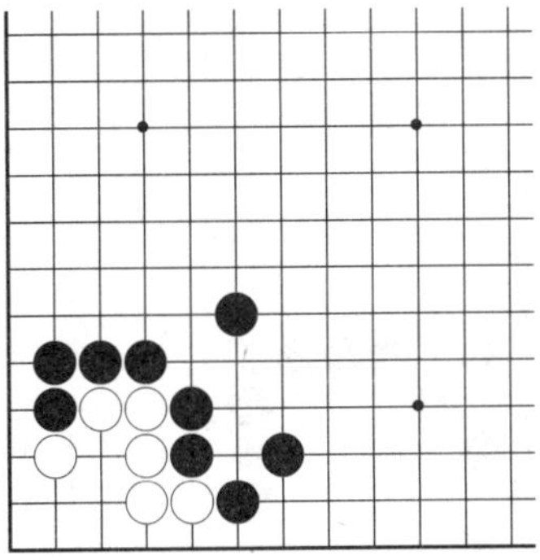

65 题

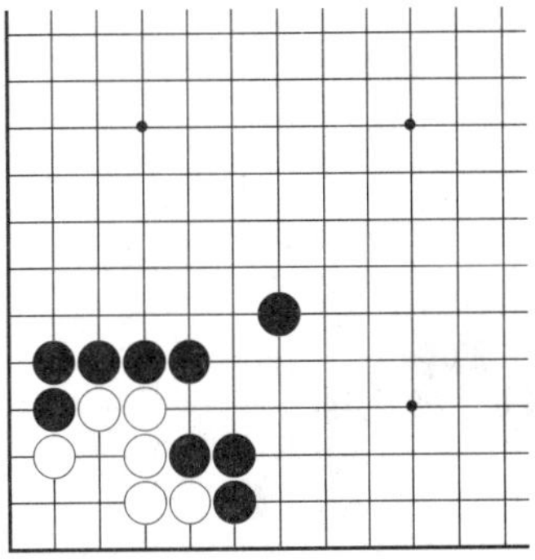

66 题

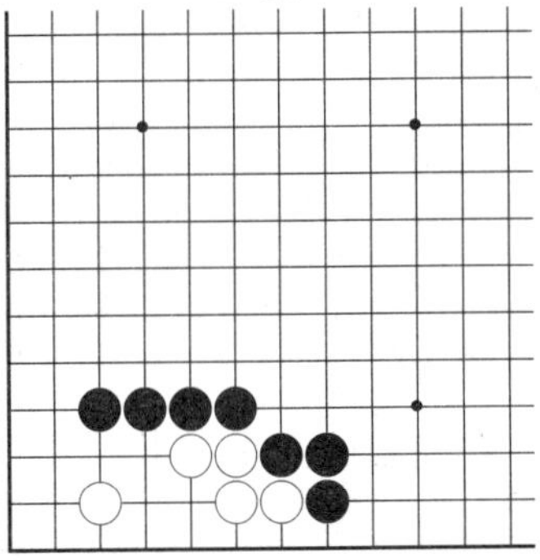

67 题

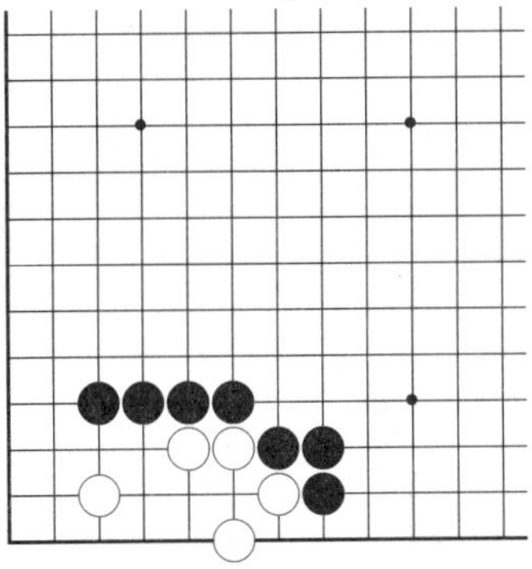

68 题

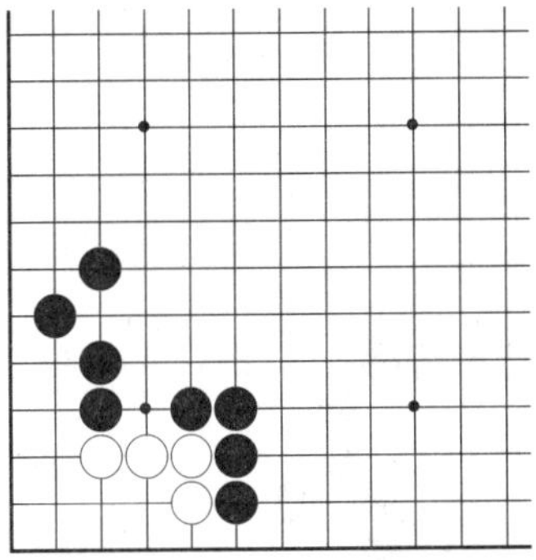

69 题

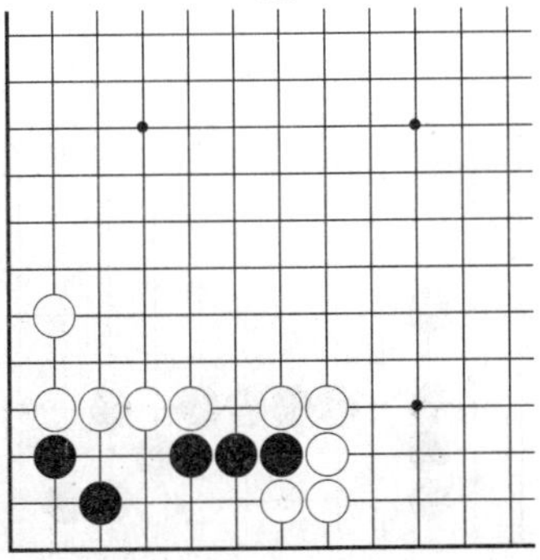

70 题

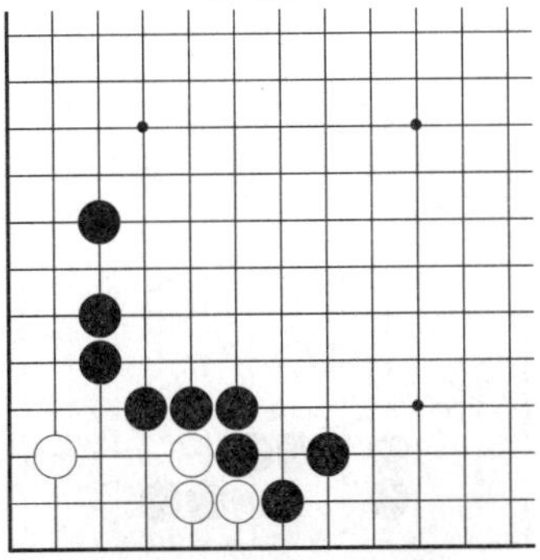

71 题

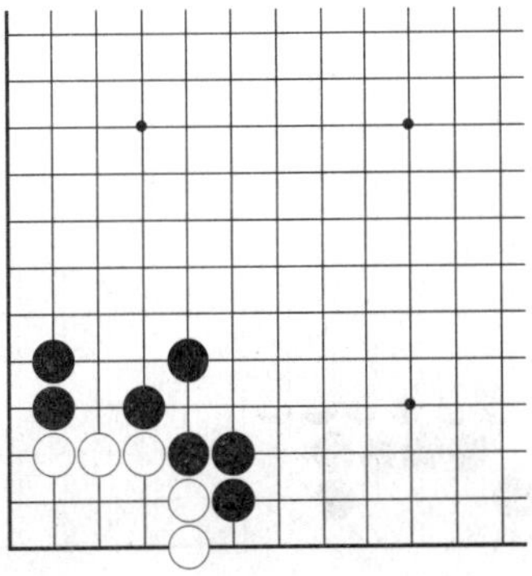

72 题

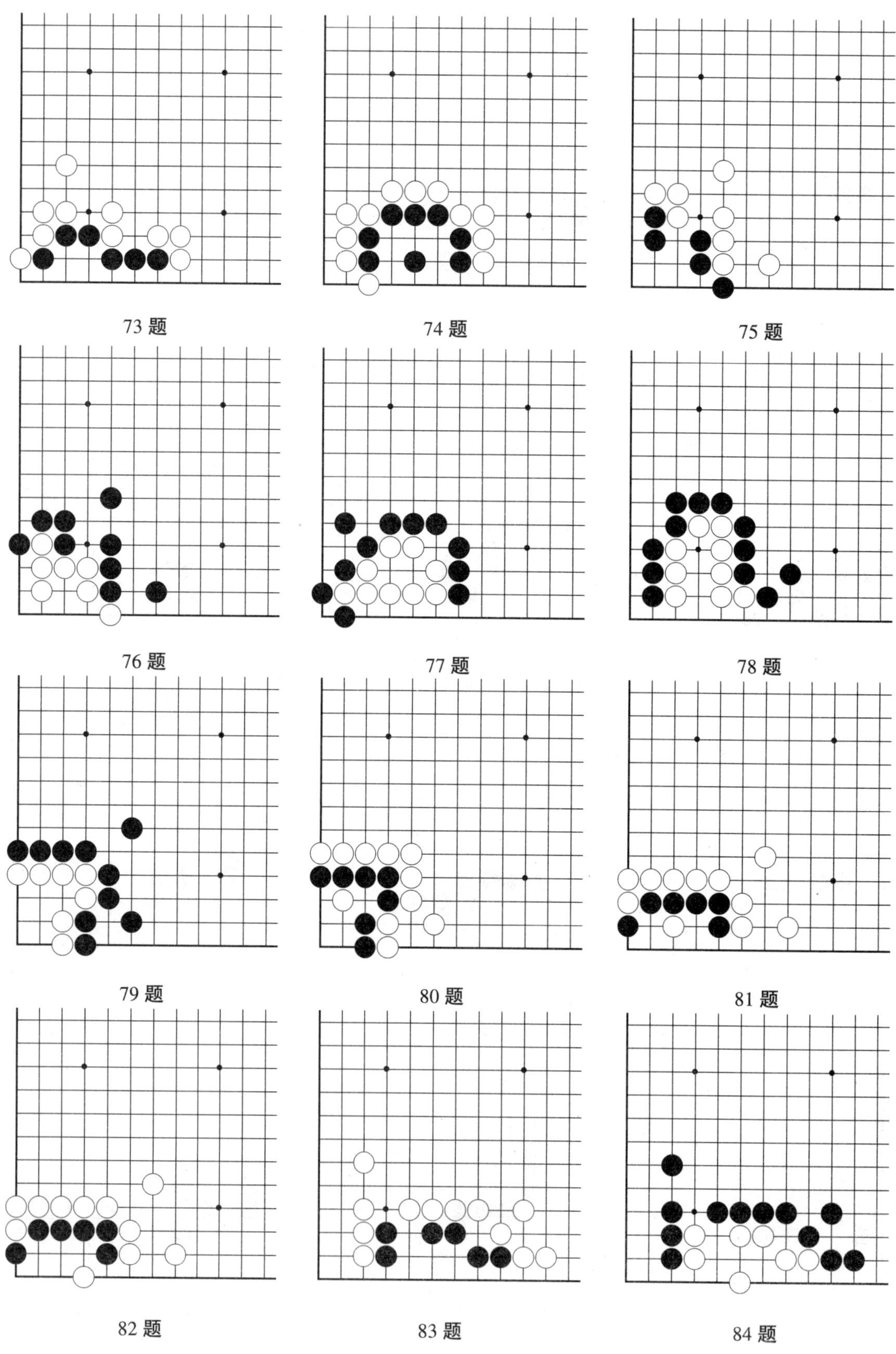

73 题
74 题
75 题
76 题
77 题
78 题
79 题
80 题
81 题
82 题
83 题
84 题

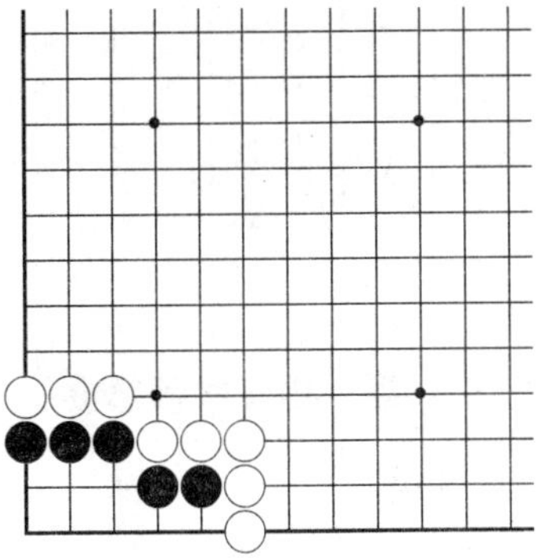

85 题

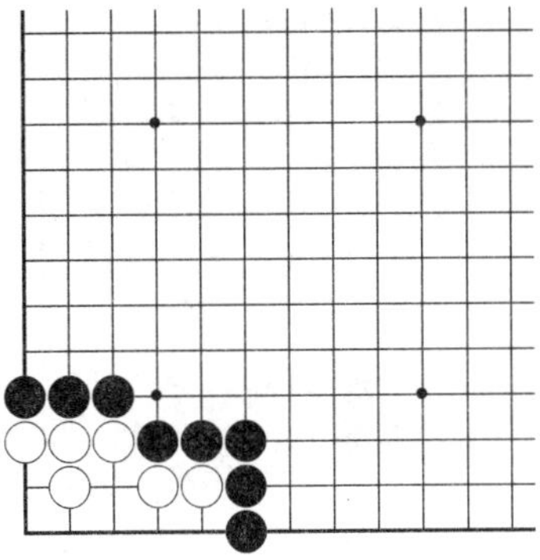

86 题

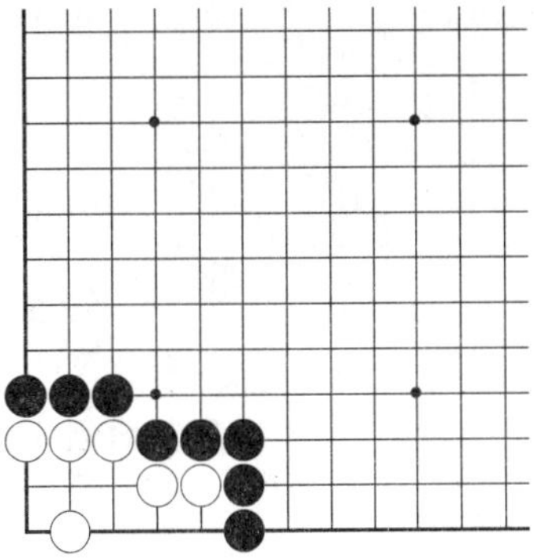

87 题

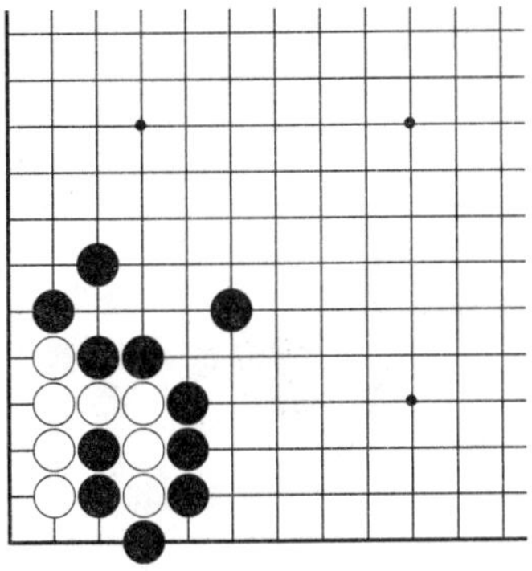

88 题

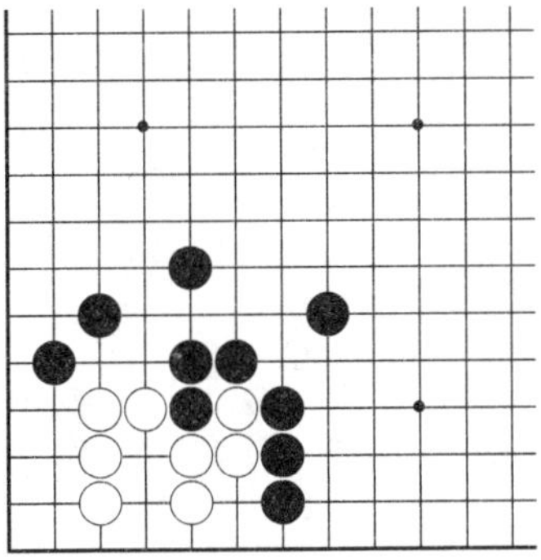

89 题

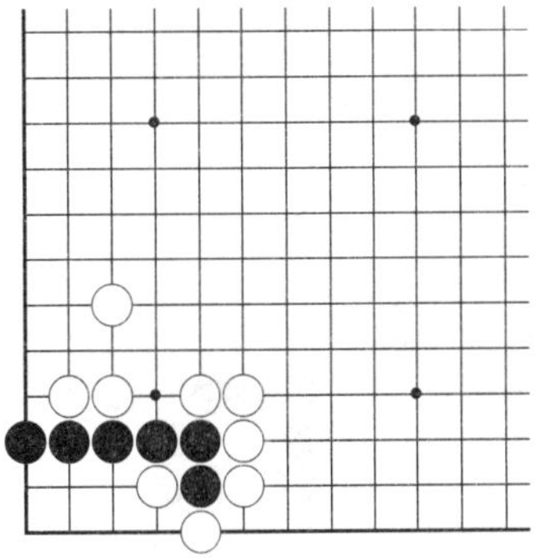

90 题

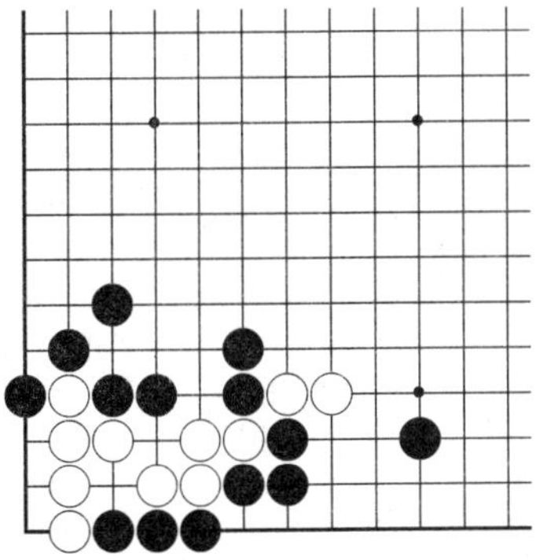

91 题

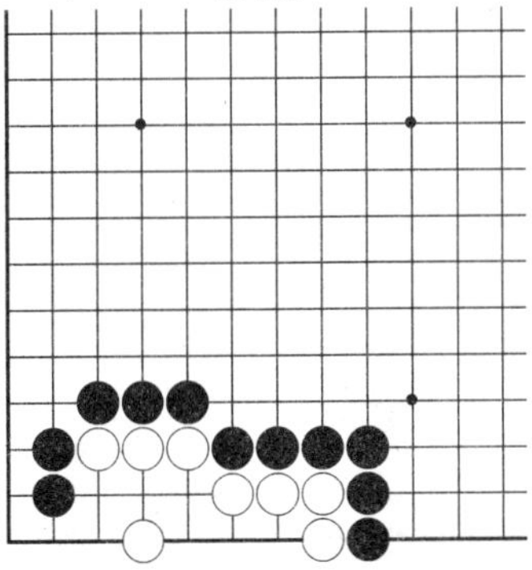

92 题

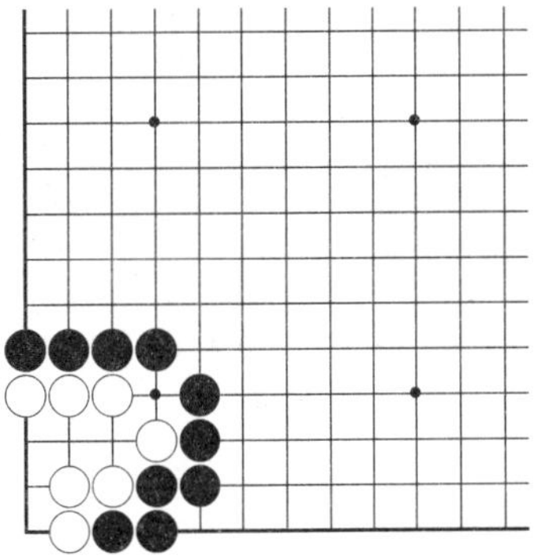

93 题

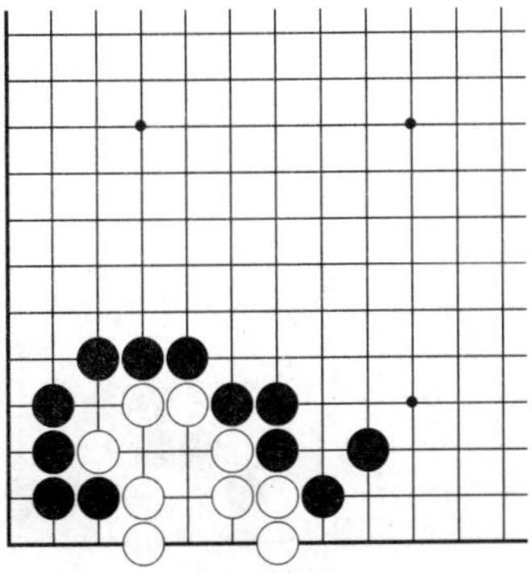

94 题

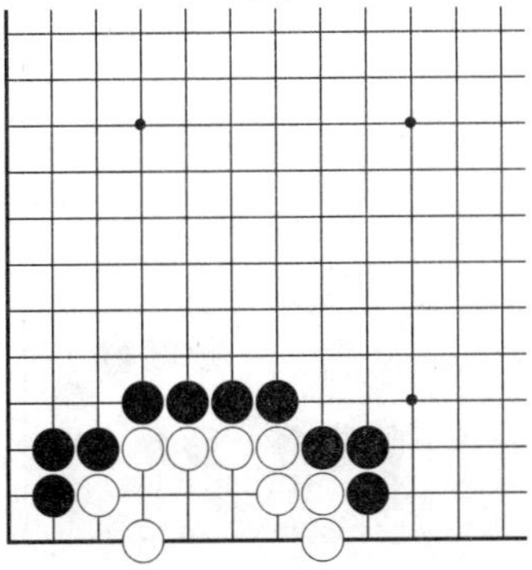

95 题

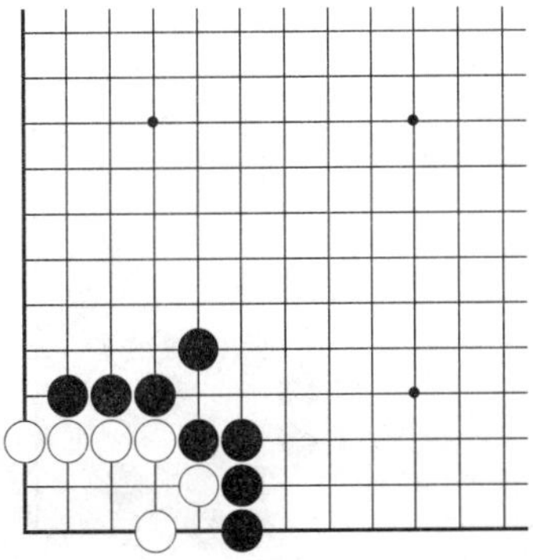

96 题

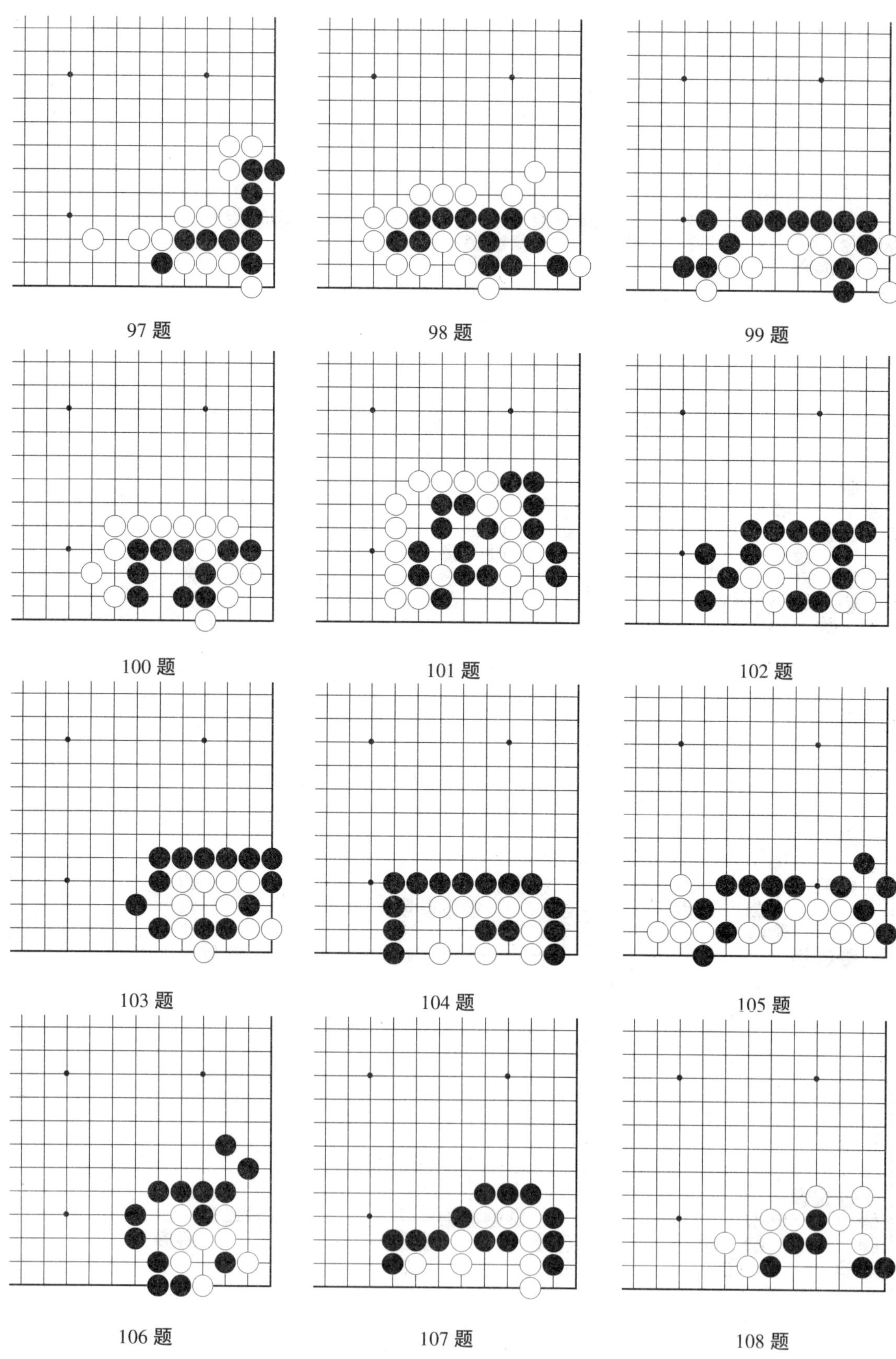
97 题
98 题
99 题
100 题
101 题
102 题
103 题
104 题
105 题
106 题
107 题
108 题

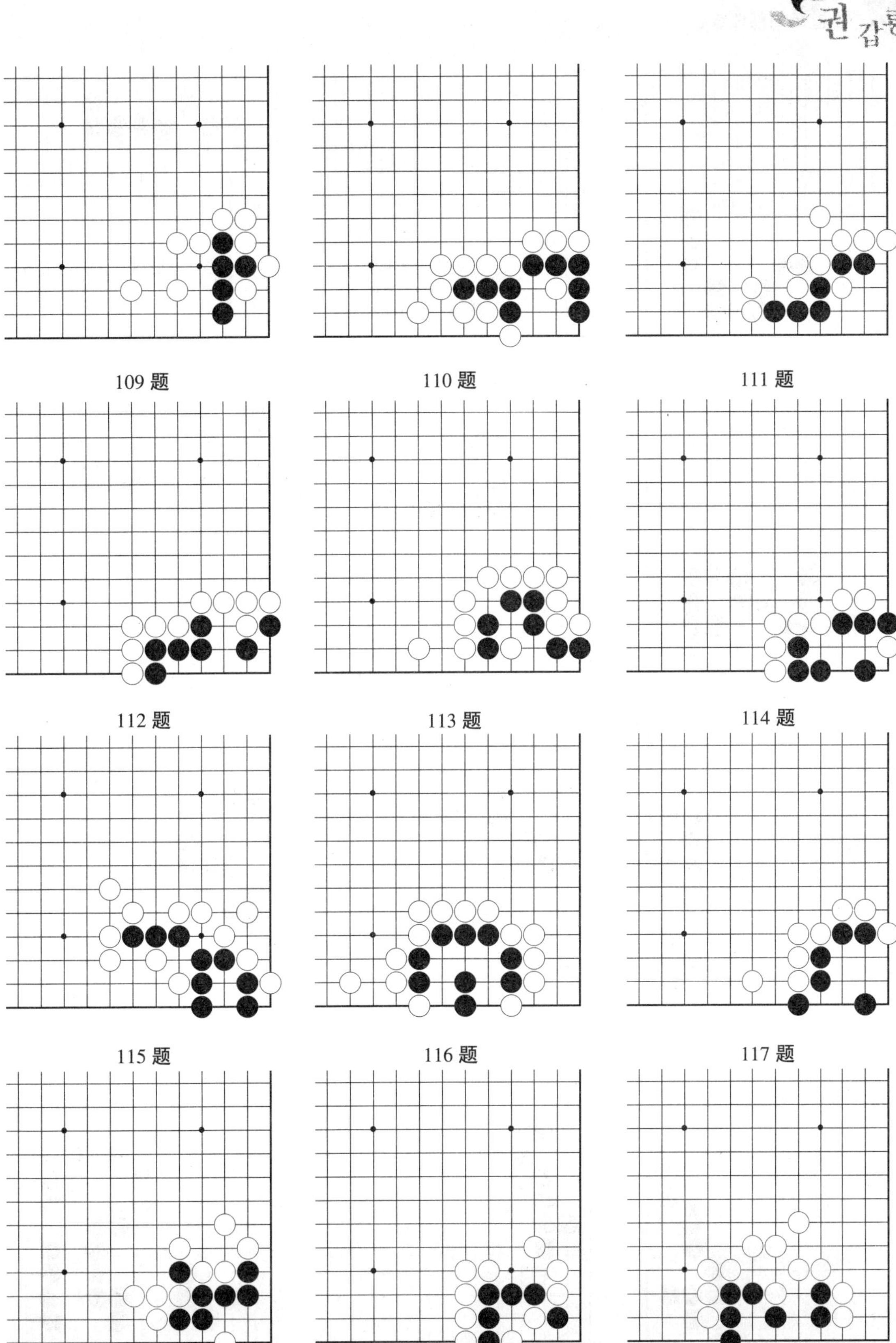

109 题

110 题

111 题

112 题

113 题

114 题

115 题

116 题

117 题

118 题

119 题

120 题

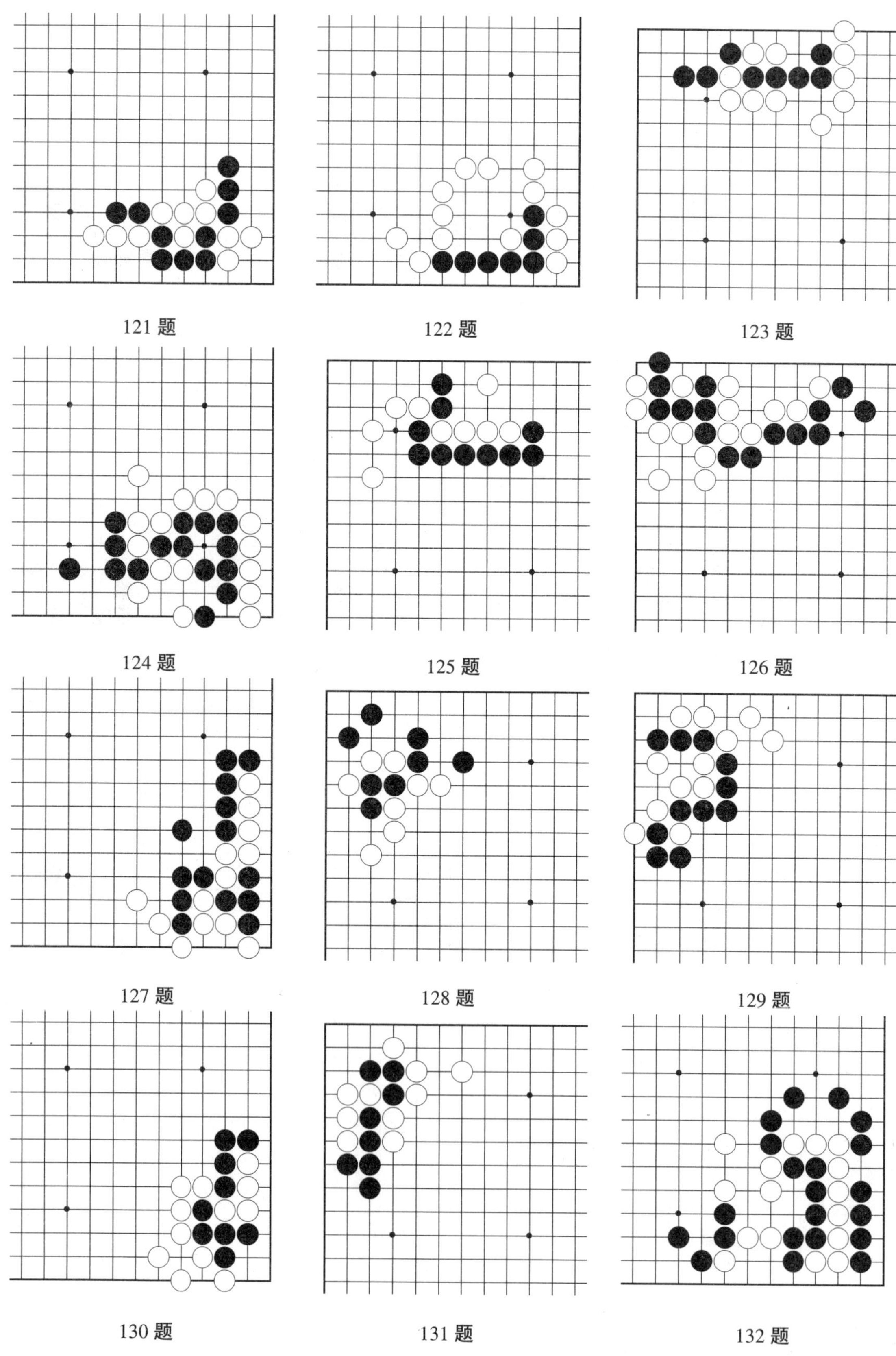

121 题

122 题

123 题

124 题

125 题

126 题

127 题

128 题

129 题

130 题

131 题

132 题

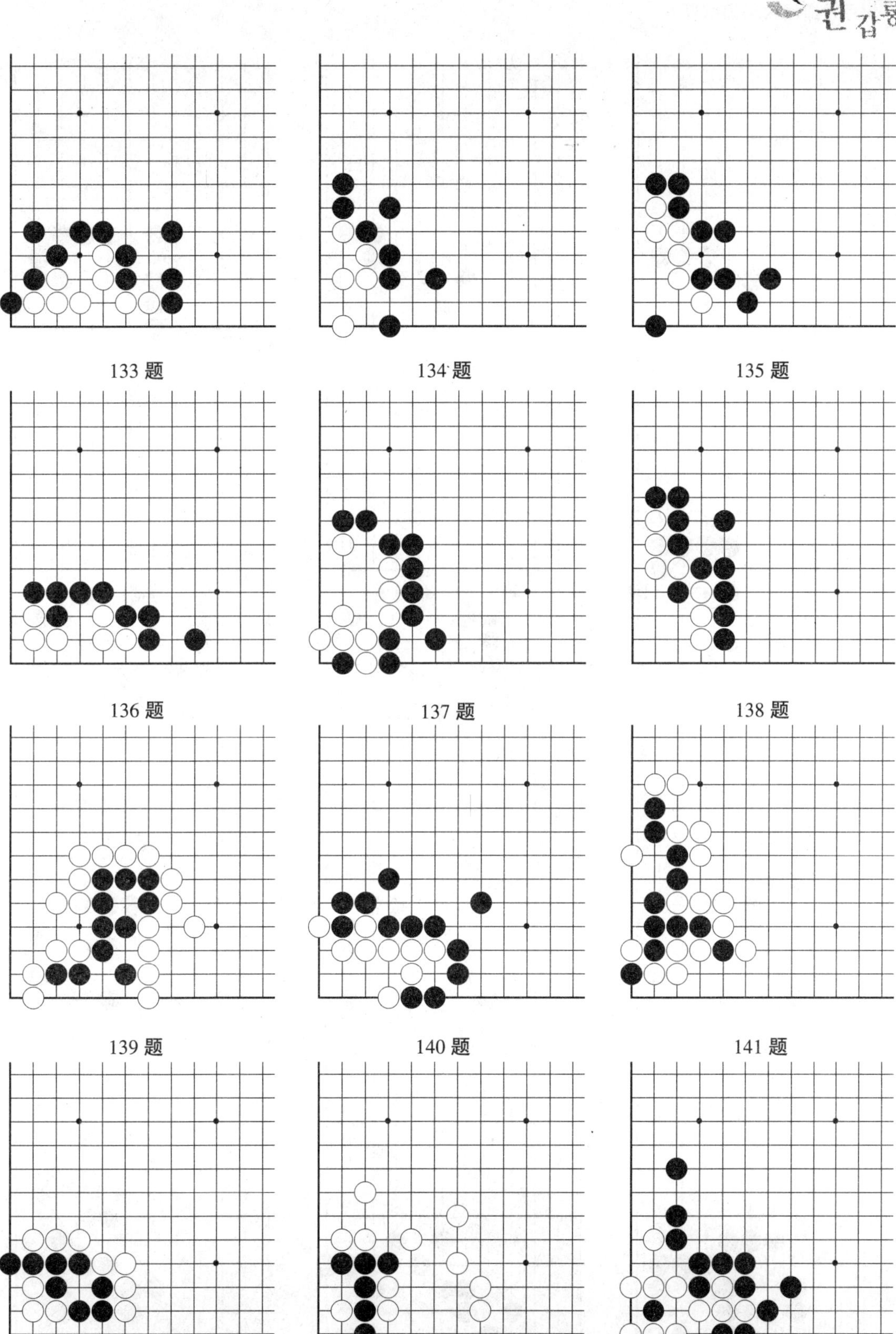

133 题　134 题　135 题

136 题　137 题　138 题

139 题　140 题　141 题

142 题　143 题　144 题

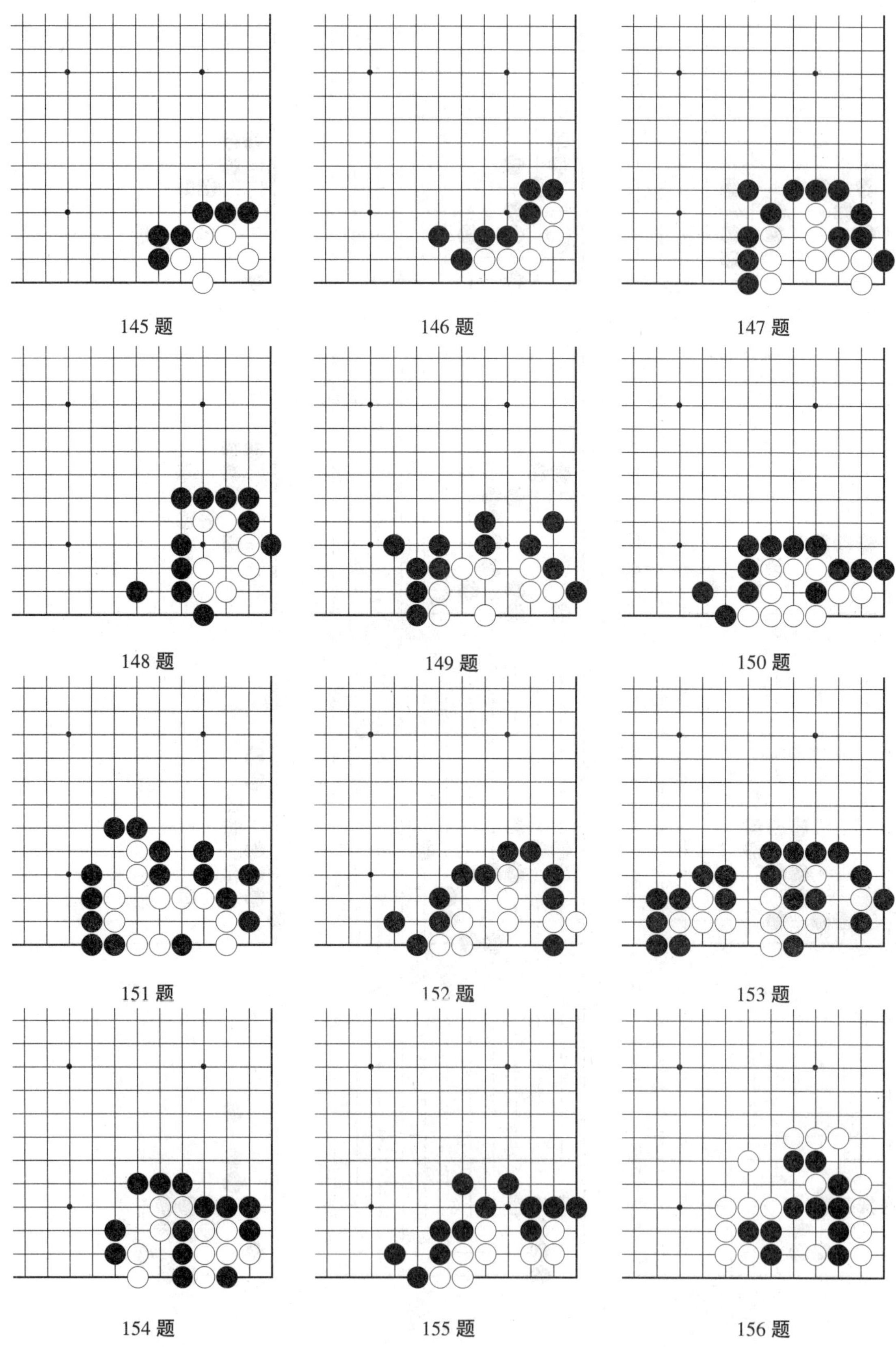

145 题

146 题

147 题

148 题

149 题

150 题

151 题

152 题

153 题

154 题

155 题

156 题

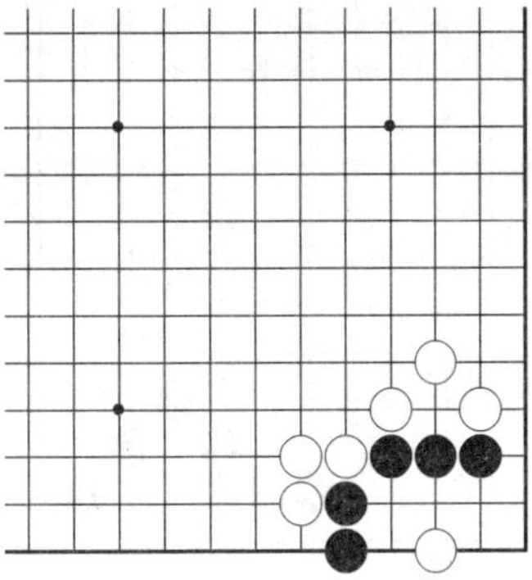

157 题

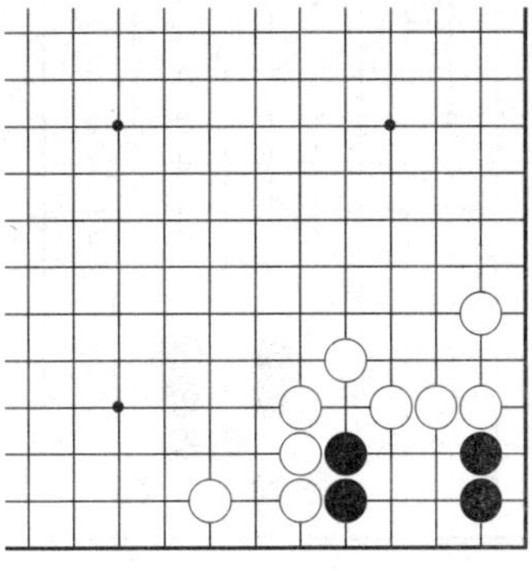

158 题

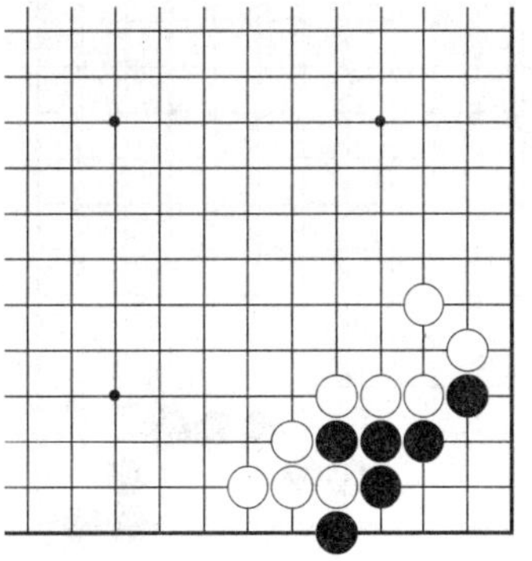

159 题

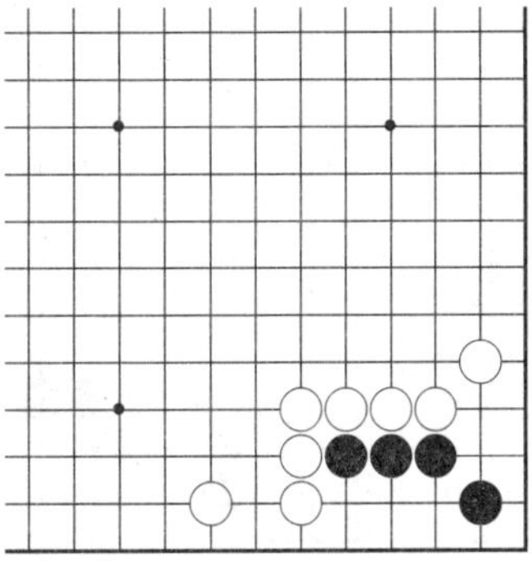

160 题

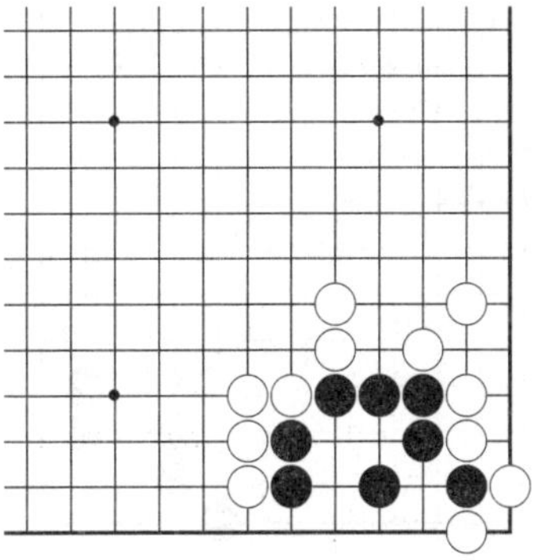

161 题

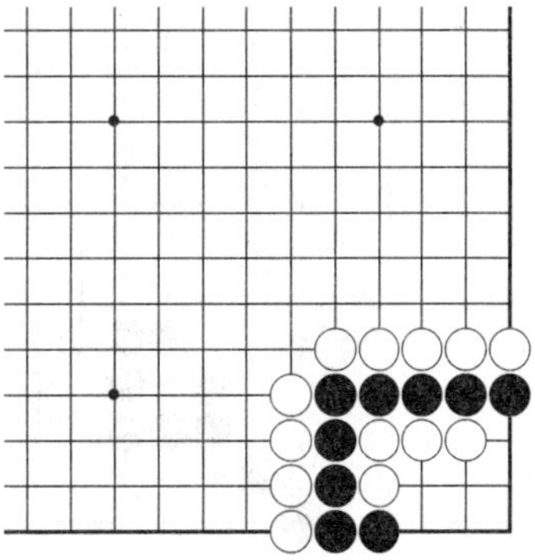

162 题

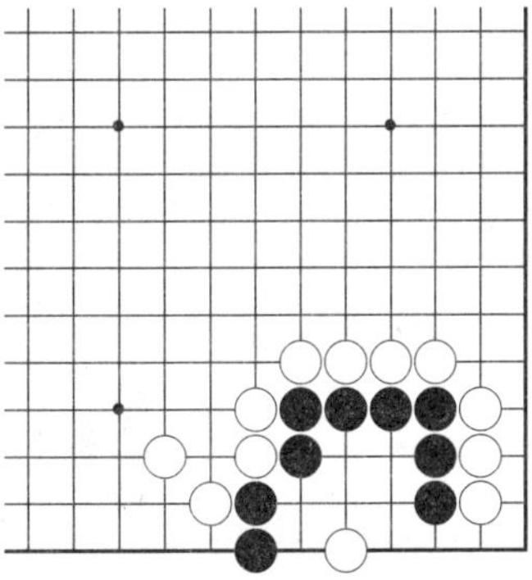

163 题

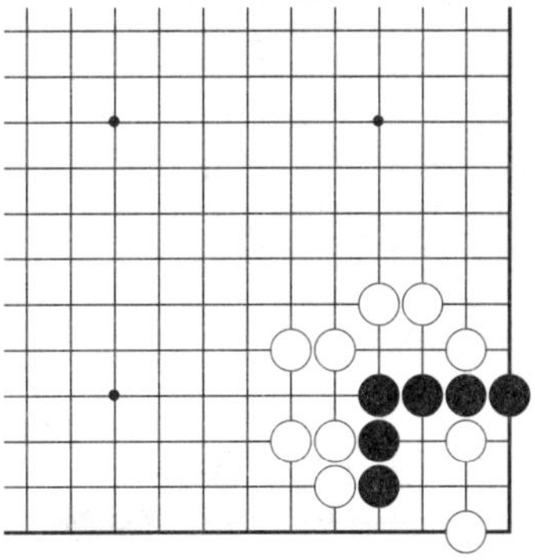

164 题

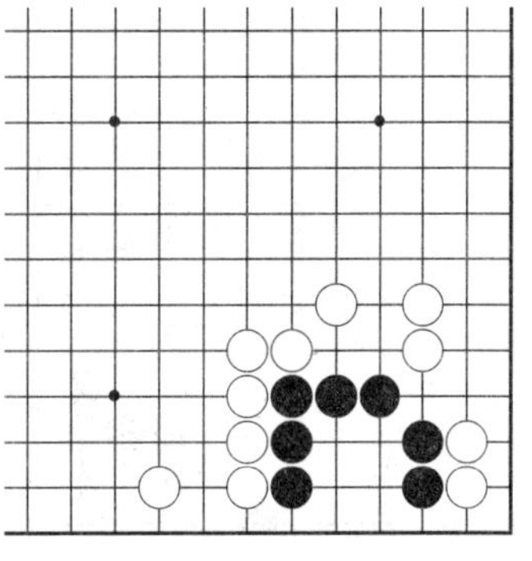

165 题

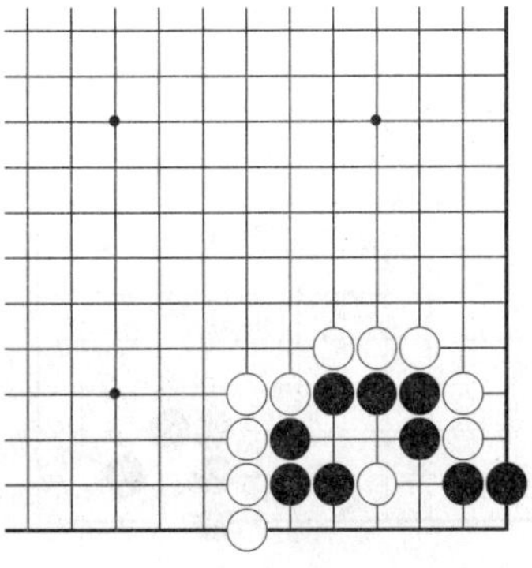

166 题

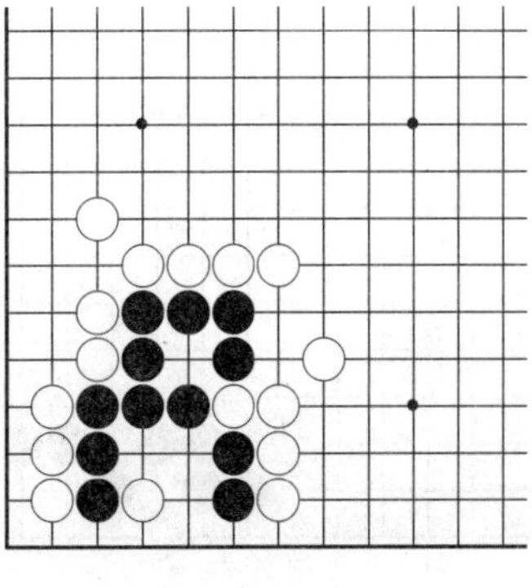

167 题

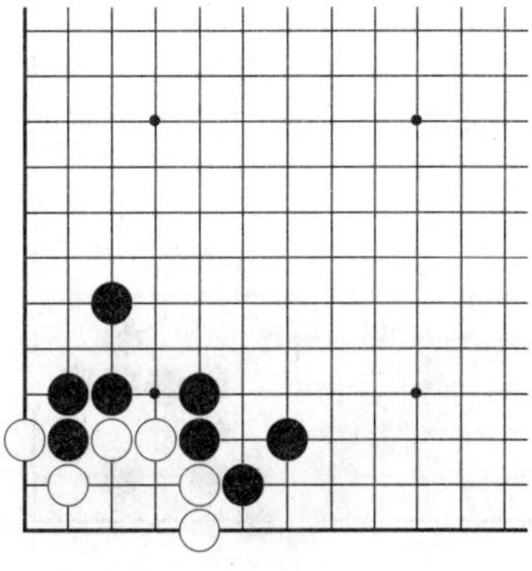

168 题

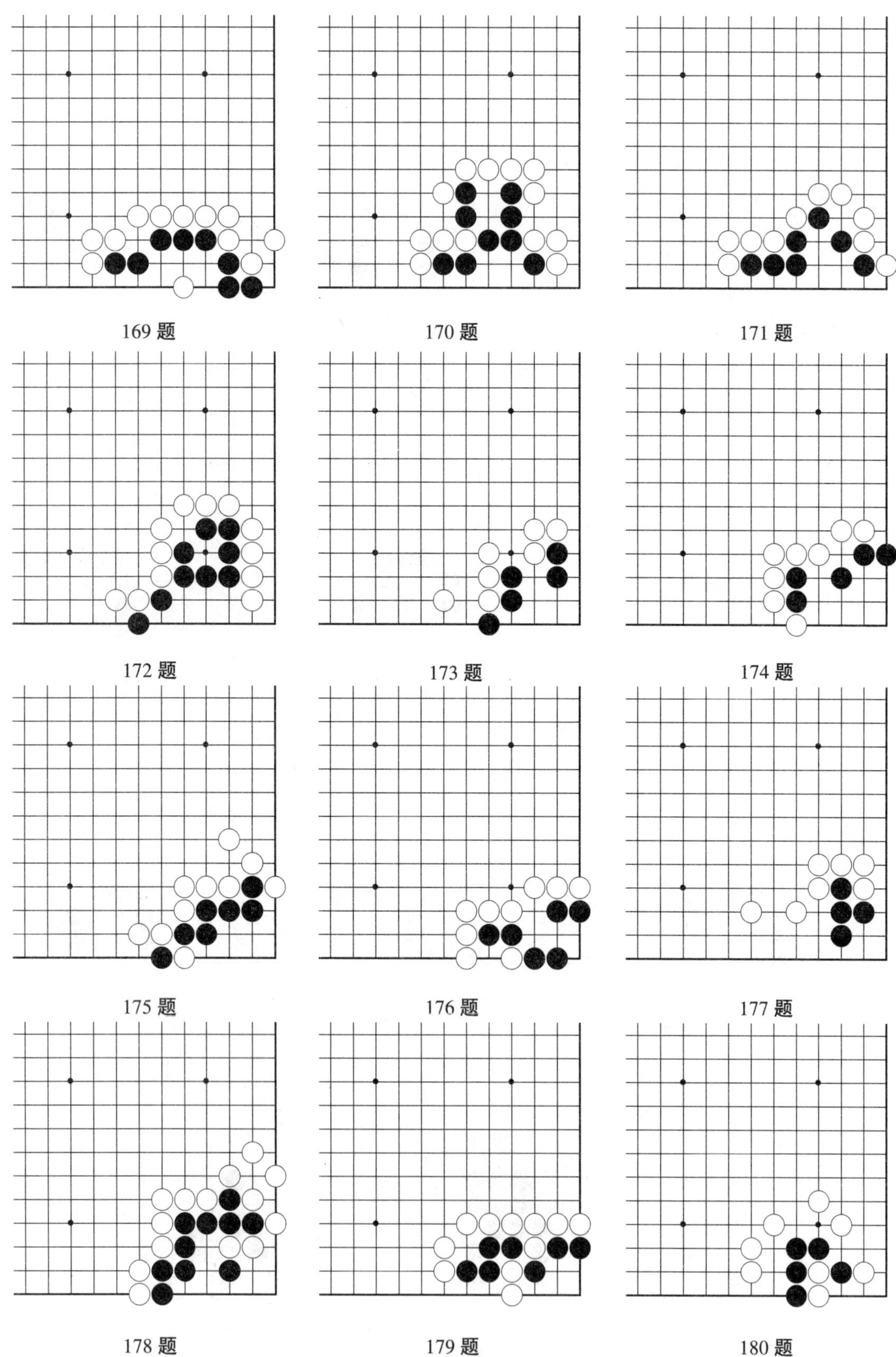
169 题
170 题
171 题
172 题
173 题
174 题
175 题
176 题
177 题
178 题
179 题
180 题

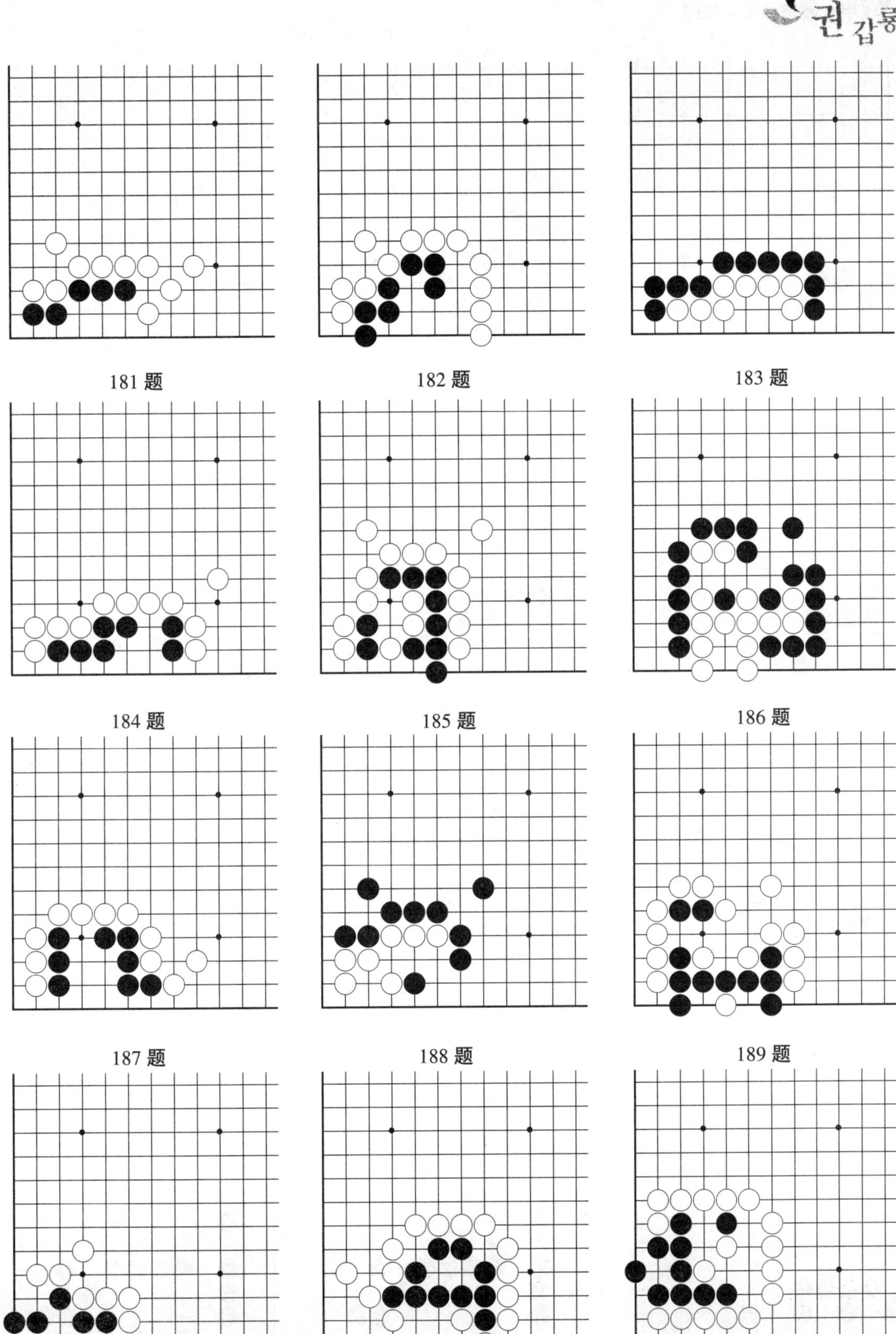

181 题

182 题

183 题

184 题

185 题

186 题

187 题

188 题

189 题

190 题

191 题

192 题

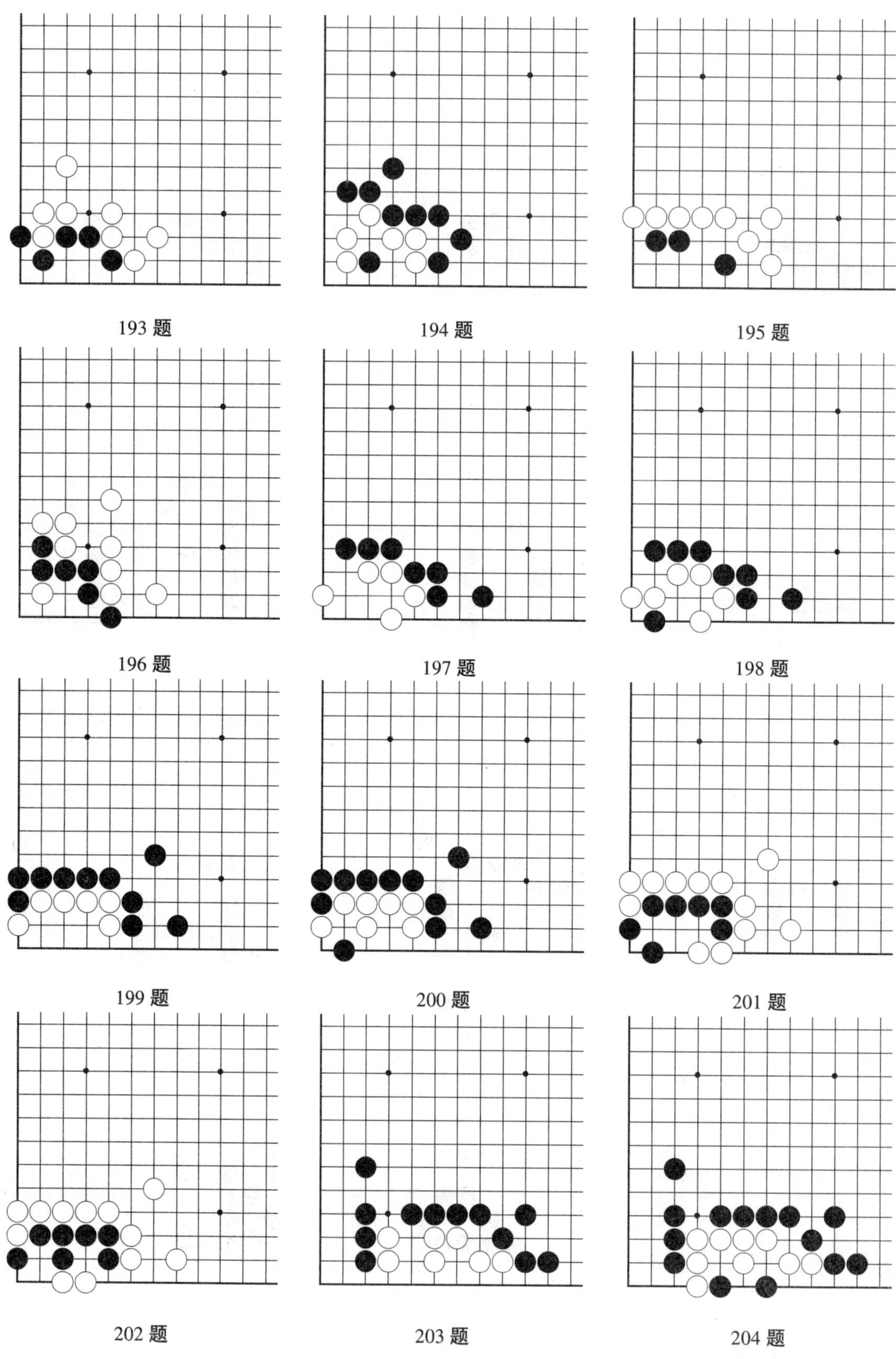

193 题

194 题

195 题

196 题

197 题

198 题

199 题

200 题

201 题

202 题

203 题

204 题

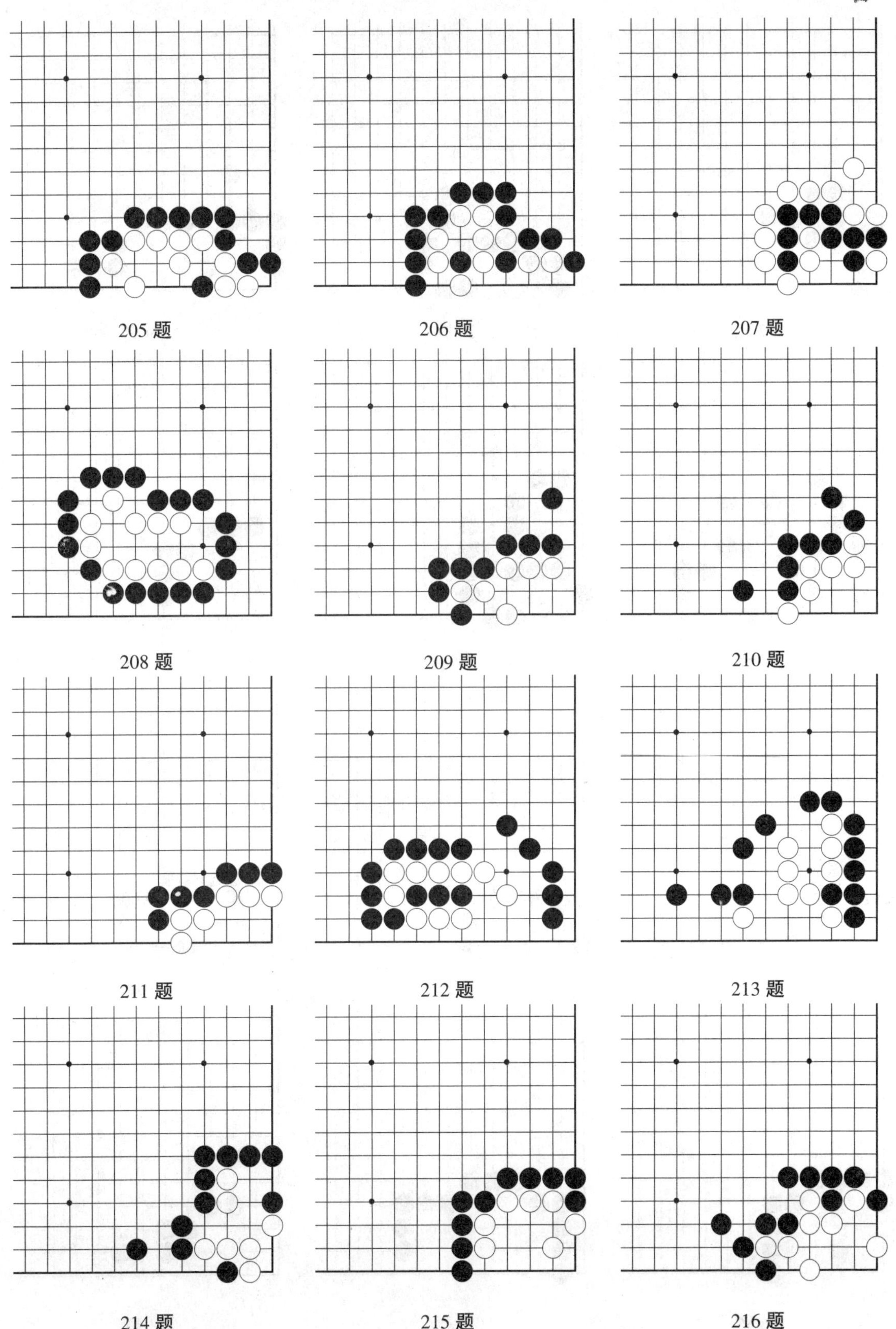

205 题

206 题

207 题

208 题

209 题

210 题

211 题

212 题

213 题

214 题

215 题

216 题

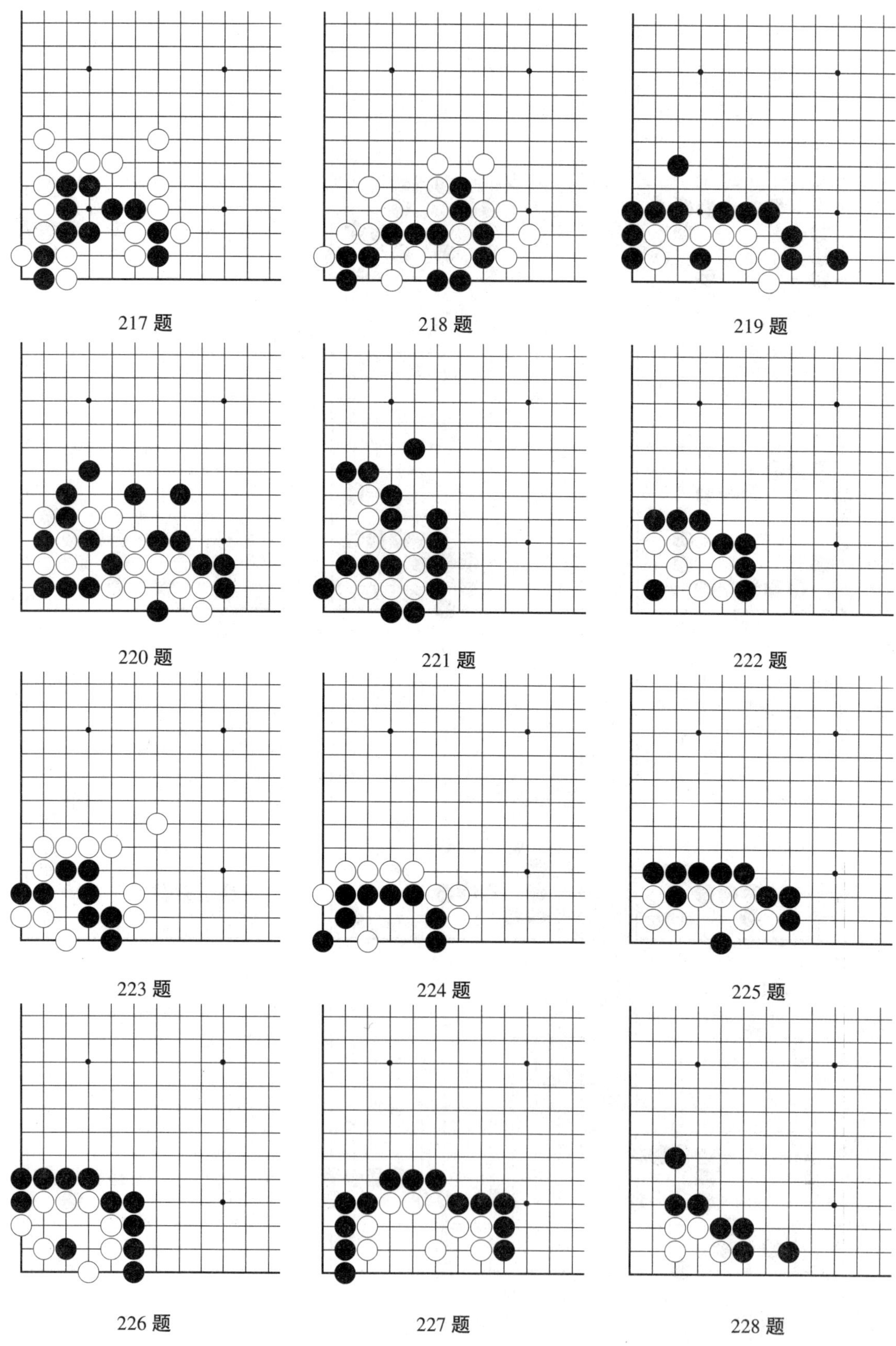

217 题

218 题

219 题

220 题

221 题

222 题

223 题

224 题

225 题

226 题

227 题

228 题

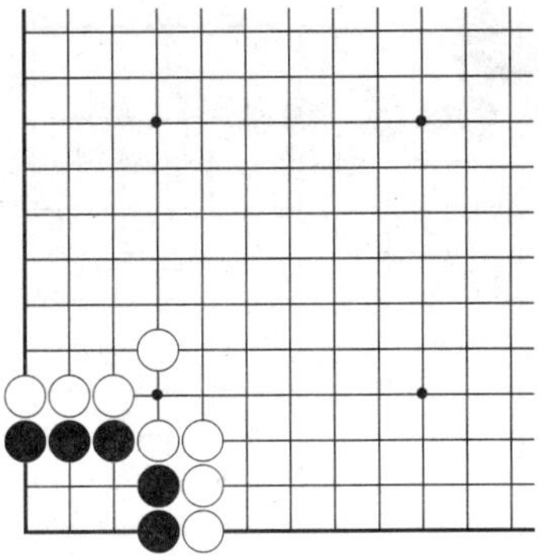

229 题

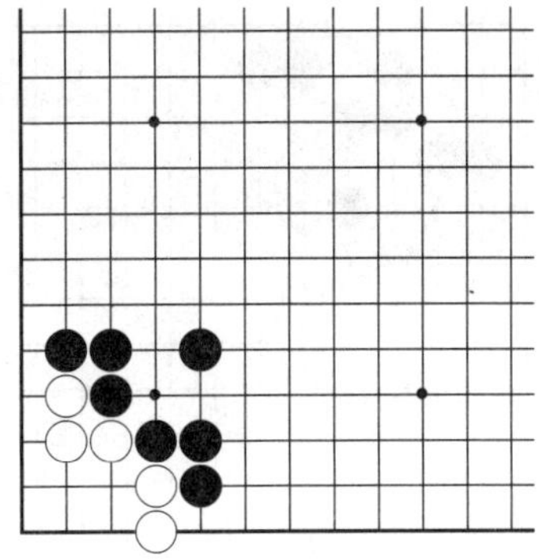

230 题

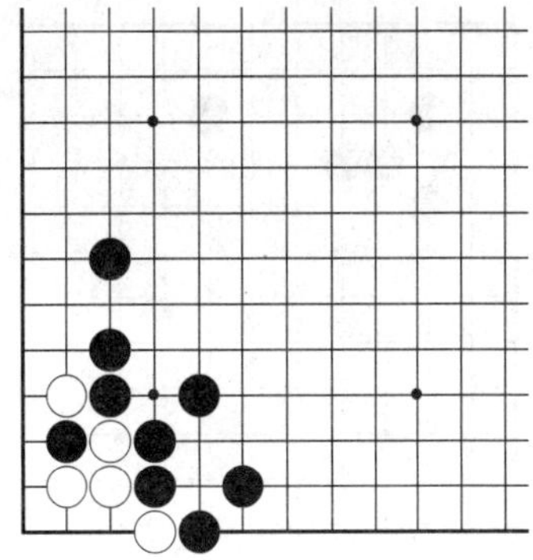

231 题

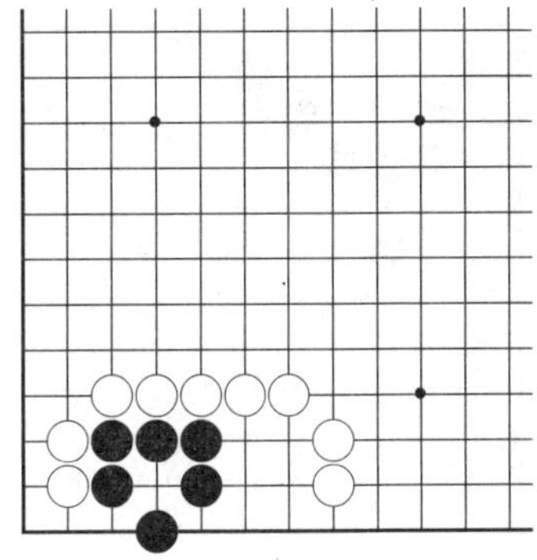

232 题

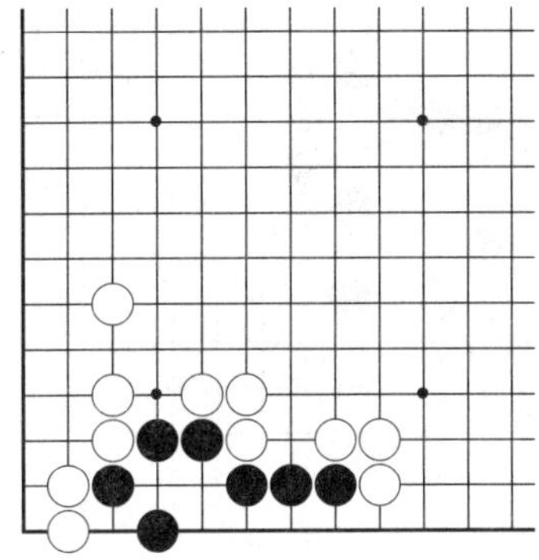

233 题

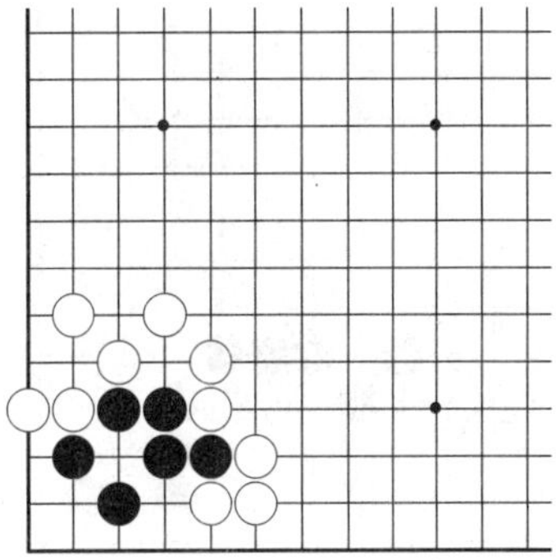

234 题

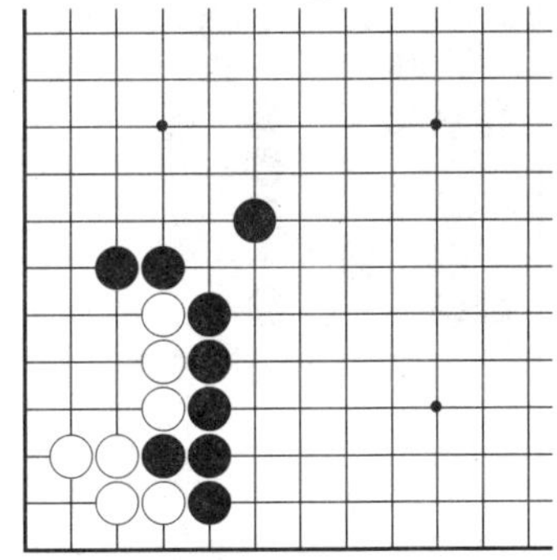

235 题

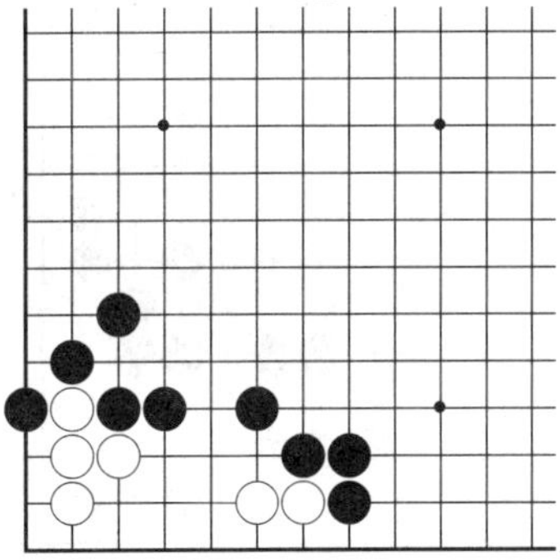

236 题

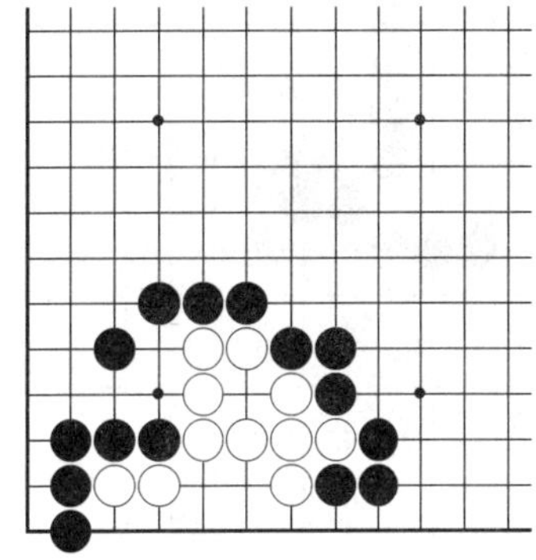

237 题

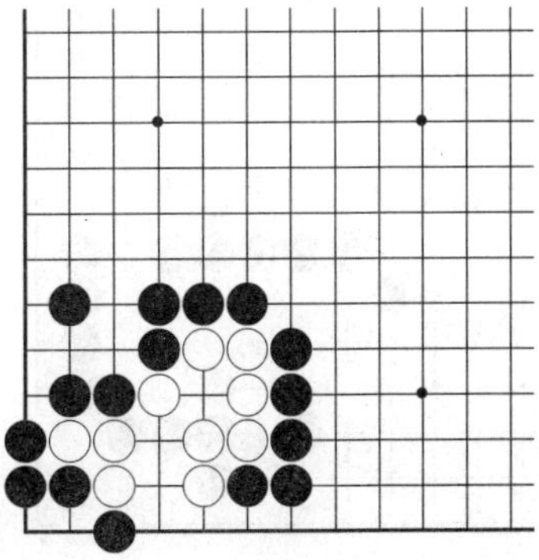

238 题

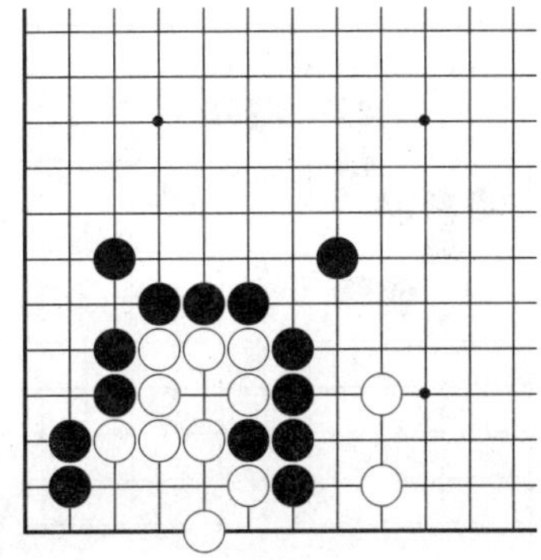

239 题

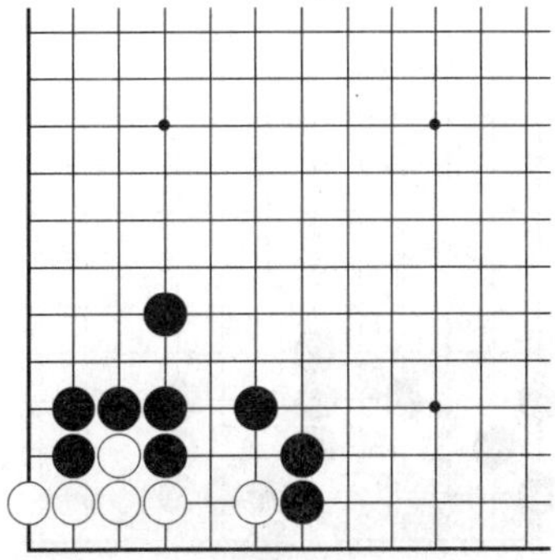

240 题

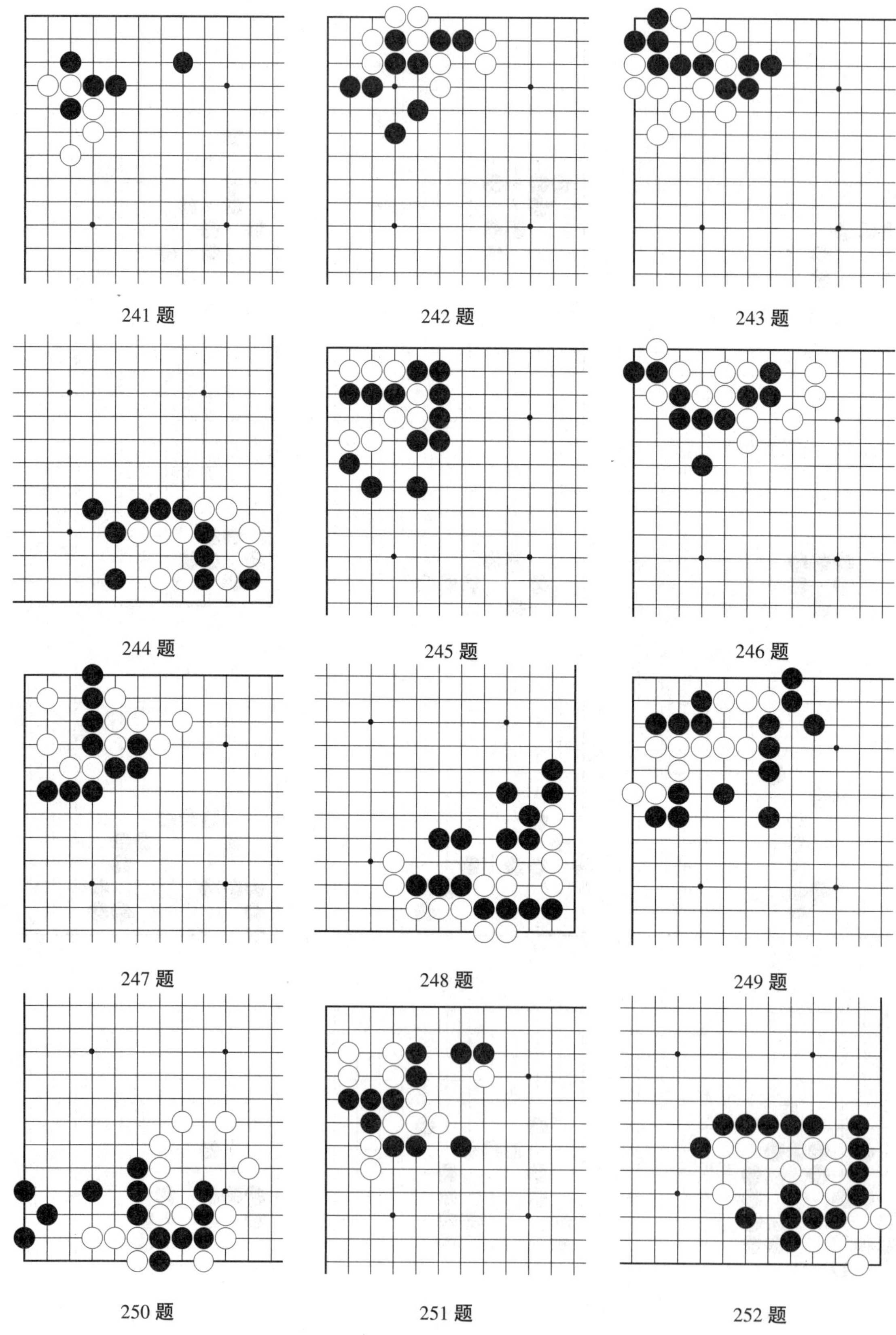

241 题　242 题　243 题

244 题　245 题　246 题

247 题　248 题　249 题

250 题　251 题　252 题

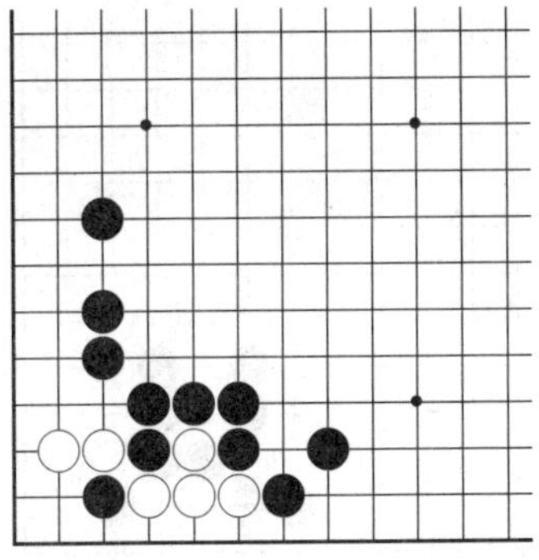

253 题

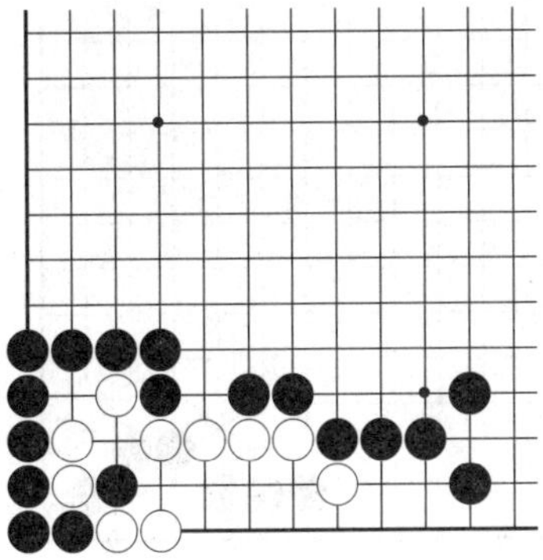

254 题

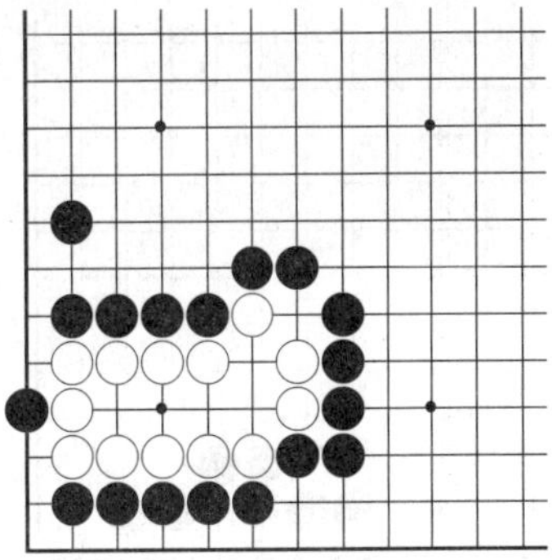

255 题

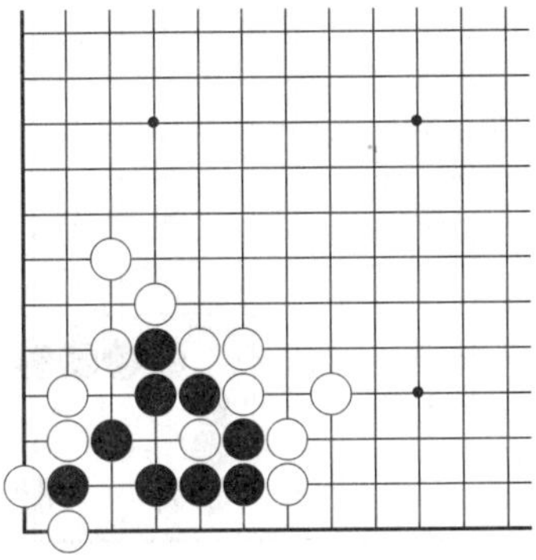

256 题

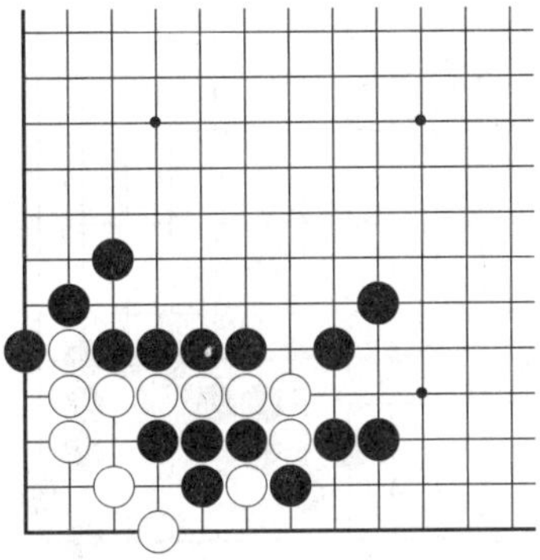

257 题

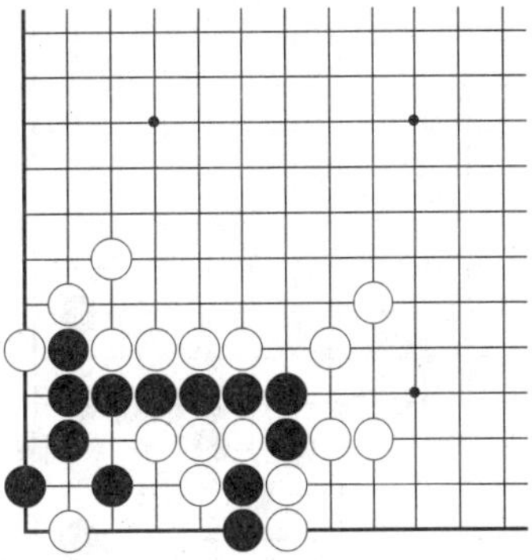

258 题

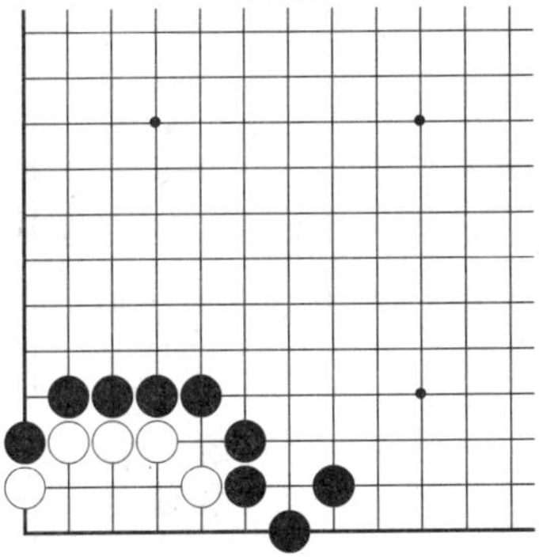

259 题

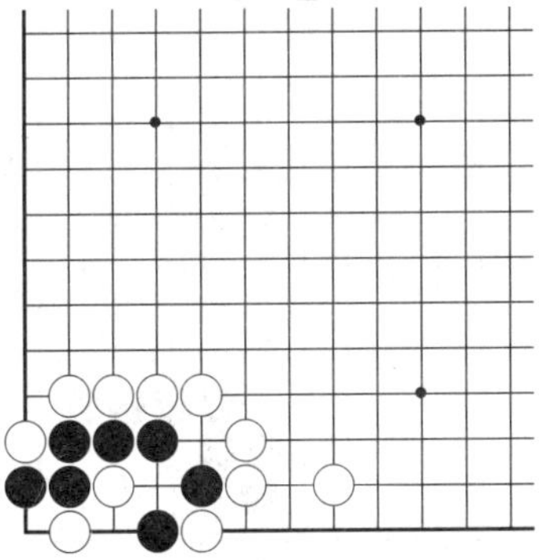

260 题

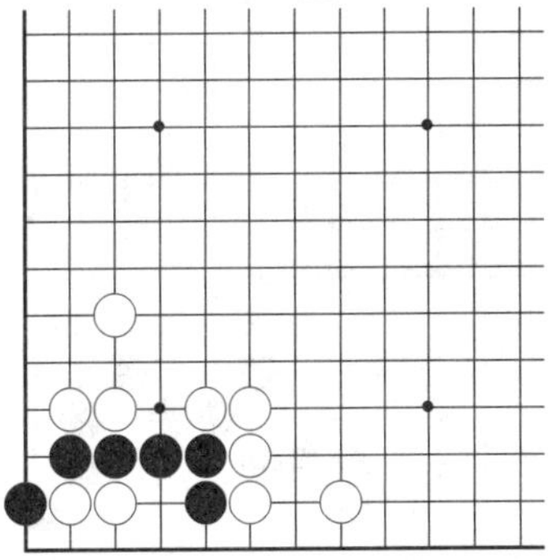

261 题

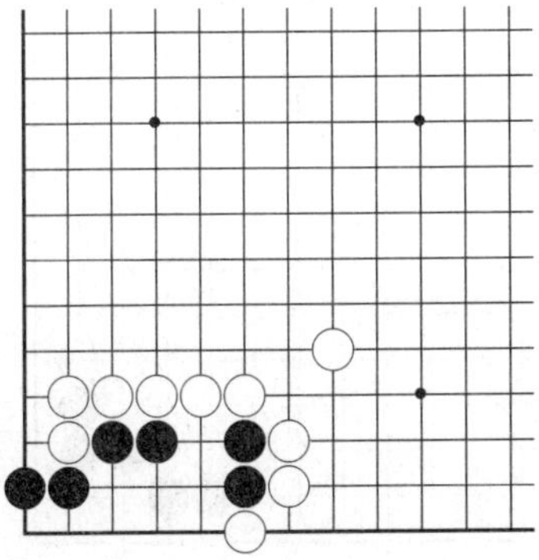

262 题

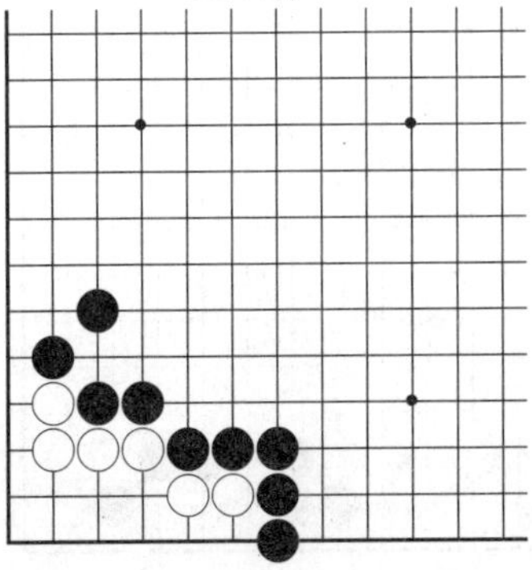

263 题

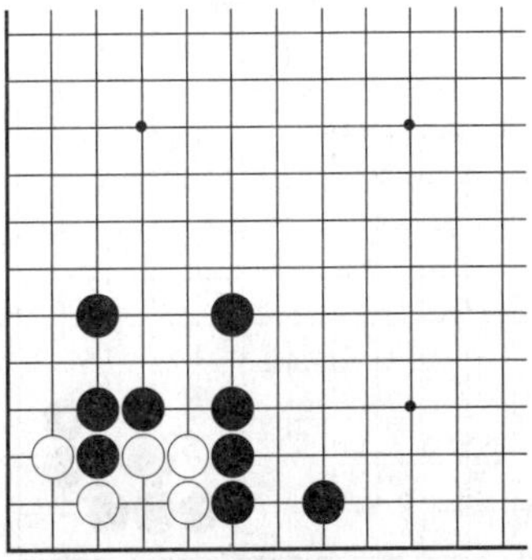

264 题

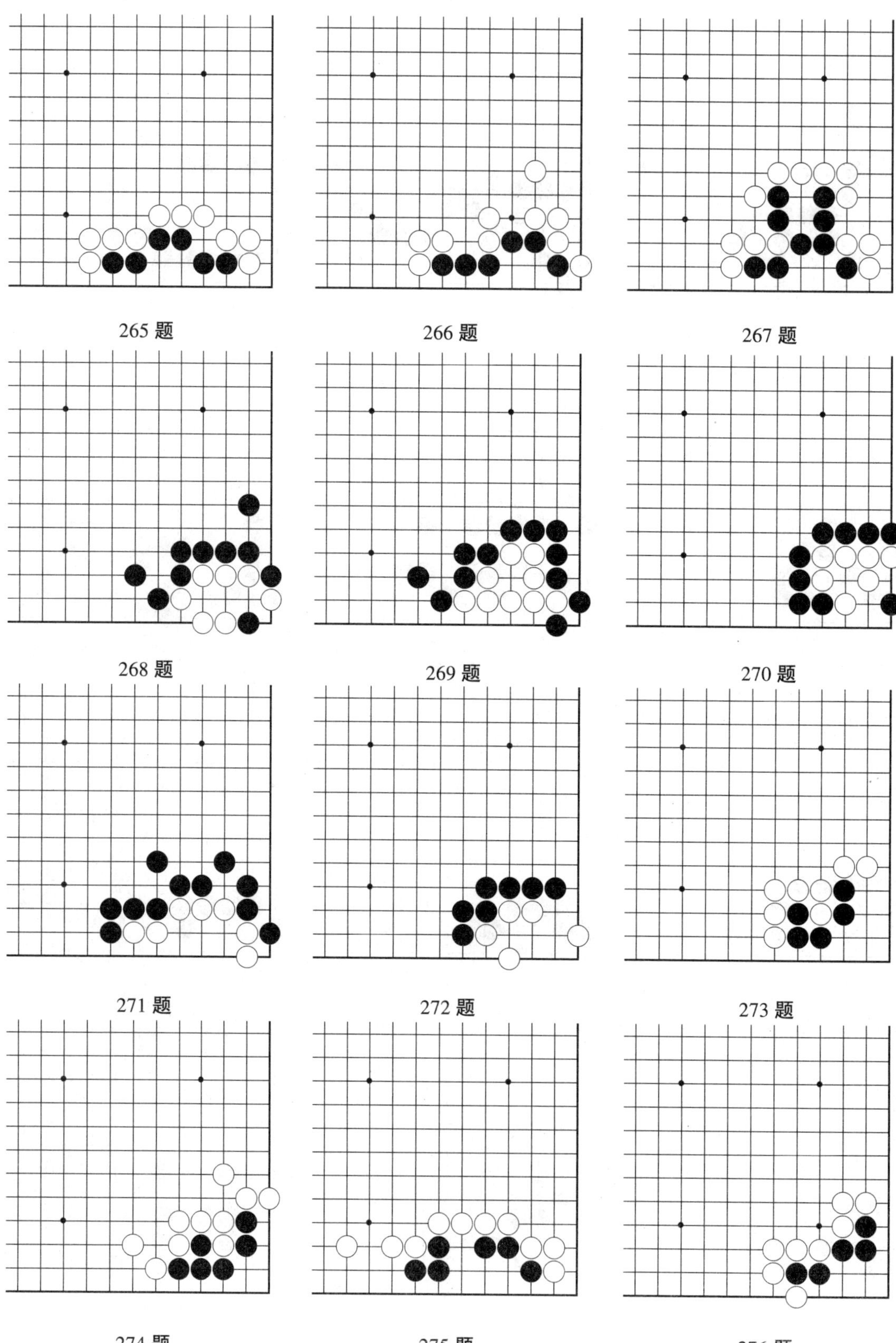

265 题
266 题
267 题
268 题
269 题
270 题
271 题
272 题
273 题
274 题
275 题
276 题

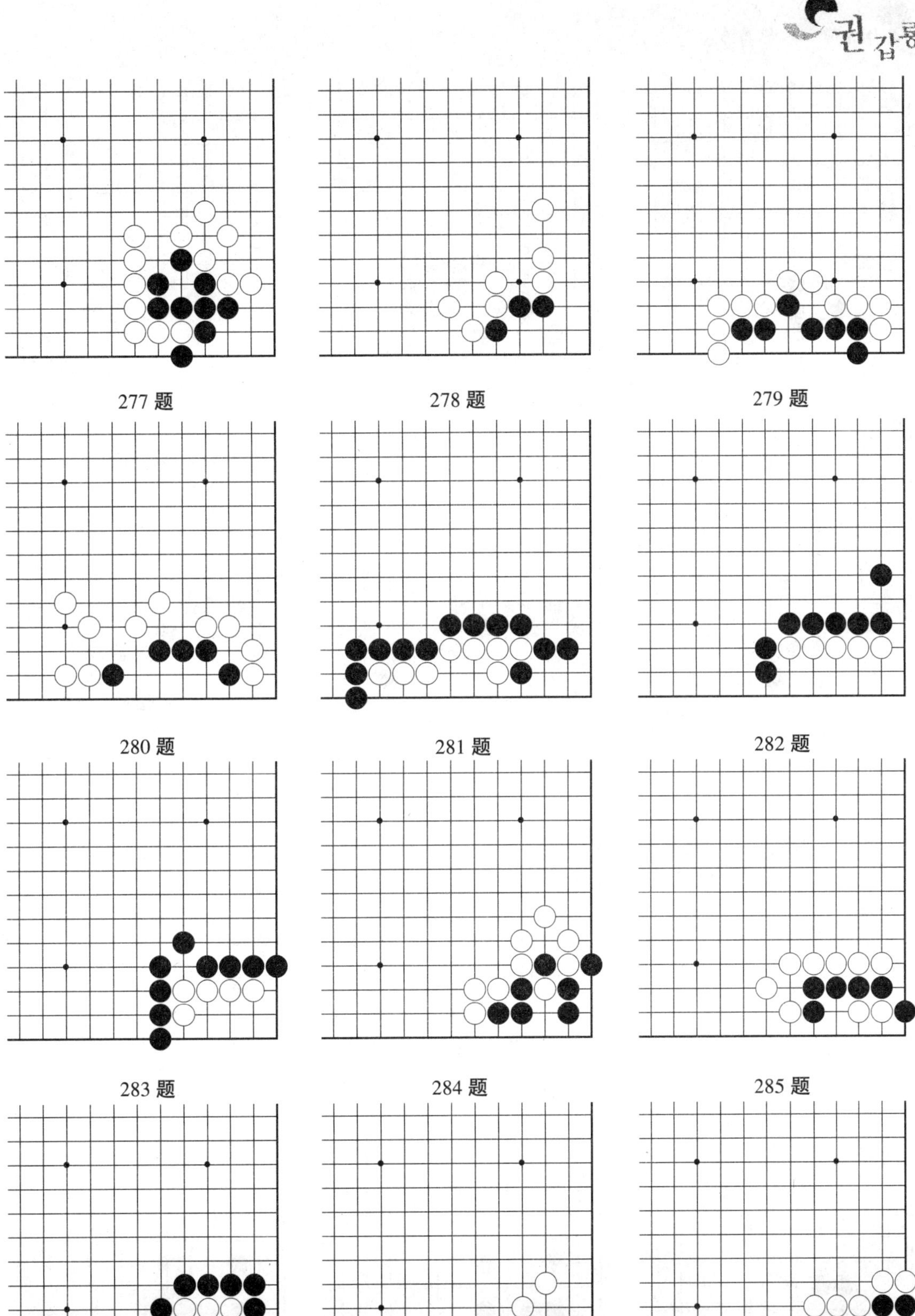

277 题

278 题

279 题

280 题

281 题

282 题

283 题

284 题

285 题

286 题

287 题

288 题

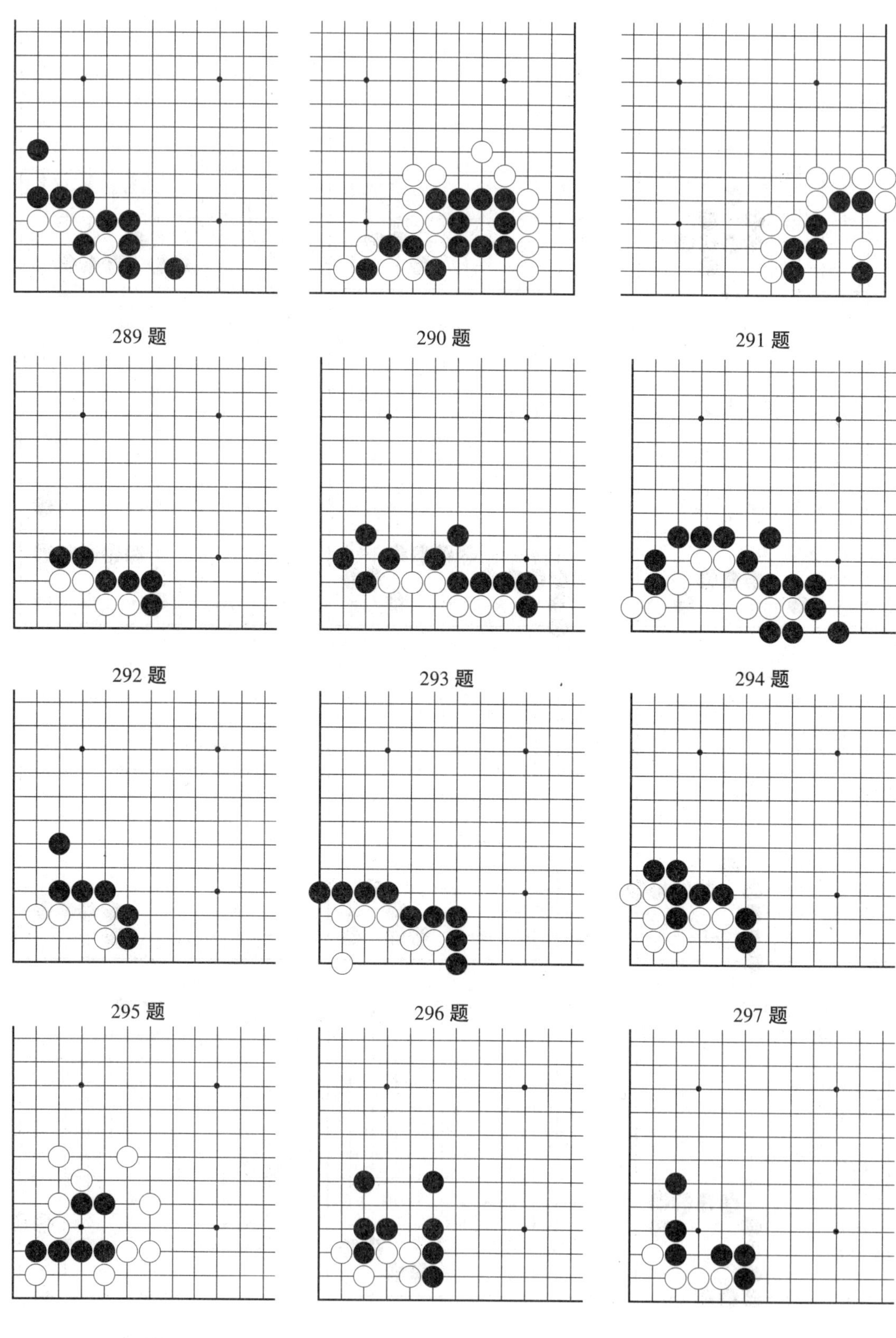

289 题

290 题

291 题

292 题

293 题

294 题

295 题

296 题

297 题

298 题

299 题

300 题

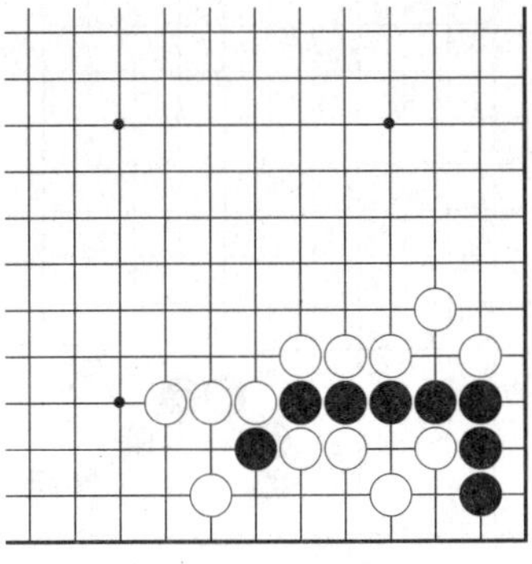

301 题

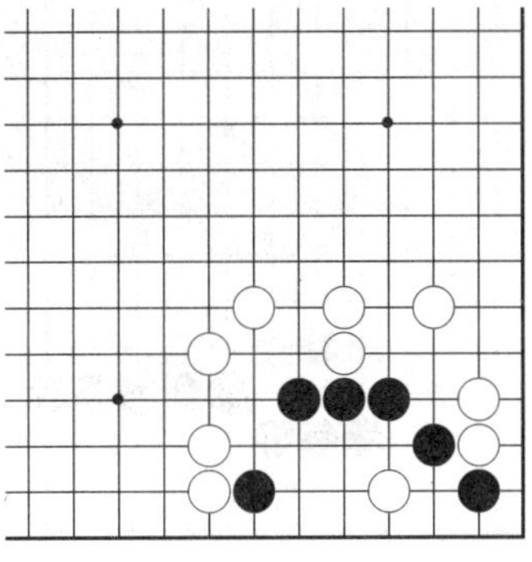

302 题

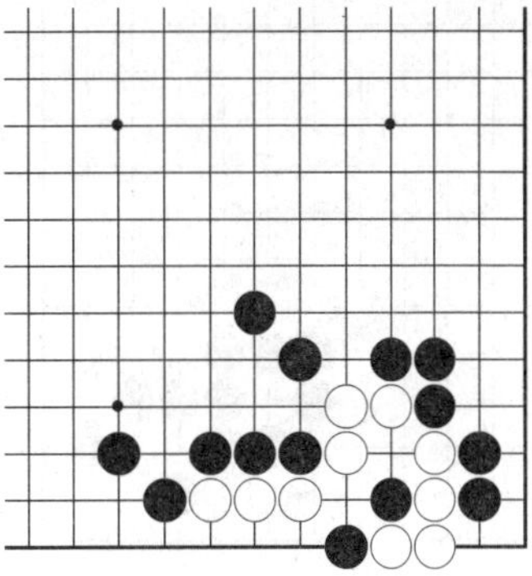

303 题

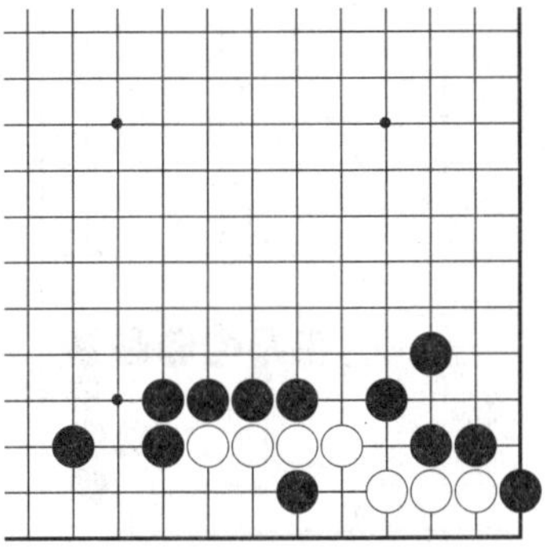

304 题

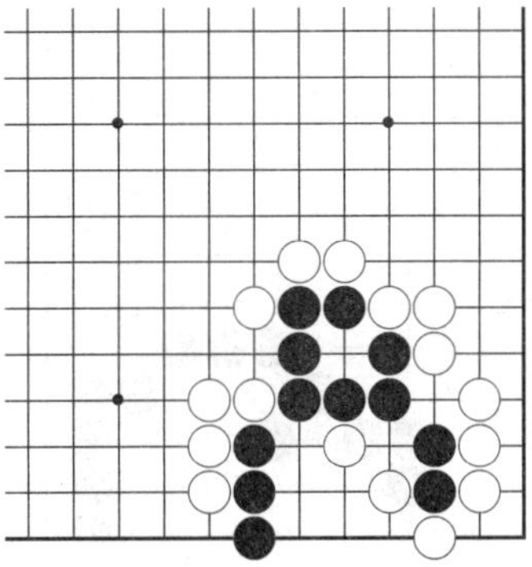

305 题

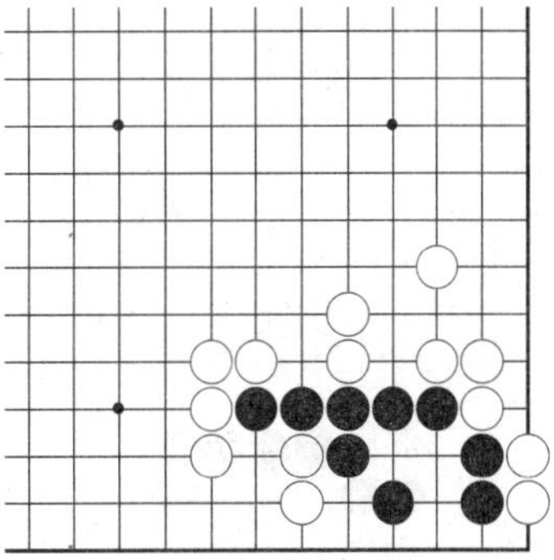

306 题

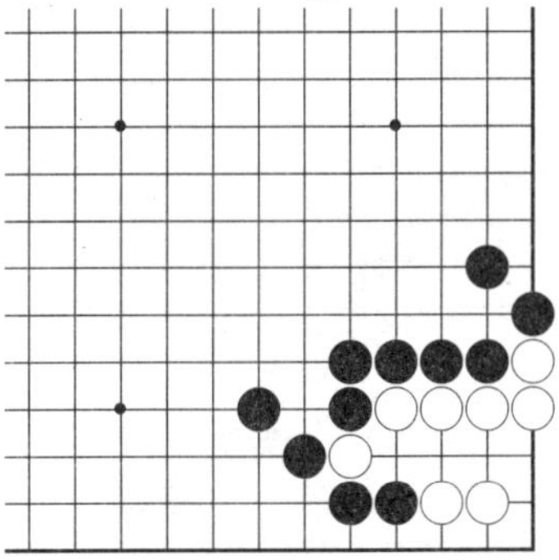

307 题

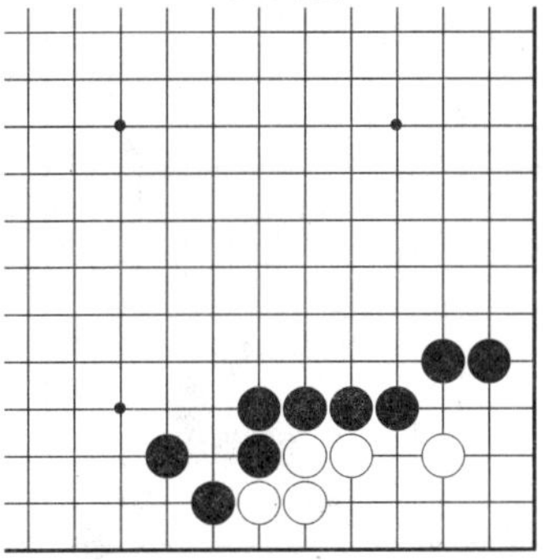

308 题

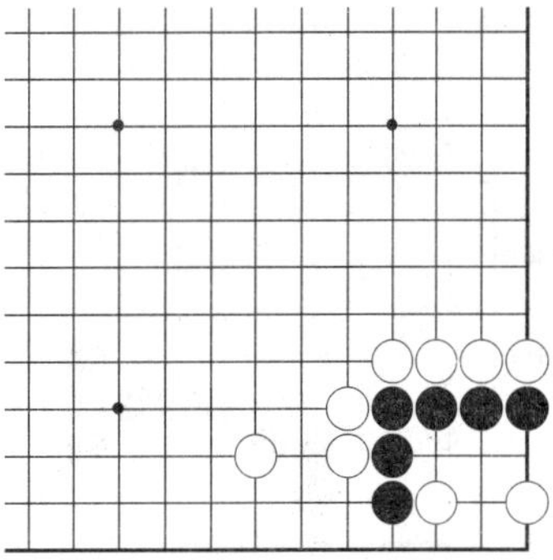

309 题

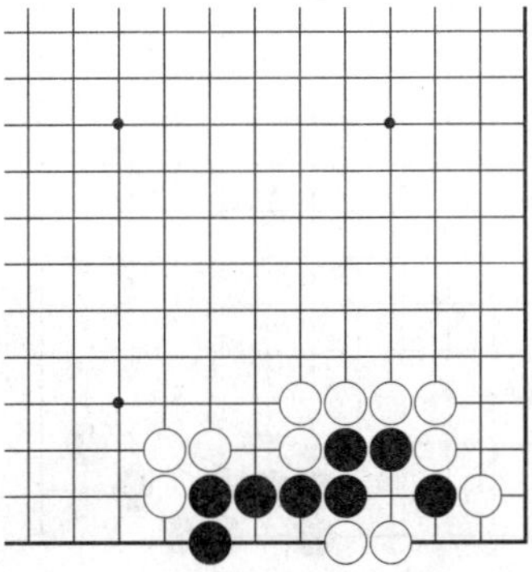

310 题

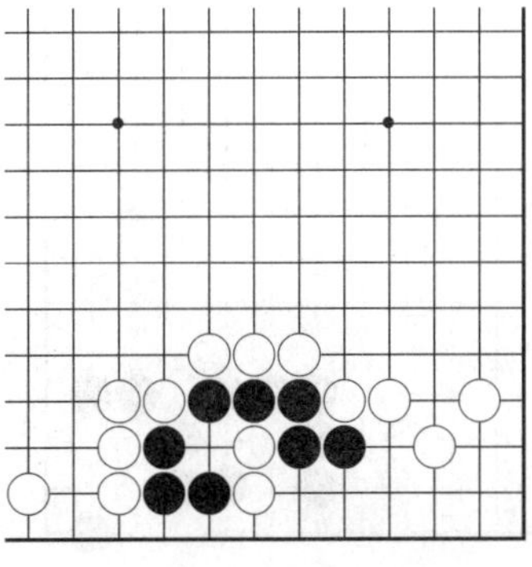

311 题

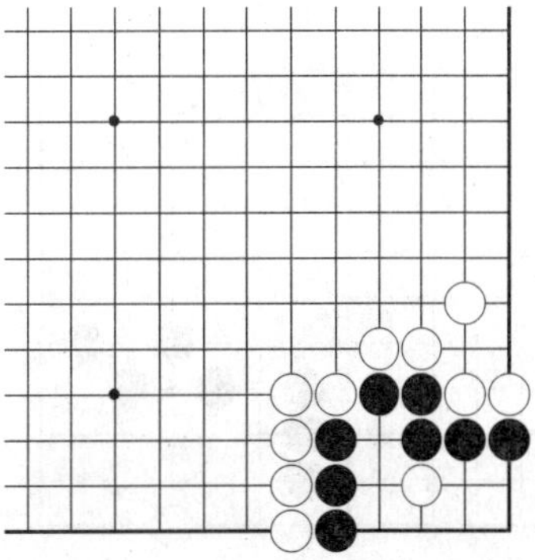

312 题

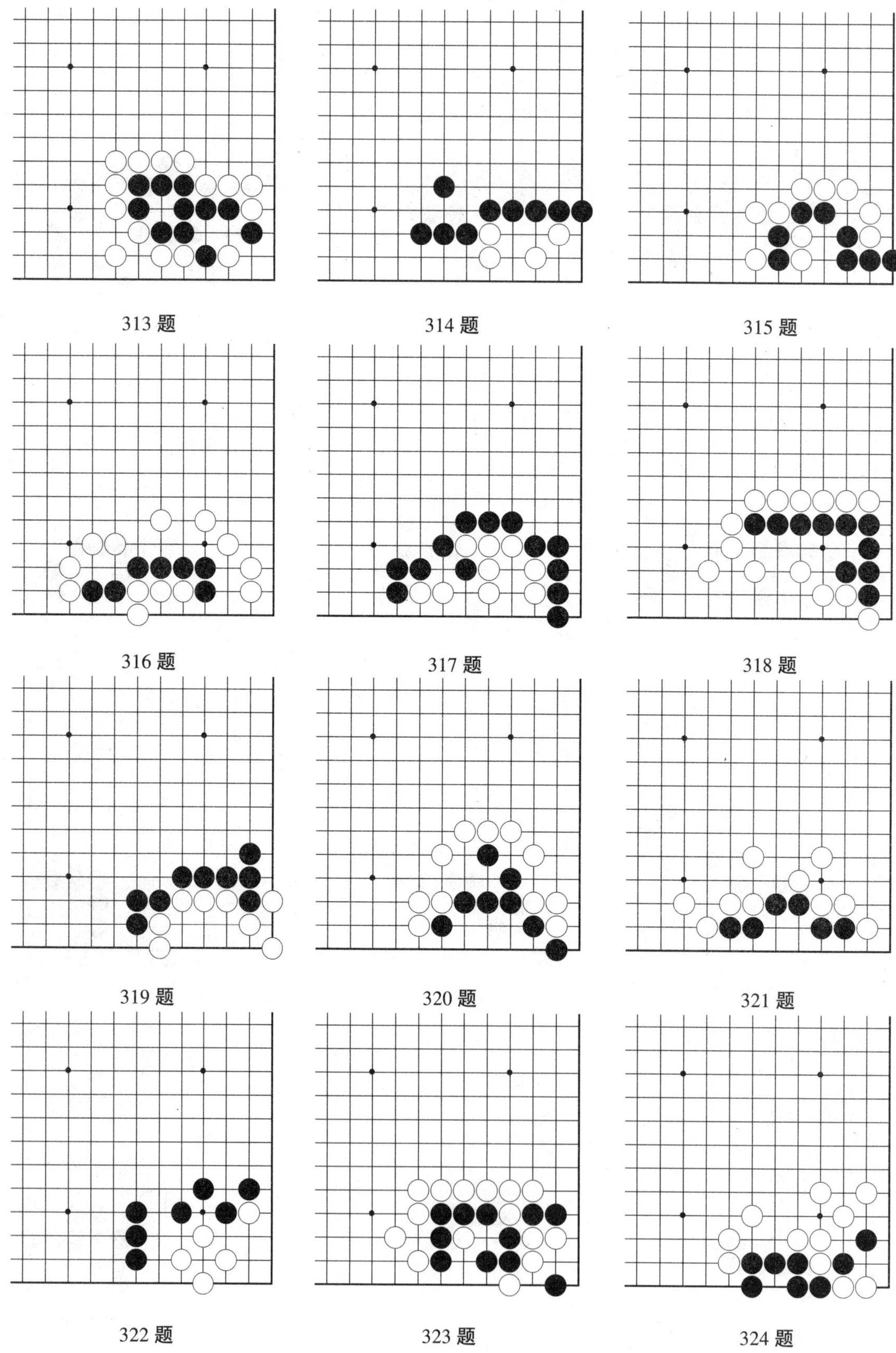

313 题

314 题

315 题

316 题

317 题

318 题

319 题

320 题

321 题

322 题

323 题

324 题

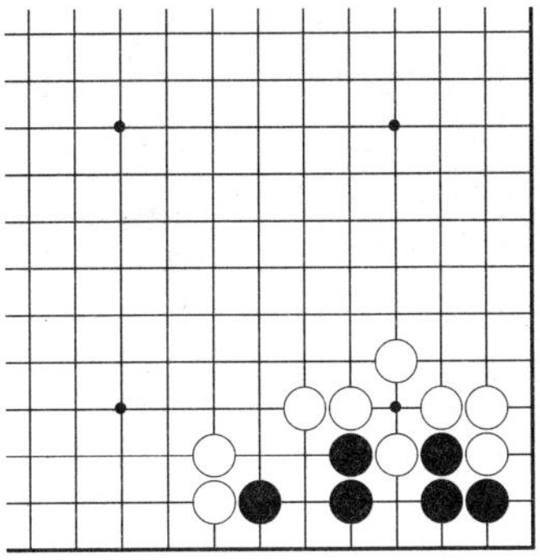

325 题

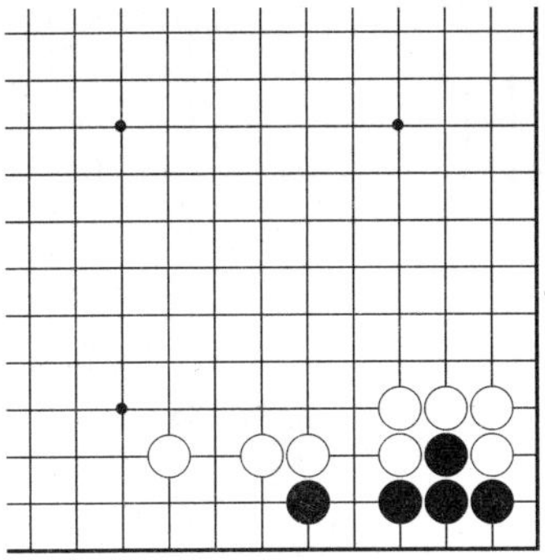

326 题

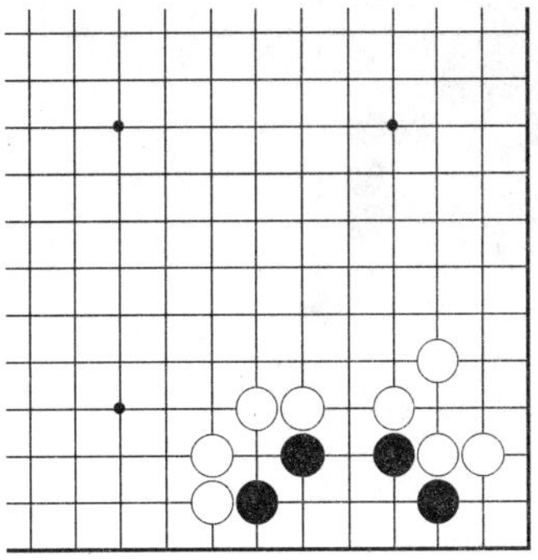

327 题

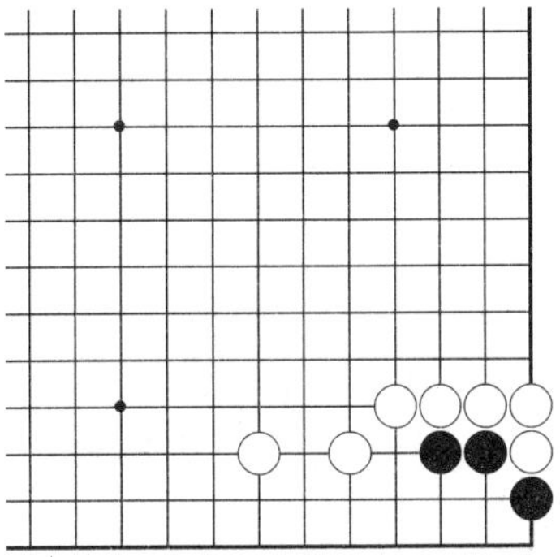

328 题

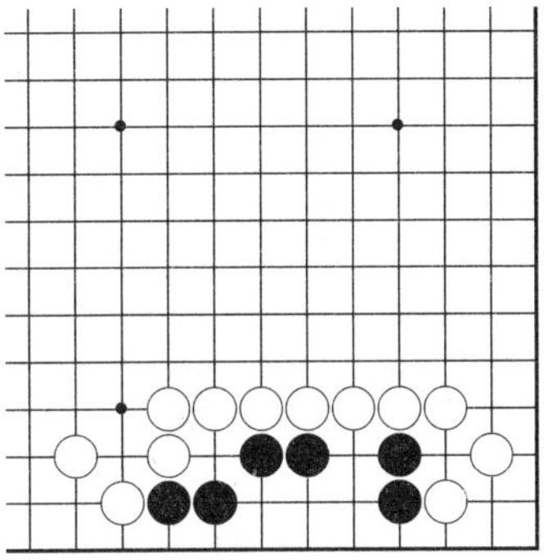

329 题

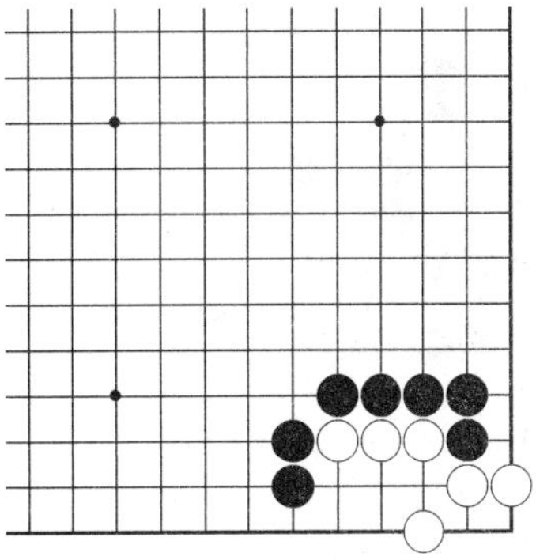

330 题

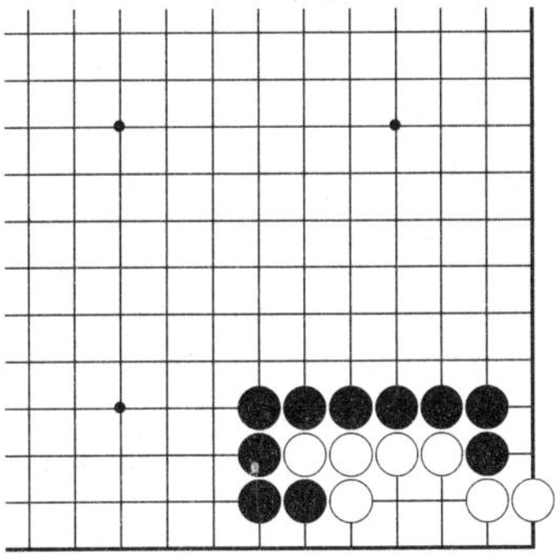

331 题

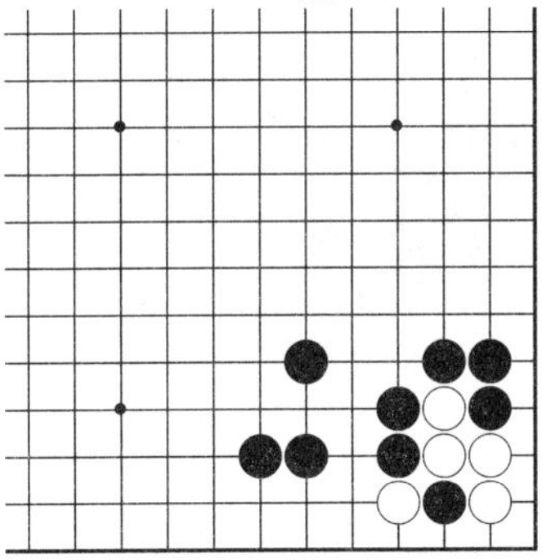

332 题

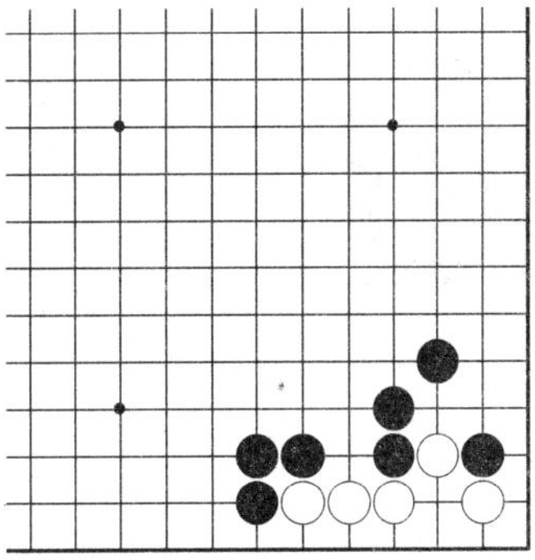

333 题

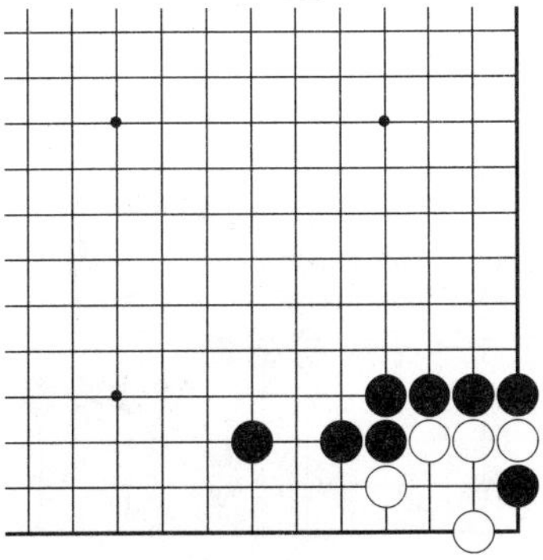

334 题

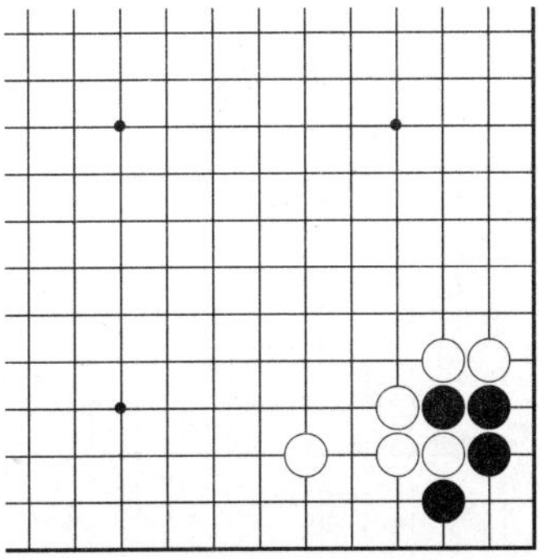

335 题

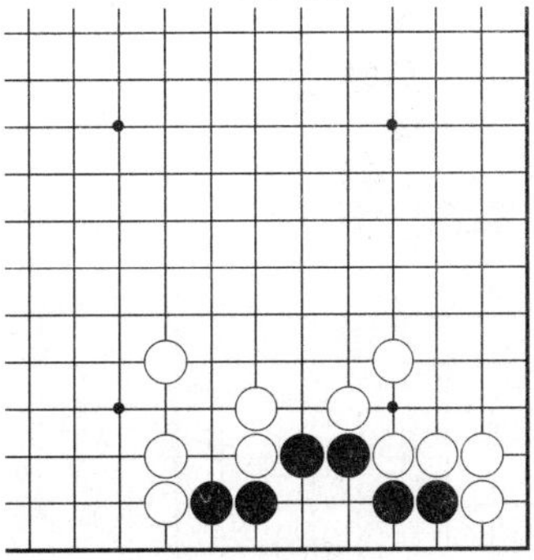

336 题

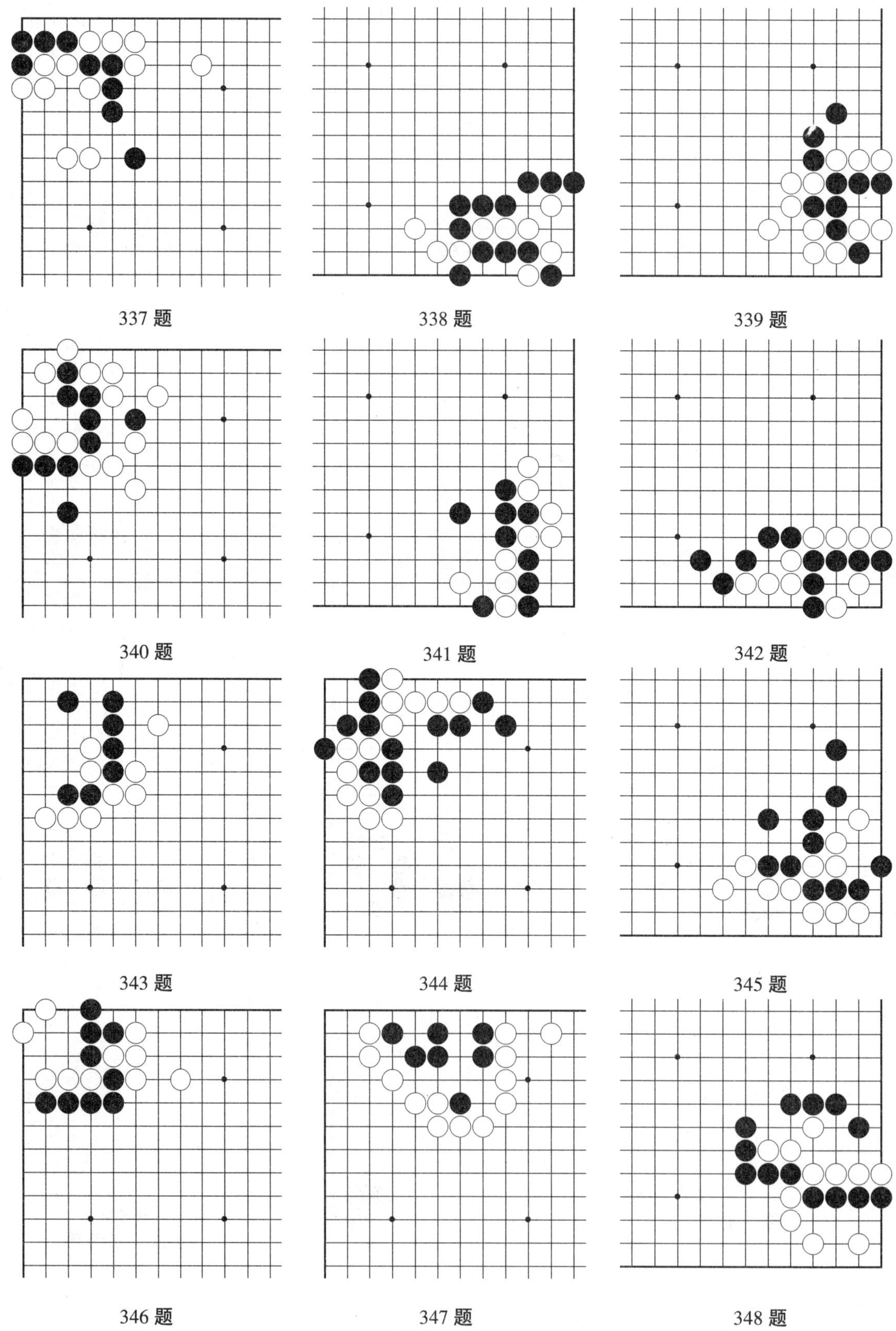
337 题
338 题
339 题
340 题
341 题
342 题
343 题
344 题
345 题
346 题
347 题
348 题

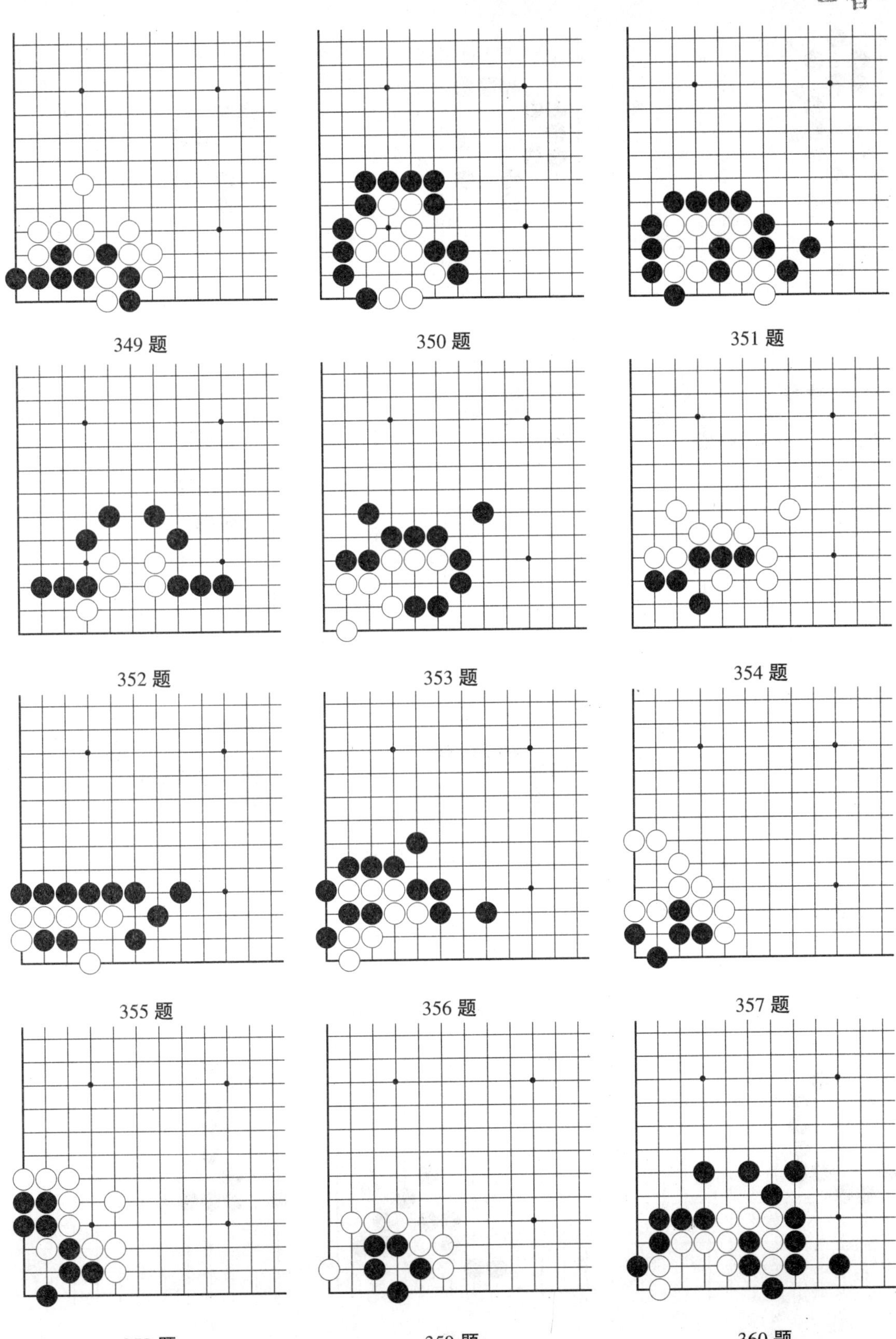

349 题　350 题　351 题

352 题　353 题　354 题

355 题　356 题　357 题

358 题　359 题　360 题

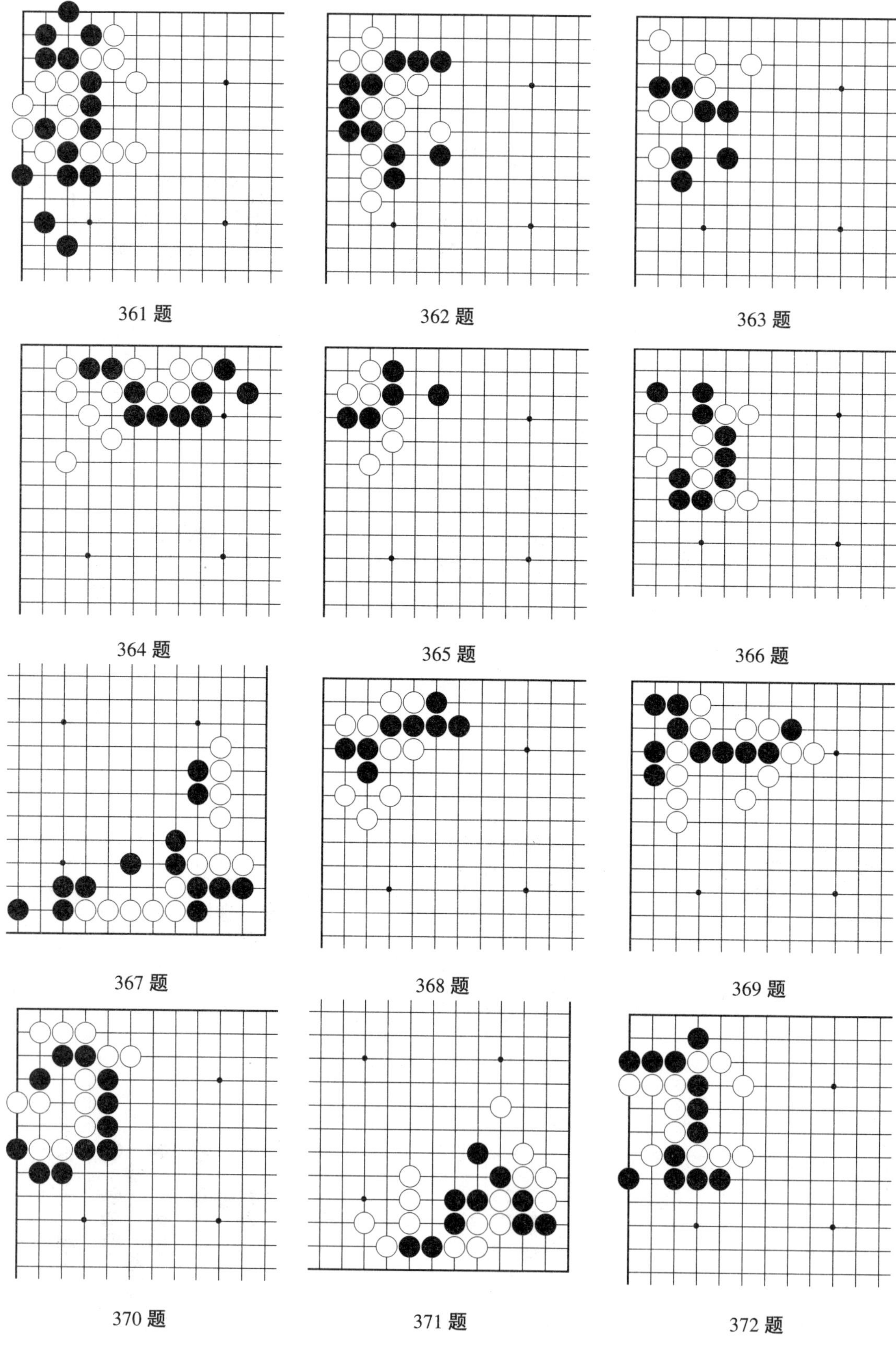

361 题

362 题

363 题

364 题

365 题

366 题

367 题

368 题

369 题

370 题

371 题

372 题

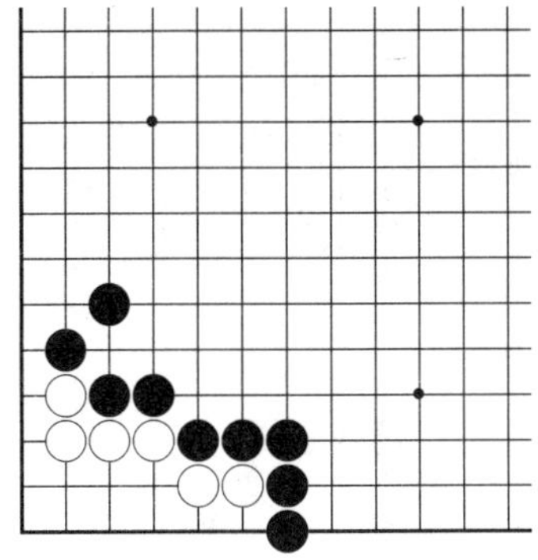

373 题

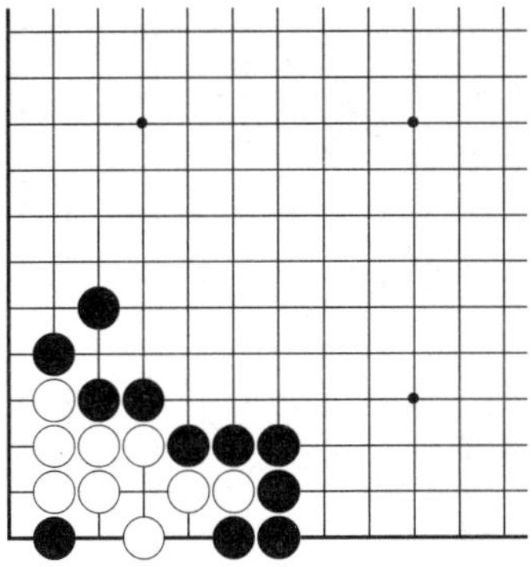

374 题

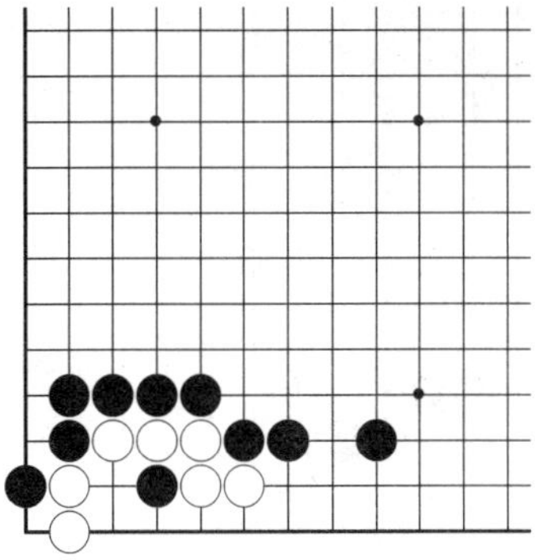

375 题

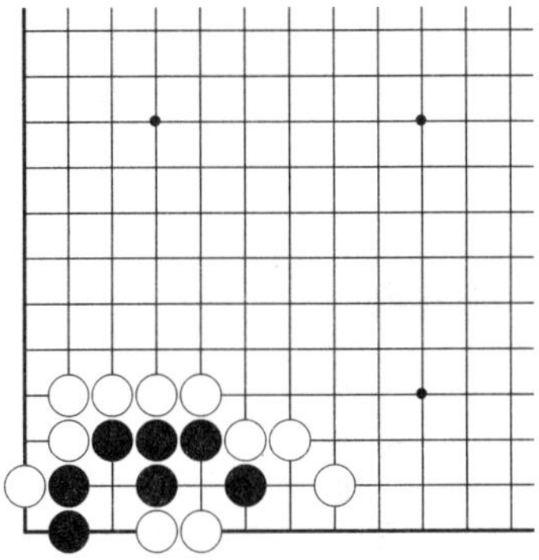

376 题

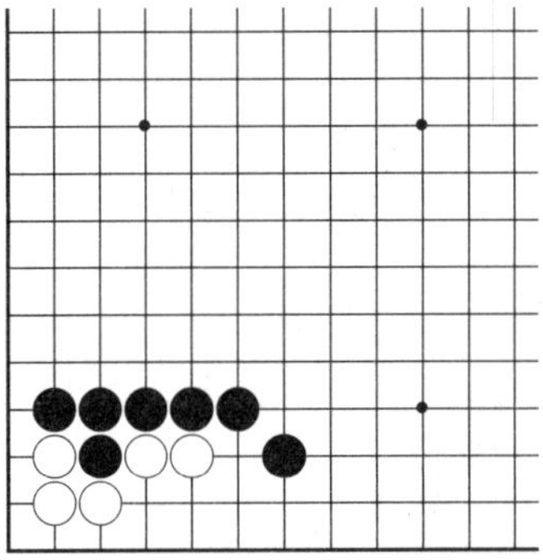

377 题

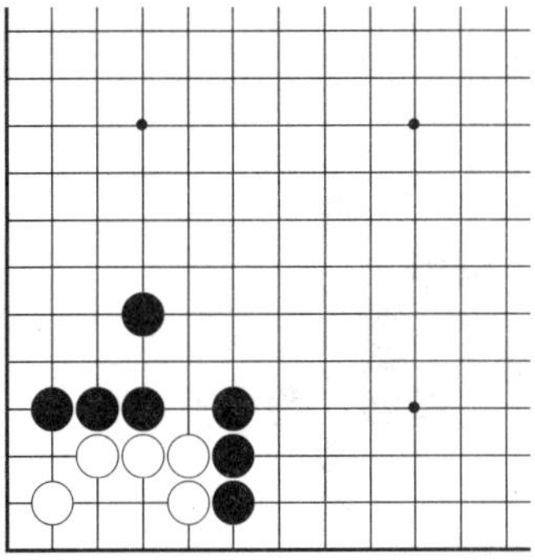

378 题

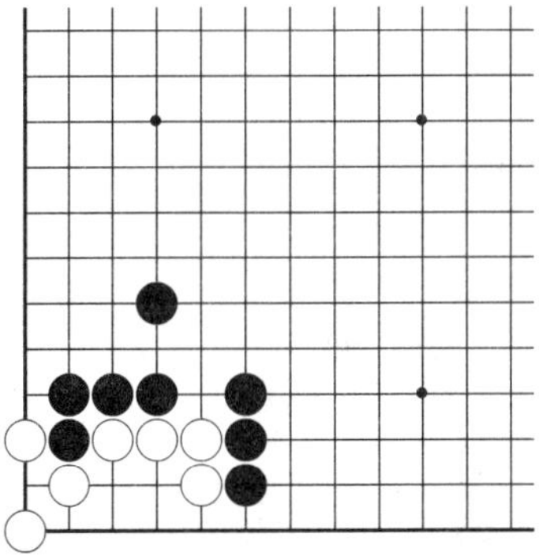

379 题

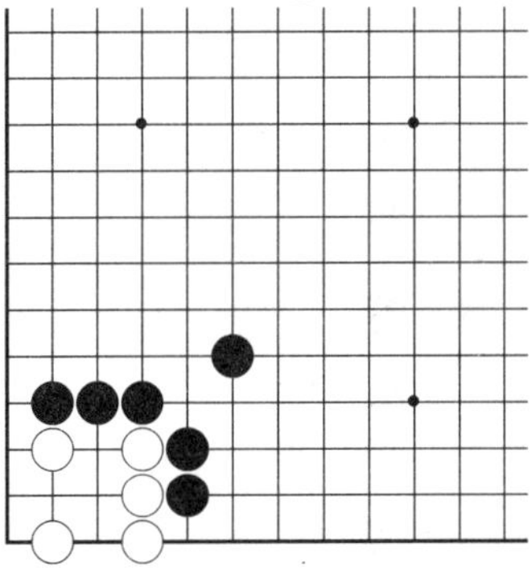

380 题

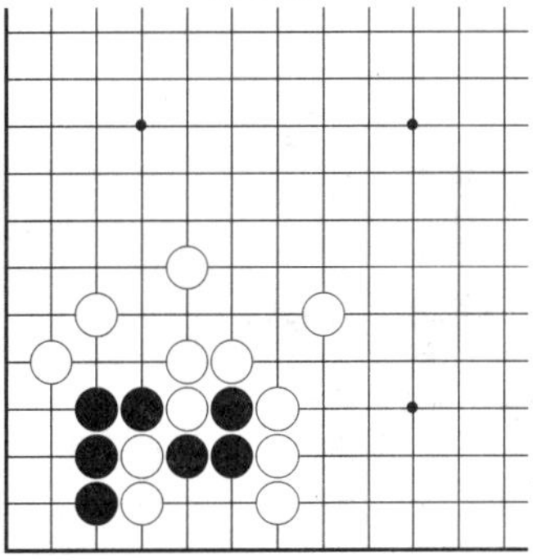

381 题

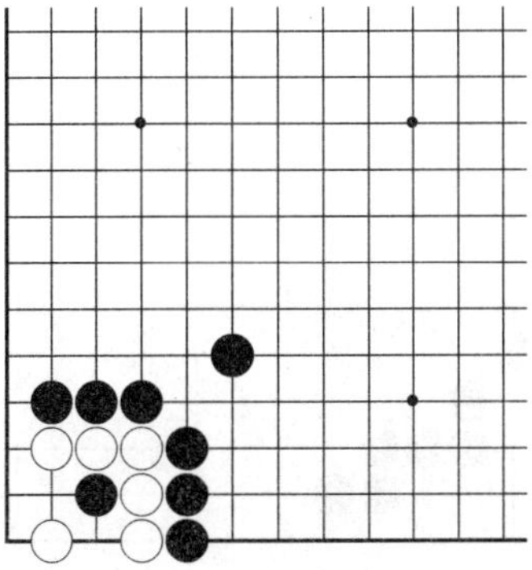

382 题

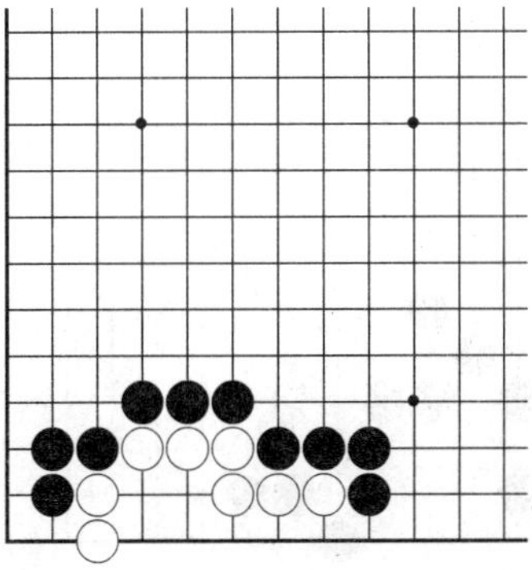

383 题

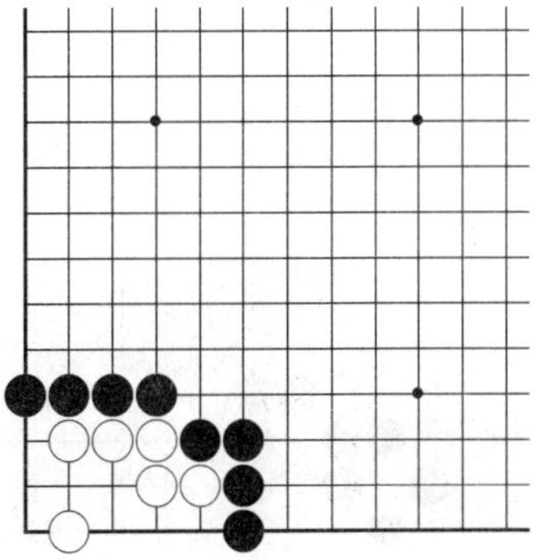

384 题

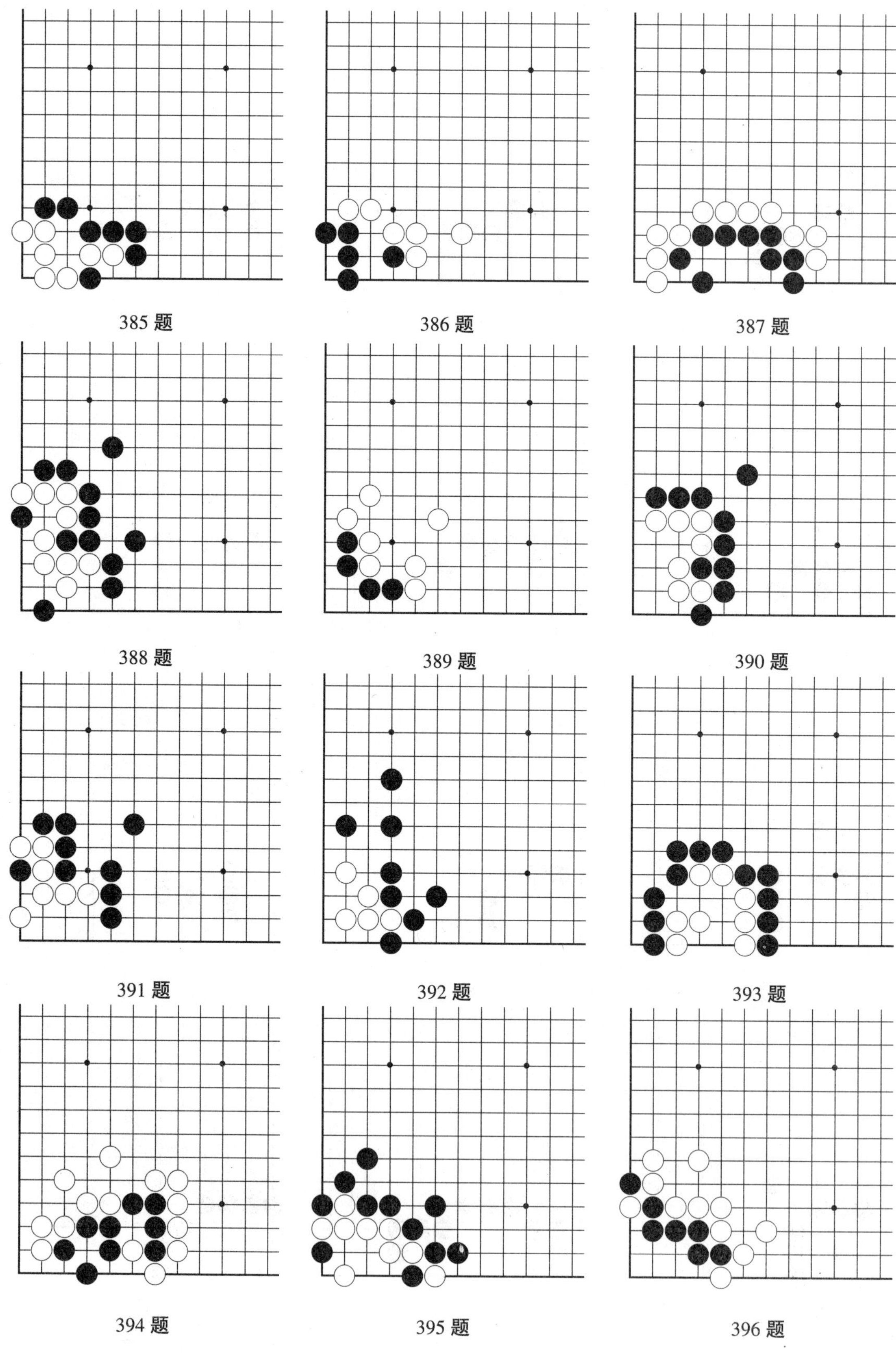

385 题
386 题
387 题
388 题
389 题
390 题
391 题
392 题
393 题
394 题
395 题
396 题

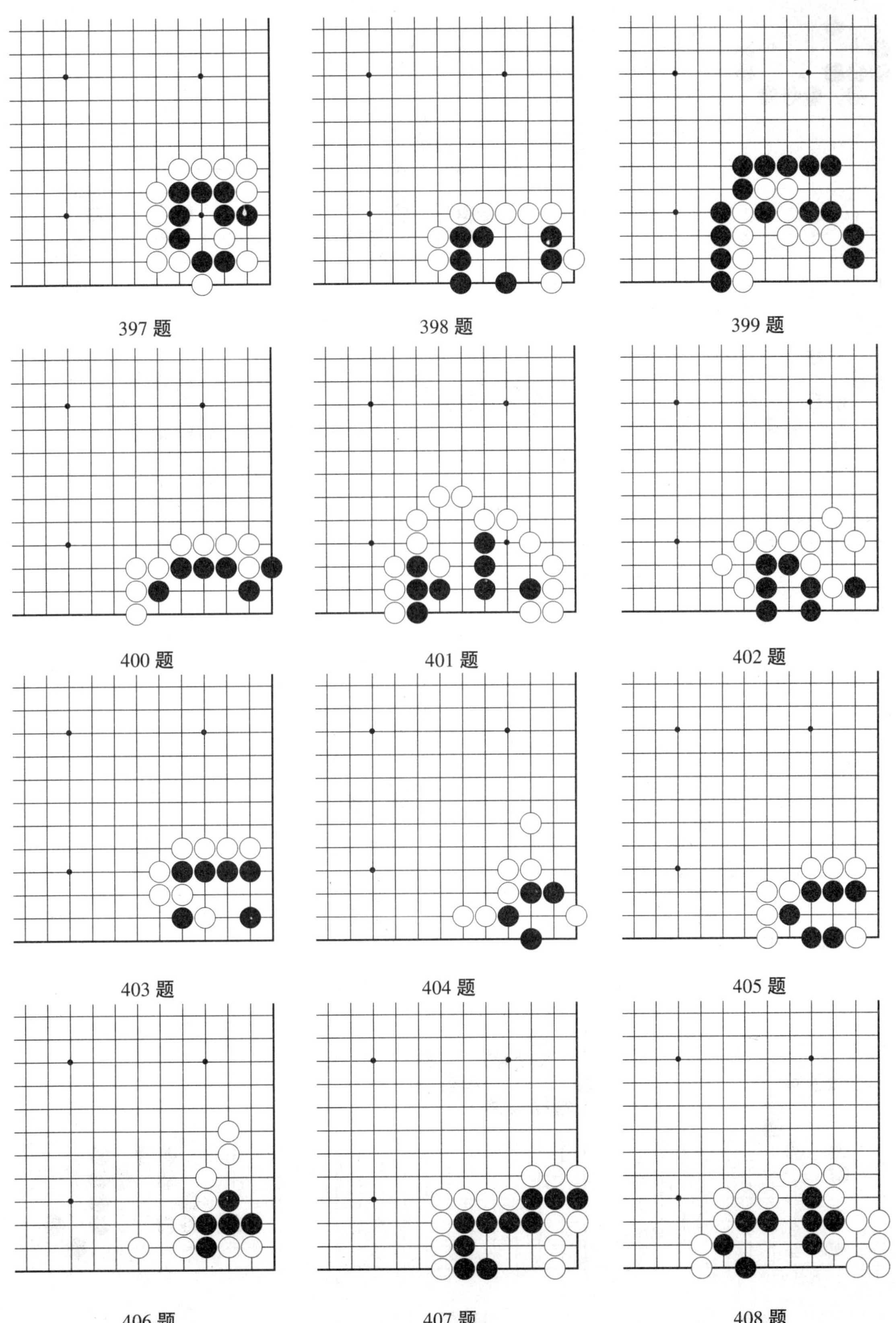
397 题
398 题
399 题
400 题
401 题
402 题
403 题
404 题
405 题
406 题
407 题
408 题

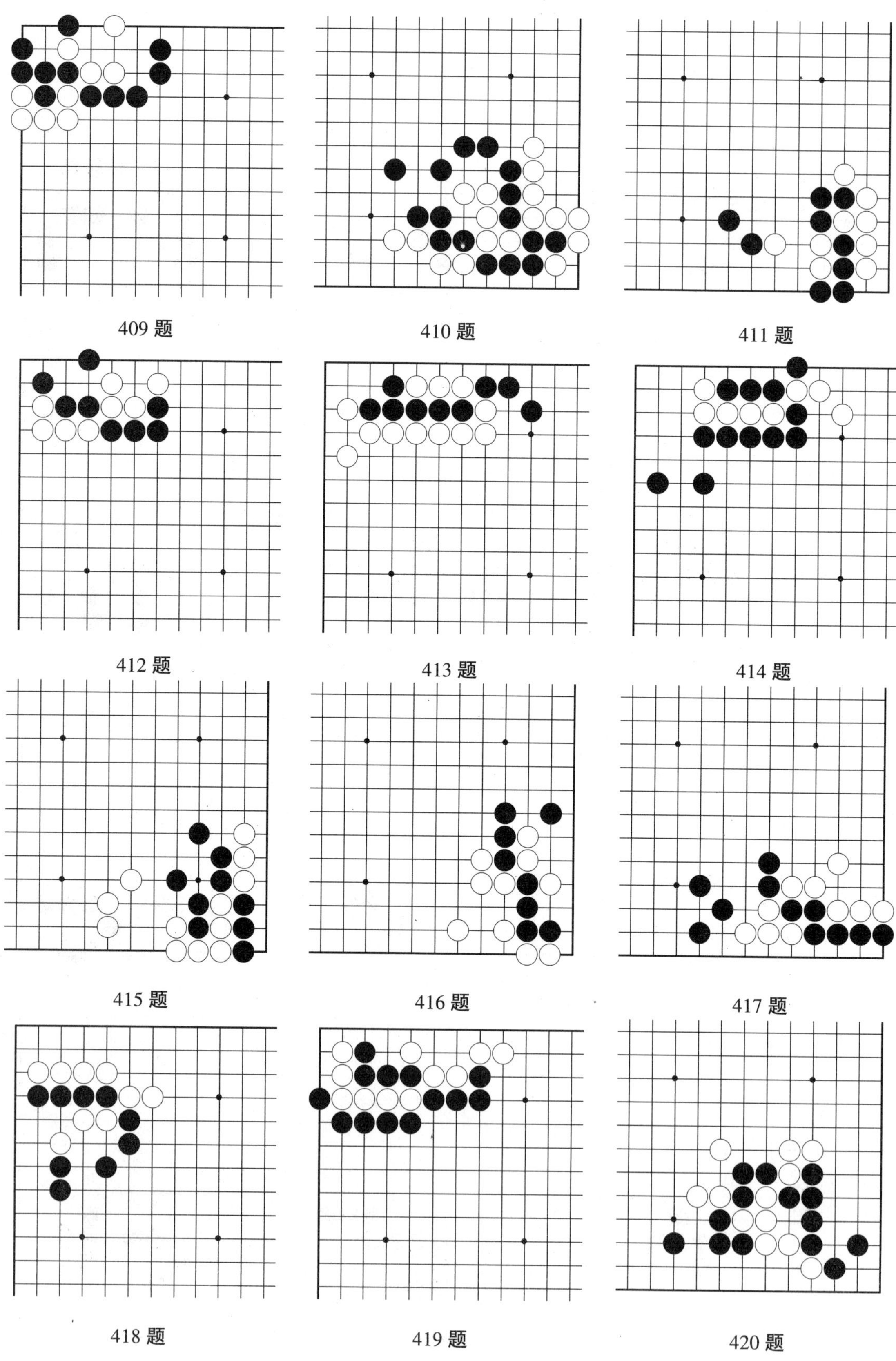

409 题

410 题

411 题

412 题

413 题

414 题

415 题

416 题

417 题

418 题

419 题

420 题

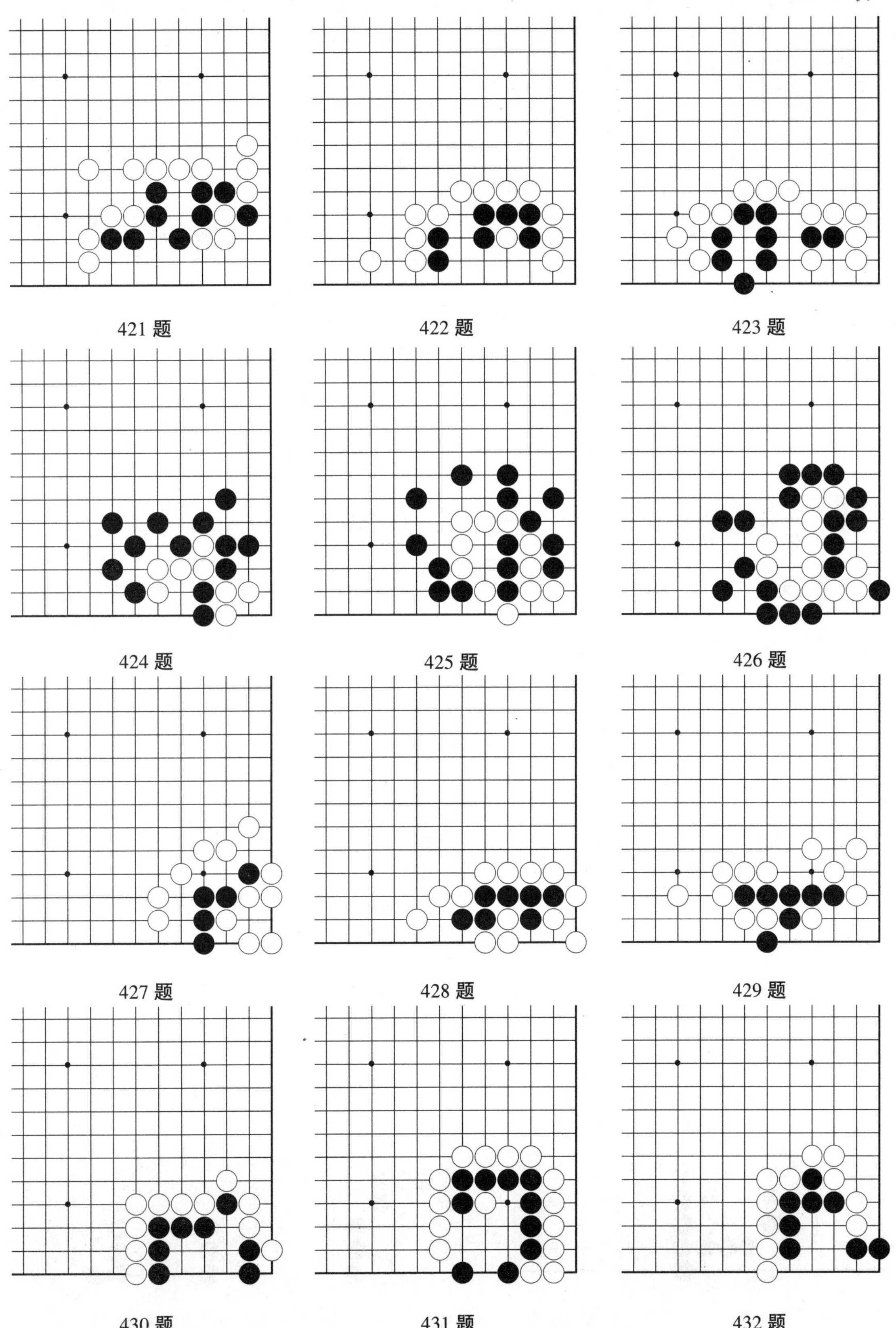

421 题

422 题

423 题

424 题

425 题

426 题

427 题

428 题

429 题

430 题

431 题

432 题

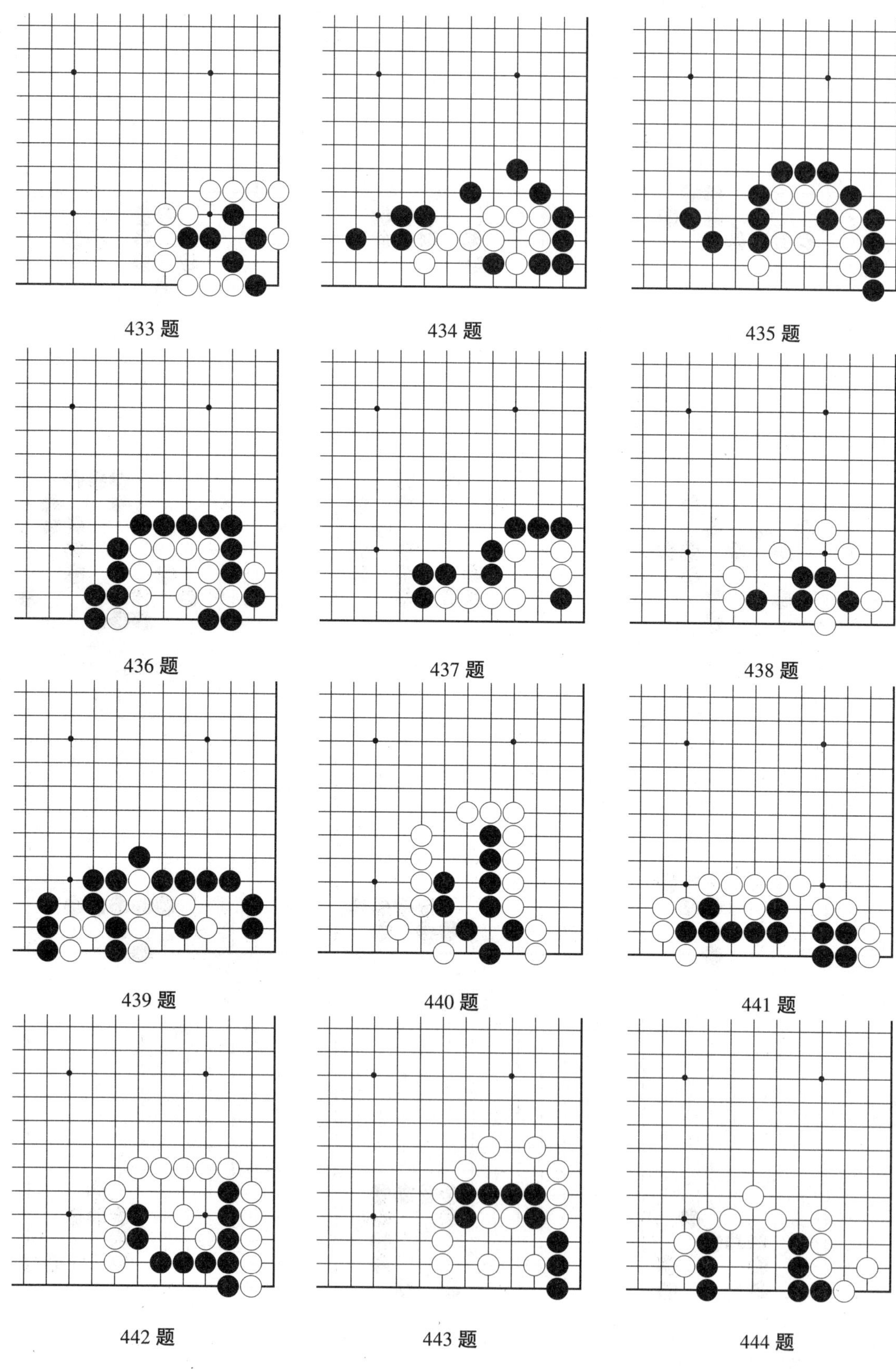

433 题

434 题

435 题

436 题

437 题

438 题

439 题

440 题

441 题

442 题

443 题

444 题

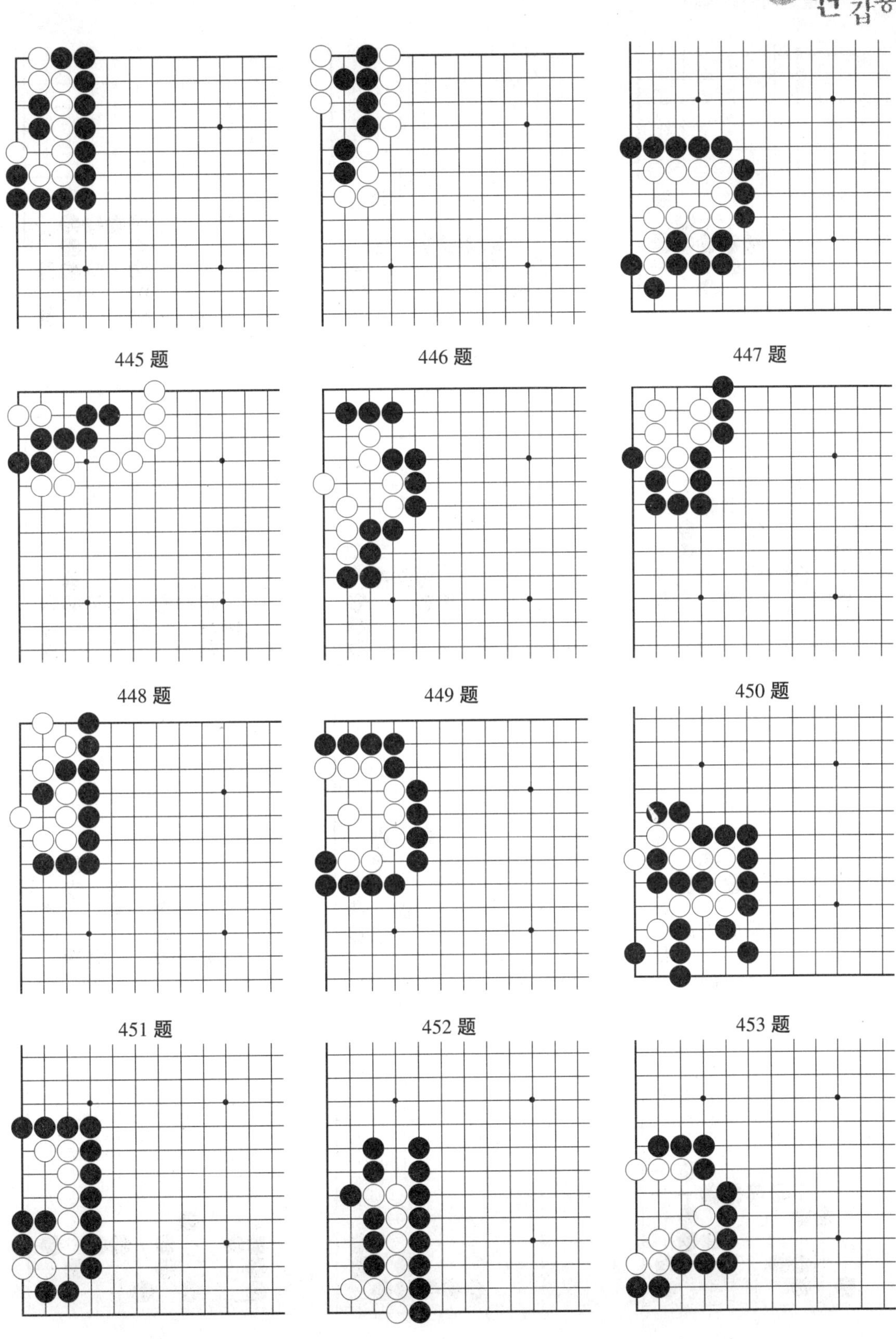

445 题

446 题

447 题

448 题

449 题

450 题

451 题

452 题

453 题

454 题

455 题

456 题

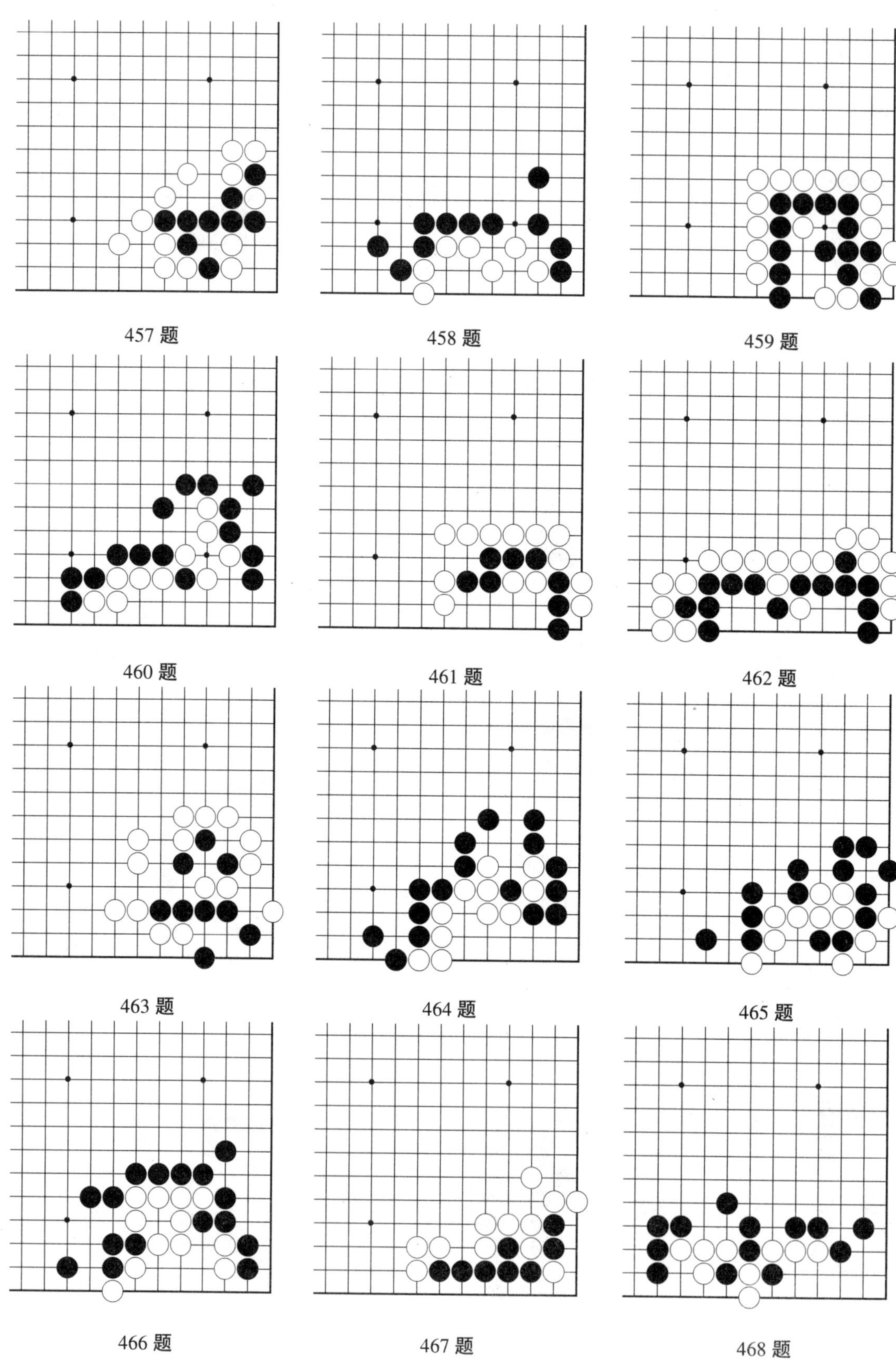

457 题

458 题

459 题

460 题

461 题

462 题

463 题

464 题

465 题

466 题

467 题

468 题

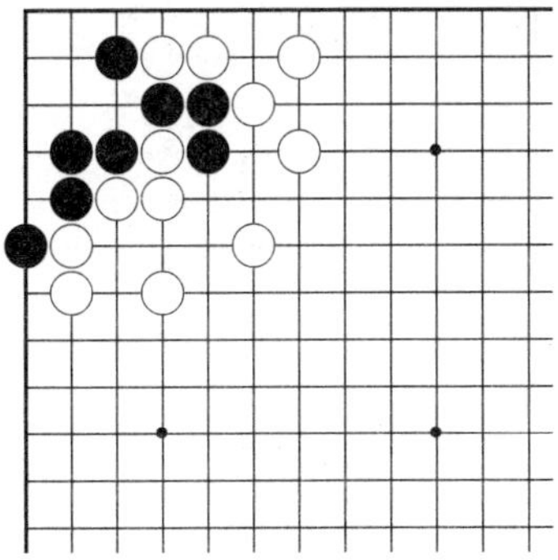

469 题

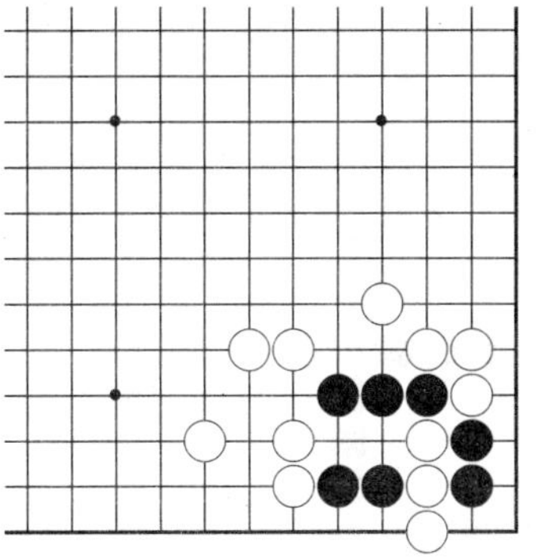

470 题

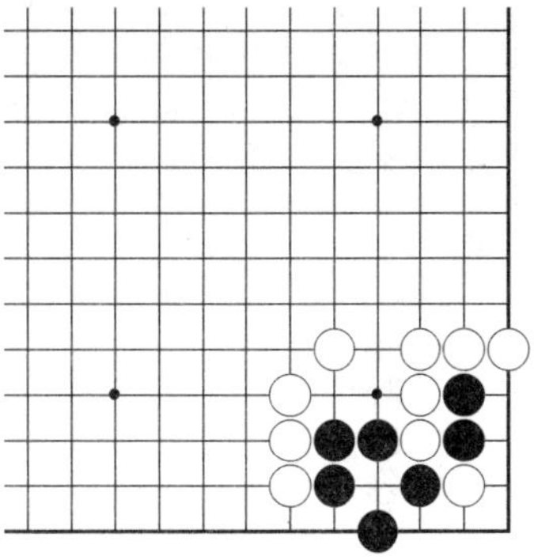

471 题

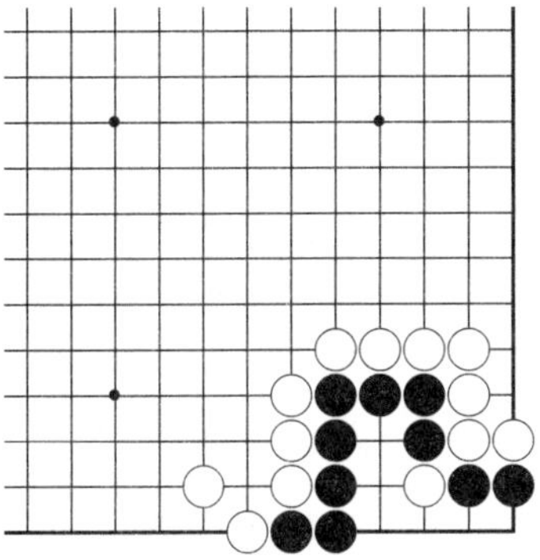

472 题

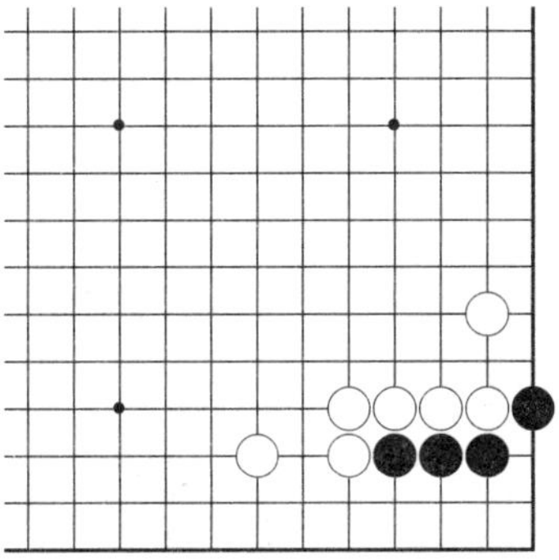

473 题

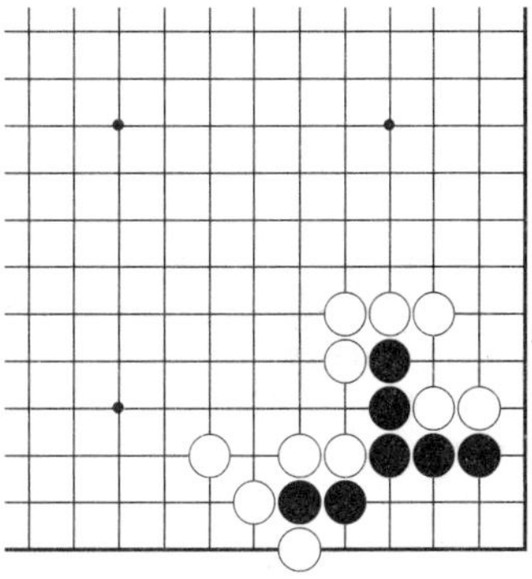

474 题

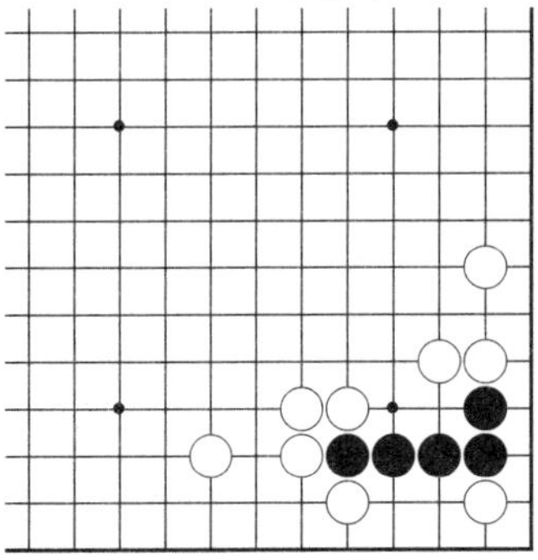

475 题

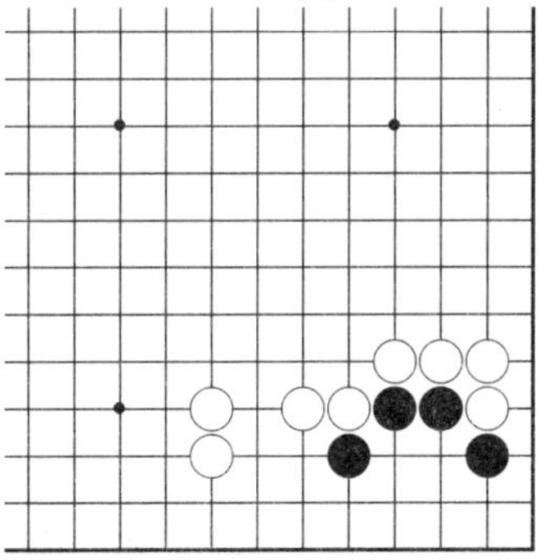

476 题

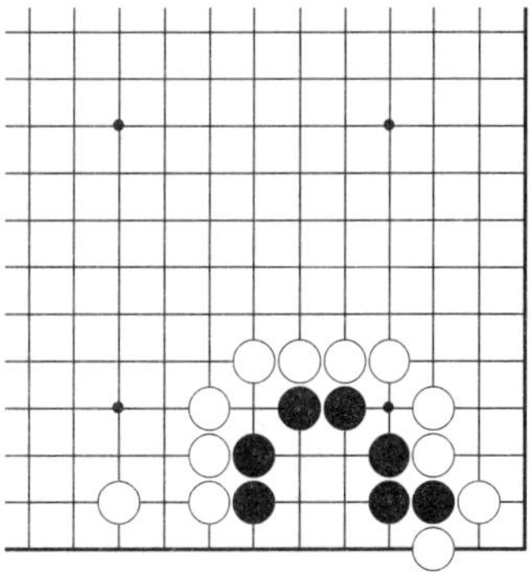

477 题

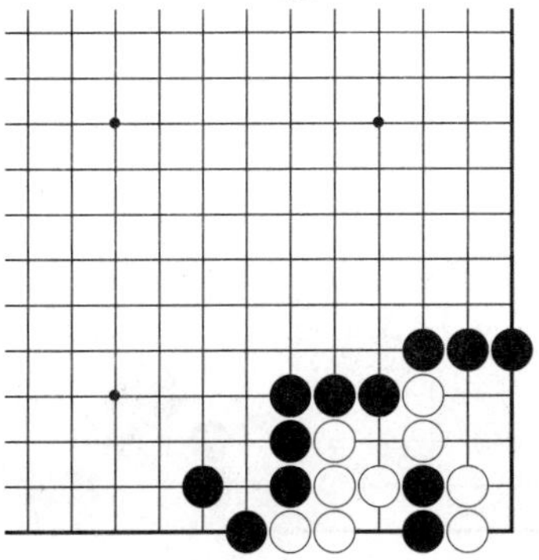

478 题

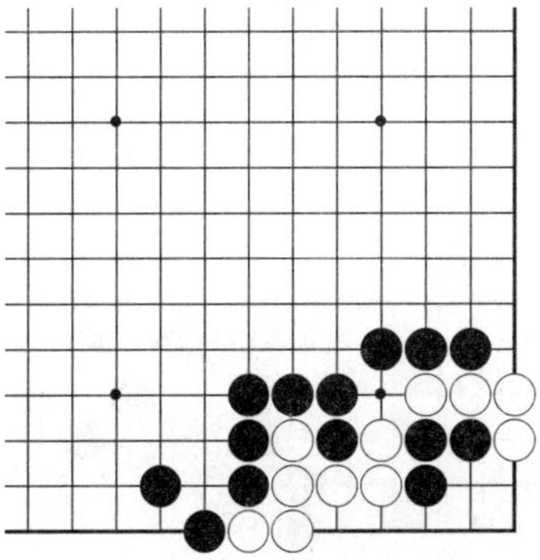

479 题

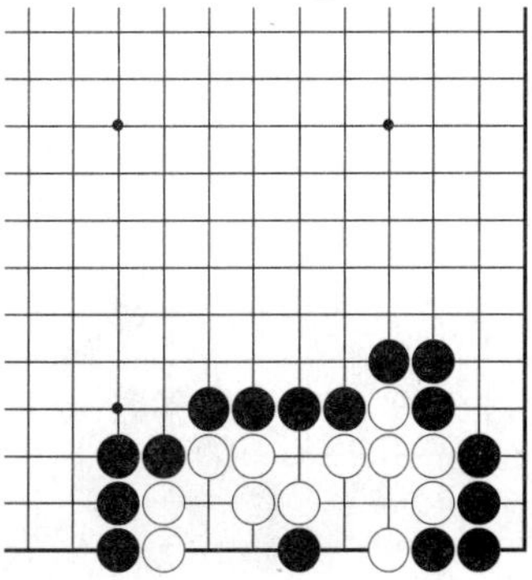

480 题

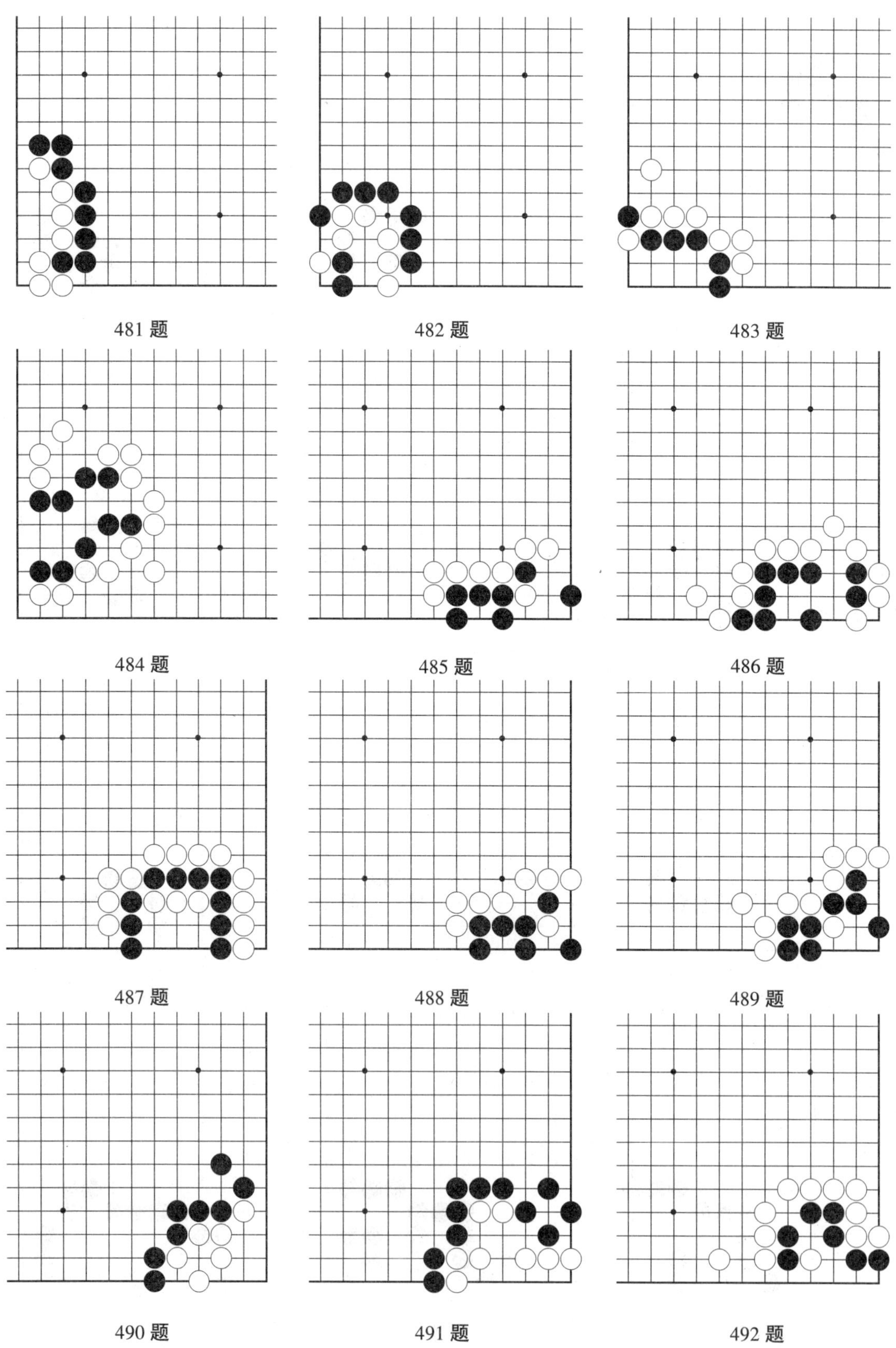

481 题

482 题

483 题

484 题

485 题

486 题

487 题

488 题

489 题

490 题

491 题

492 题

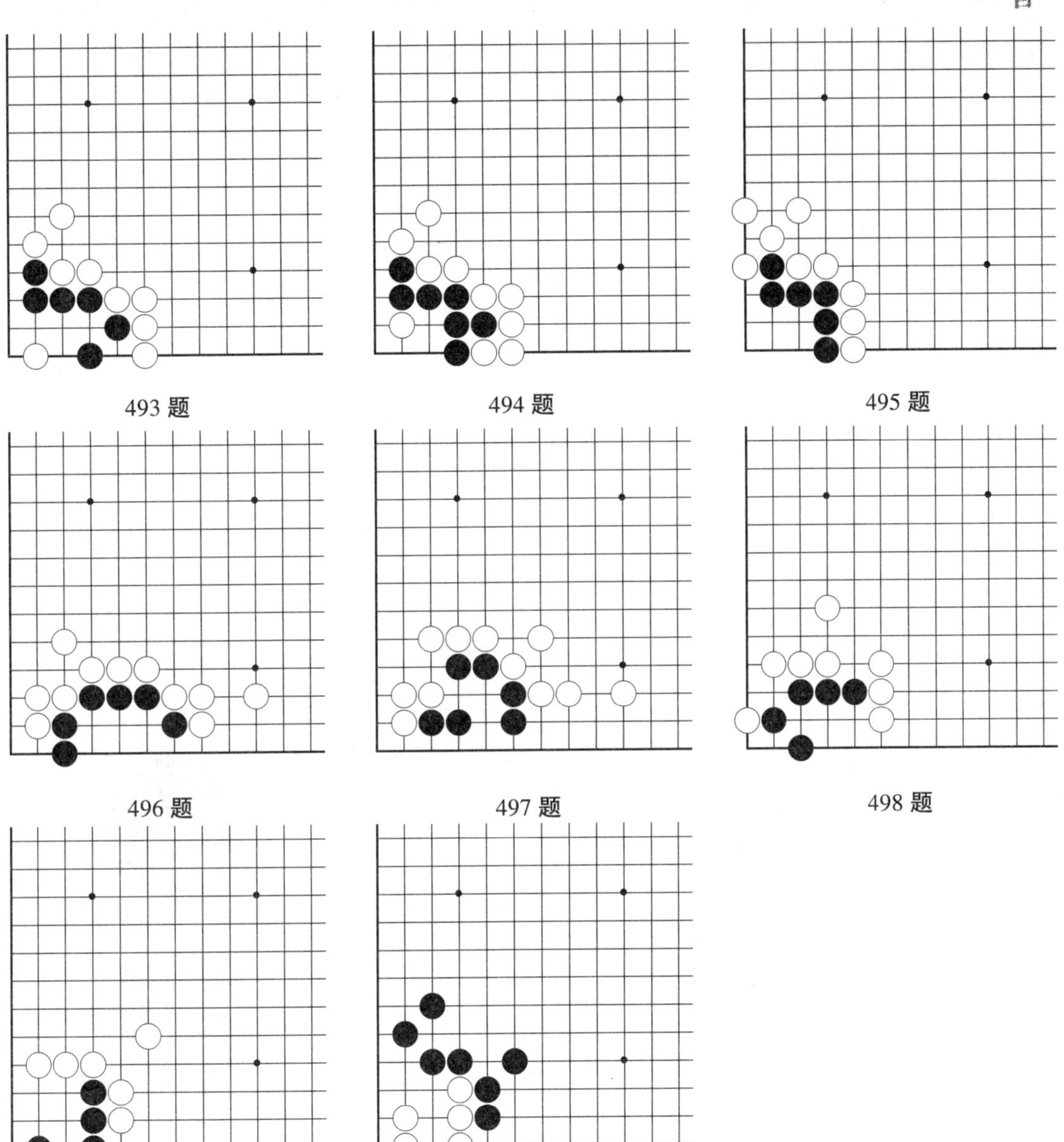

493 题

494 题

495 题

496 题

497 题

498 题

499 题

500 题

高

级

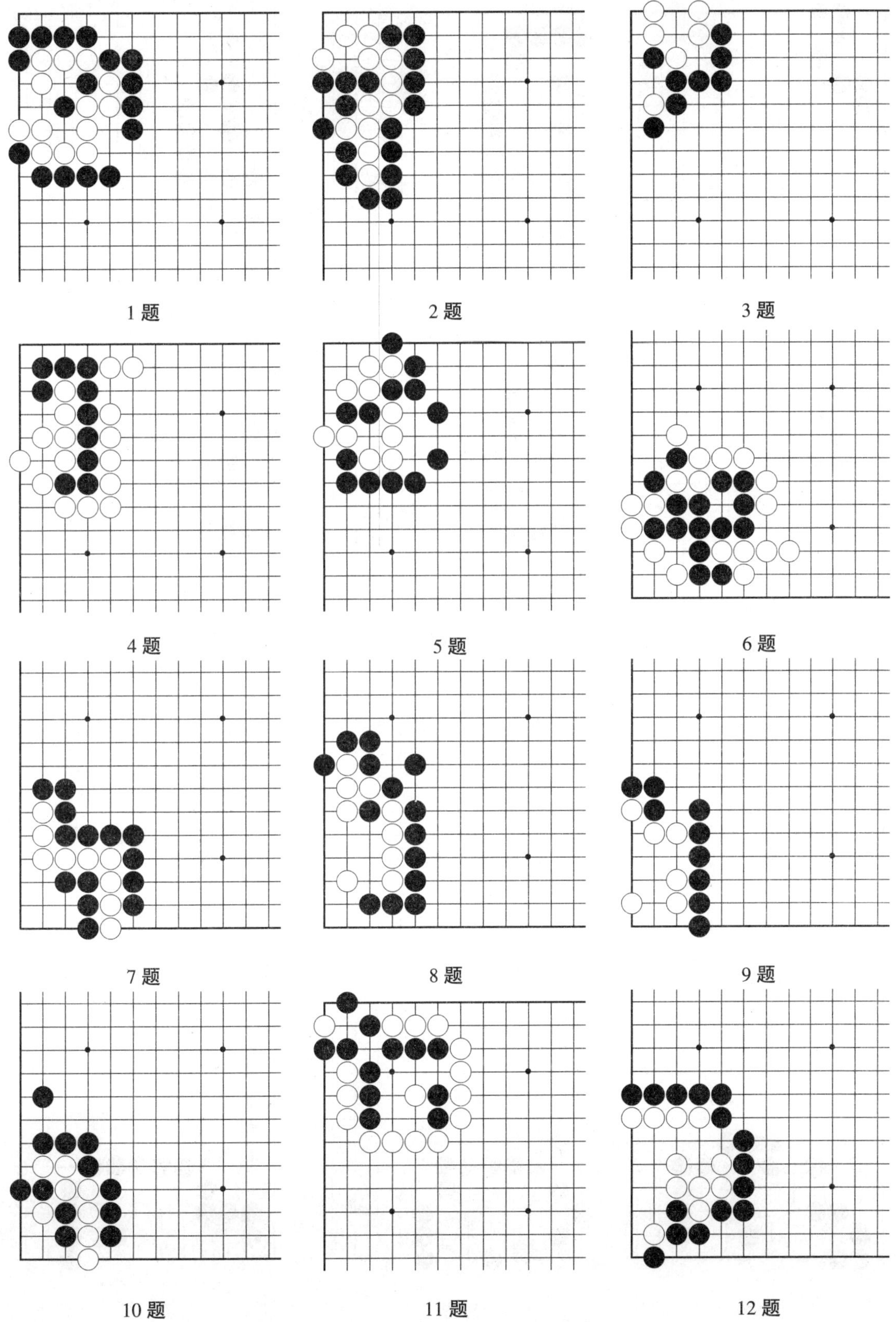
1 题
2 题
3 题
4 题
5 题
6 题
7 题
8 题
9 题
10 题
11 题
12 题

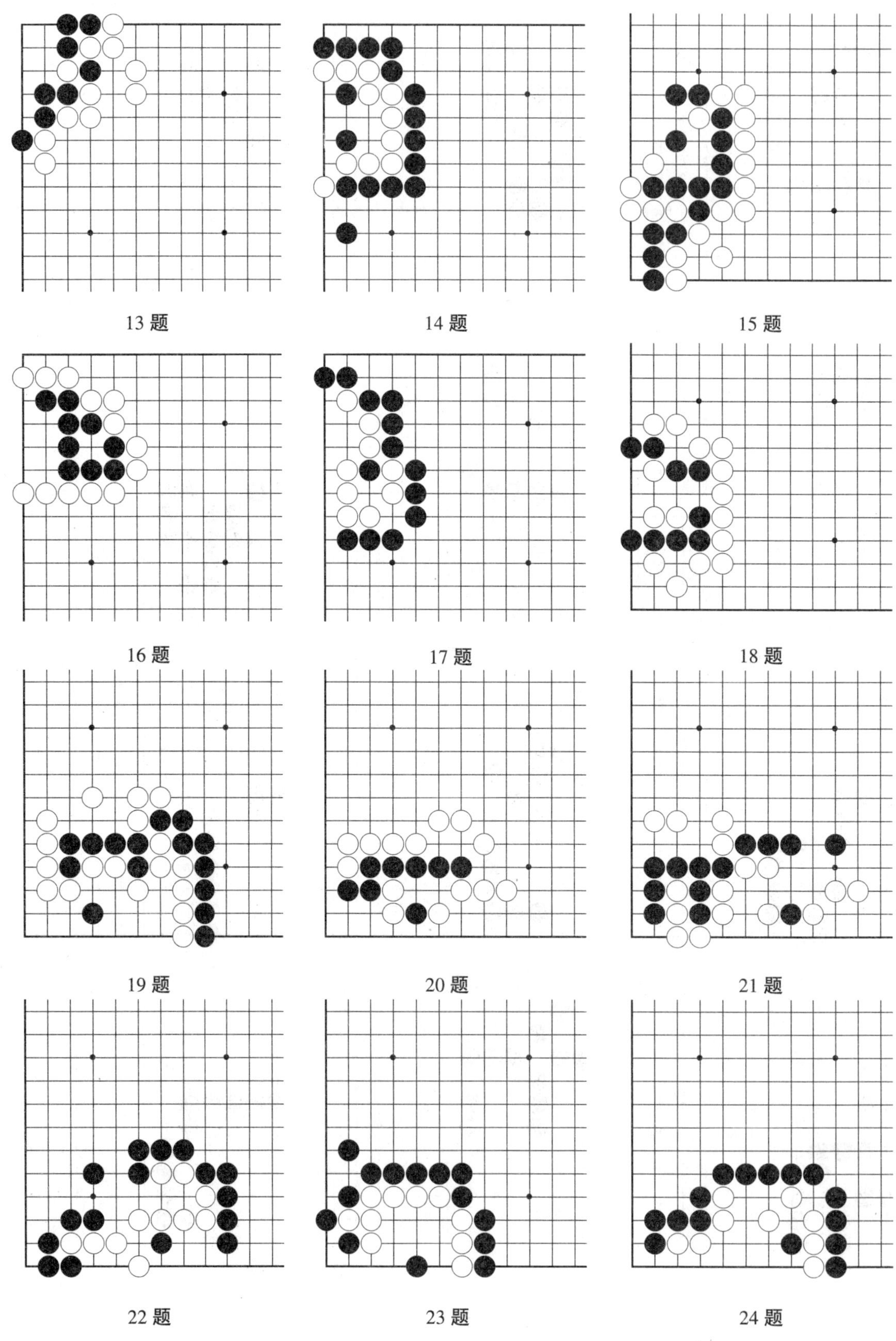

13 题

14 题

15 题

16 题

17 题

18 题

19 题

20 题

21 题

22 题

23 题

24 题

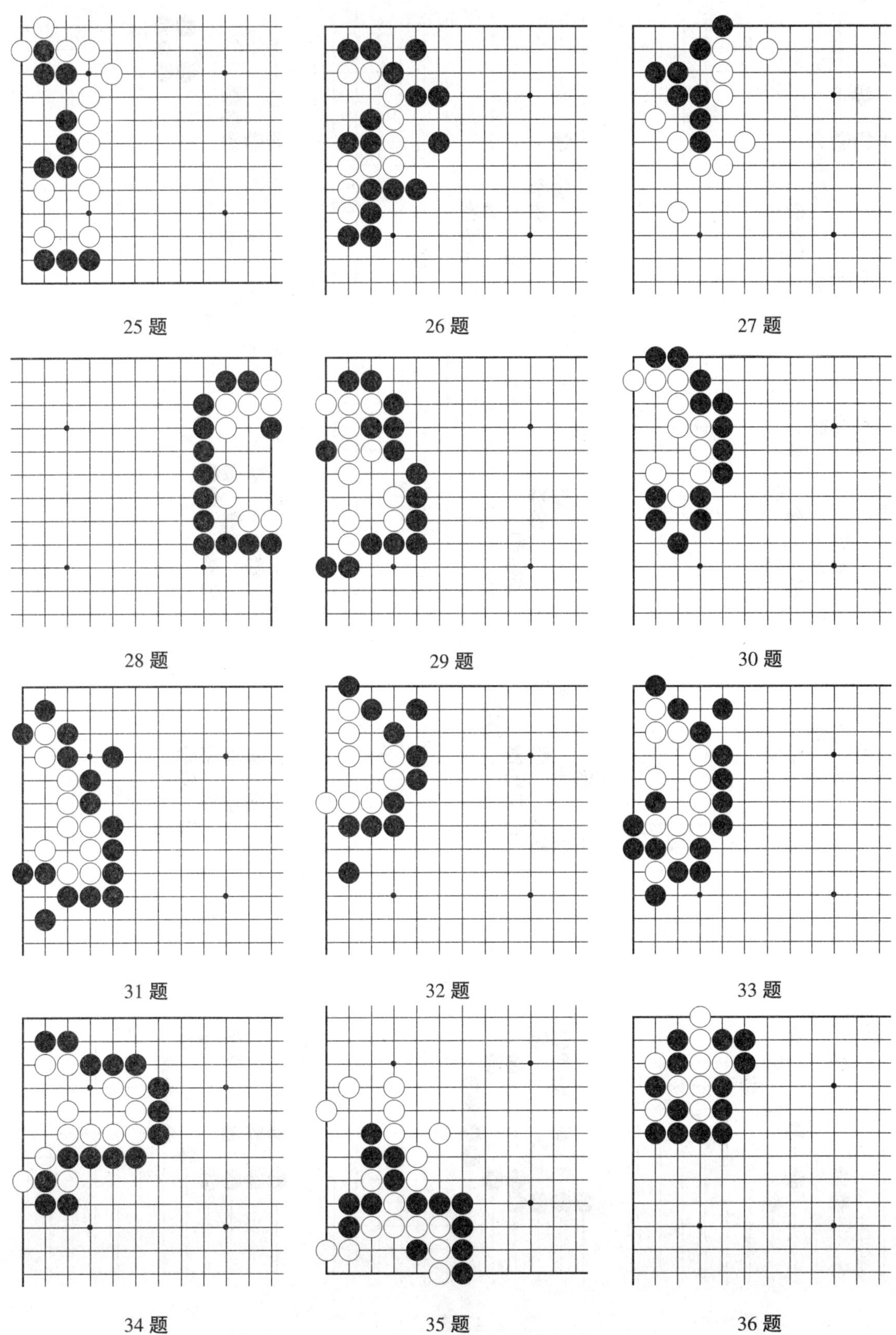

25 题 26 题 27 题

28 题 29 题 30 题

31 题 32 题 33 题

34 题 35 题 36 题

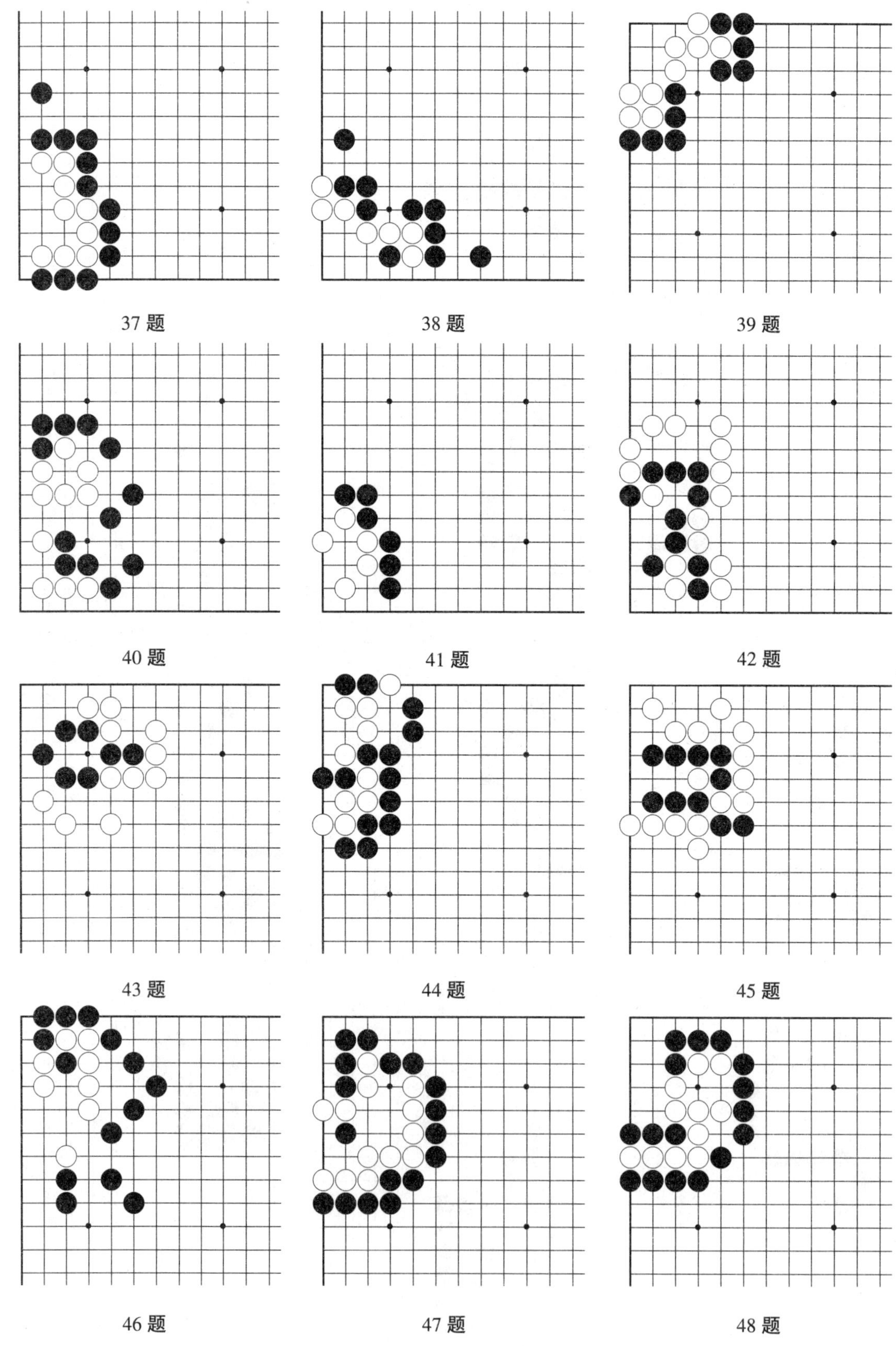

37 题

38 题

39 题

40 题

41 题

42 题

43 题

44 题

45 题

46 题

47 题

48 题

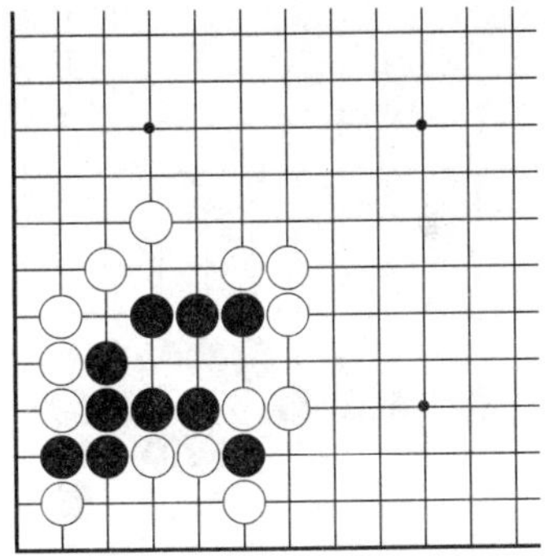

49 题

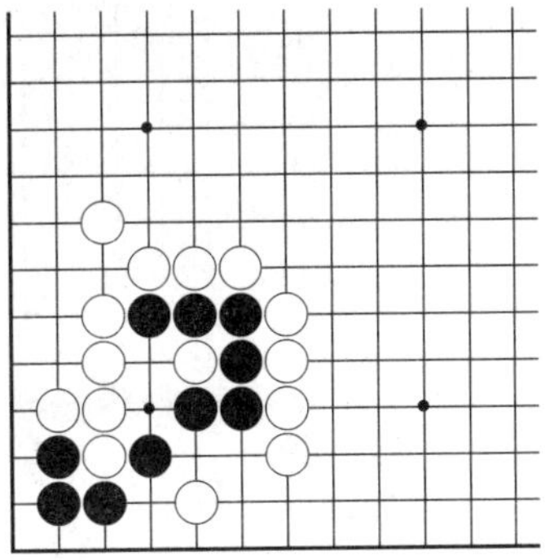

50 题

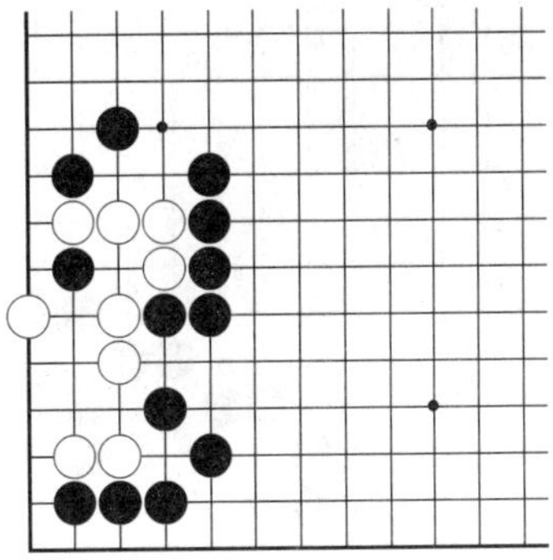

51 题

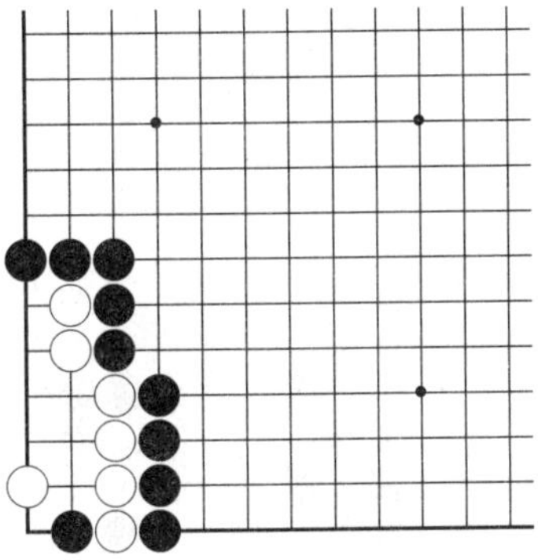

52 题

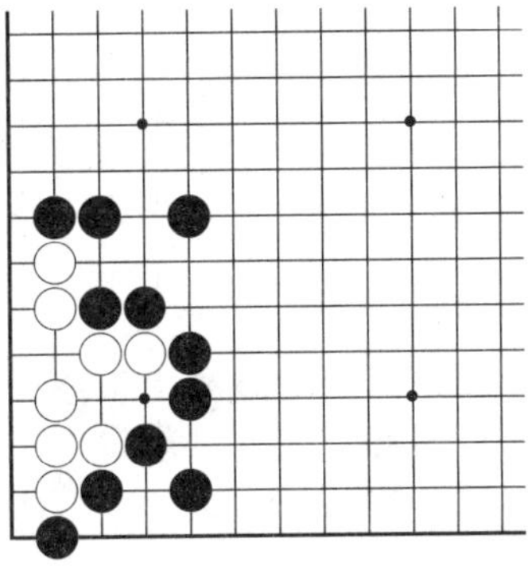

53 题

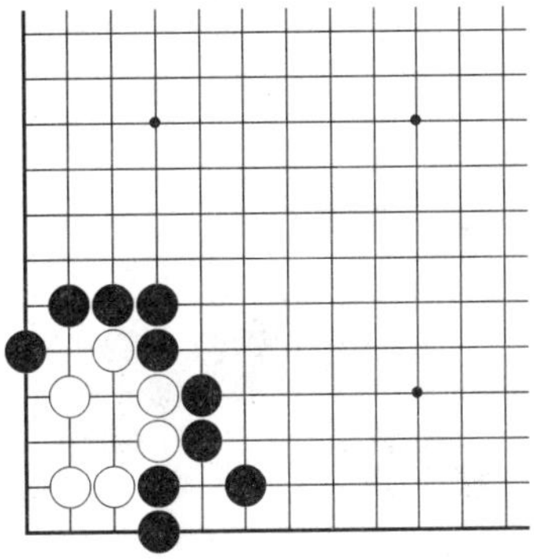

54 题

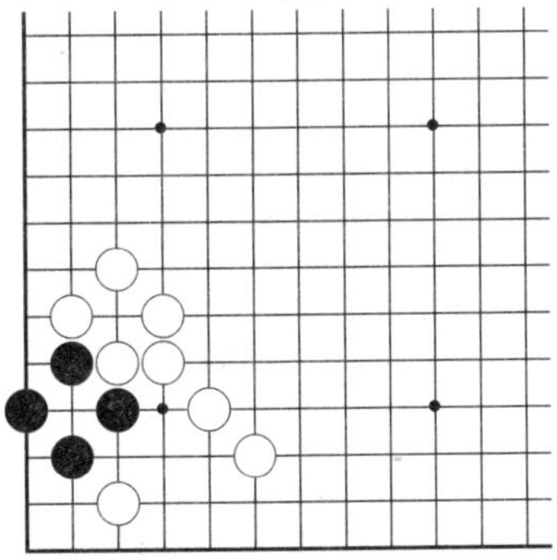

55 题

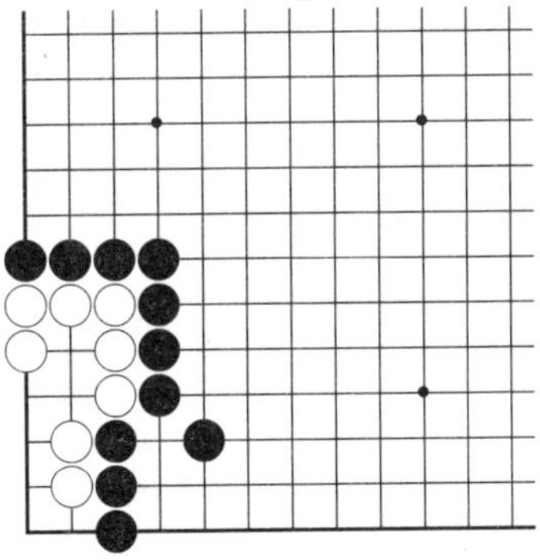

56 题

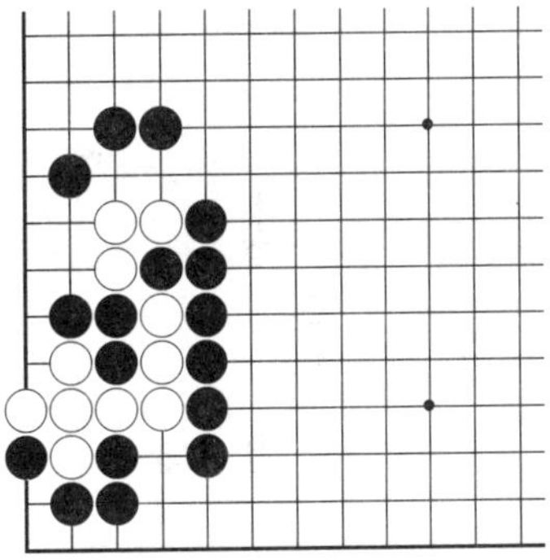

57 题

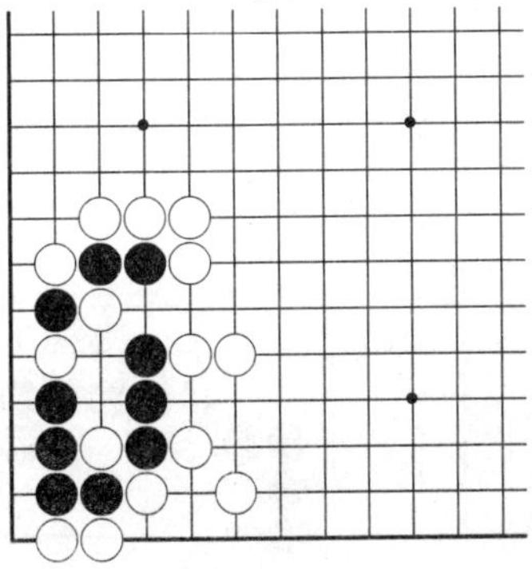

58 题

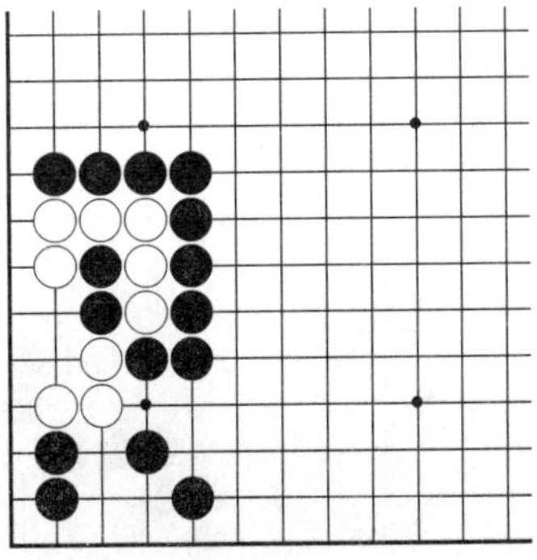

59 题

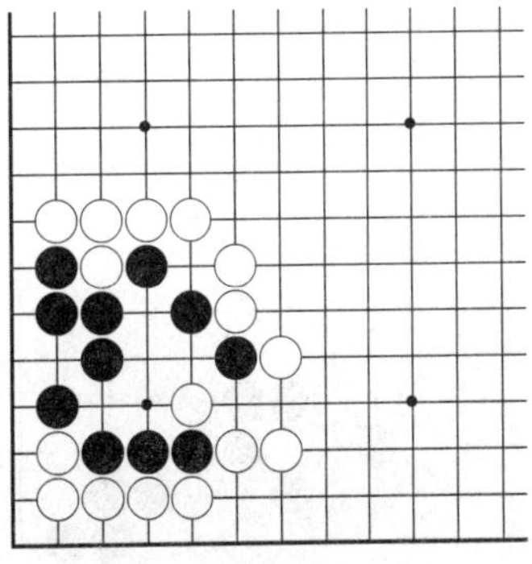

60 题

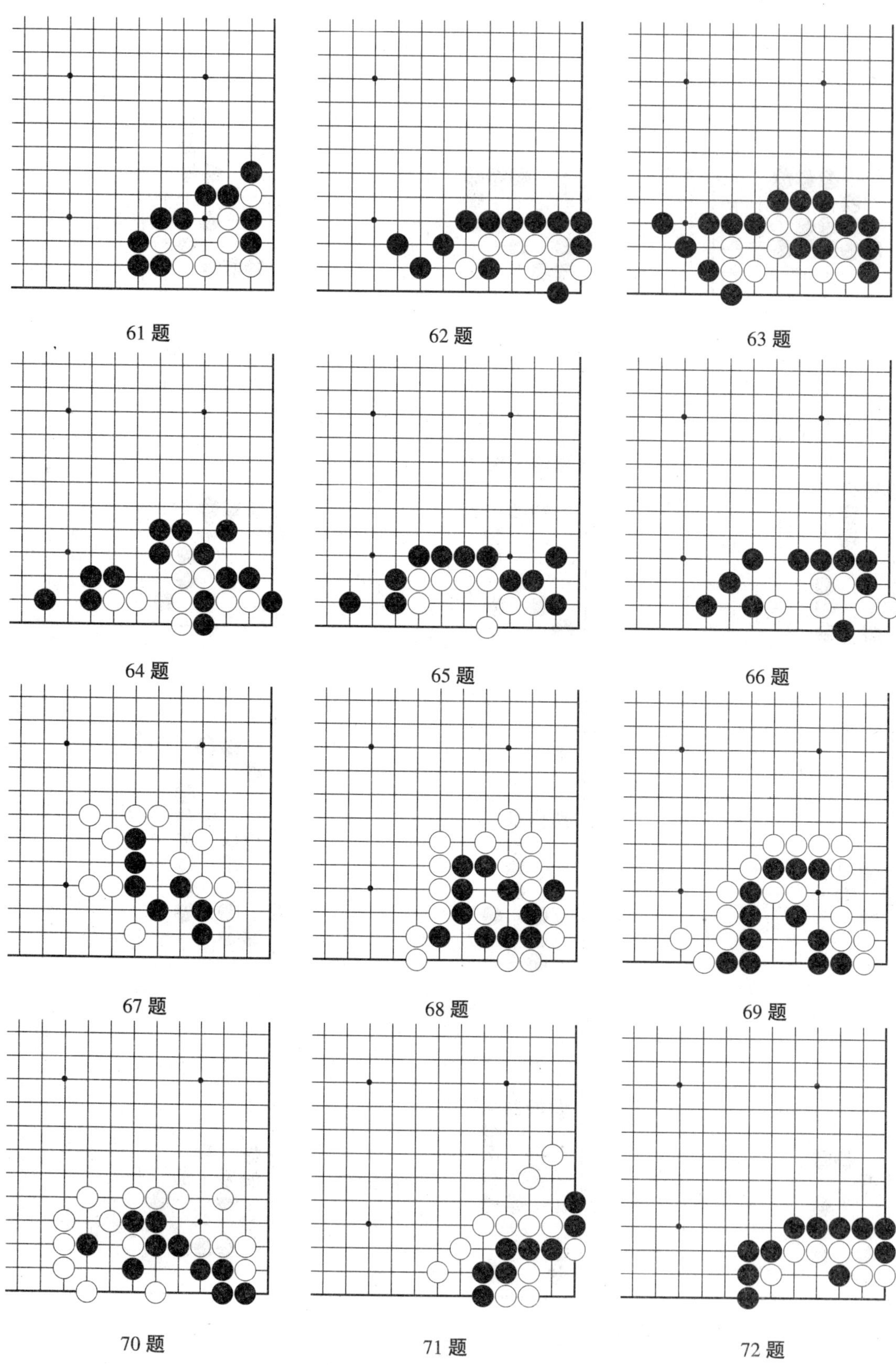

61 题

62 题

63 题

64 题

65 题

66 题

67 题

68 题

69 题

70 题

71 题

72 题

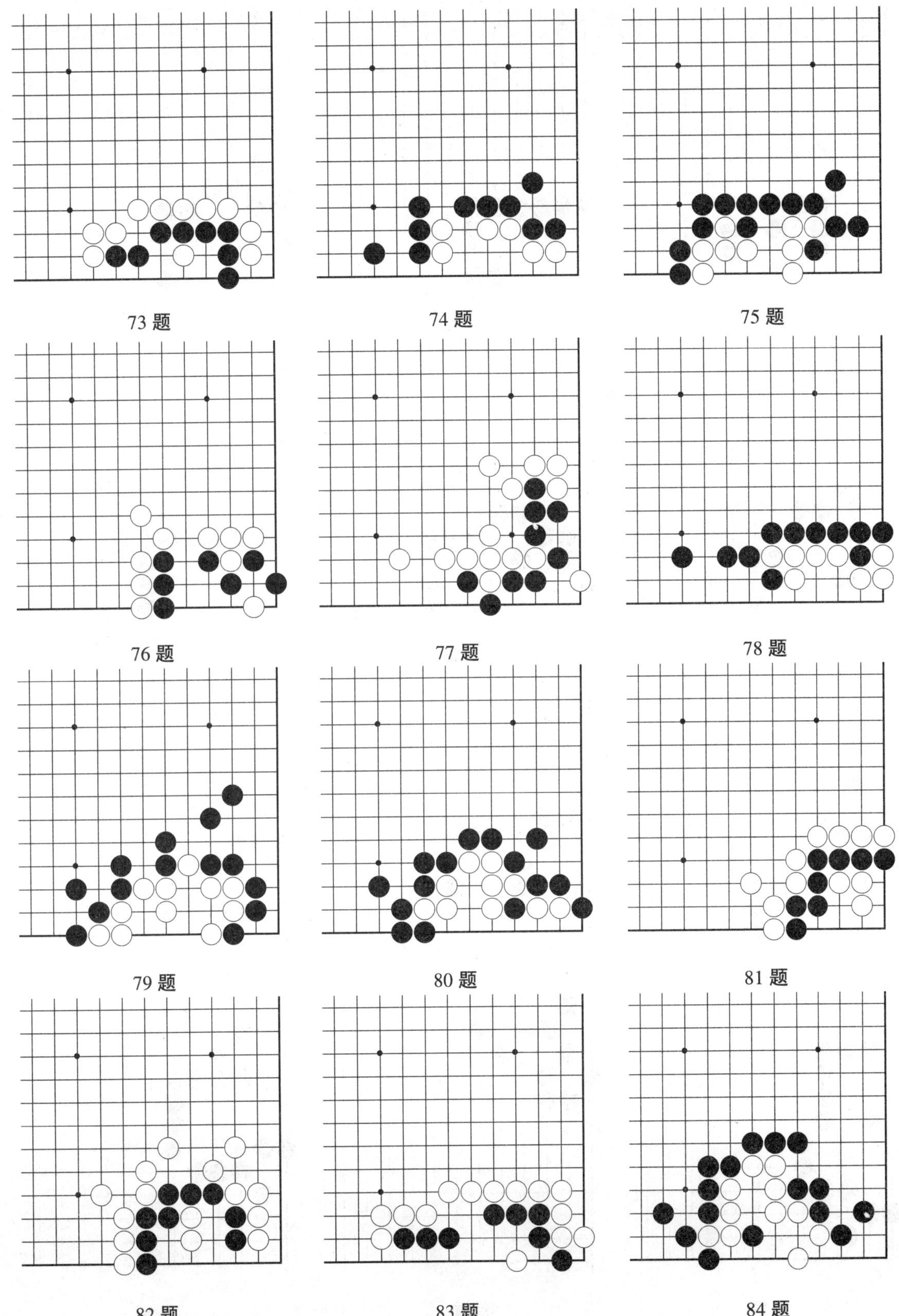

73 题 74 题 75 题

76 题 77 题 78 题

79 题 80 题 81 题

82 题 83 题 84 题

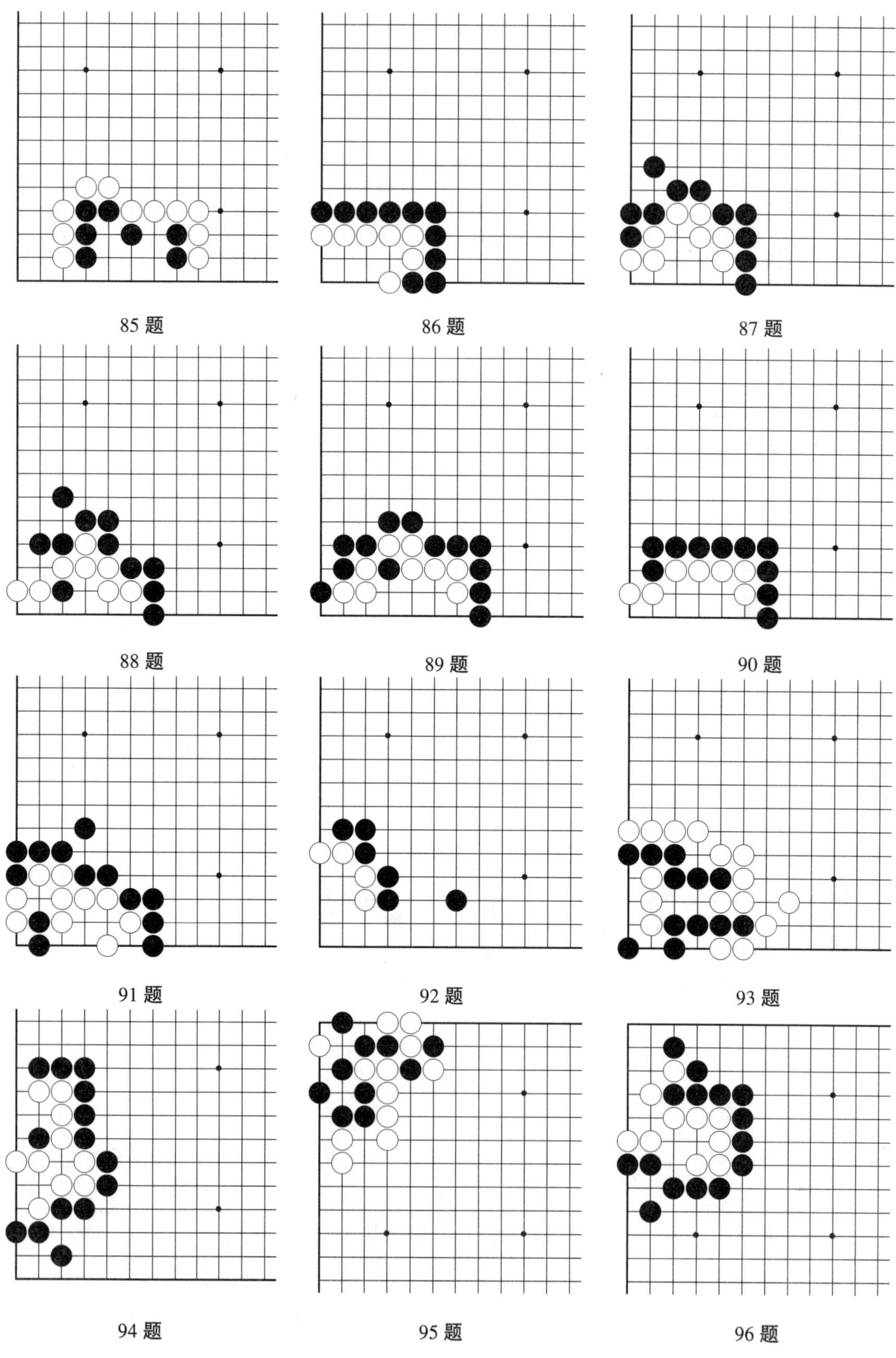

85 题

86 题

87 题

88 题

89 题

90 题

91 题

92 题

93 题

94 题

95 题

96 题

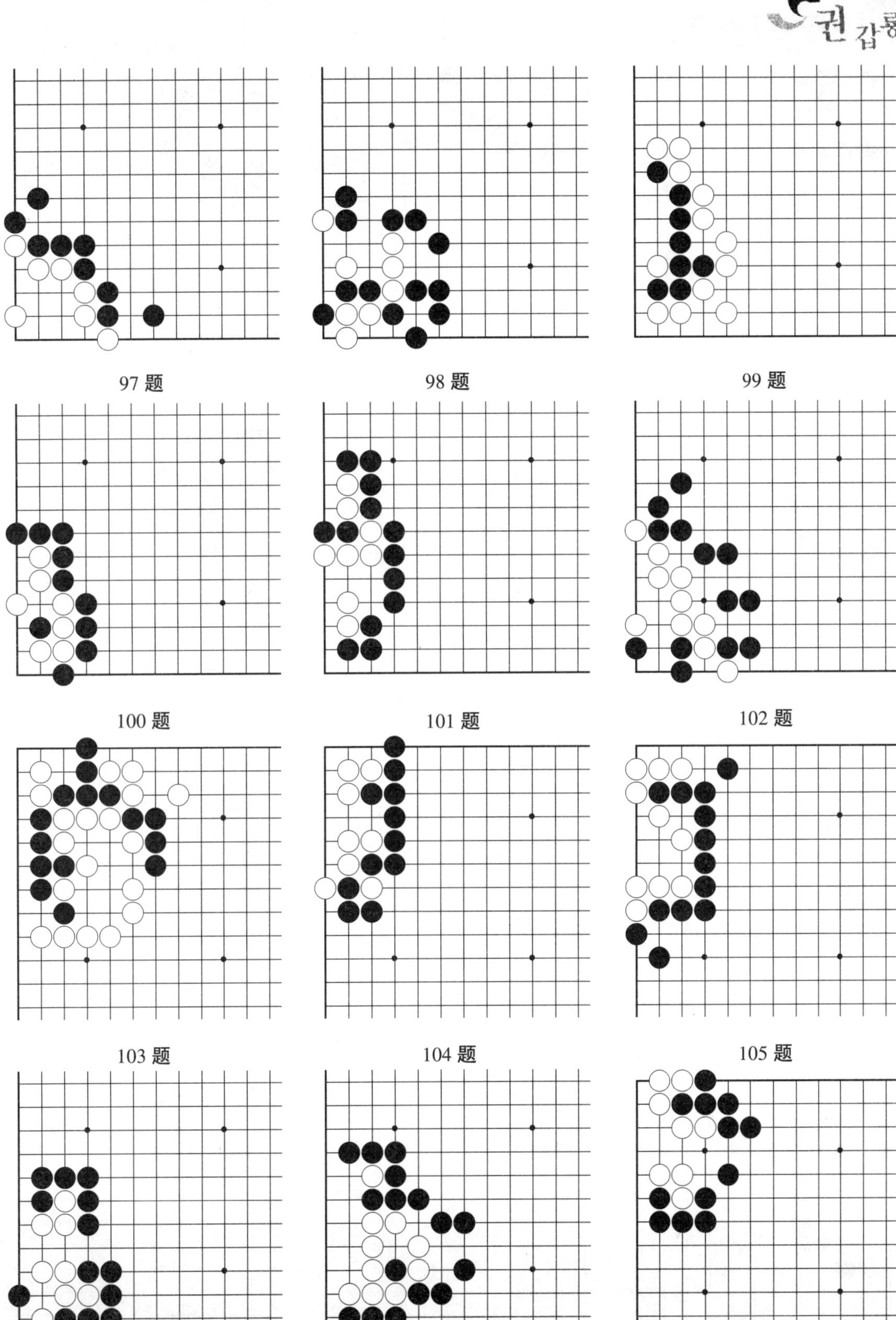

97 题 98 题 99 题

100 题 101 题 102 题

103 题 104 题 105 题

106 题 107 题 108 题

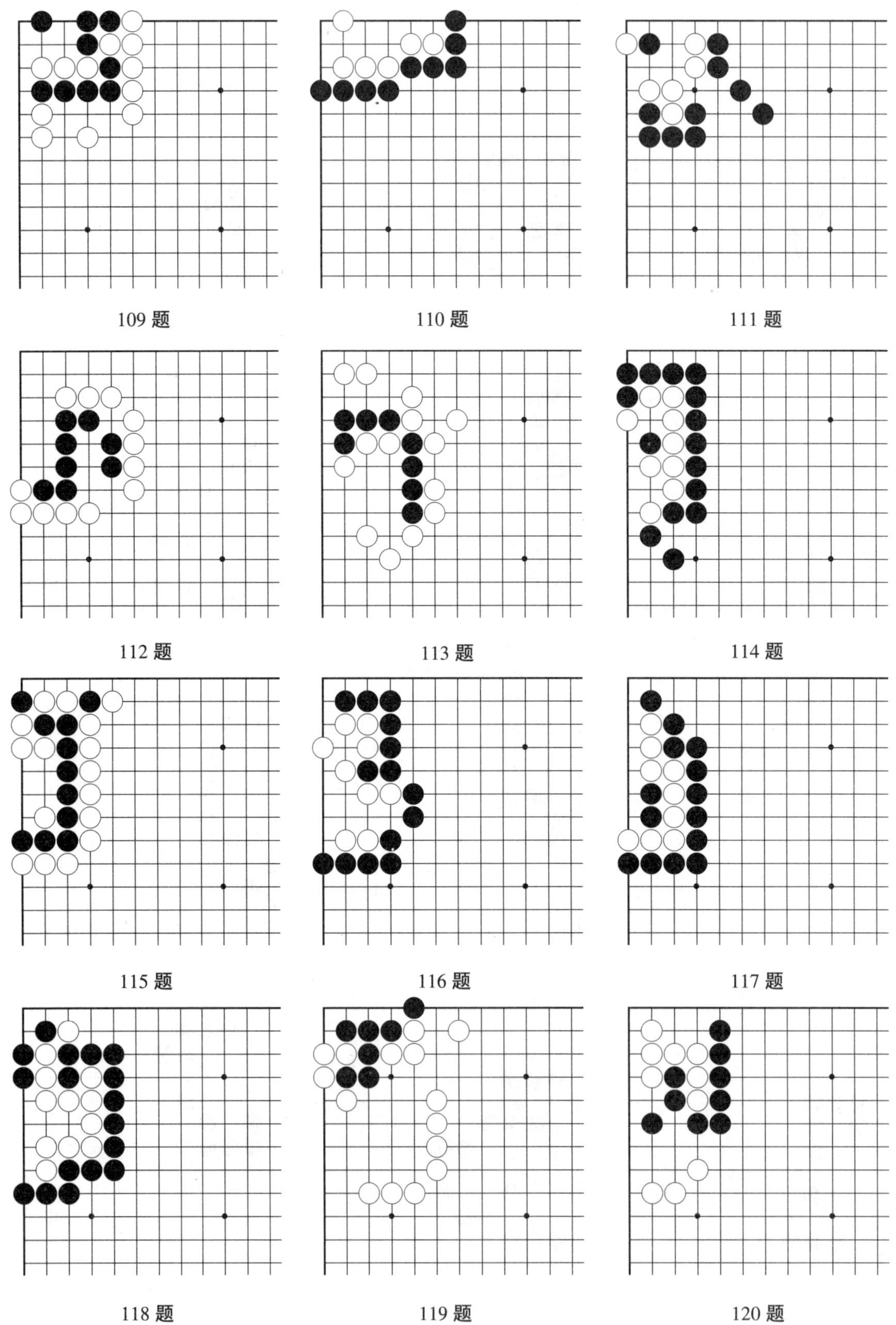

109 题

110 题

111 题

112 题

113 题

114 题

115 题

116 题

117 题

118 题

119 题

120 题

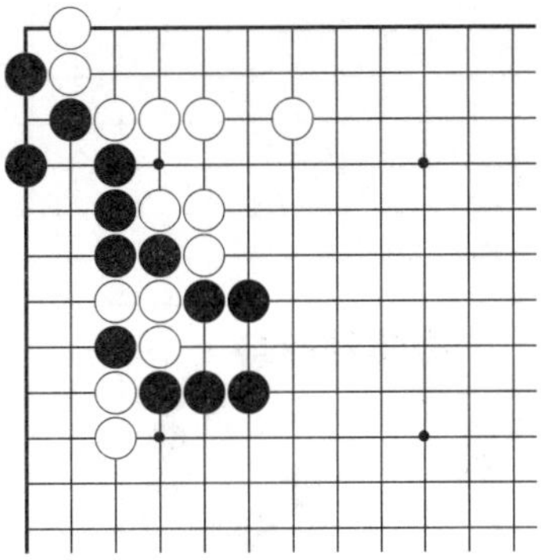

121 题

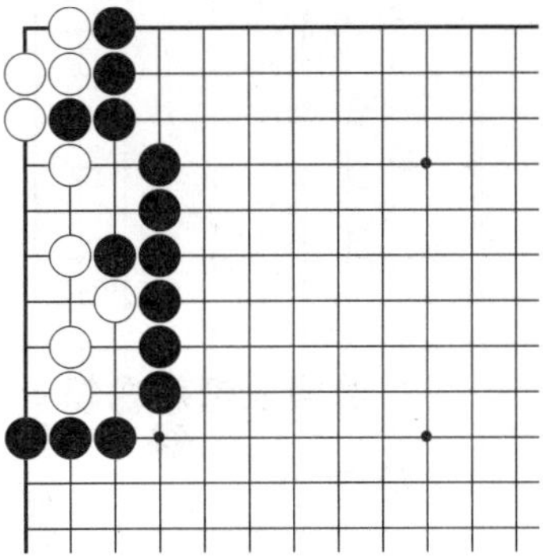

122 题

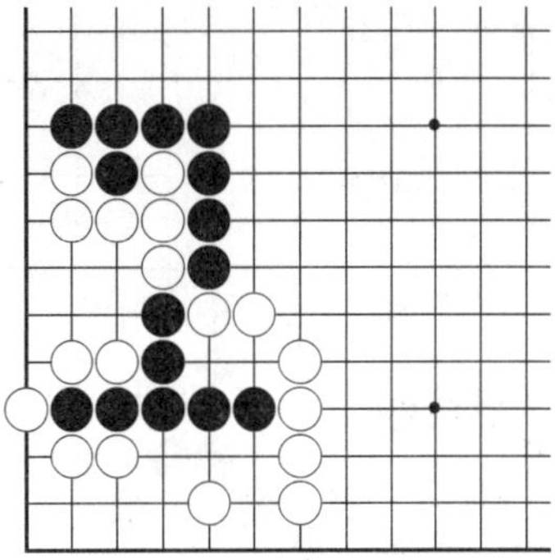

123 题

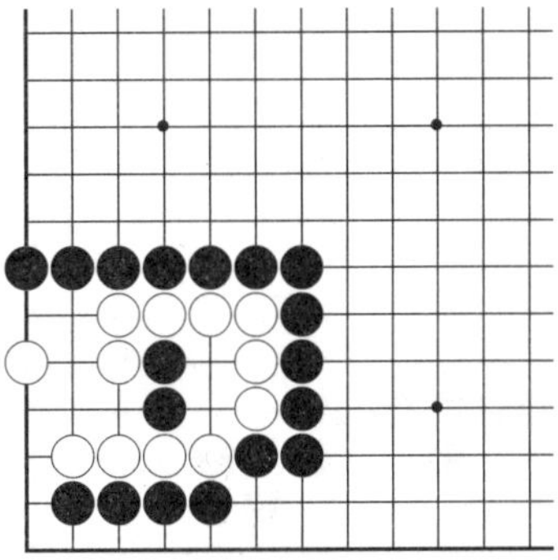

124 题

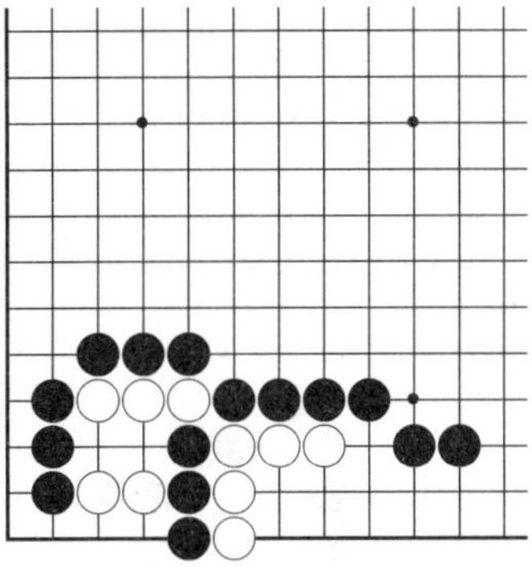

125 题

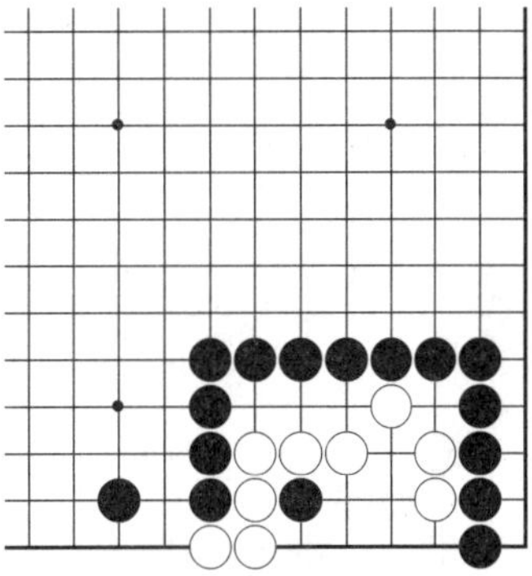

126 题

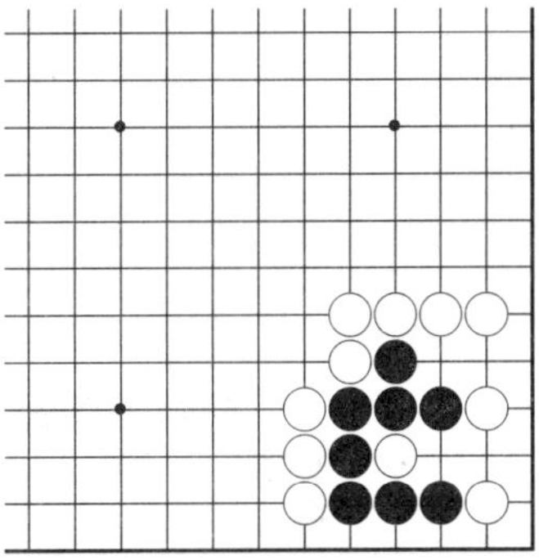

127 题

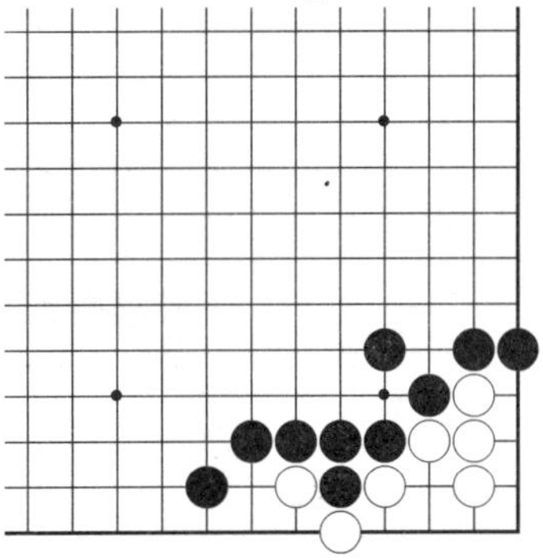

128 题

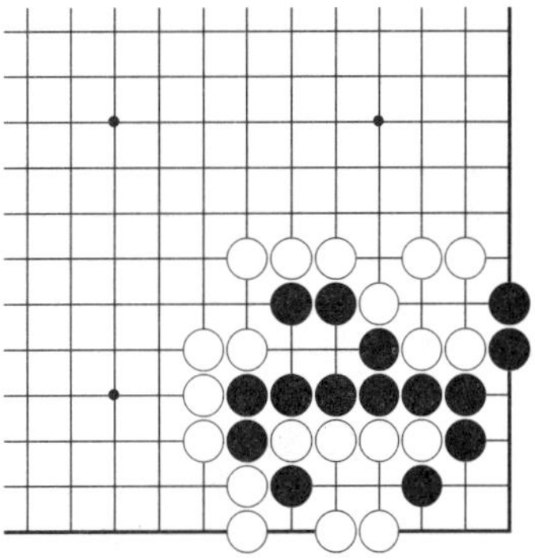

129 题

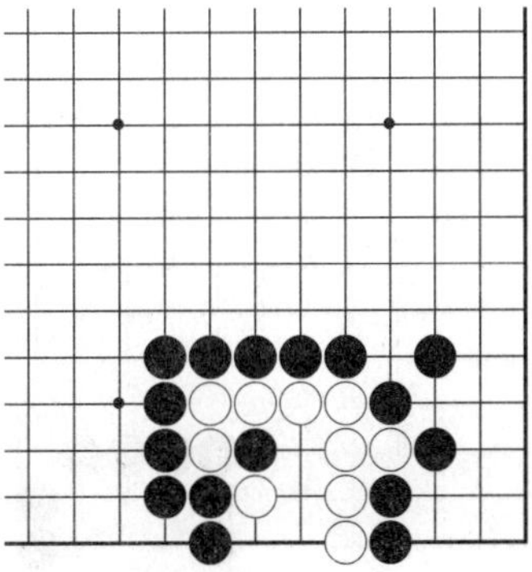

130 题

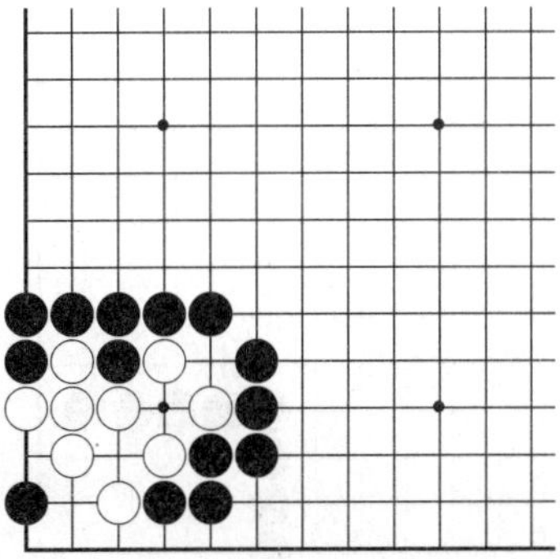

131 题

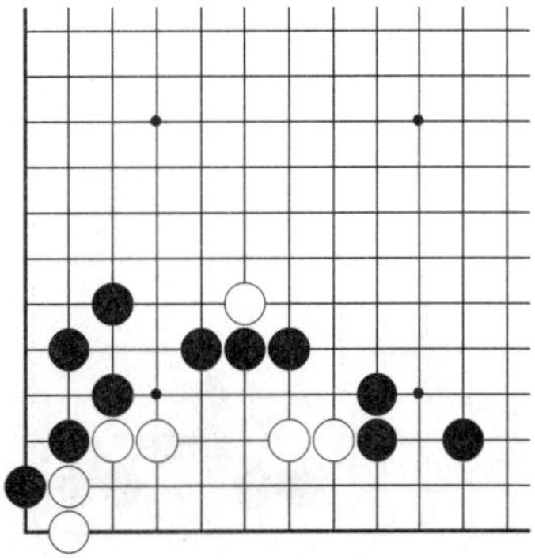

132 题

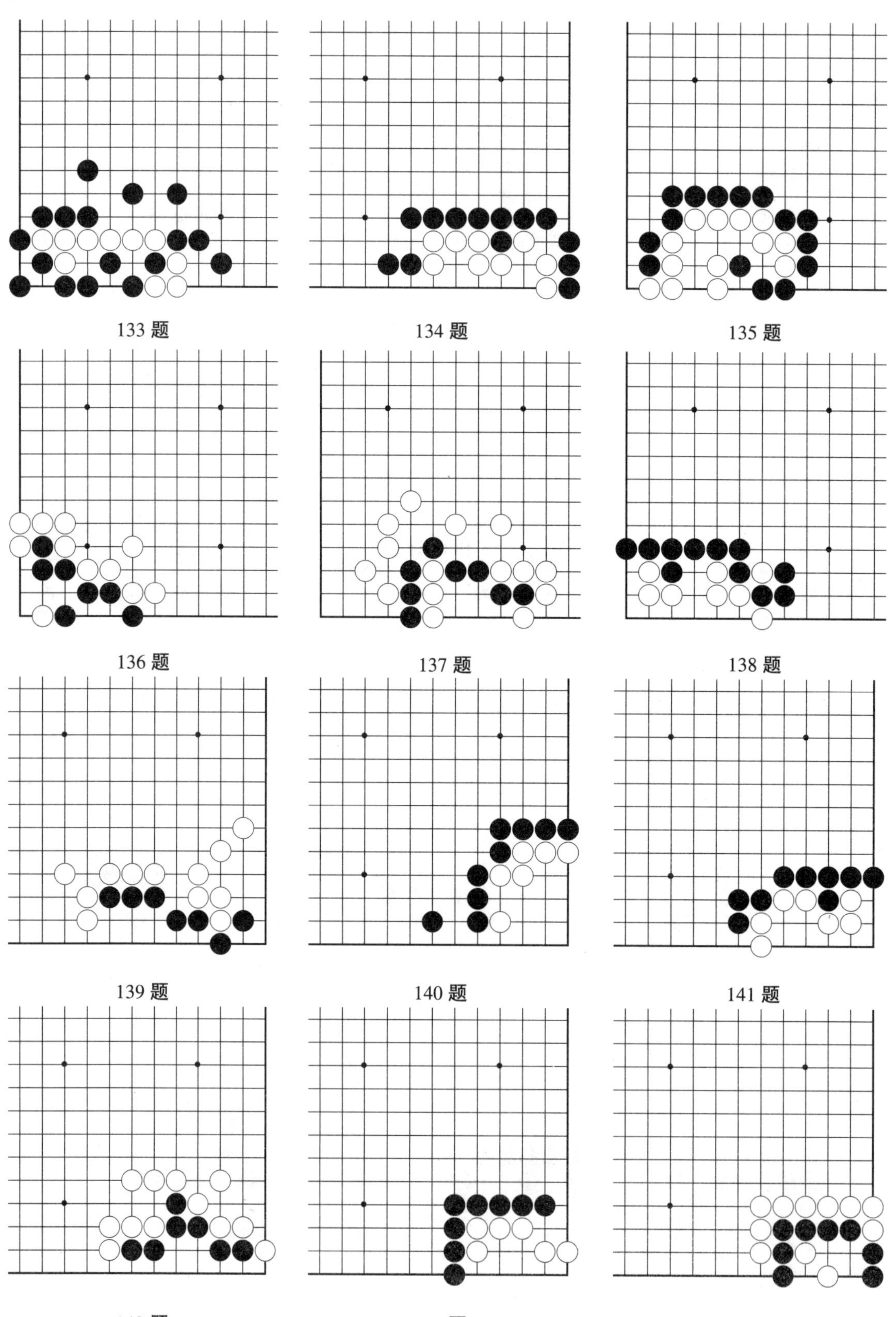

133 题

134 题

135 题

136 题

137 题

138 题

139 题

140 题

141 题

142 题

143 题

144 题

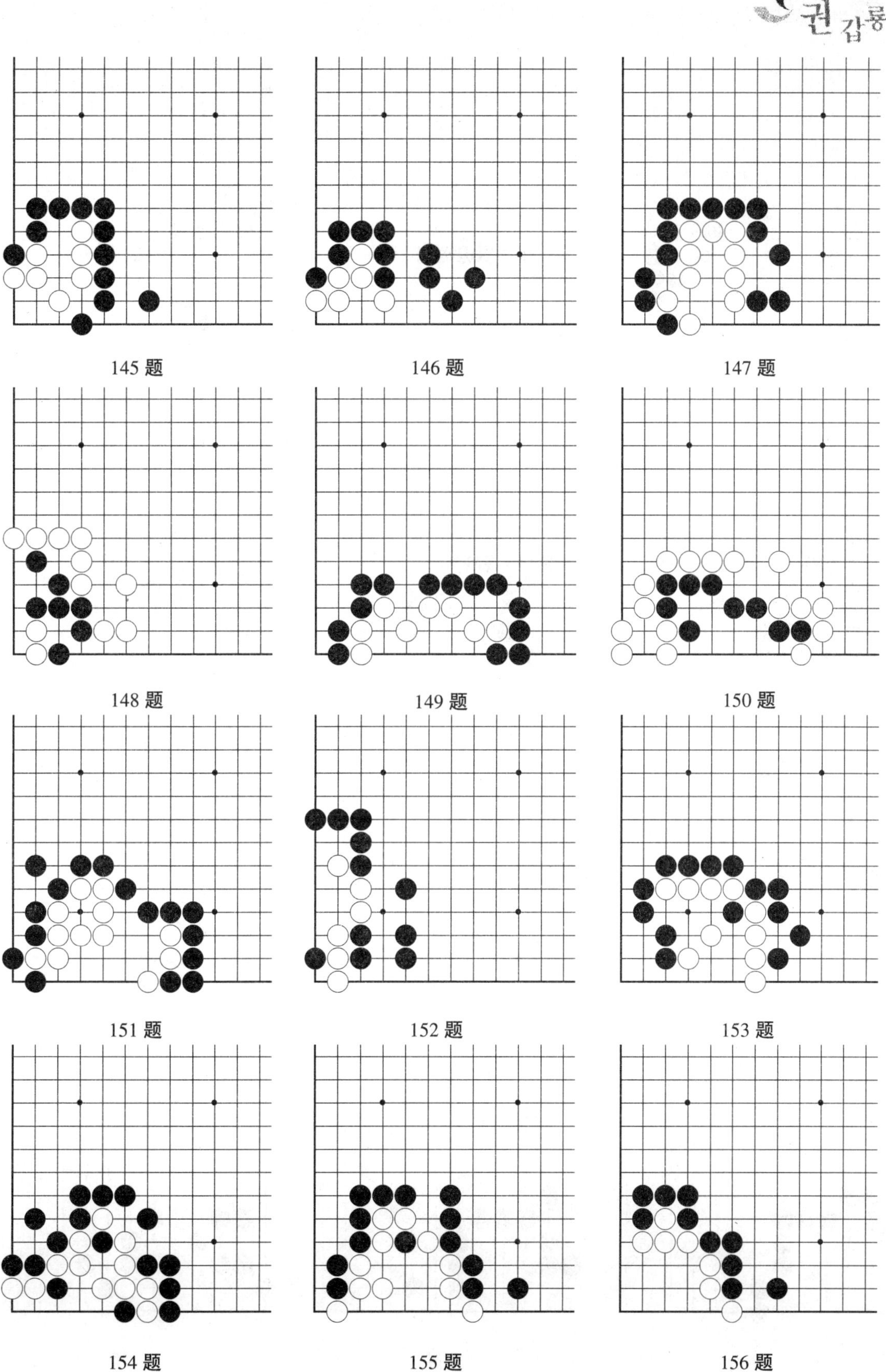

145 题 146 题 147 题

148 题 149 题 150 题

151 题 152 题 153 题

154 题 155 题 156 题

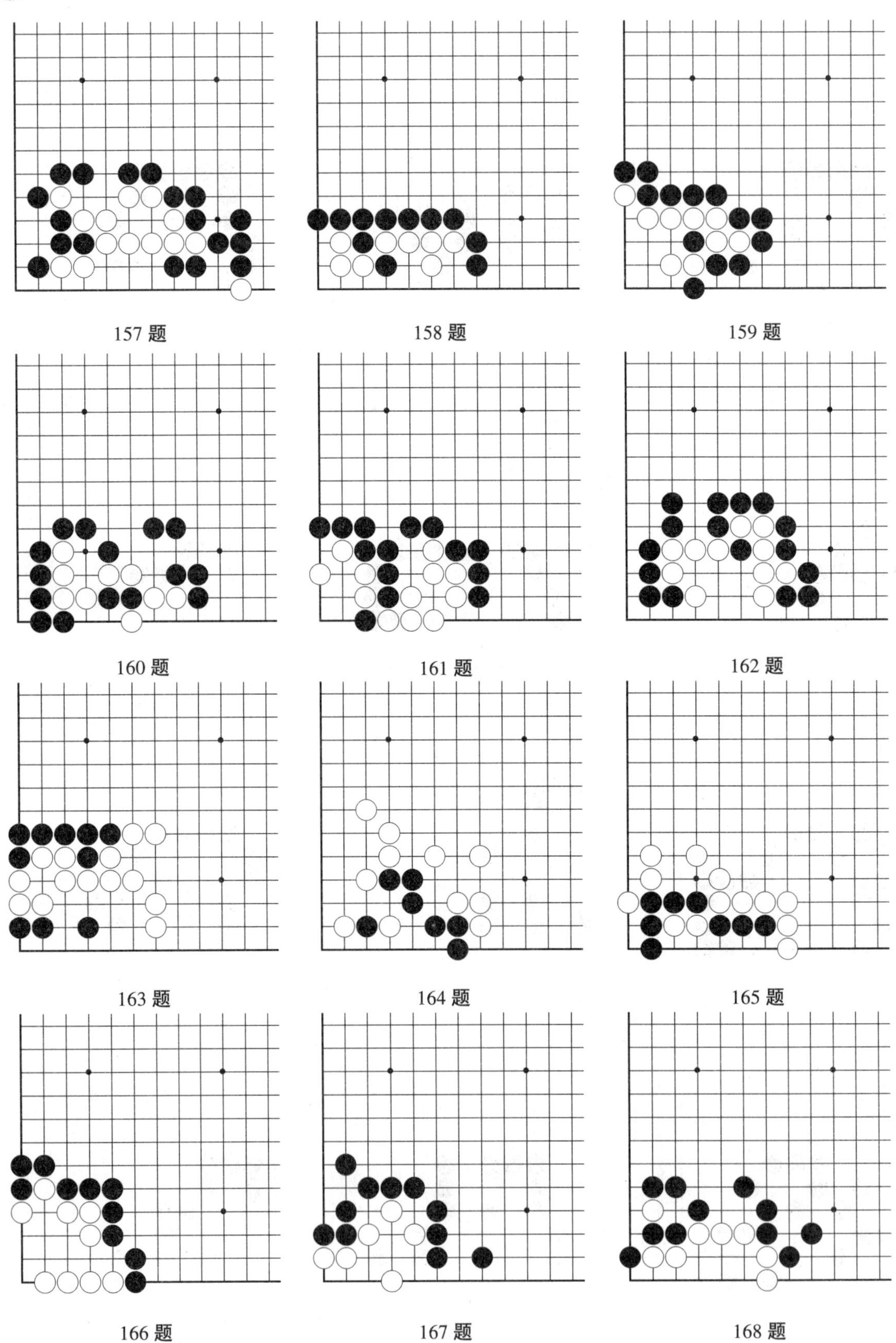
157 题
158 题
159 题
160 题
161 题
162 题
163 题
164 题
165 题
166 题
167 题
168 题

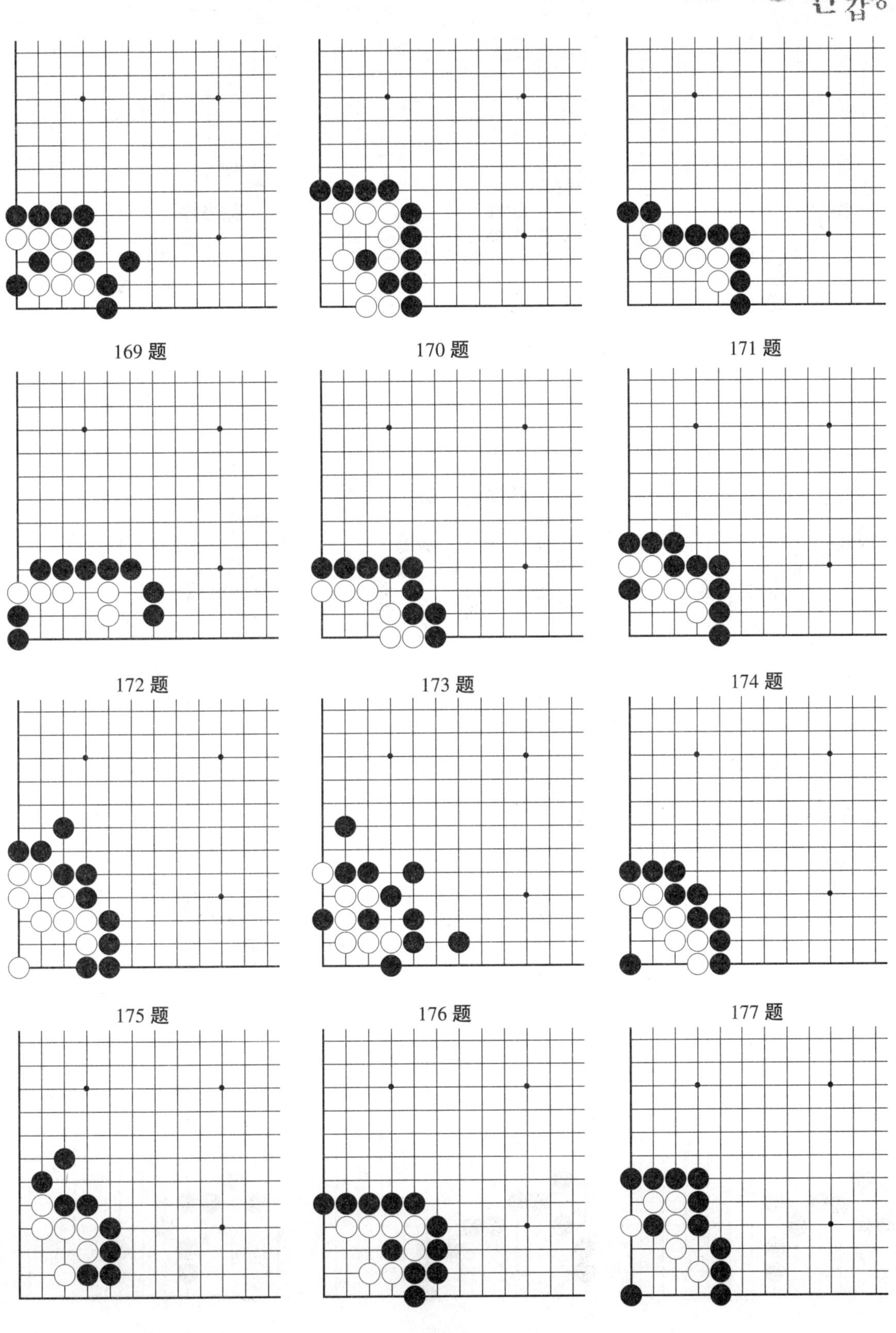

169 题

170 题

171 题

172 题

173 题

174 题

175 题

176 题

177 题

178 题

179 题

180 题

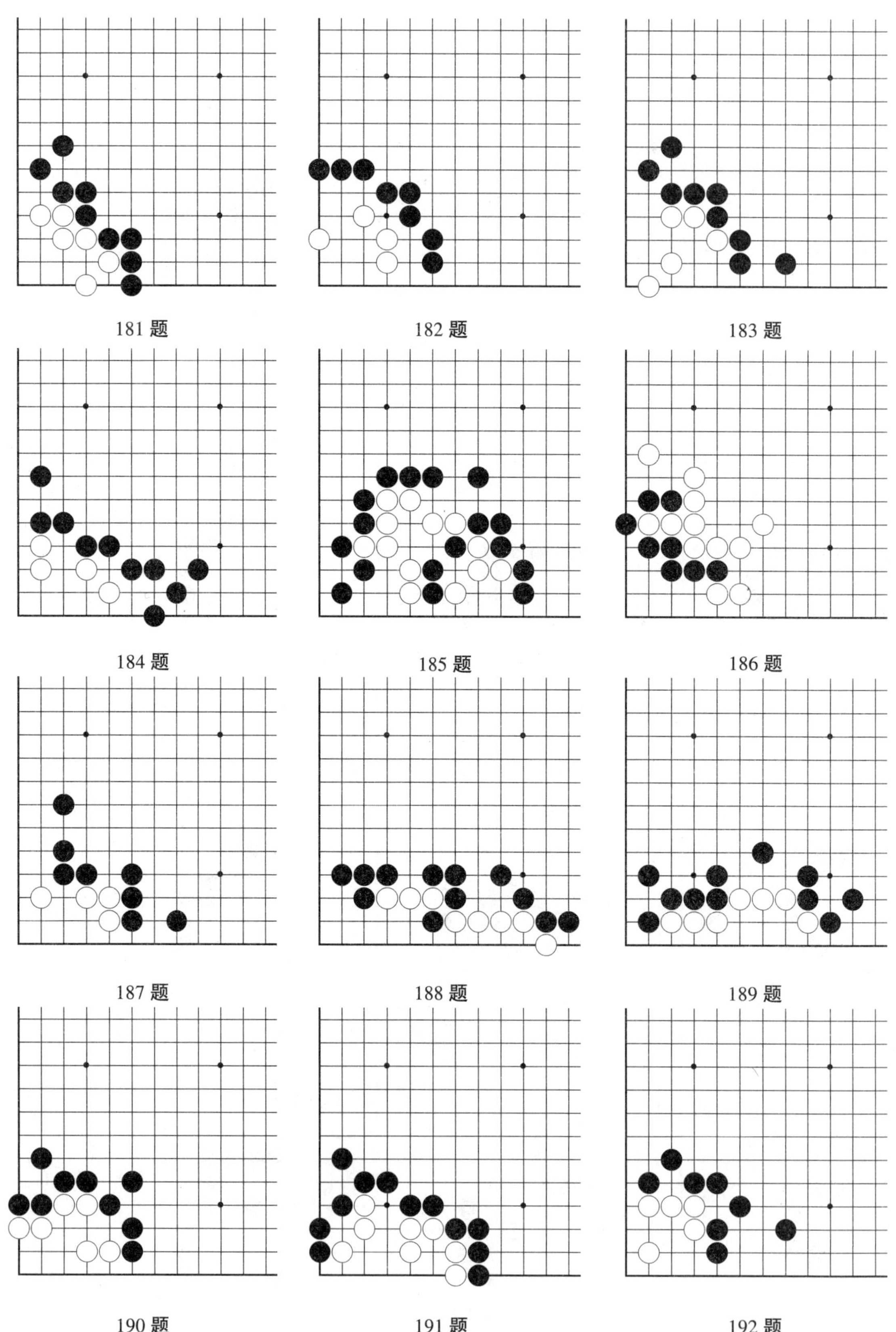

181 题

182 题

183 题

184 题

185 题

186 题

187 题

188 题

189 题

190 题

191 题

192 题

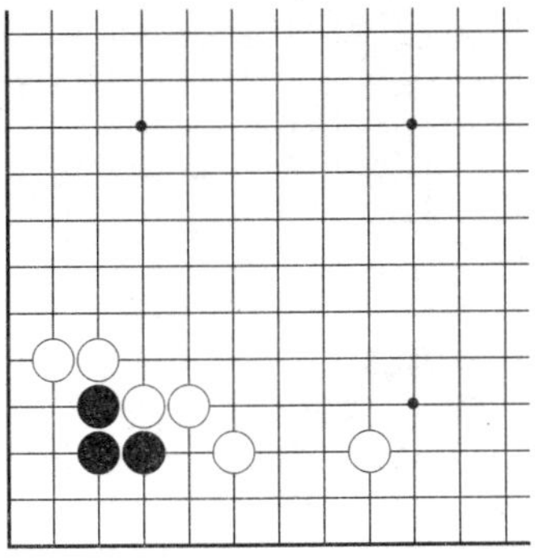

193 题

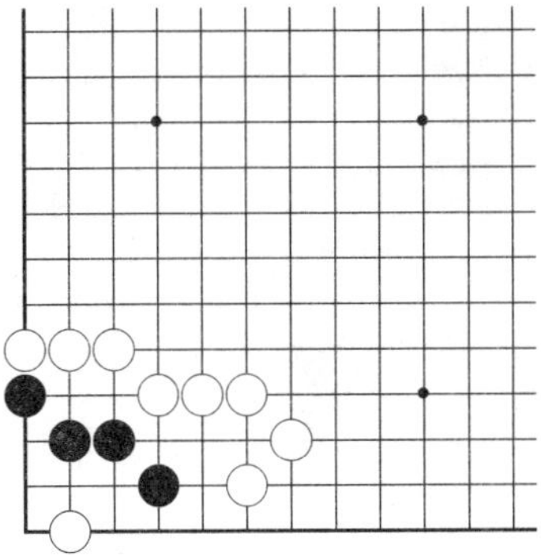

194 题

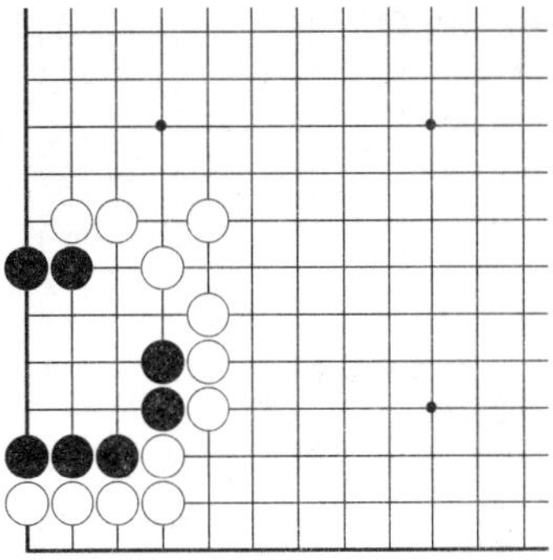

195 题

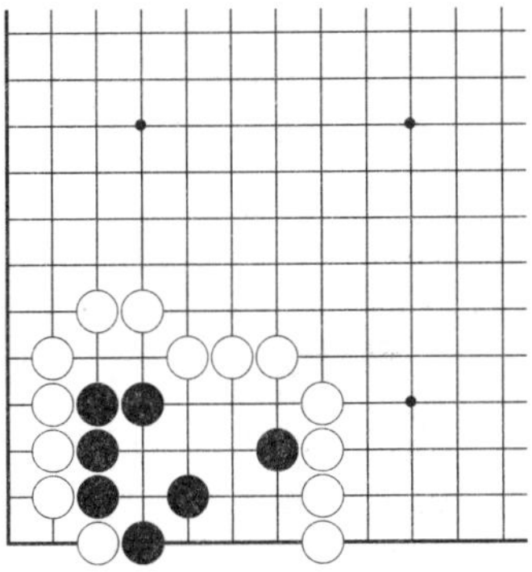

196 题

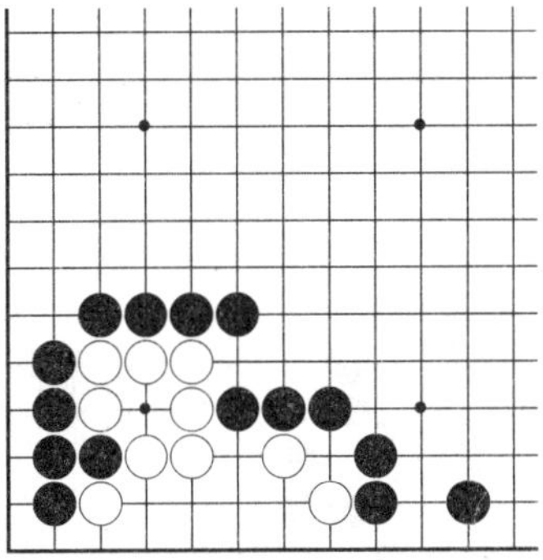

197 题

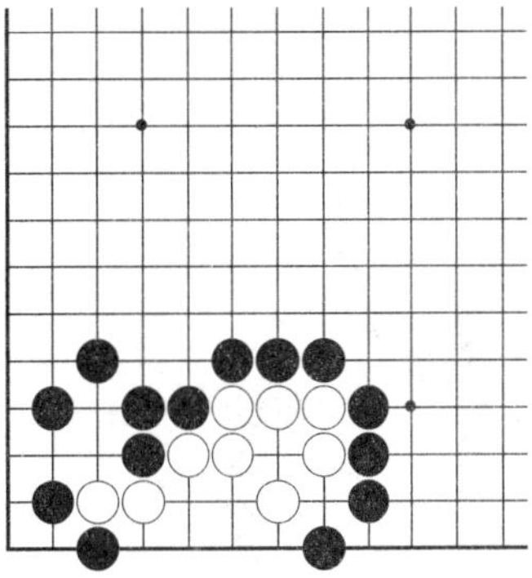

198 题

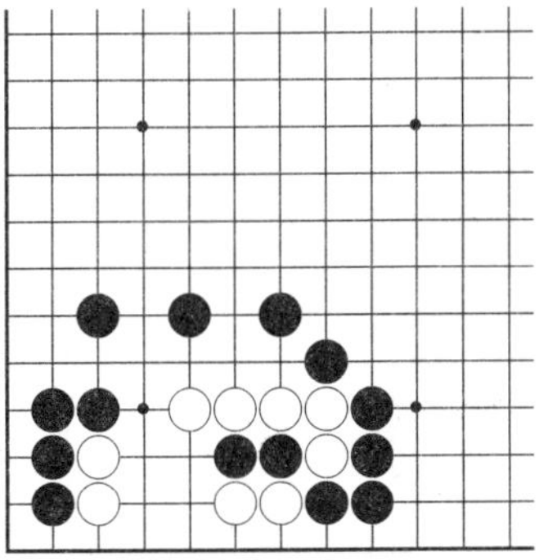

199 题

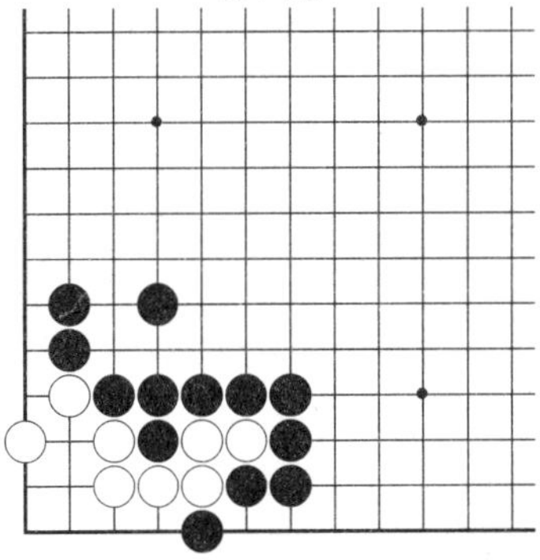

200 题

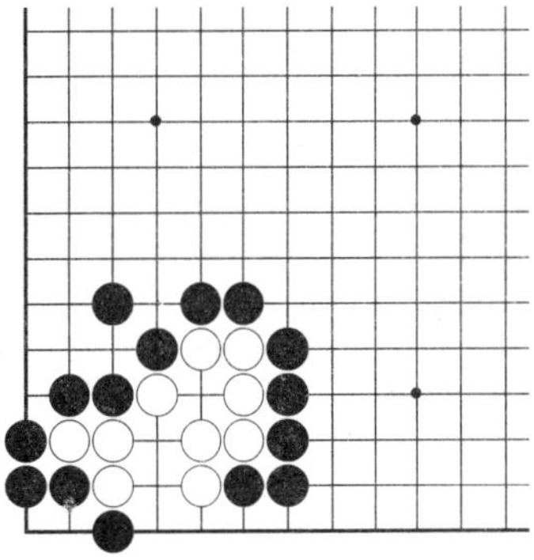

201 题

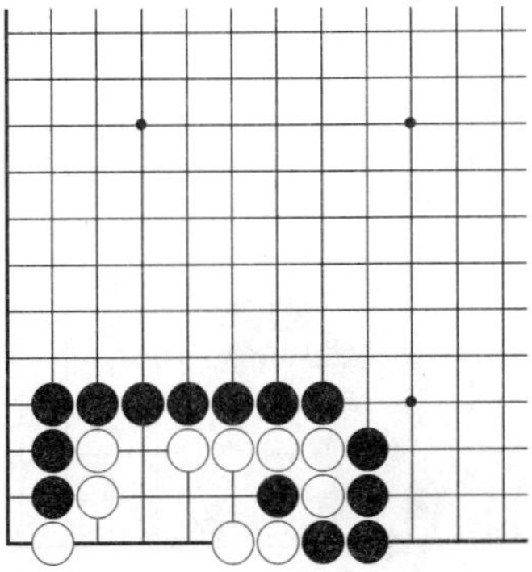

202 题

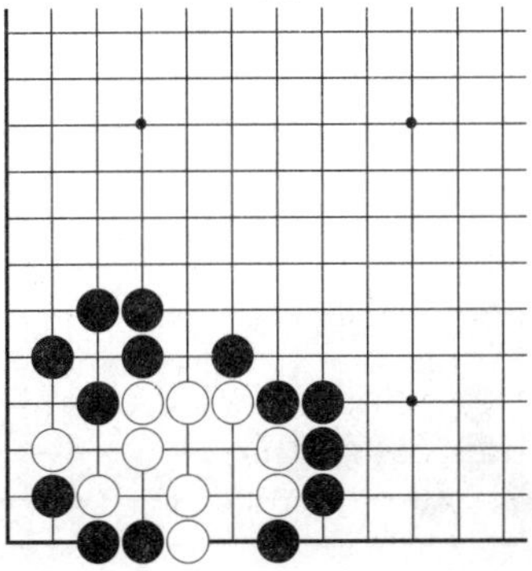

203 题

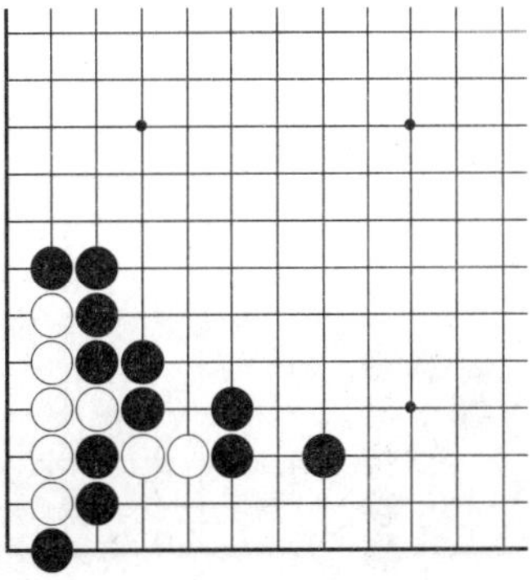

204 题

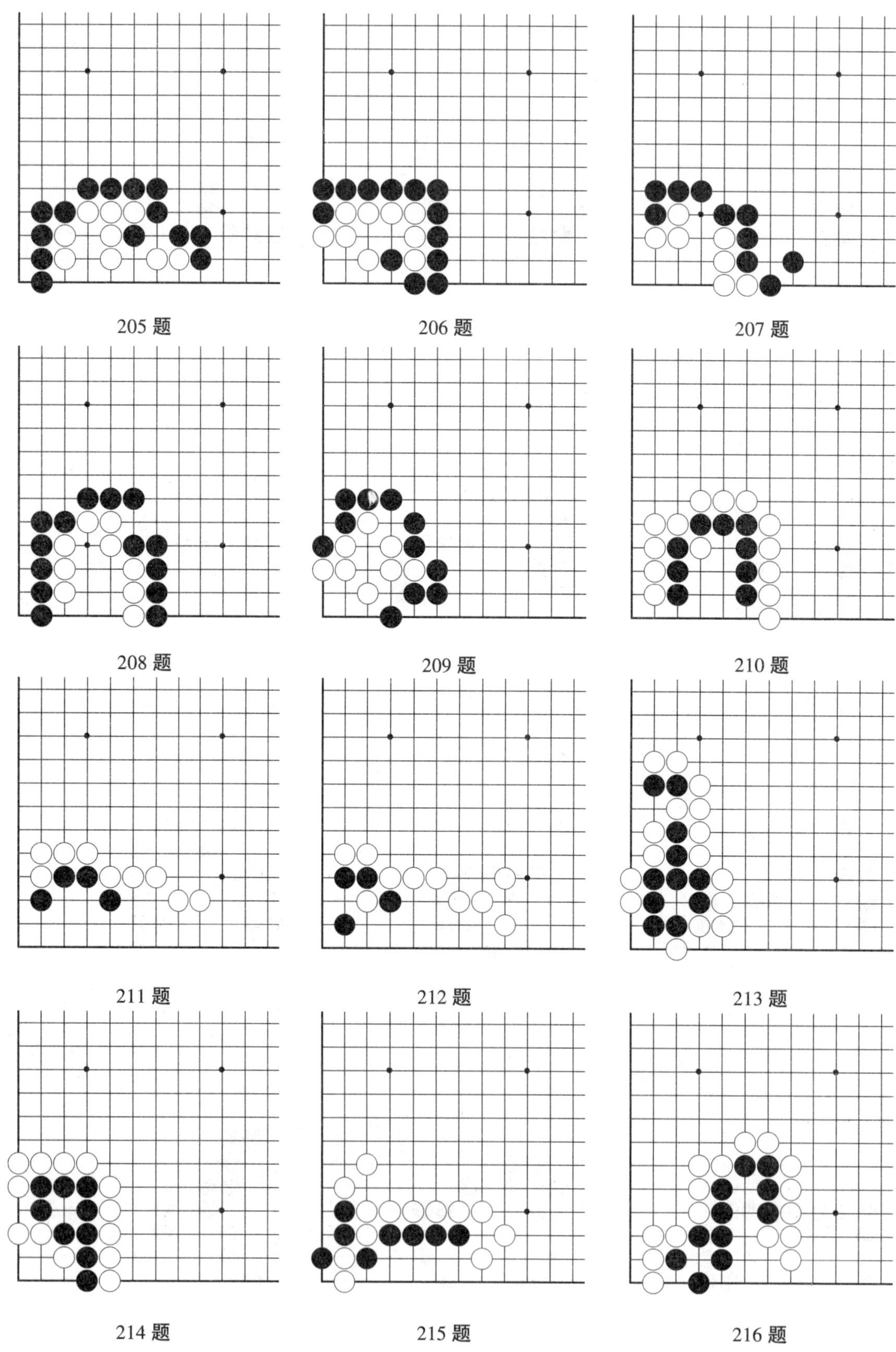
205 题
206 题
207 题
208 题
209 题
210 题
211 题
212 题
213 题
214 题
215 题
216 题

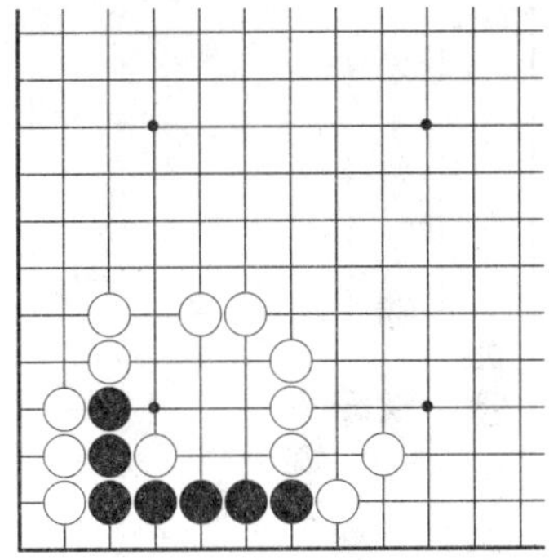

217 题

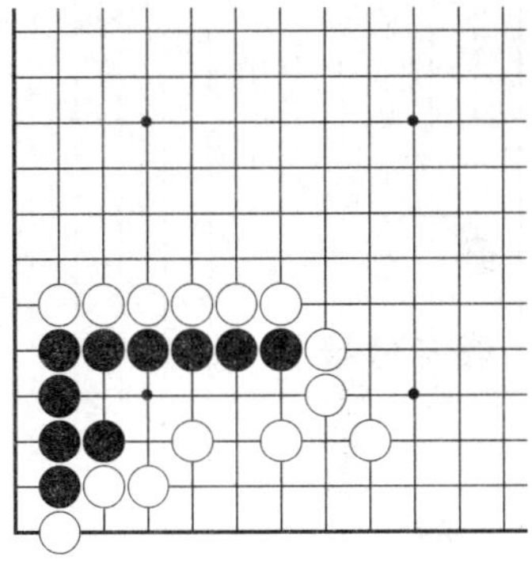

218 题

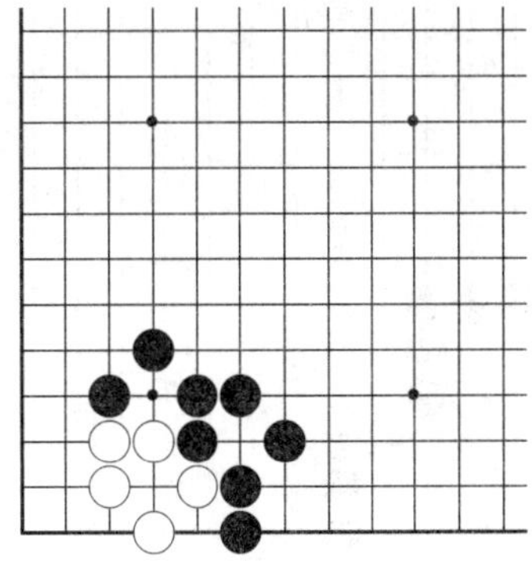

219 题

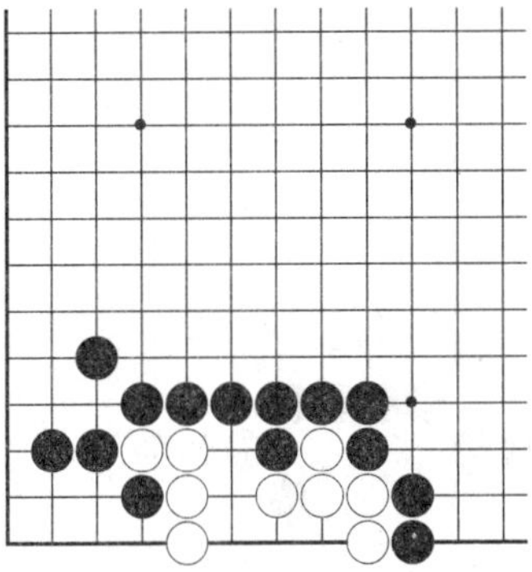

220 题

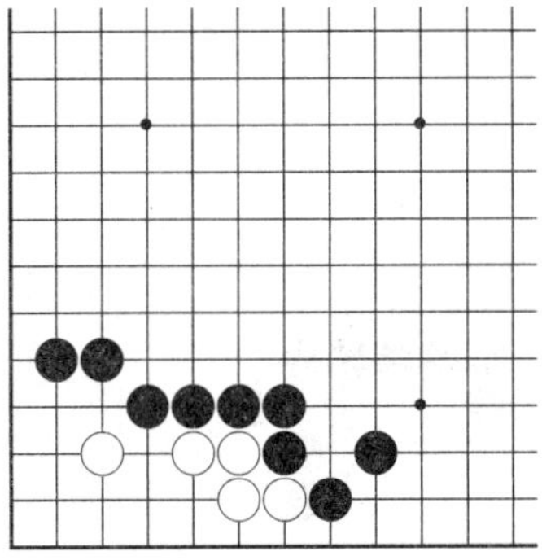

221 题

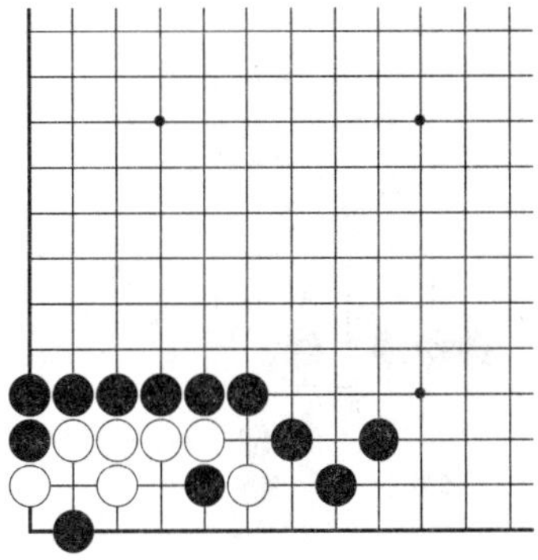

222 题

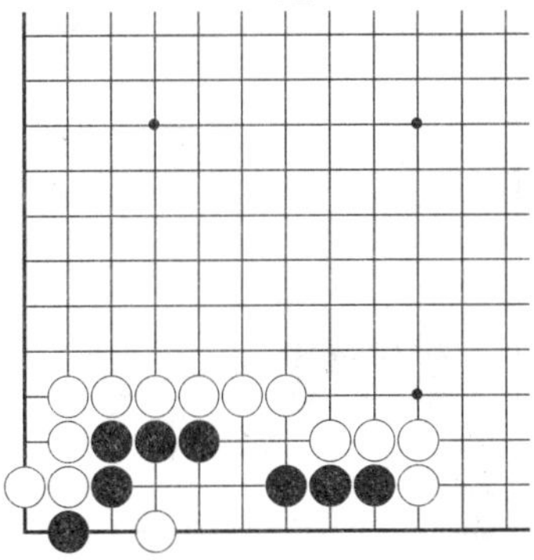

223 题

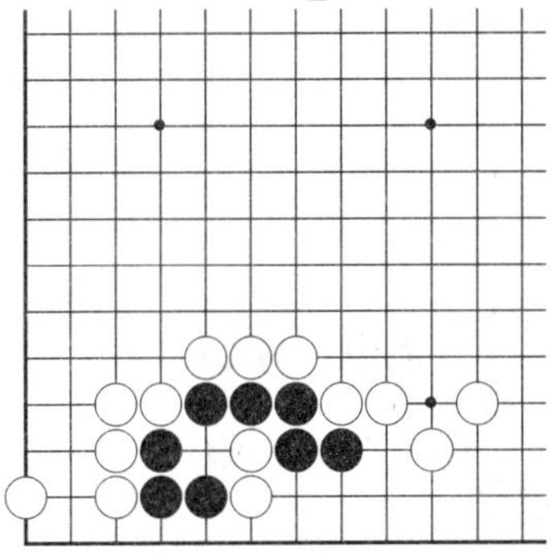

224 题

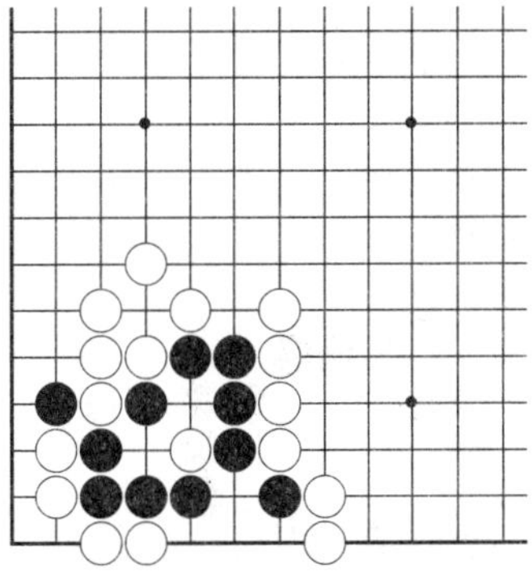

225 题

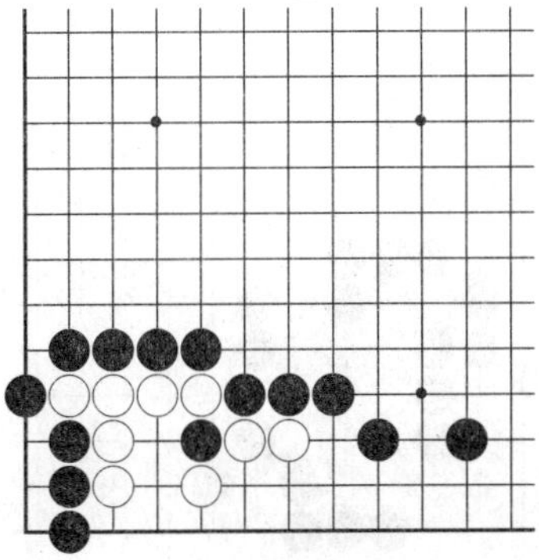

226 题

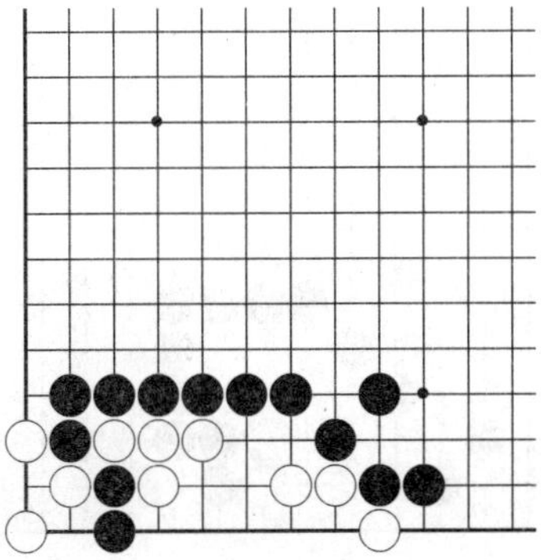

227 题

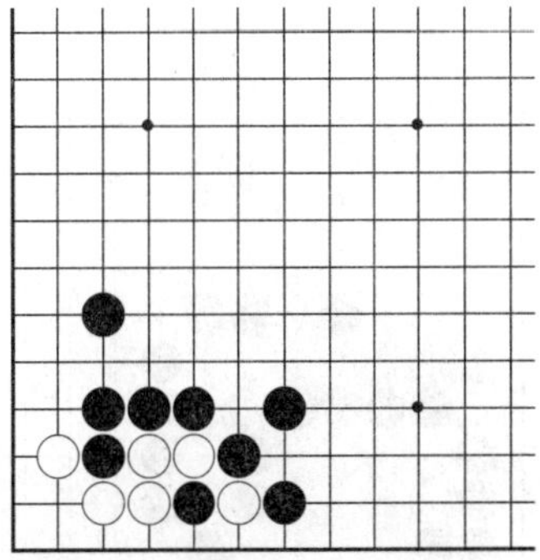

228 题

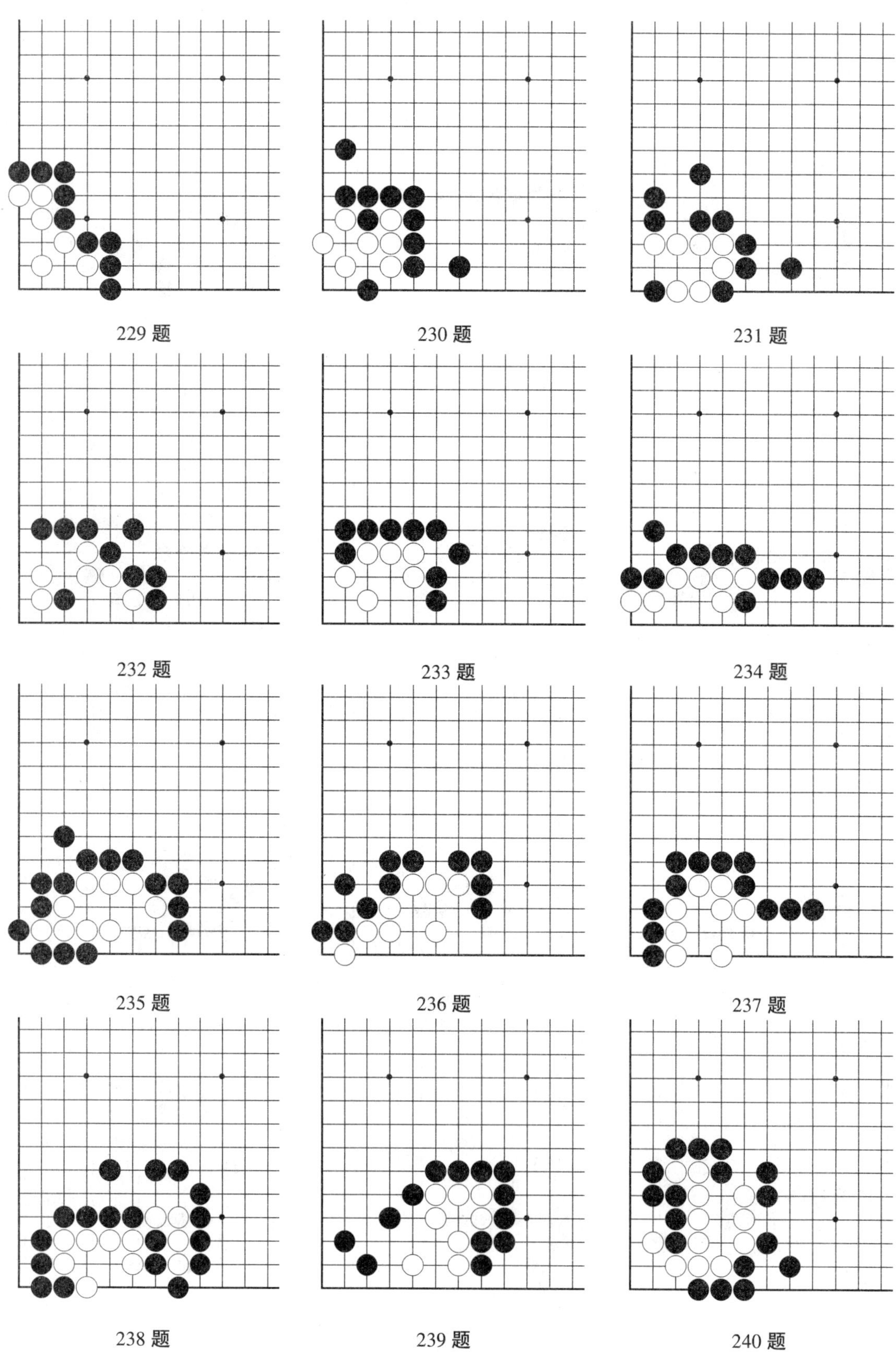
229 题
230 题
231 题
232 题
233 题
234 题
235 题
236 题
237 题
238 题
239 题
240 题

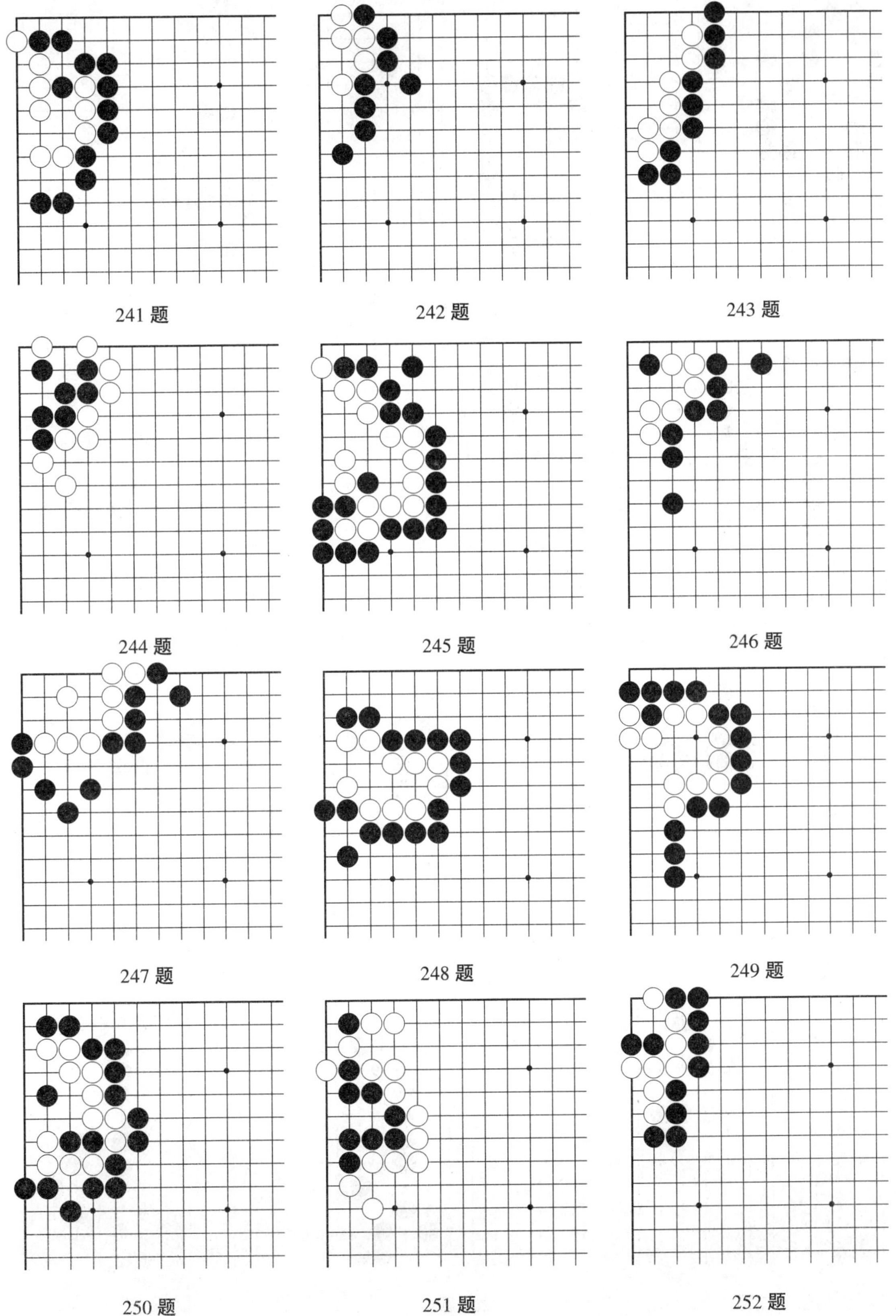
241 题
242 题
243 题
244 题
245 题
246 题
247 题
248 题
249 题
250 题
251 题
252 题

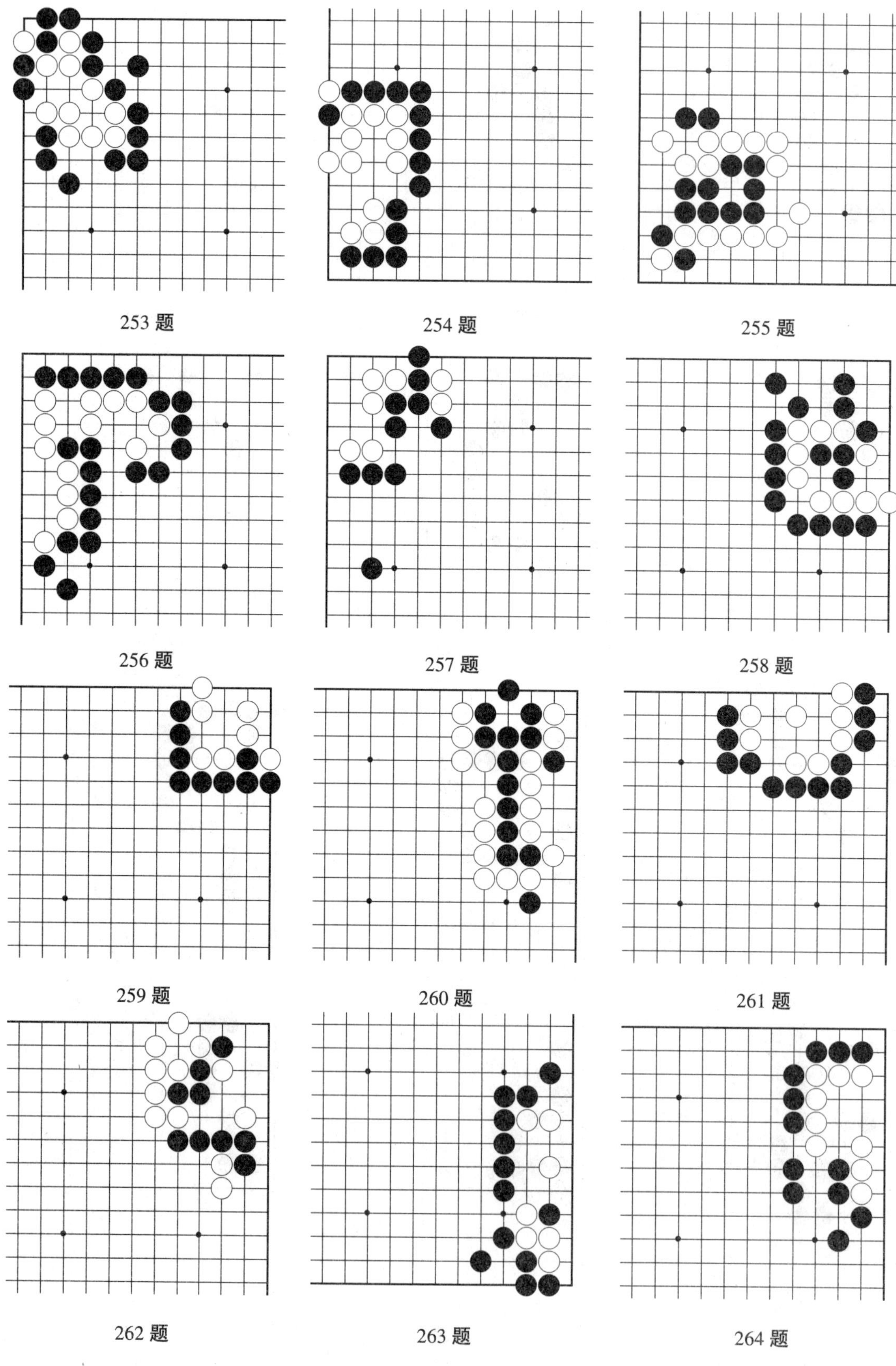

253 题　254 题　255 题

256 题　257 题　258 题

259 题　260 题　261 题

262 题　263 题　264 题

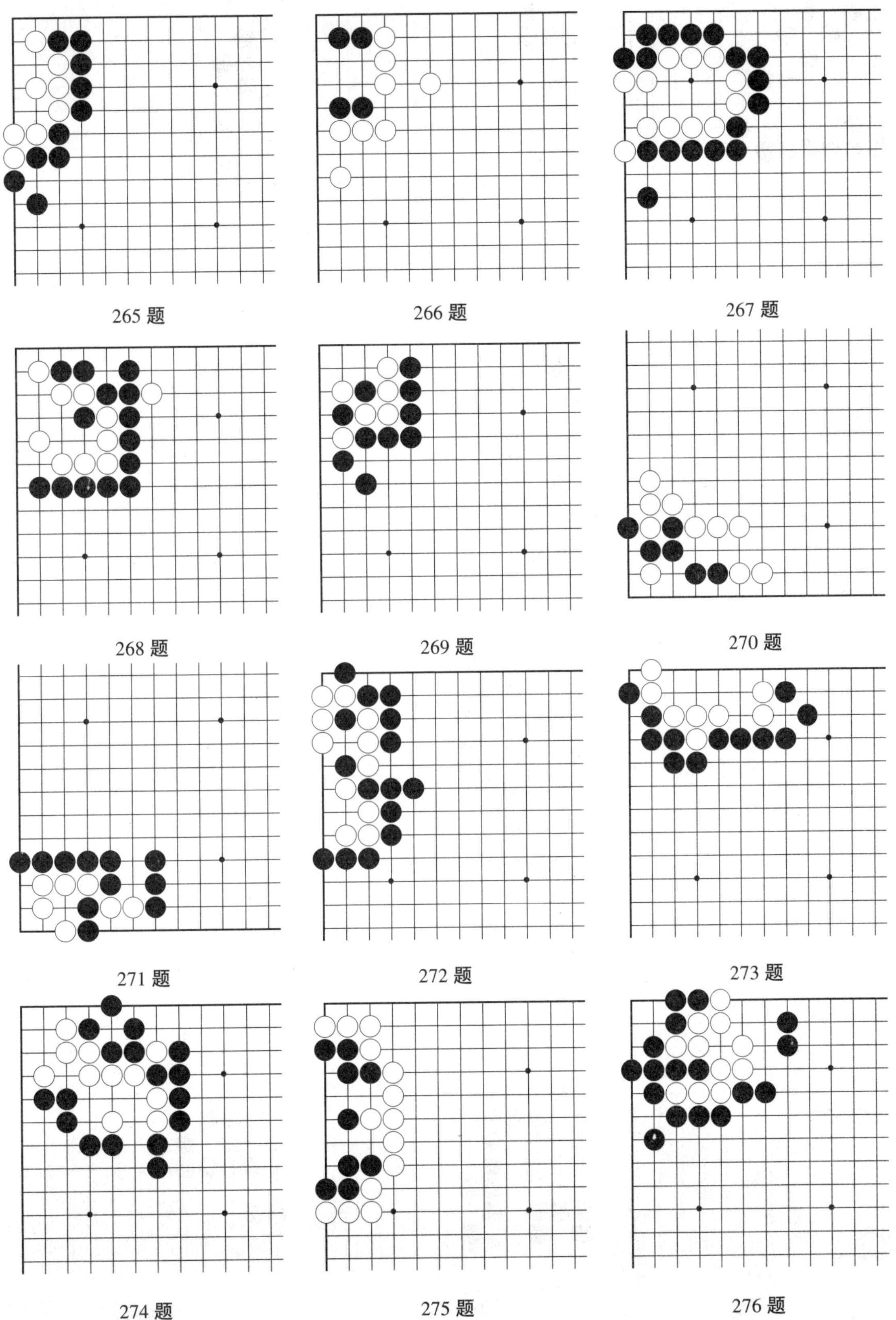

265 题

266 题

267 题

268 题

269 题

270 题

271 题

272 题

273 题

274 题

275 题

276 题

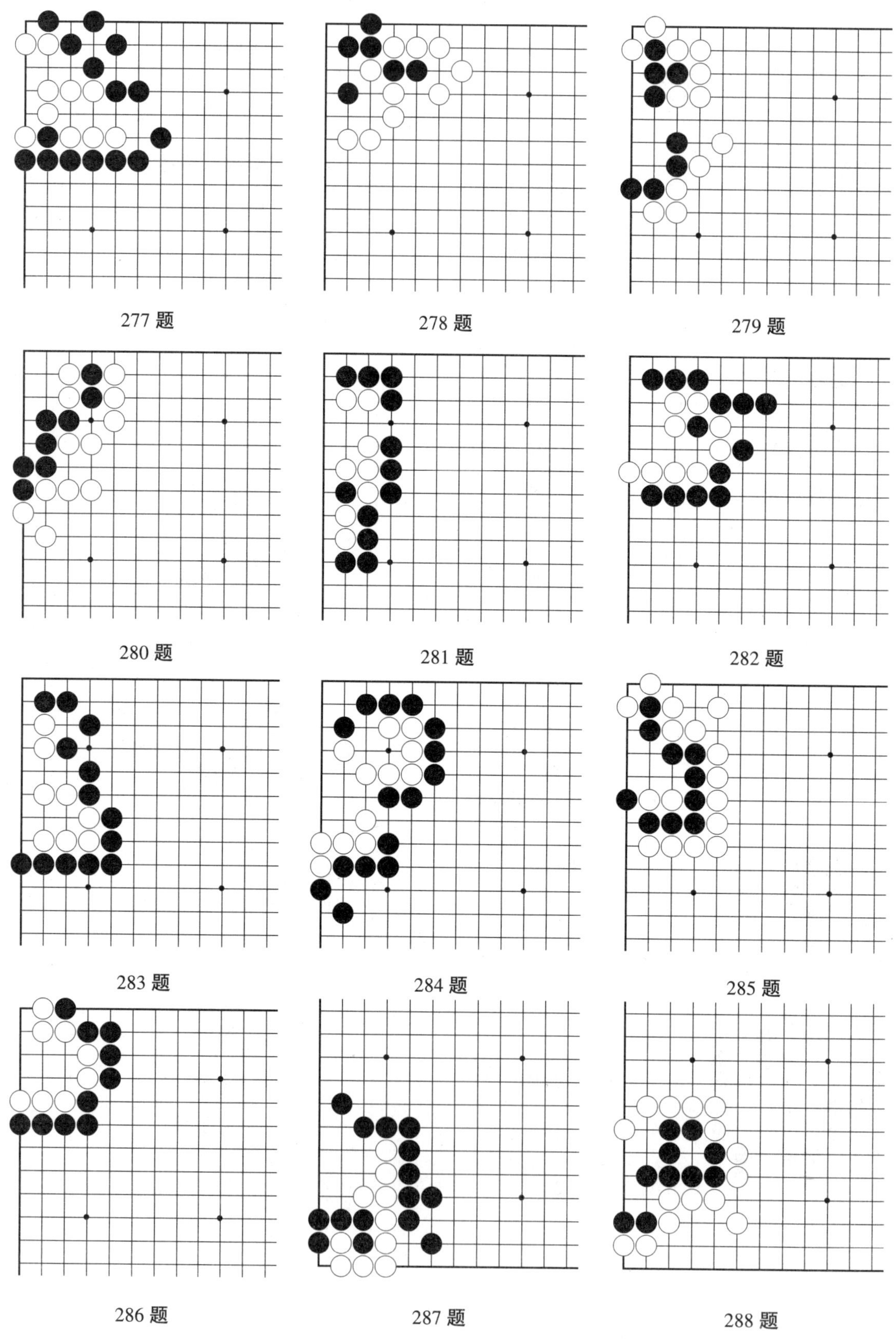

277 题

278 题

279 题

280 题

281 题

282 题

283 题

284 题

285 题

286 题

287 题

288 题

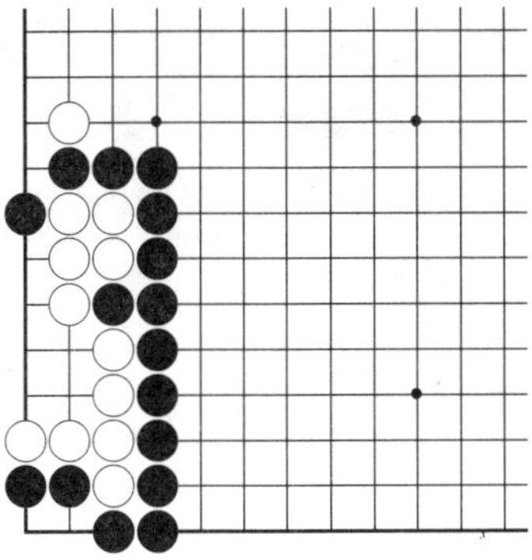

289 题

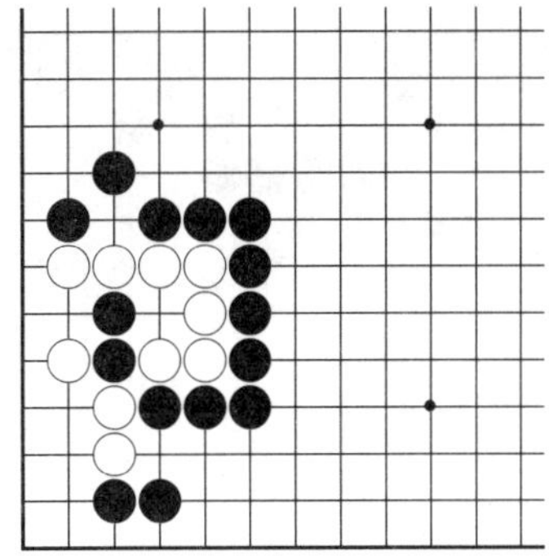

290 题

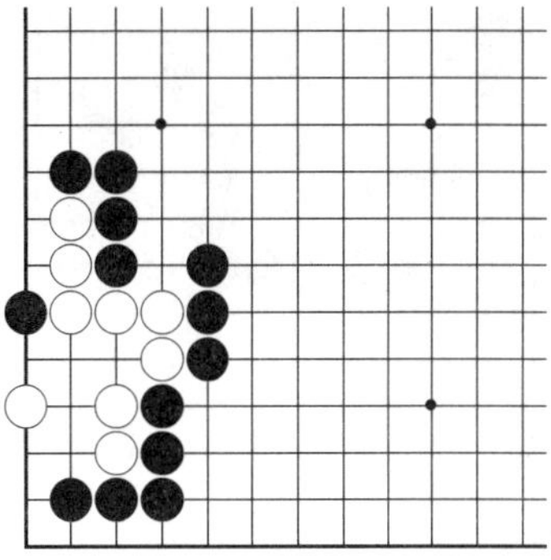

291 题

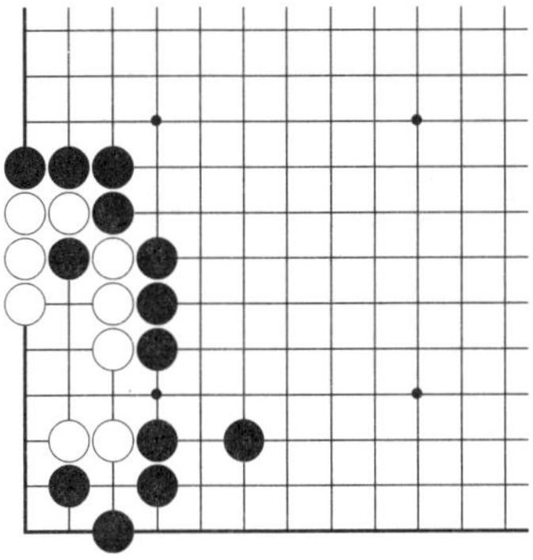

292 题

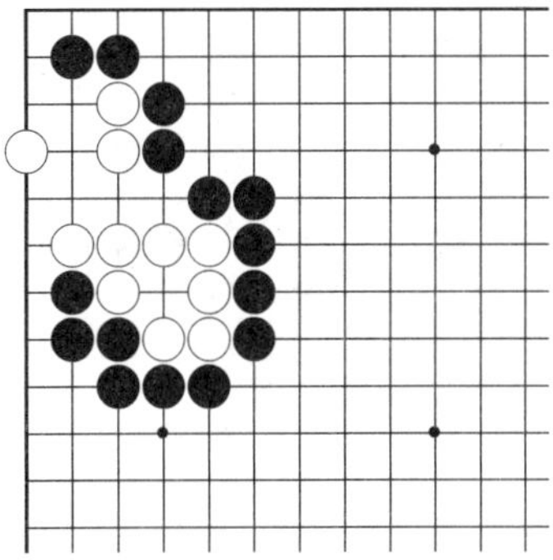

293 题

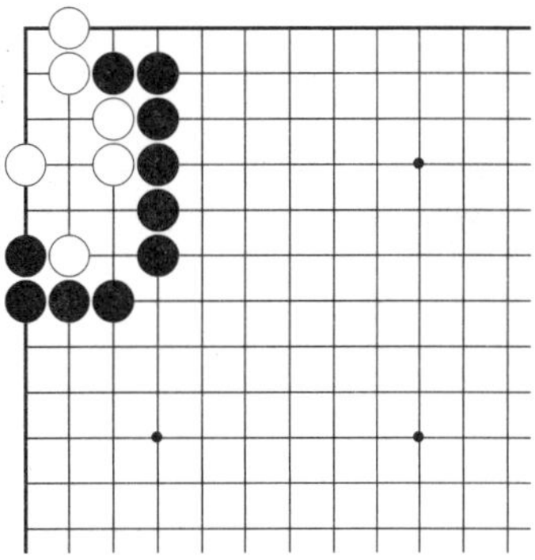

294 题

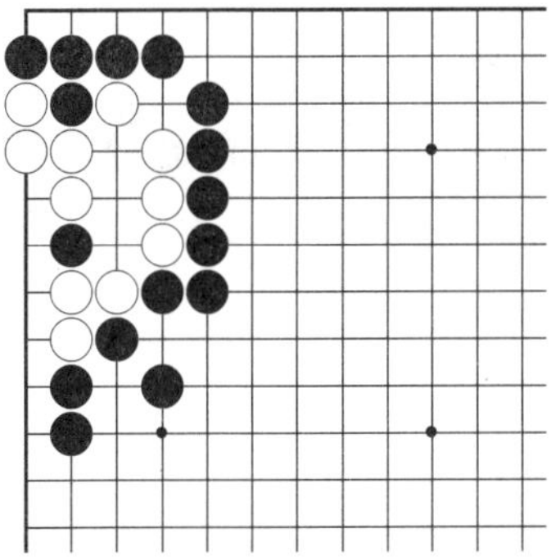

295 题

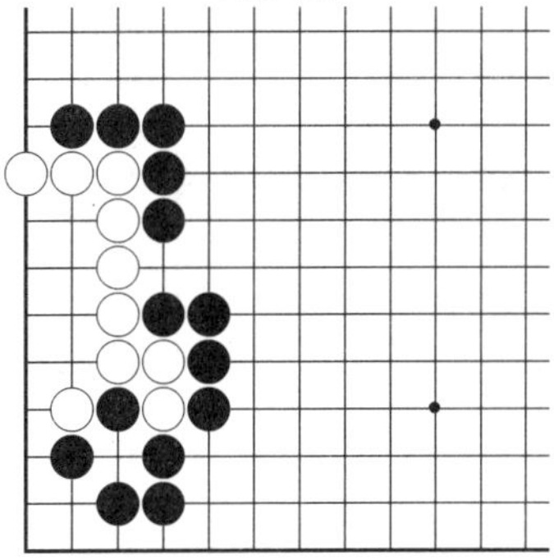

296 题

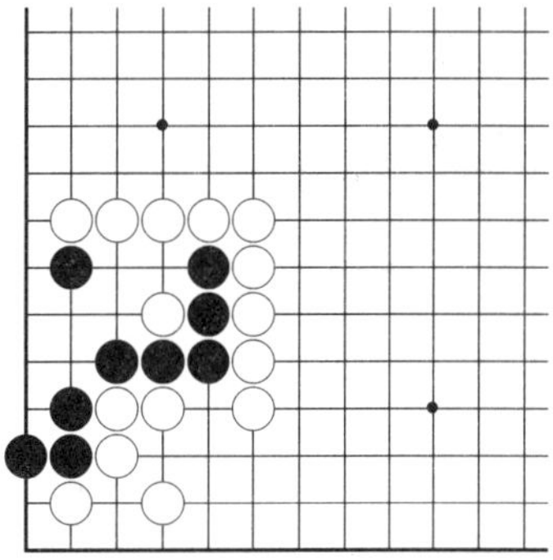

297 题

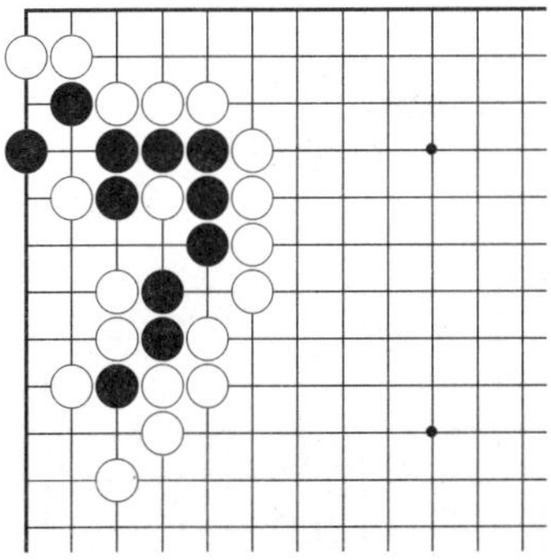

298 题

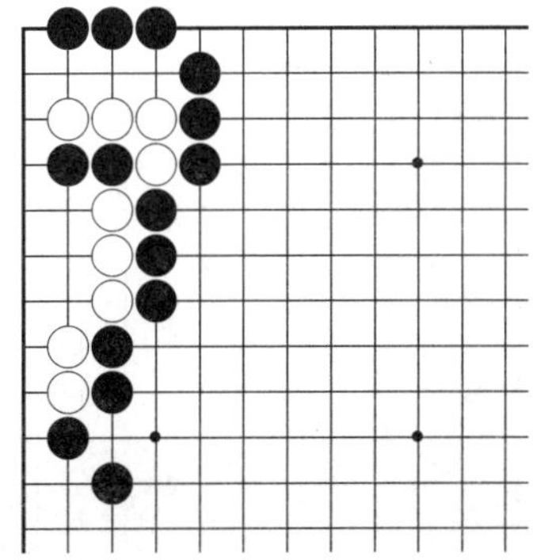

299 题

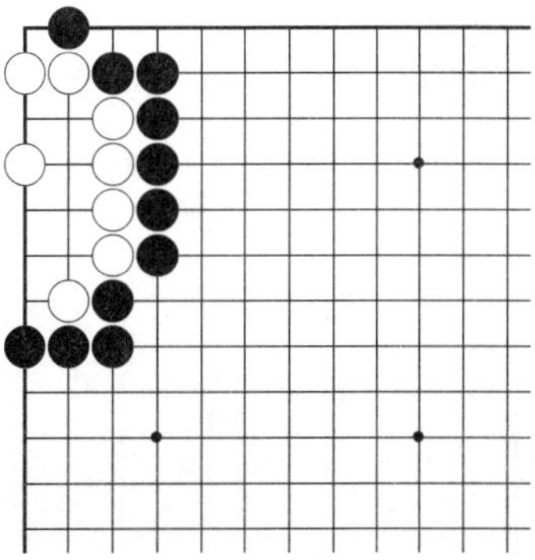

300 题

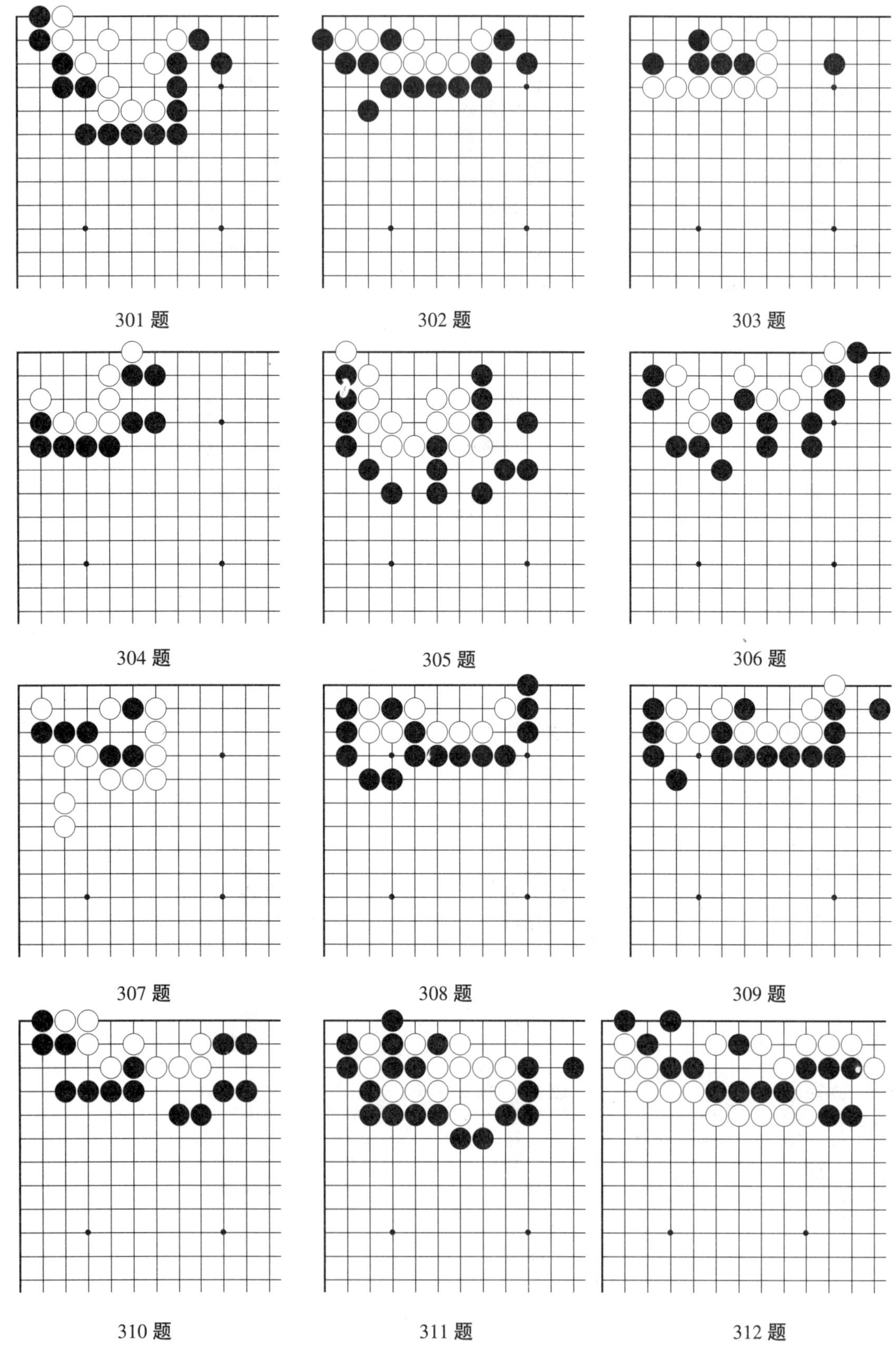
301 题
302 题
303 题
304 题
305 题
306 题
307 题
308 题
309 题
310 题
311 题
312 题

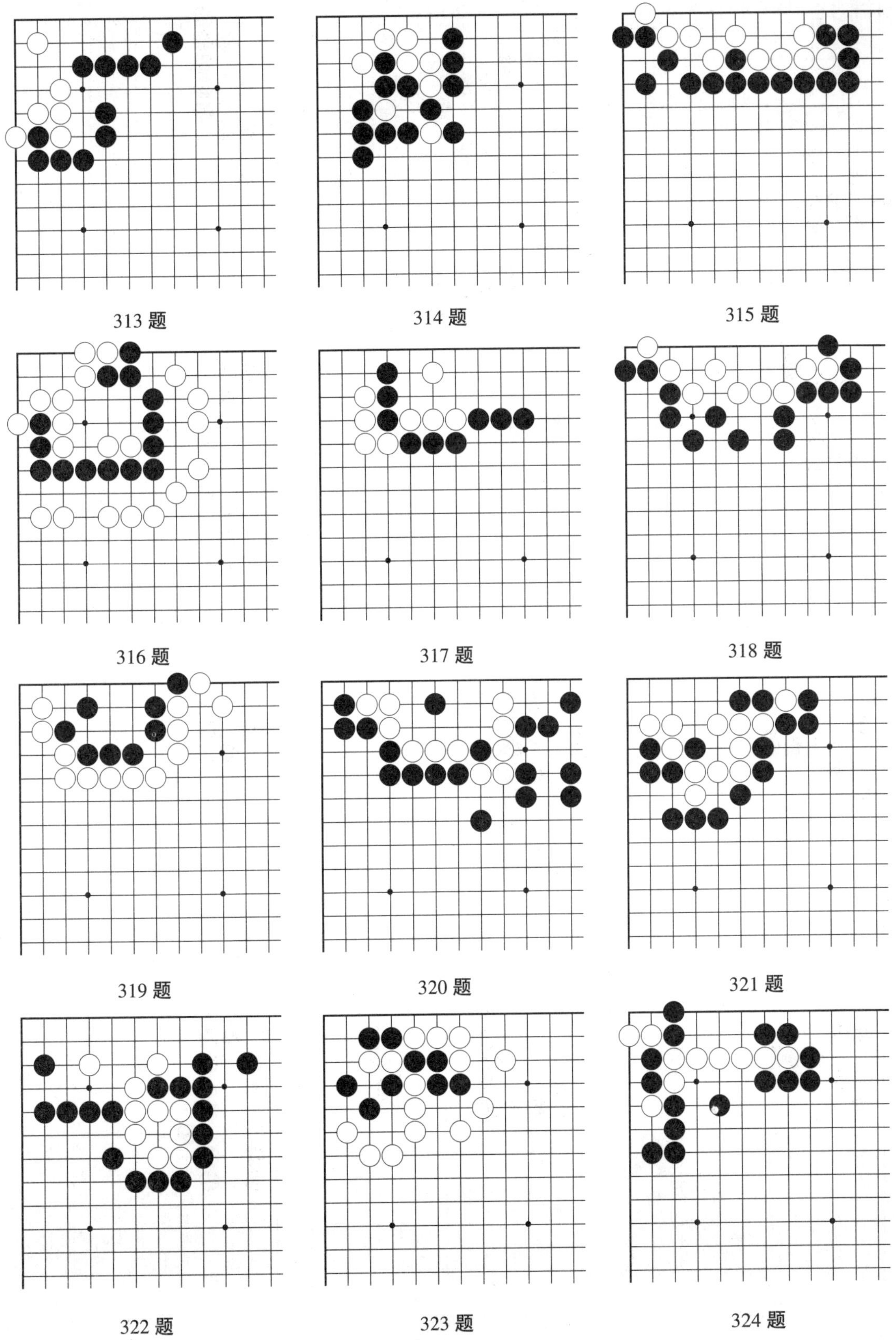
313 题
314 题
315 题
316 题
317 题
318 题
319 题
320 题
321 题
322 题
323 题
324 题

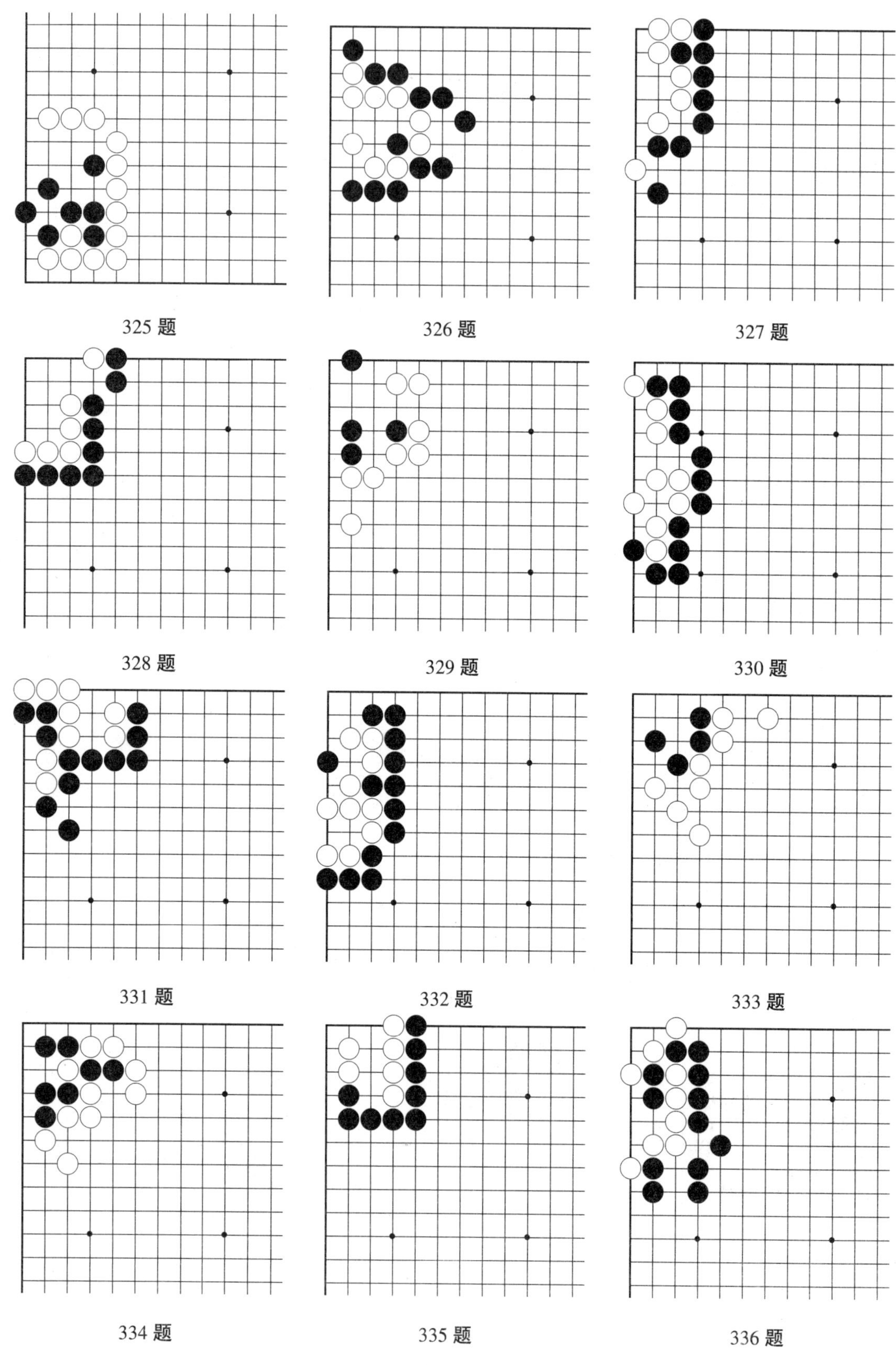

325 题

326 题

327 题

328 题

329 题

330 题

331 题

332 题

333 题

334 题

335 题

336 题

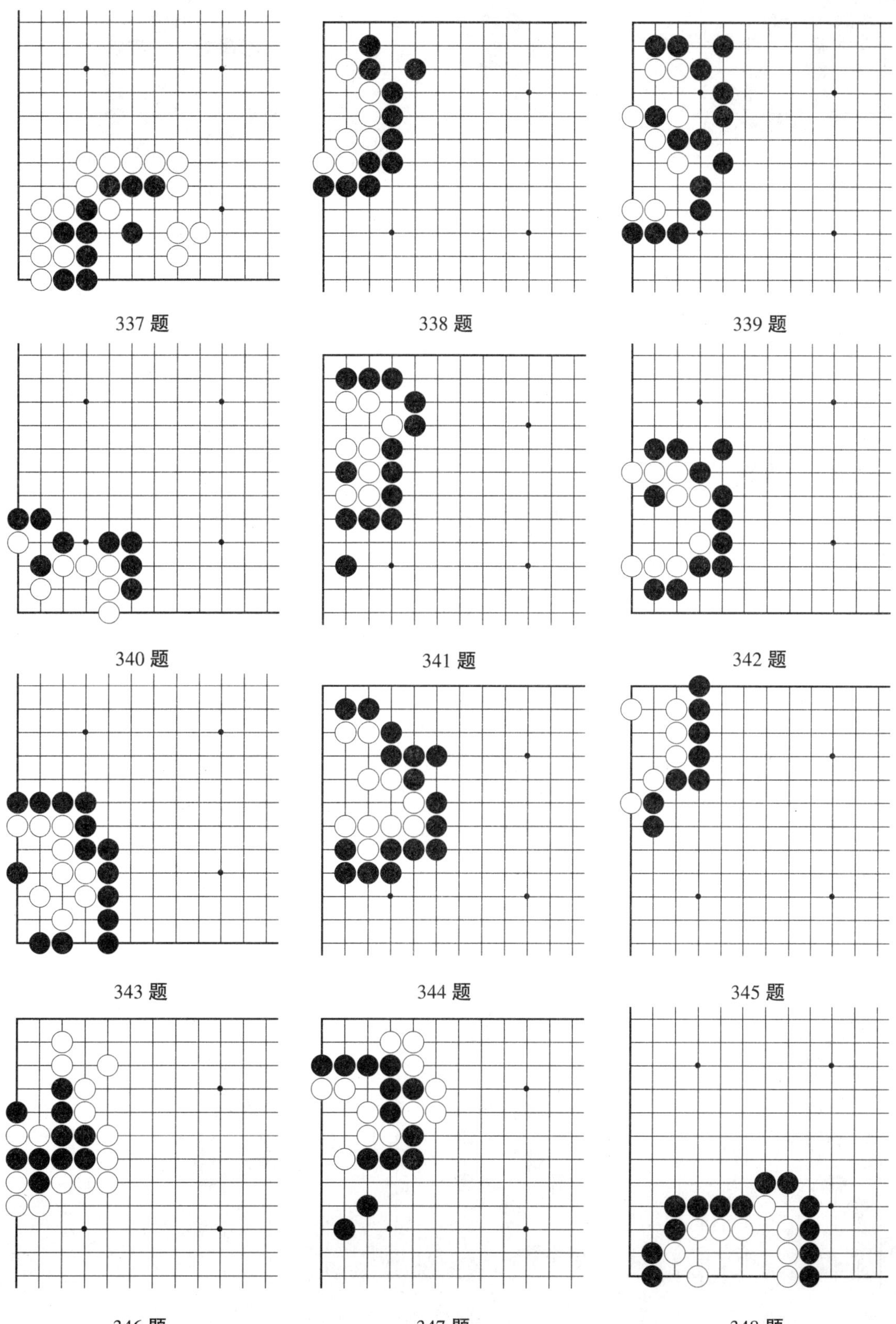

337 题 338 题 339 题

340 题 341 题 342 题

343 题 344 题 345 题

346 题 347 题 348 题

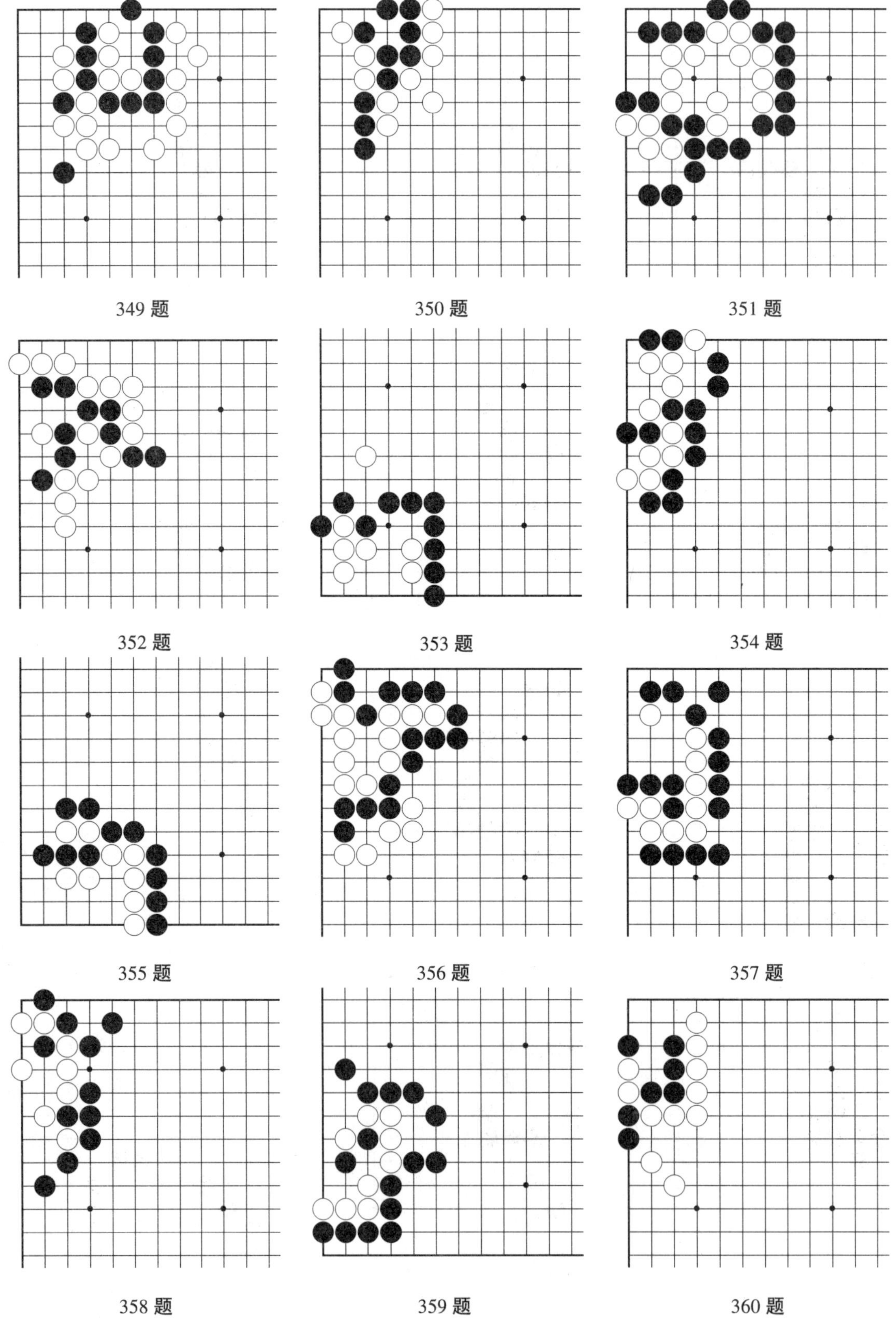

349 题

350 题

351 题

352 题

353 题

354 题

355 题

356 题

357 题

358 题

359 题

360 题

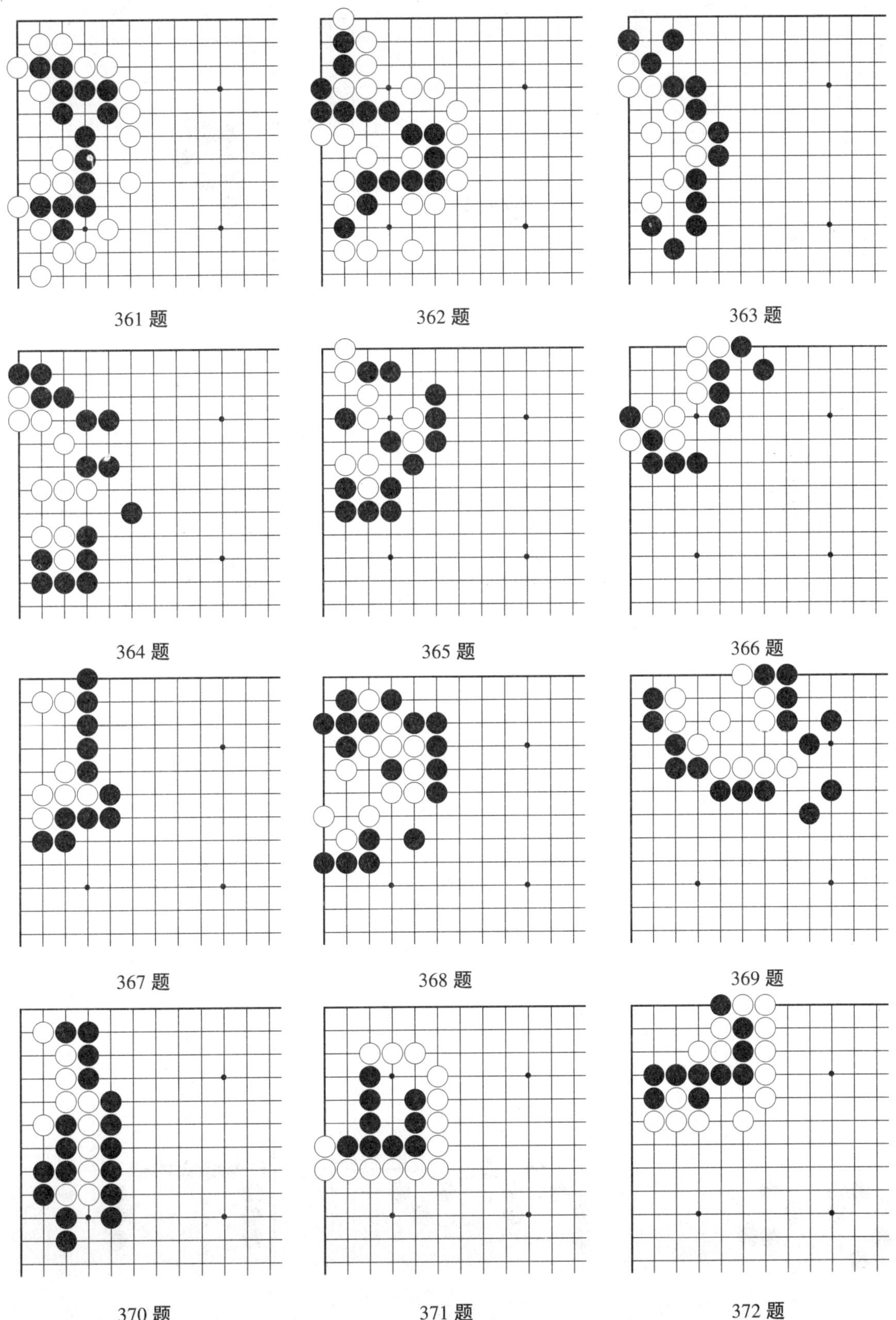

361 题

362 题

363 题

364 题

365 题

366 题

367 题

368 题

369 题

370 题

371 题

372 题

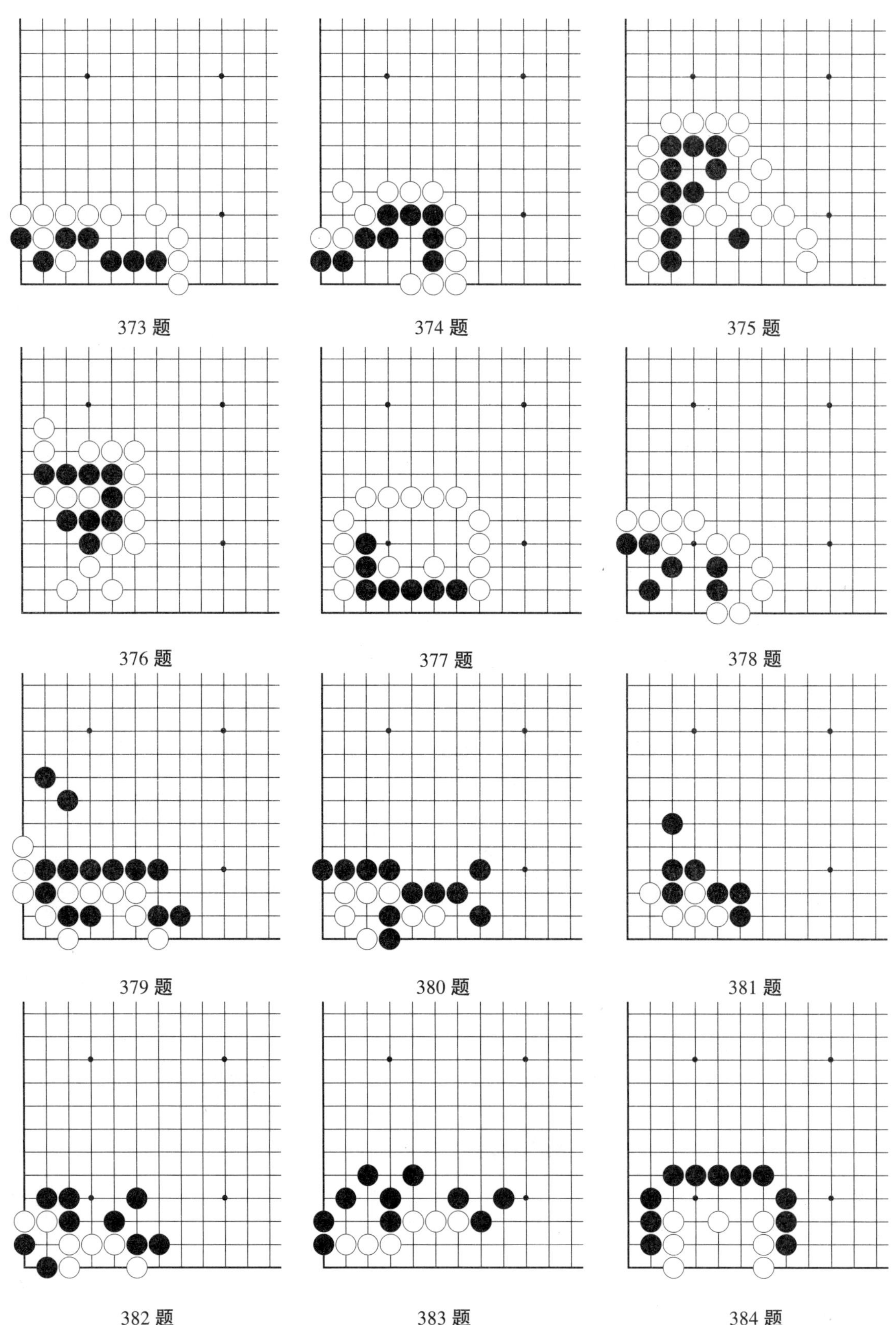

373 题

374 题

375 题

376 题

377 题

378 题

379 题

380 题

381 题

382 题

383 题

384 题

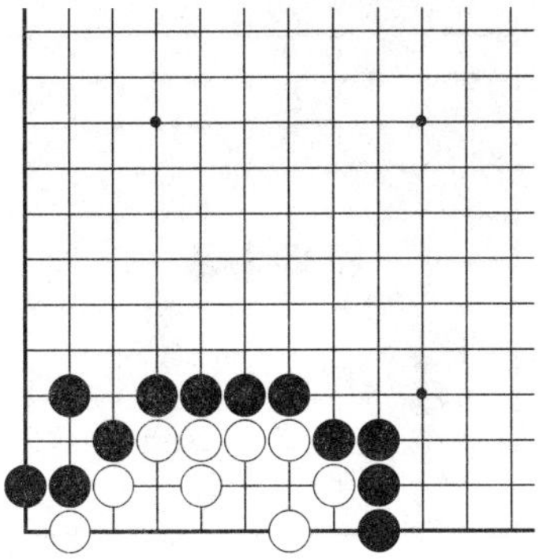

385 题

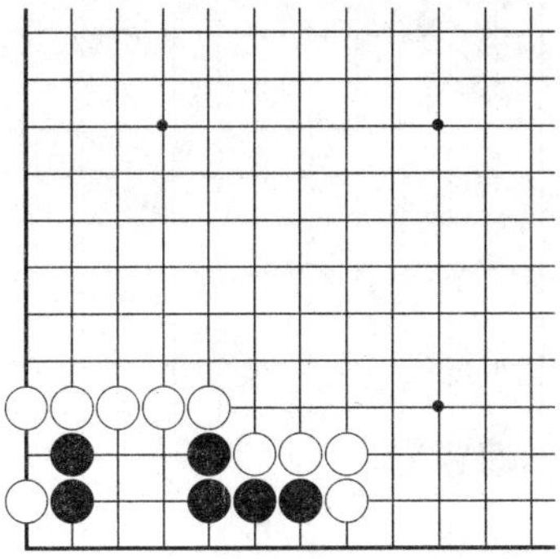

386 题

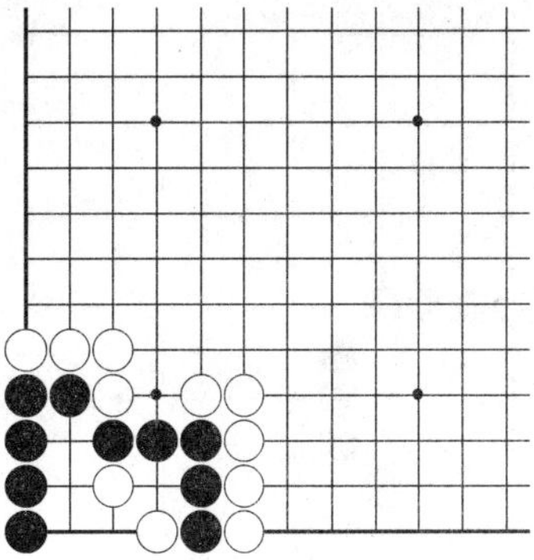

387 题

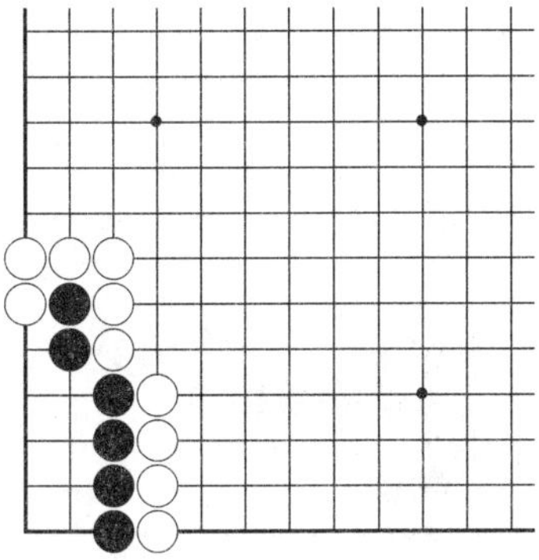

388 题

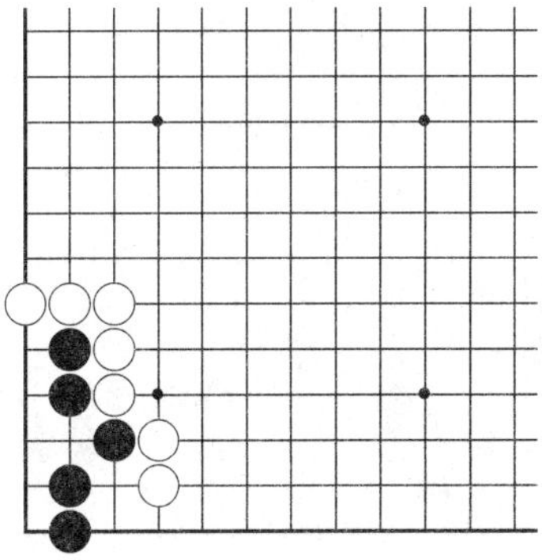

389 题

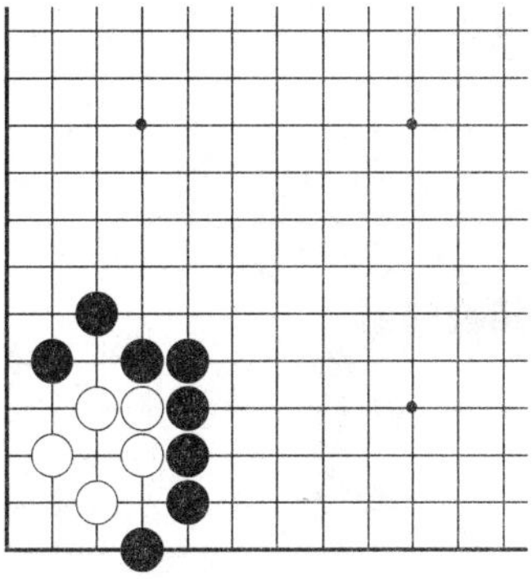

390 题

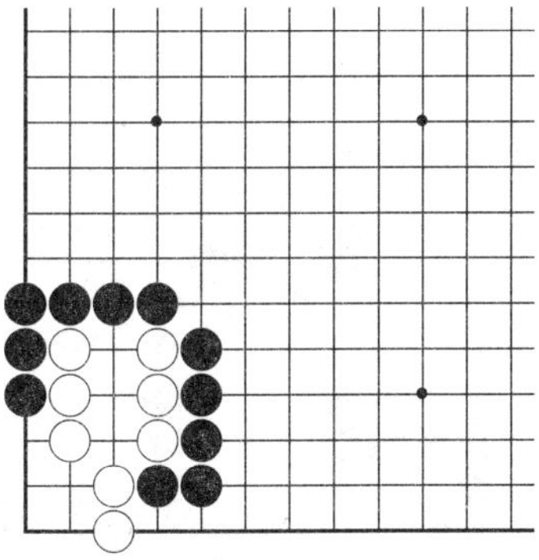

391 题

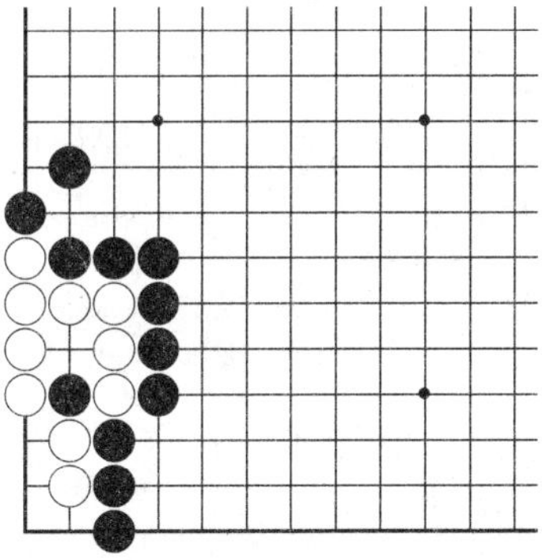

392 题

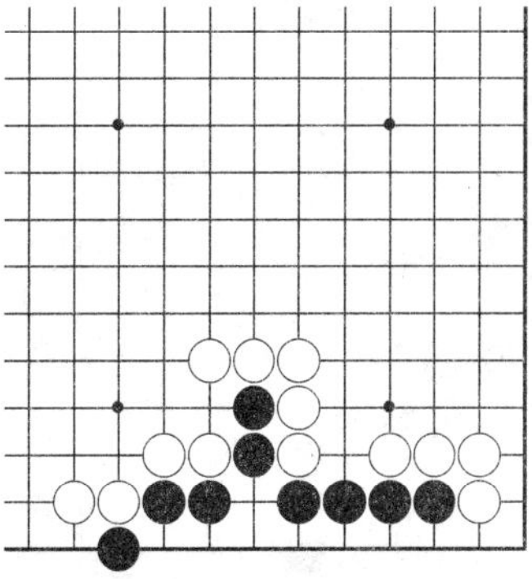

393 题

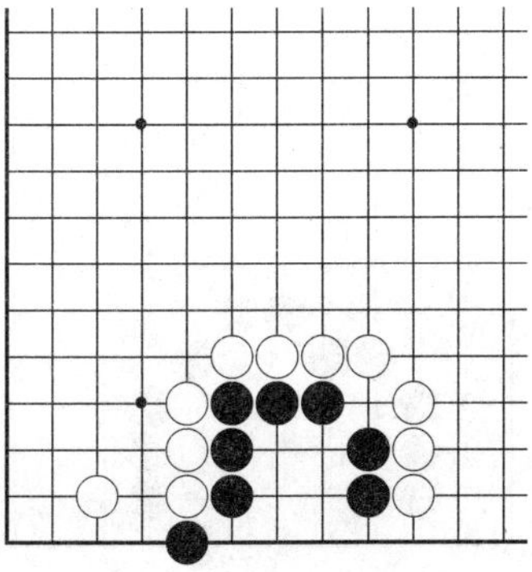

394 题

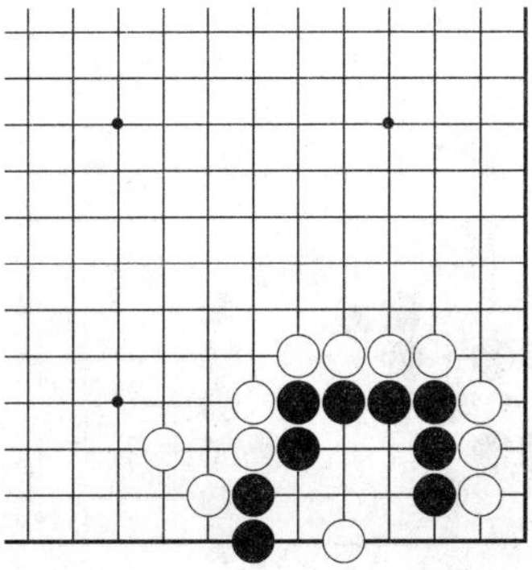

395 题

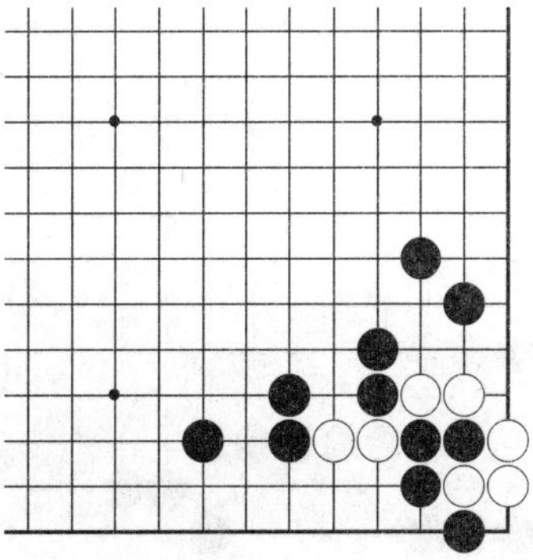

396 题

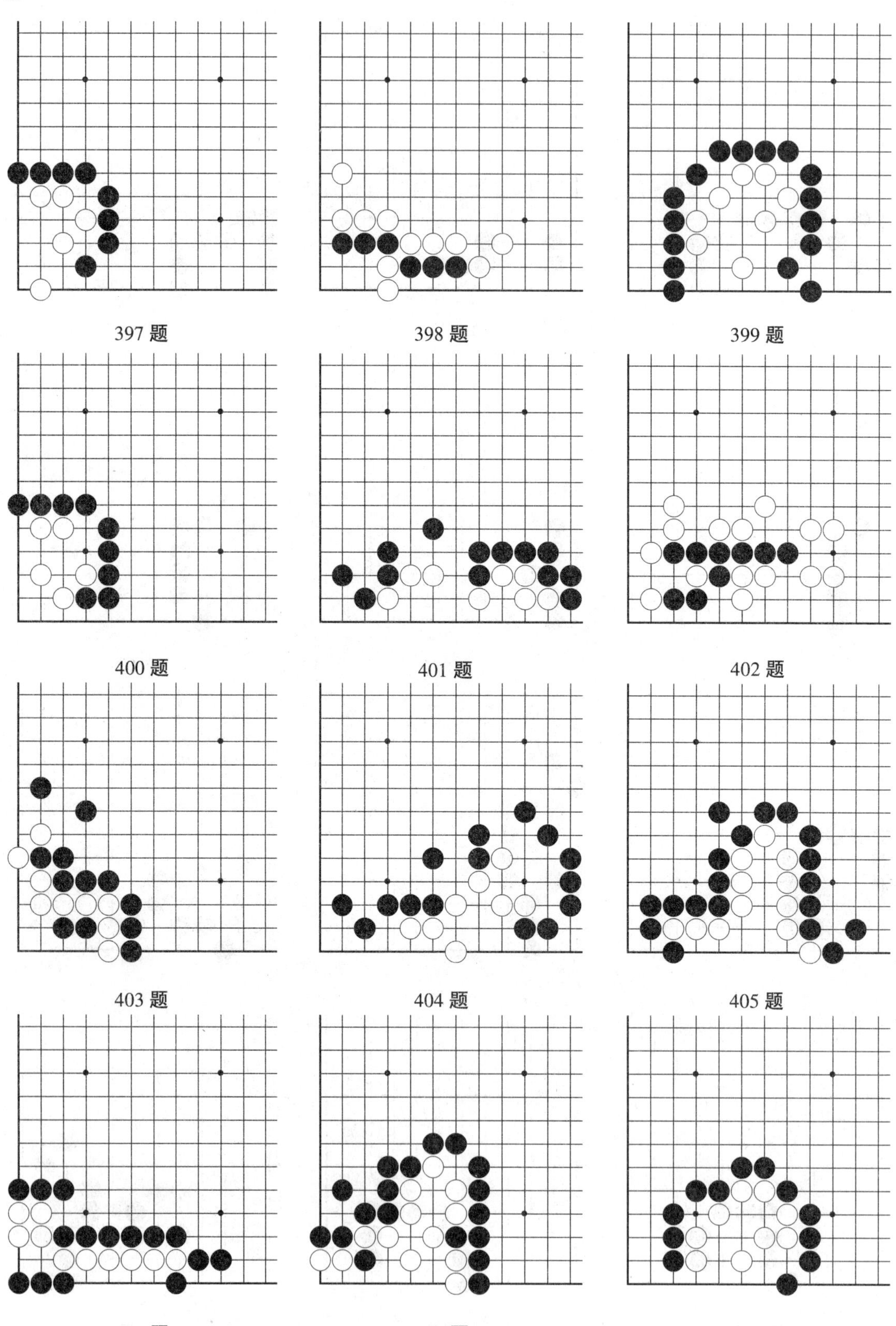

397 题

398 题

399 题

400 题

401 题

402 题

403 题

404 题

405 题

406 题

407 题

408 题

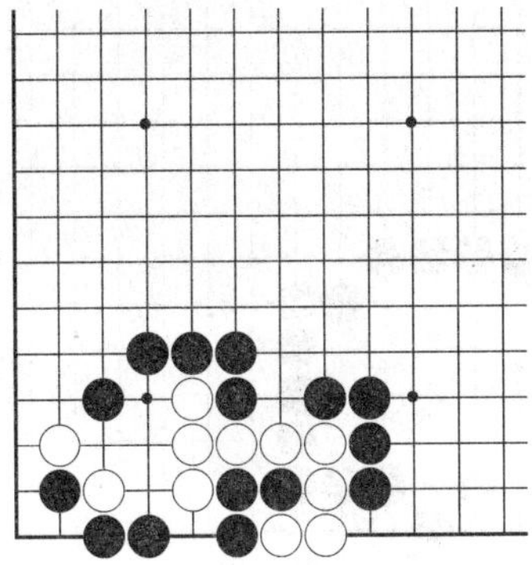

409 题

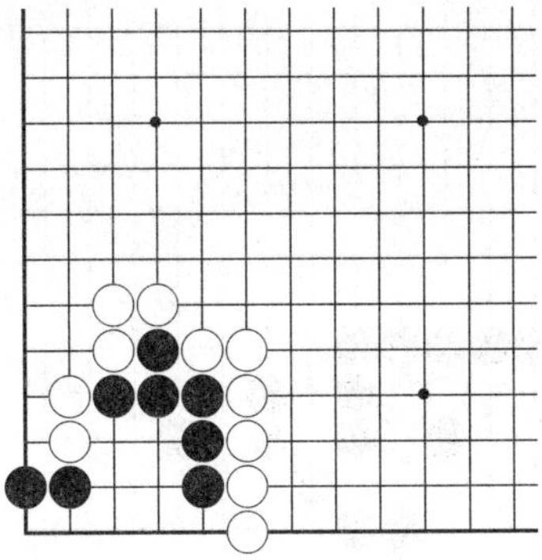

410 题

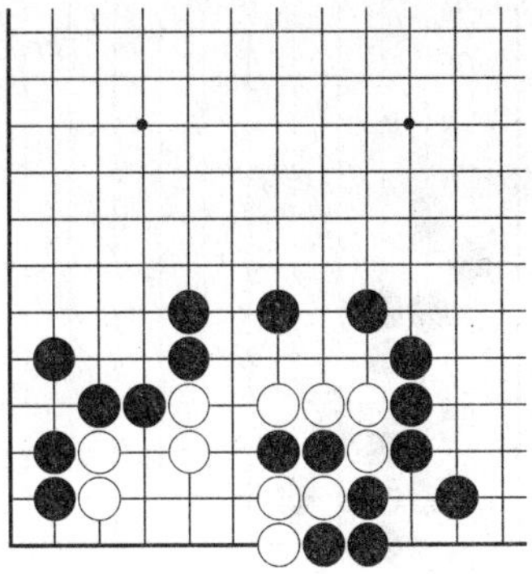

411 题

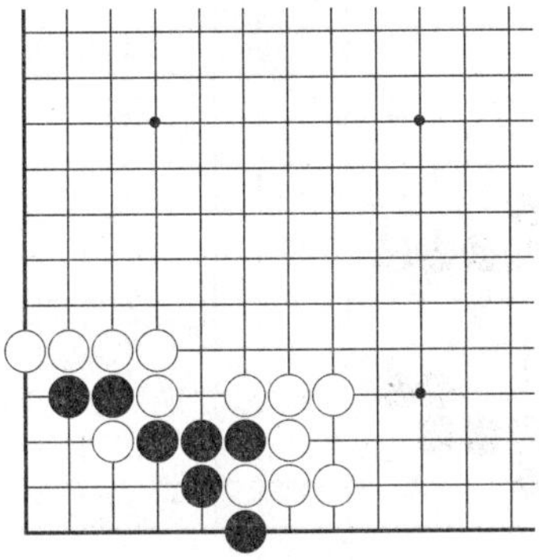

412 题

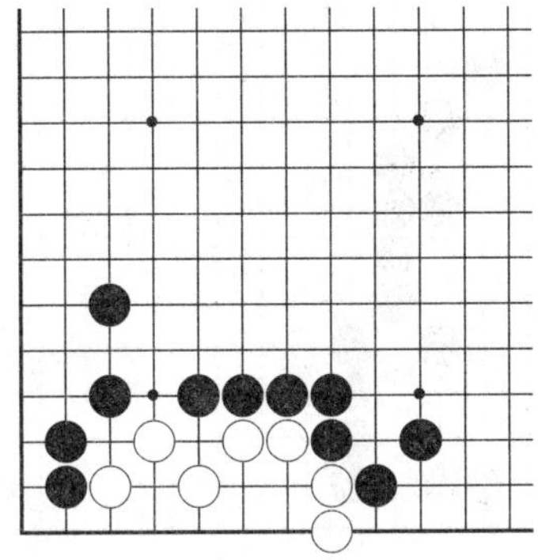

413 题

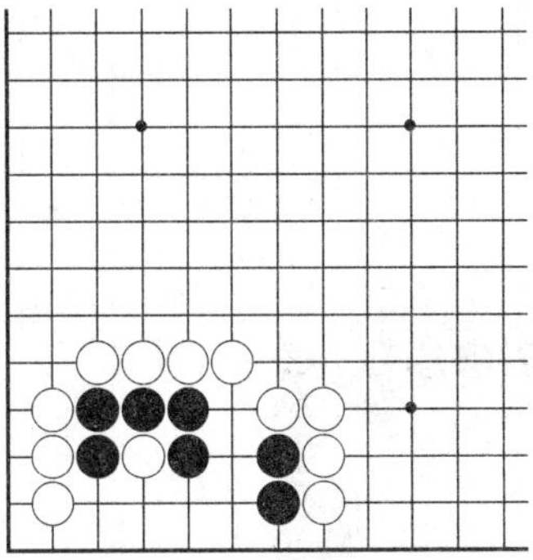

414 题

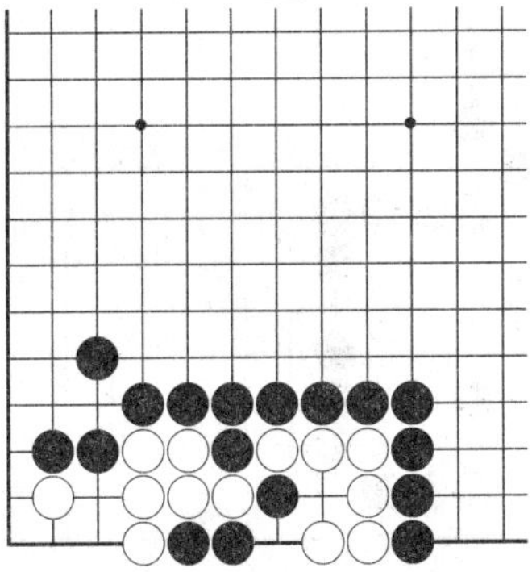

415 题

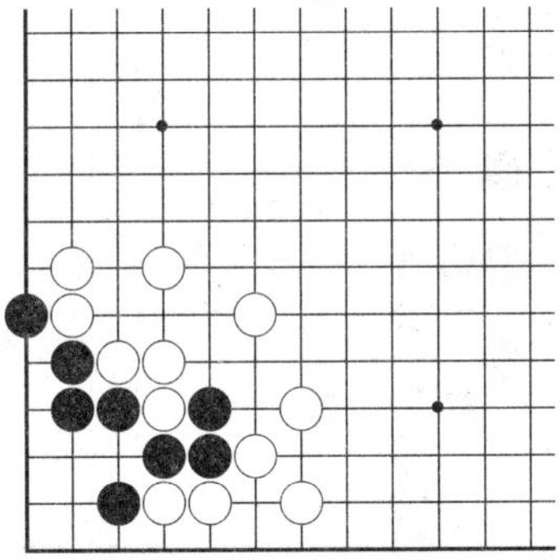

416 题

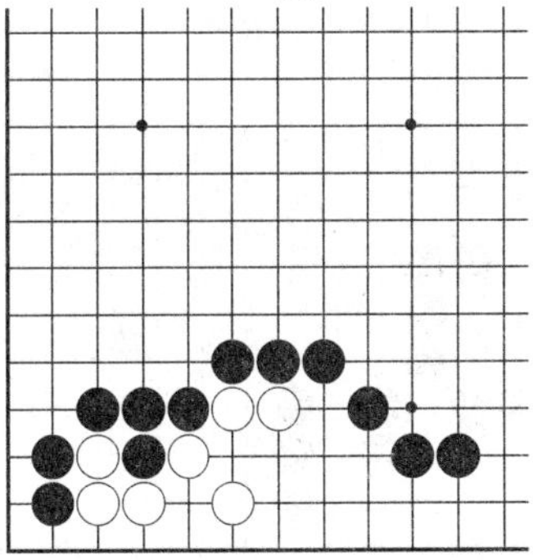

417 题

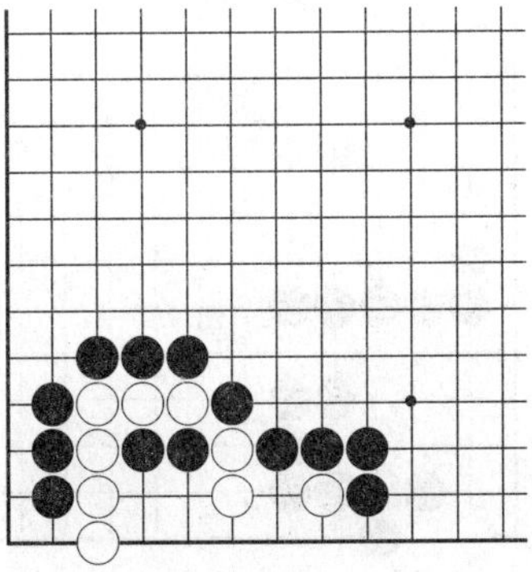

418 题

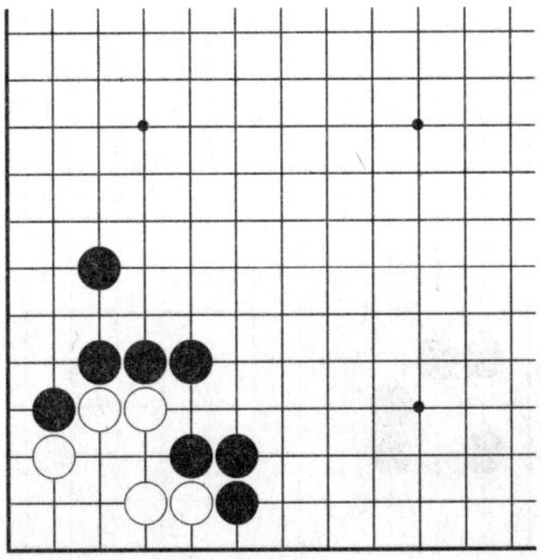

419 题

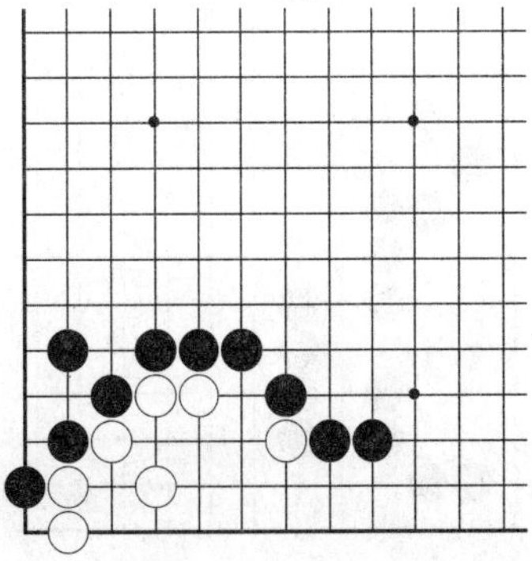

420 题

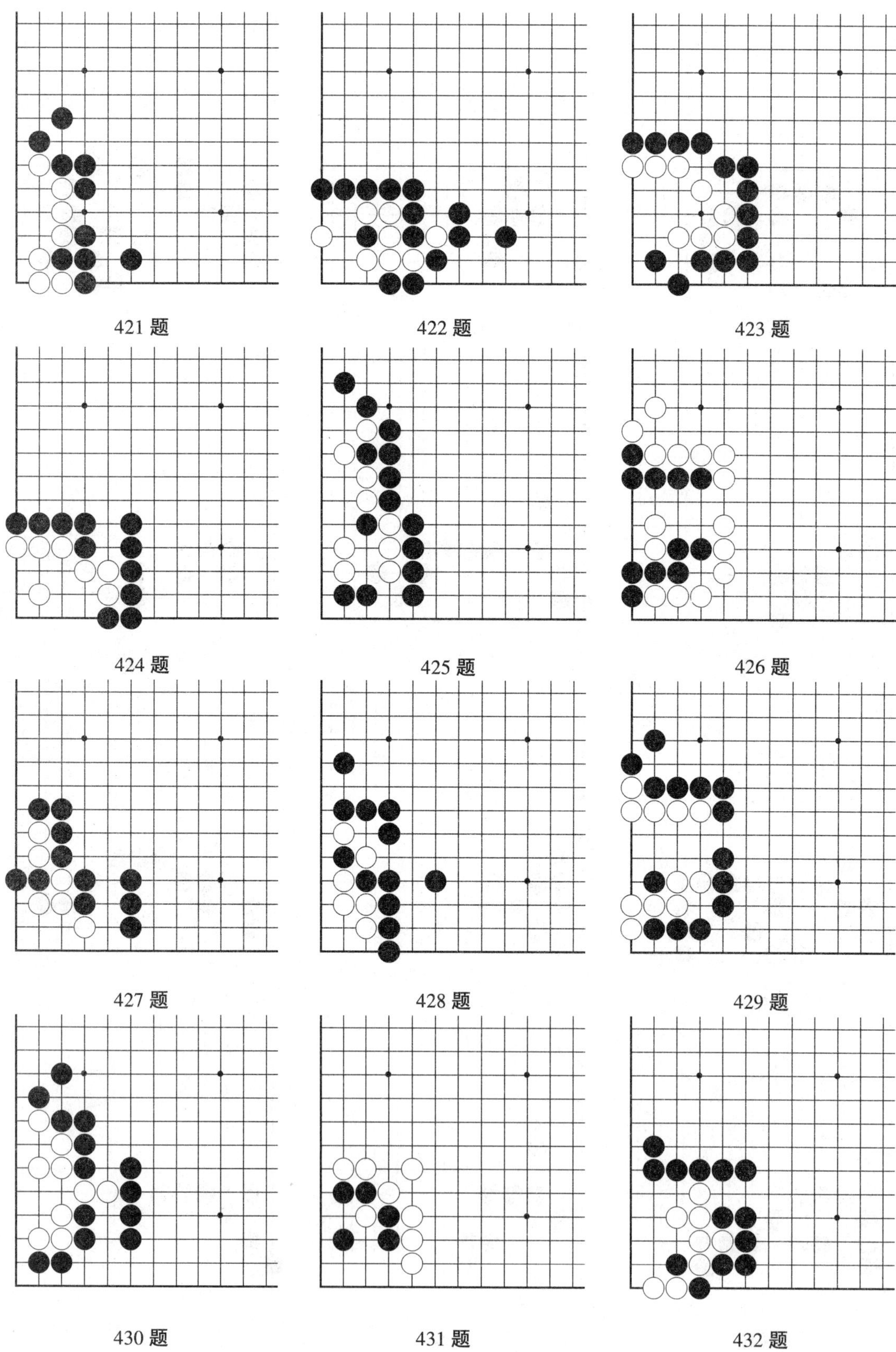

421 题　422 题　423 题

424 题　425 题　426 题

427 题　428 题　429 题

430 题　431 题　432 题

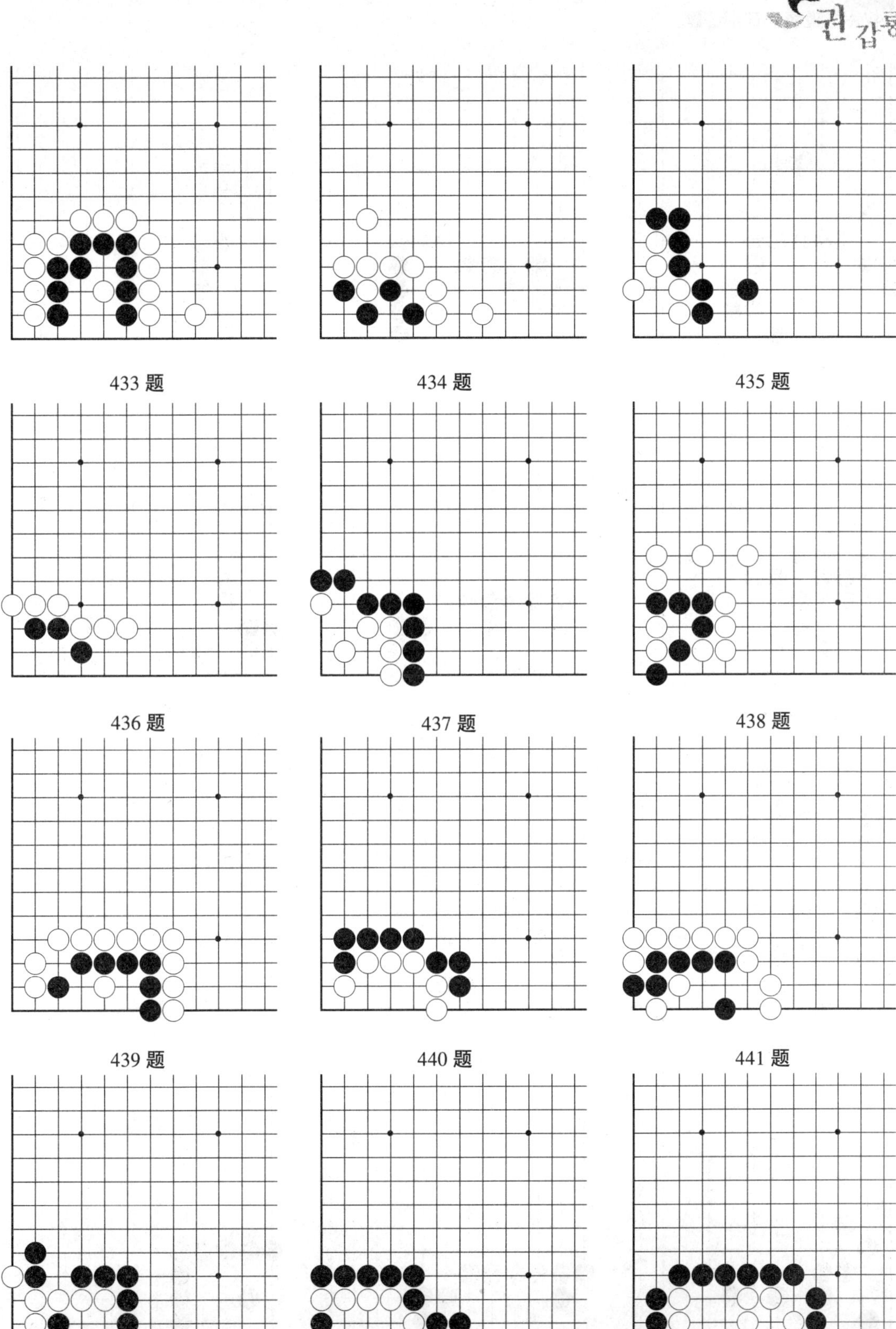

433 题　434 题　435 题

436 题　437 题　438 题

439 题　440 题　441 题

442 题　443 题　444 题

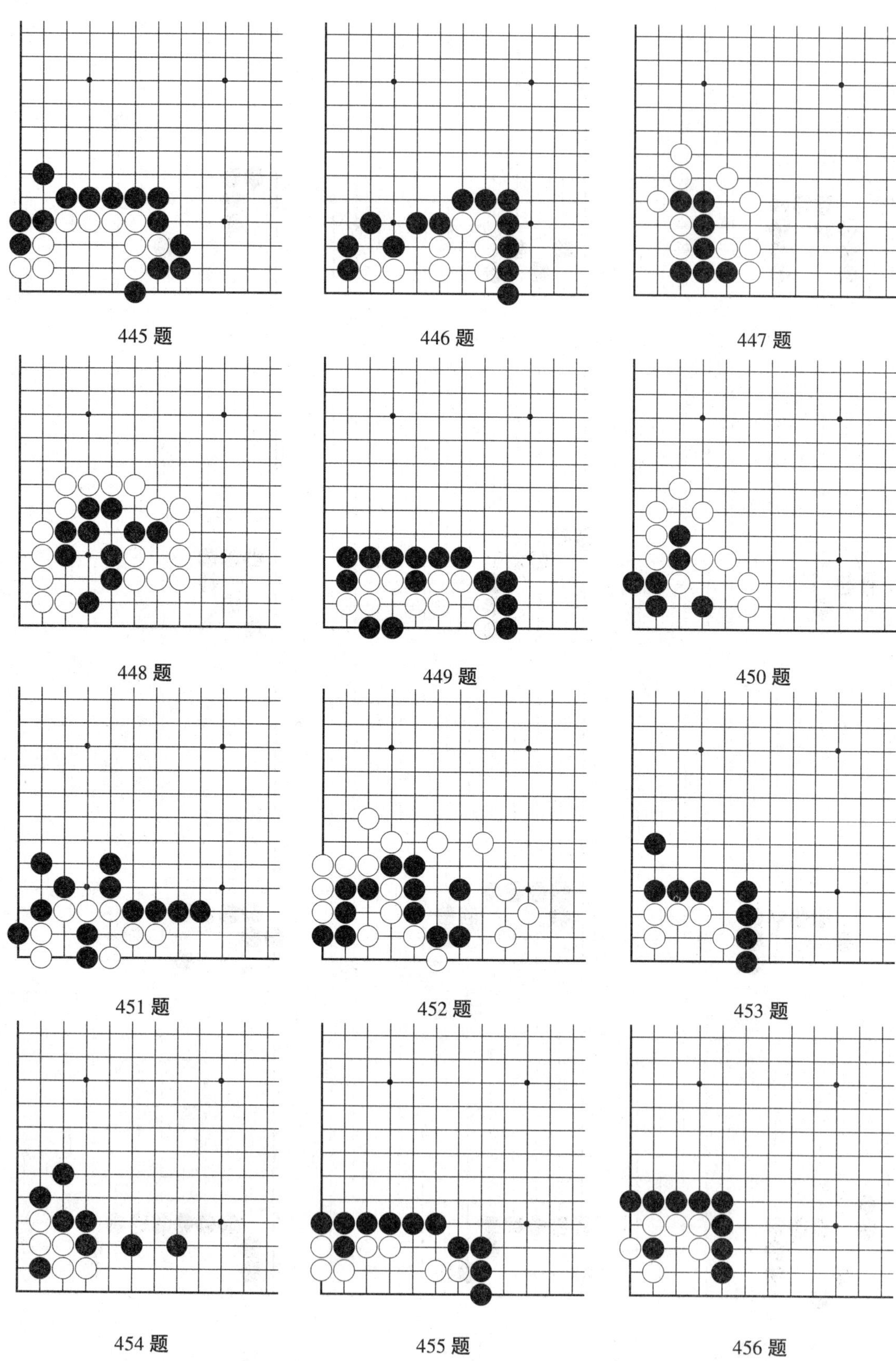
445 题
446 题
447 题
448 题
449 题
450 题
451 题
452 题
453 题
454 题
455 题
456 题

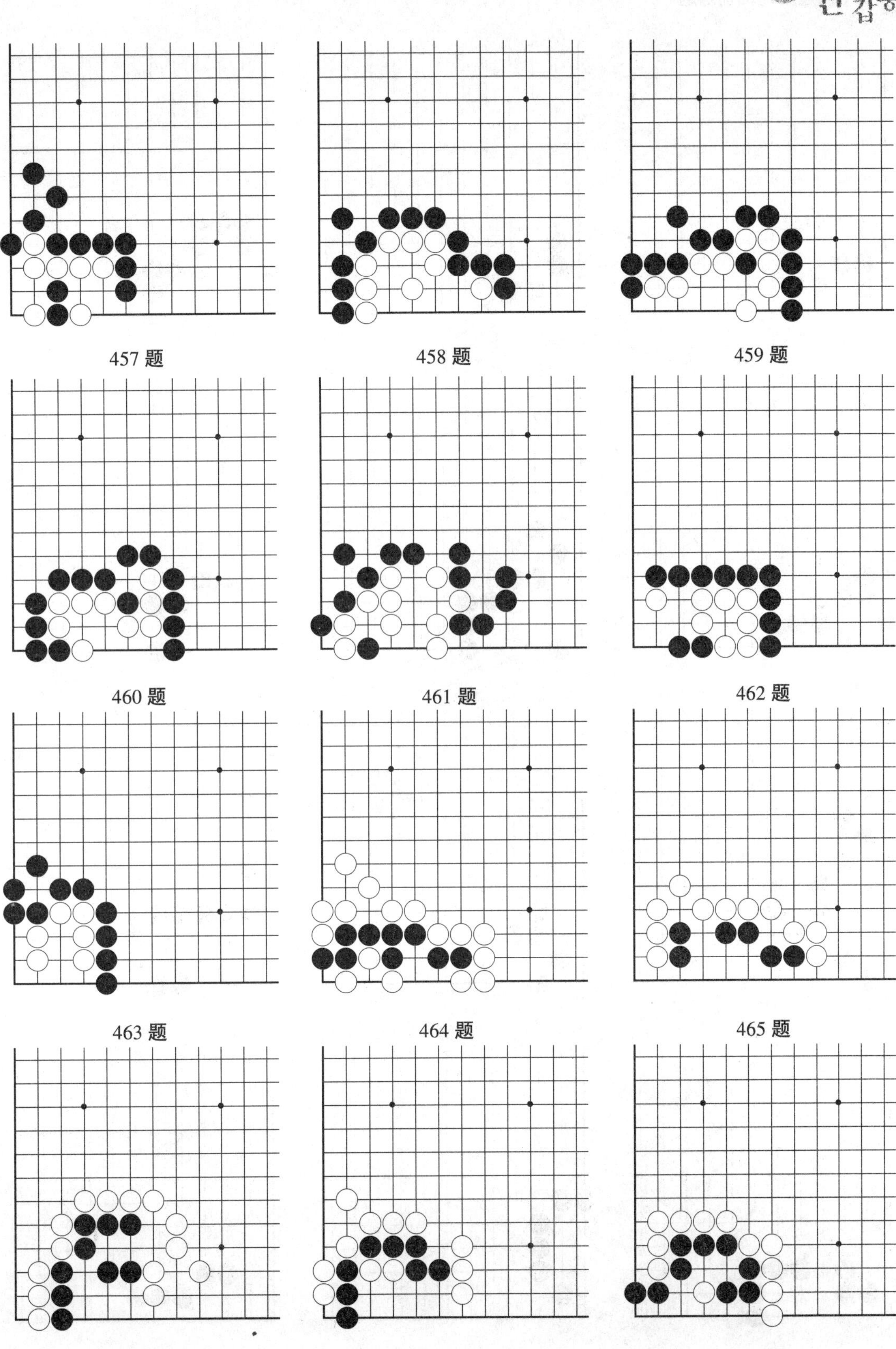
457 题
458 题
459 题
460 题
461 题
462 题
463 题
464 题
465 题
466 题
467 题
468 题

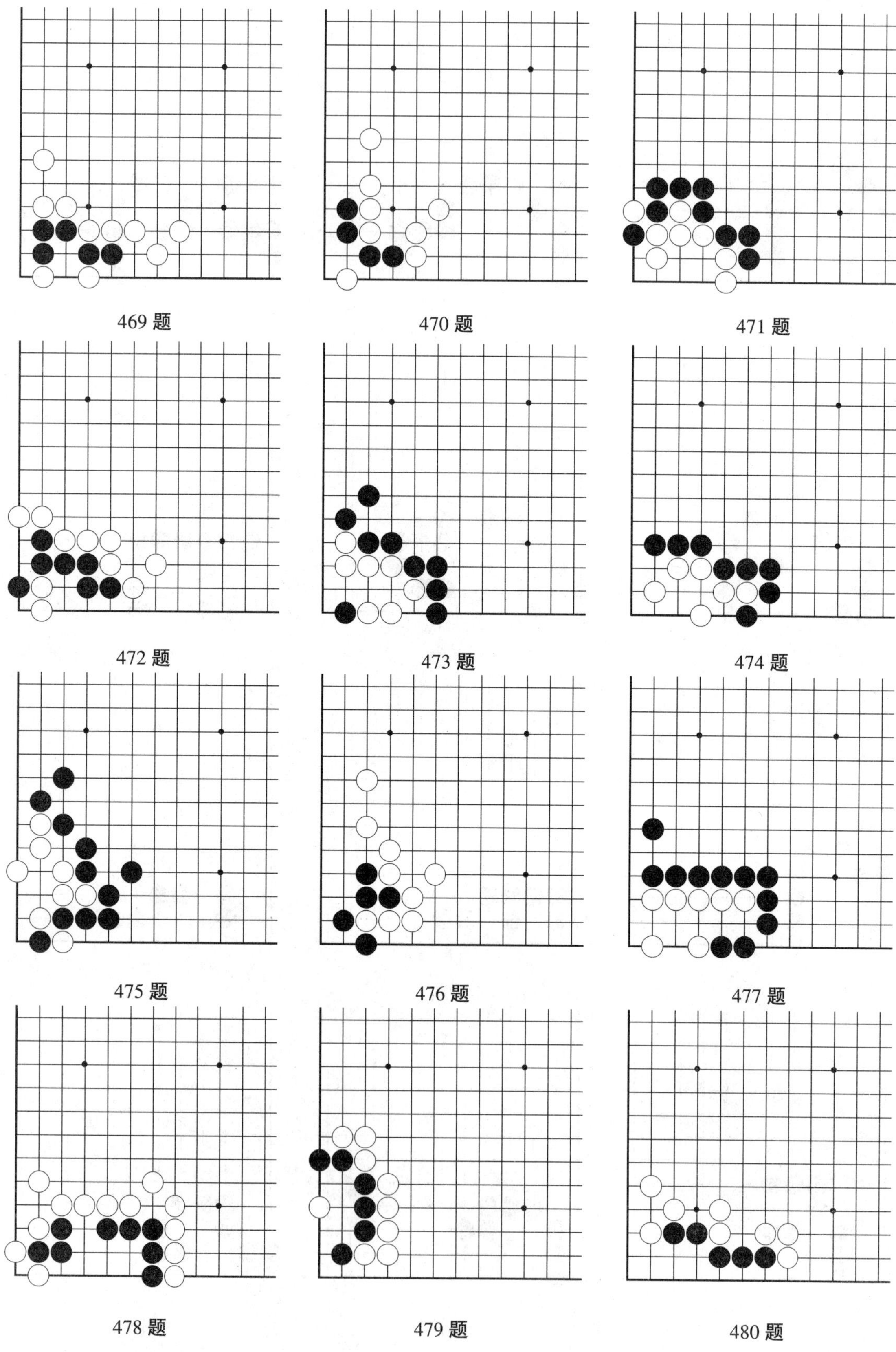
469 题 470 题 471 题
472 题 473 题 474 题
475 题 476 题 477 题
478 题 479 题 480 题

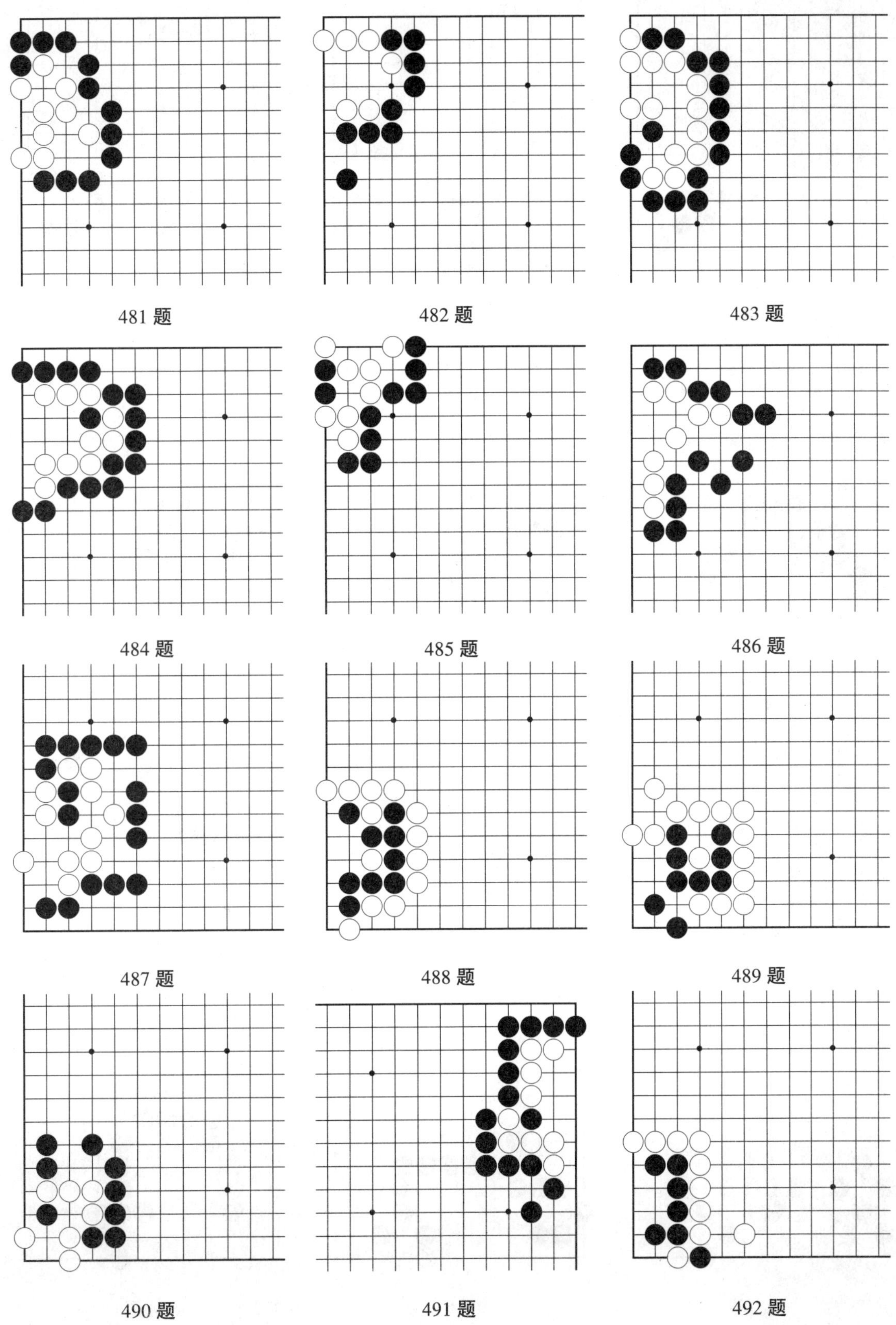
481 题
482 题
483 题
484 题
485 题
486 题
487 题
488 题
489 题
490 题
491 题
492 题

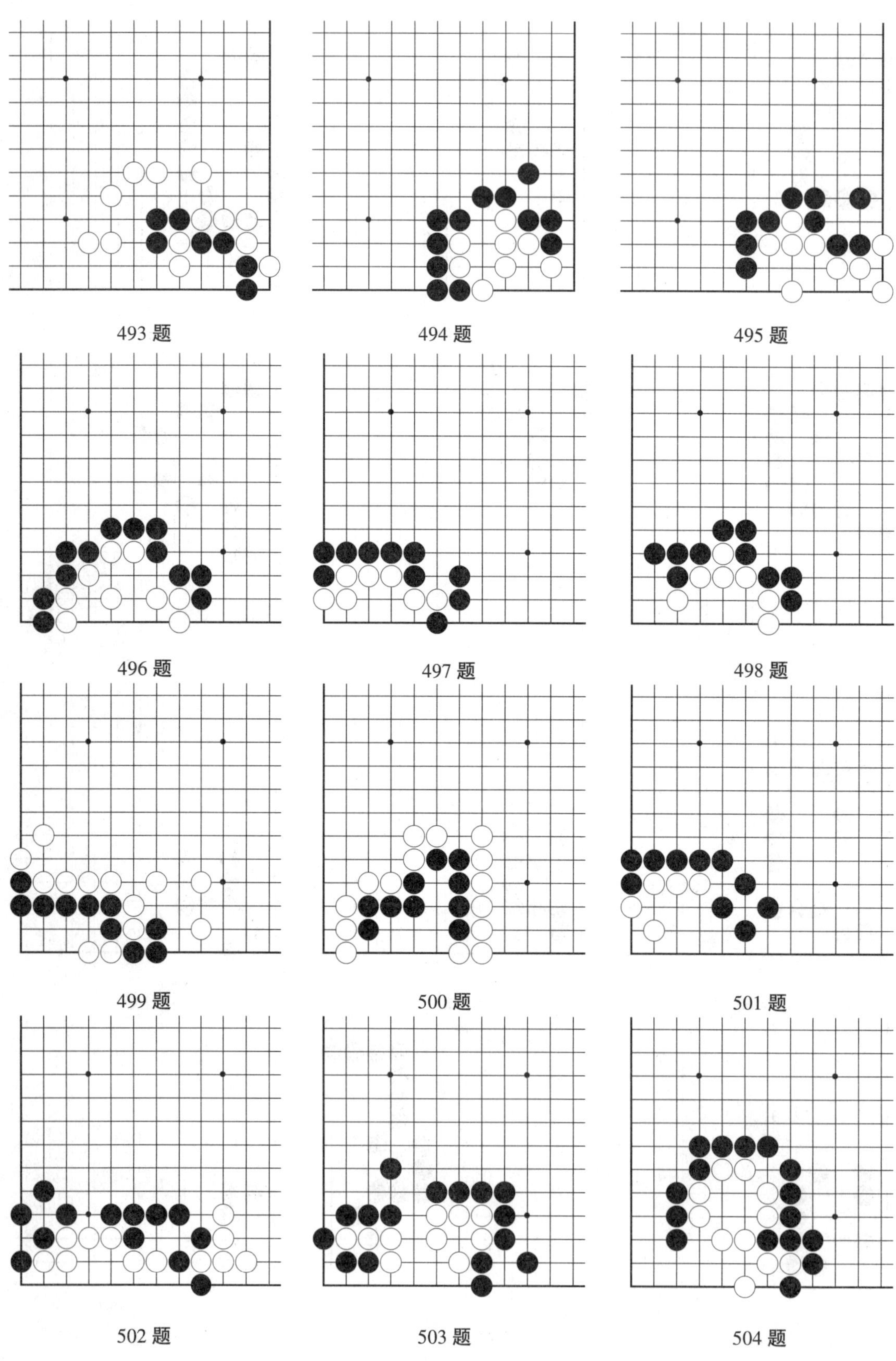

493 题

494 题

495 题

496 题

497 题

498 题

499 题

500 题

501 题

502 题

503 题

504 题

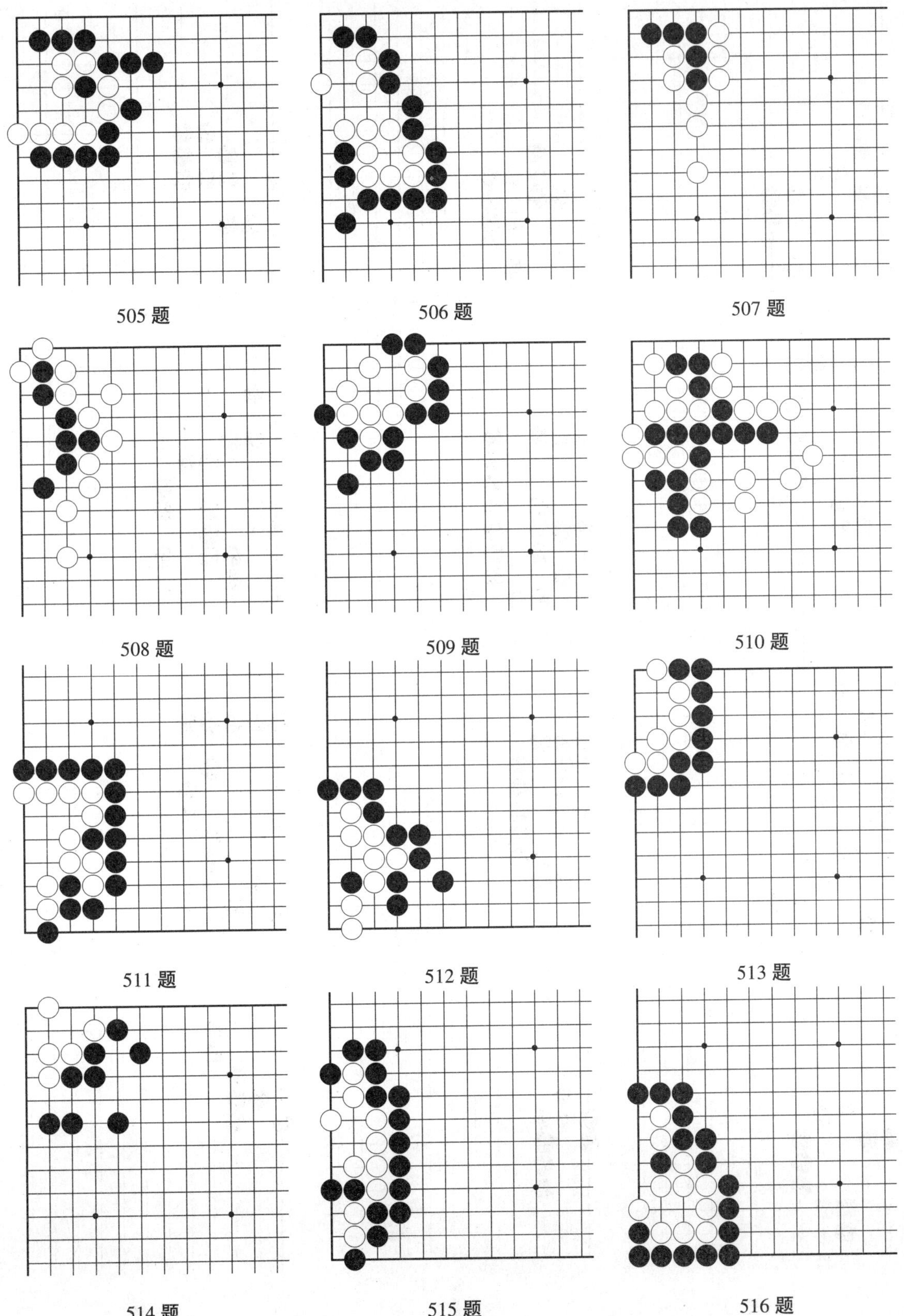

505 题

506 题

507 题

508 题

509 题

510 题

511 题

512 题

513 题

514 题

515 题

516 题

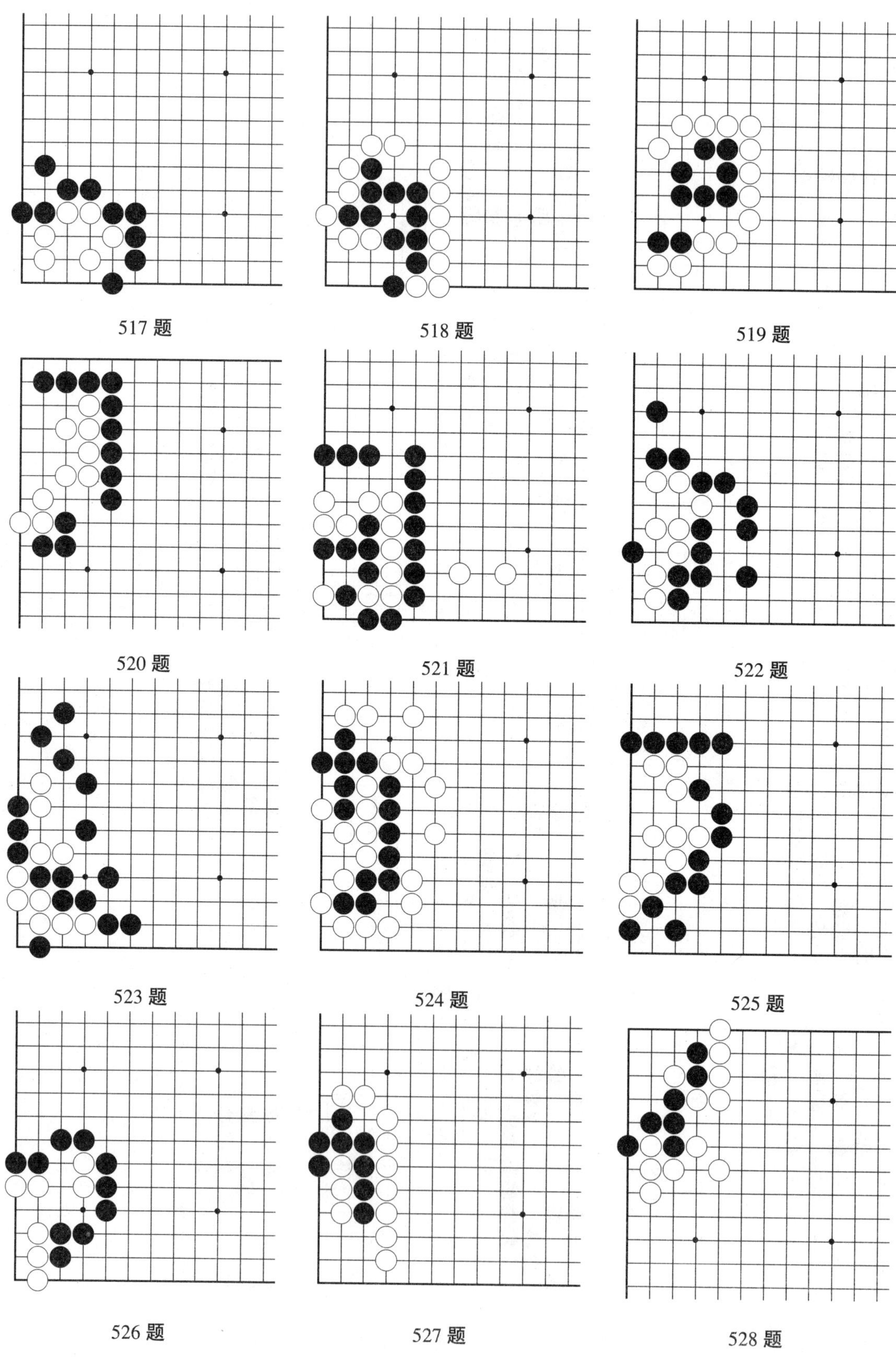
517 题
518 题
519 题
520 题
521 题
522 题
523 题
524 题
525 题
526 题
527 题
528 题

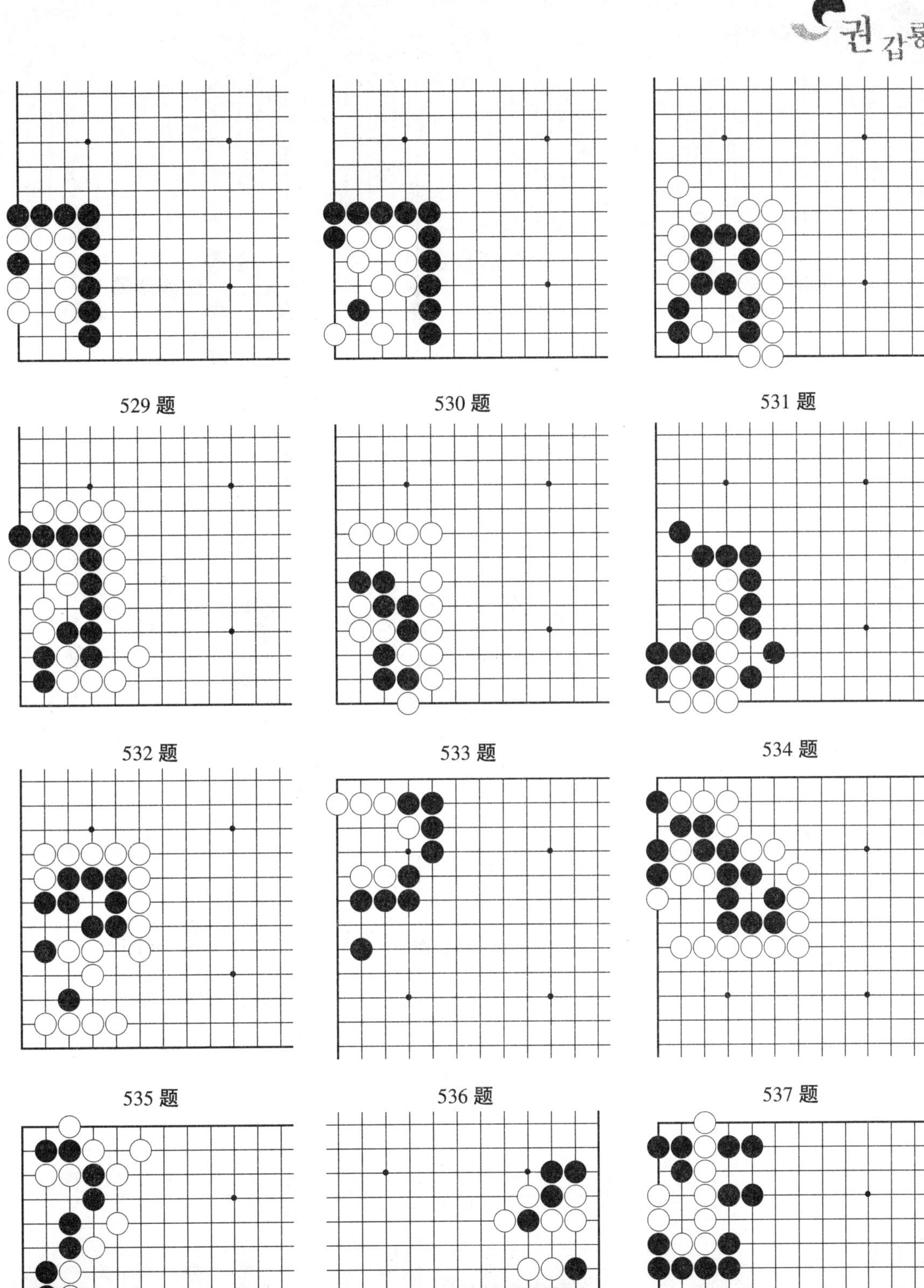

529 题

530 题

531 题

532 题

533 题

534 题

535 题

536 题

537 题

538 题

539 题

540 题

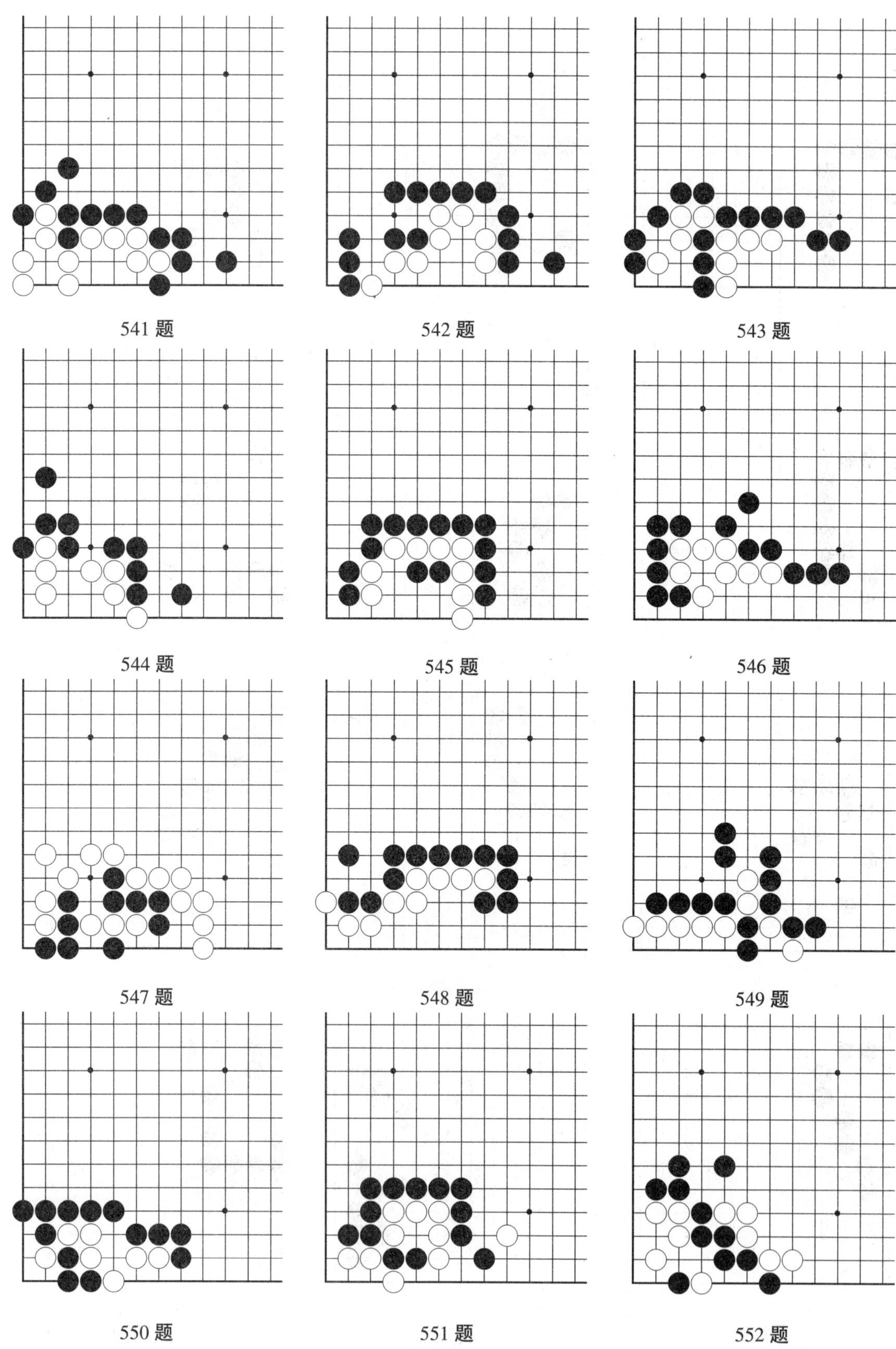

541 题

542 题

543 题

544 题

545 题

546 题

547 题

548 题

549 题

550 题

551 题

552 题

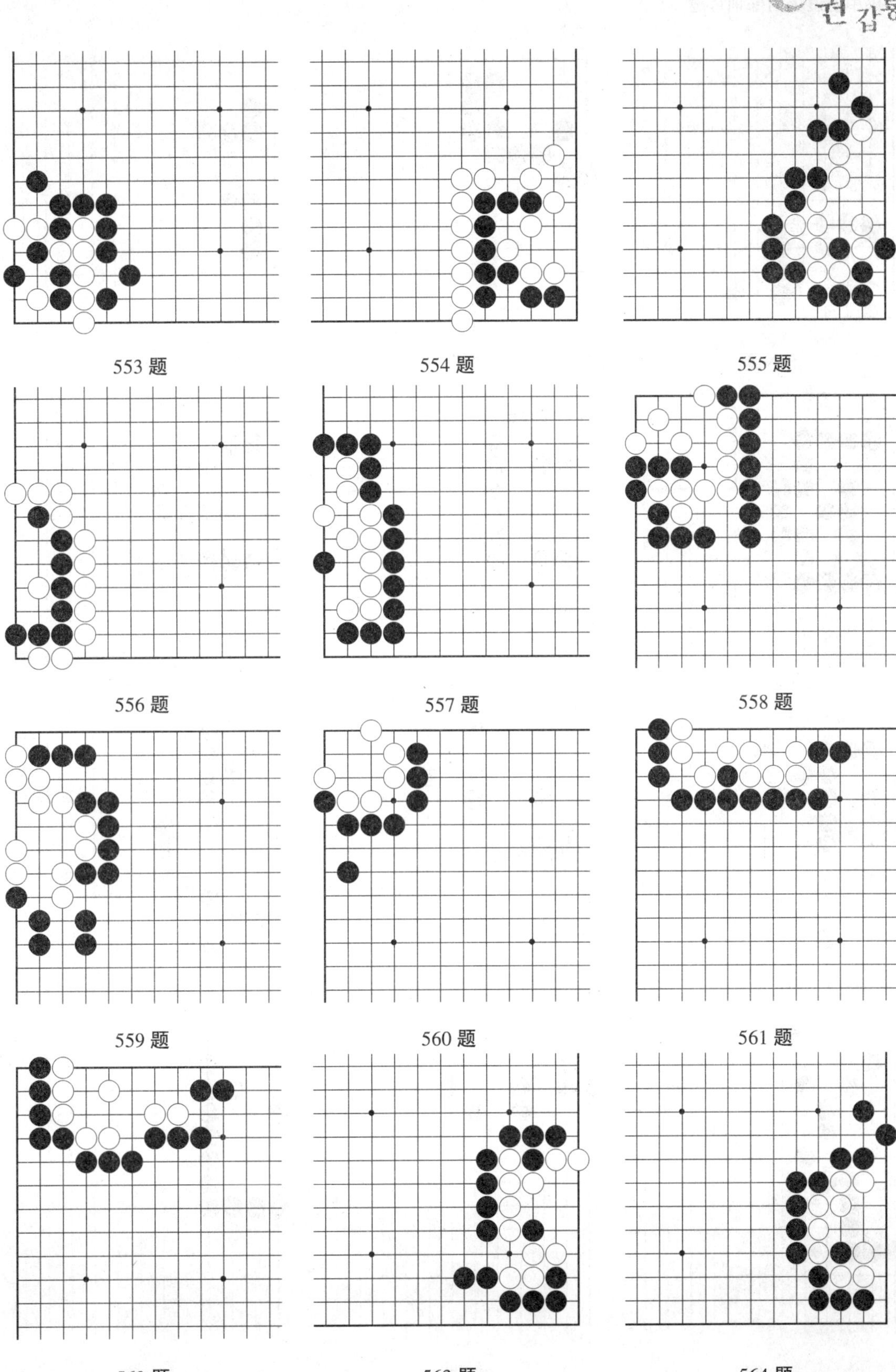

553 题　554 题　555 题

556 题　557 题　558 题

559 题　560 题　561 题

562 题　563 题　564 题

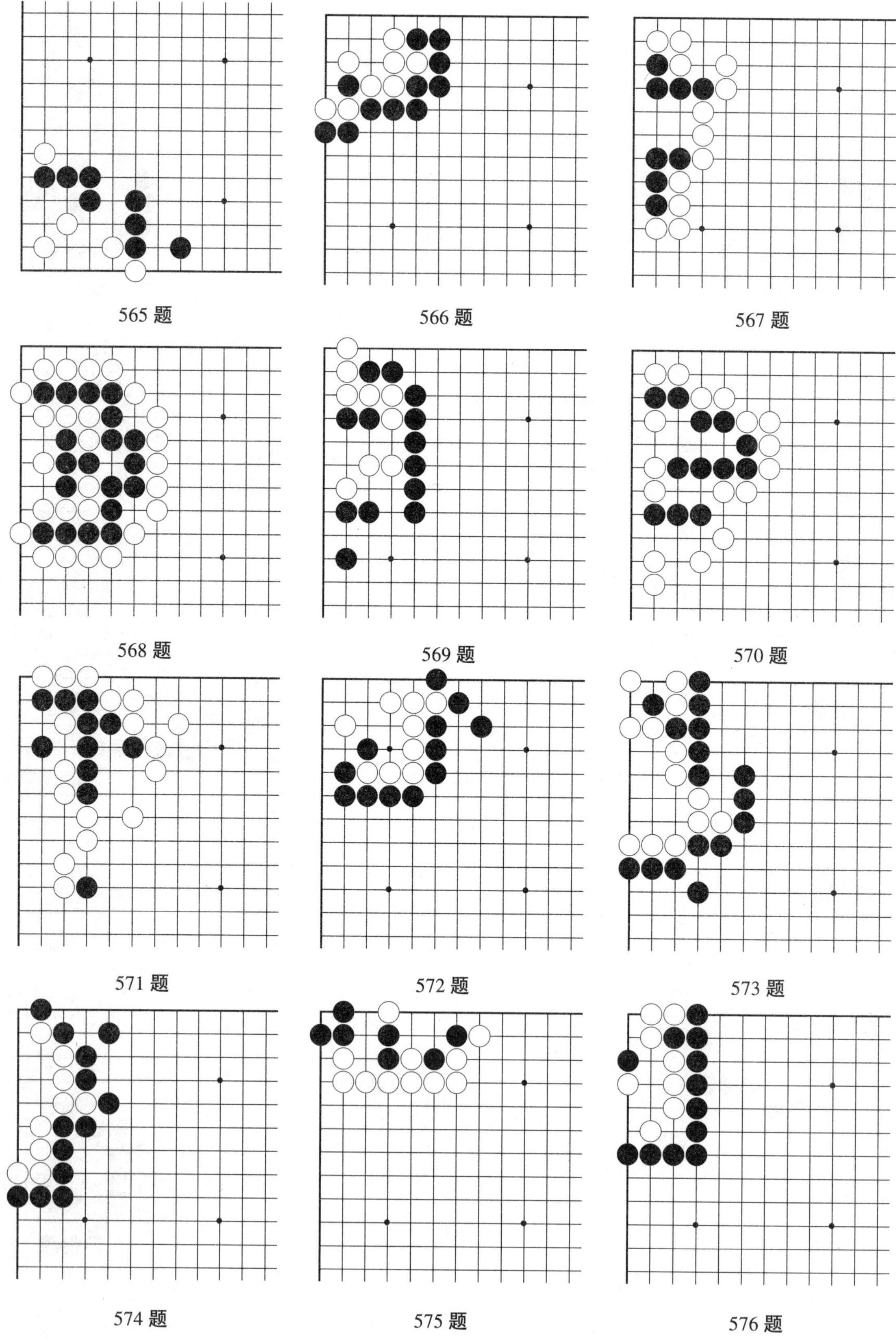

565 题 566 题 567 题

568 题 569 题 570 题

571 题 572 题 573 题

574 题 575 题 576 题

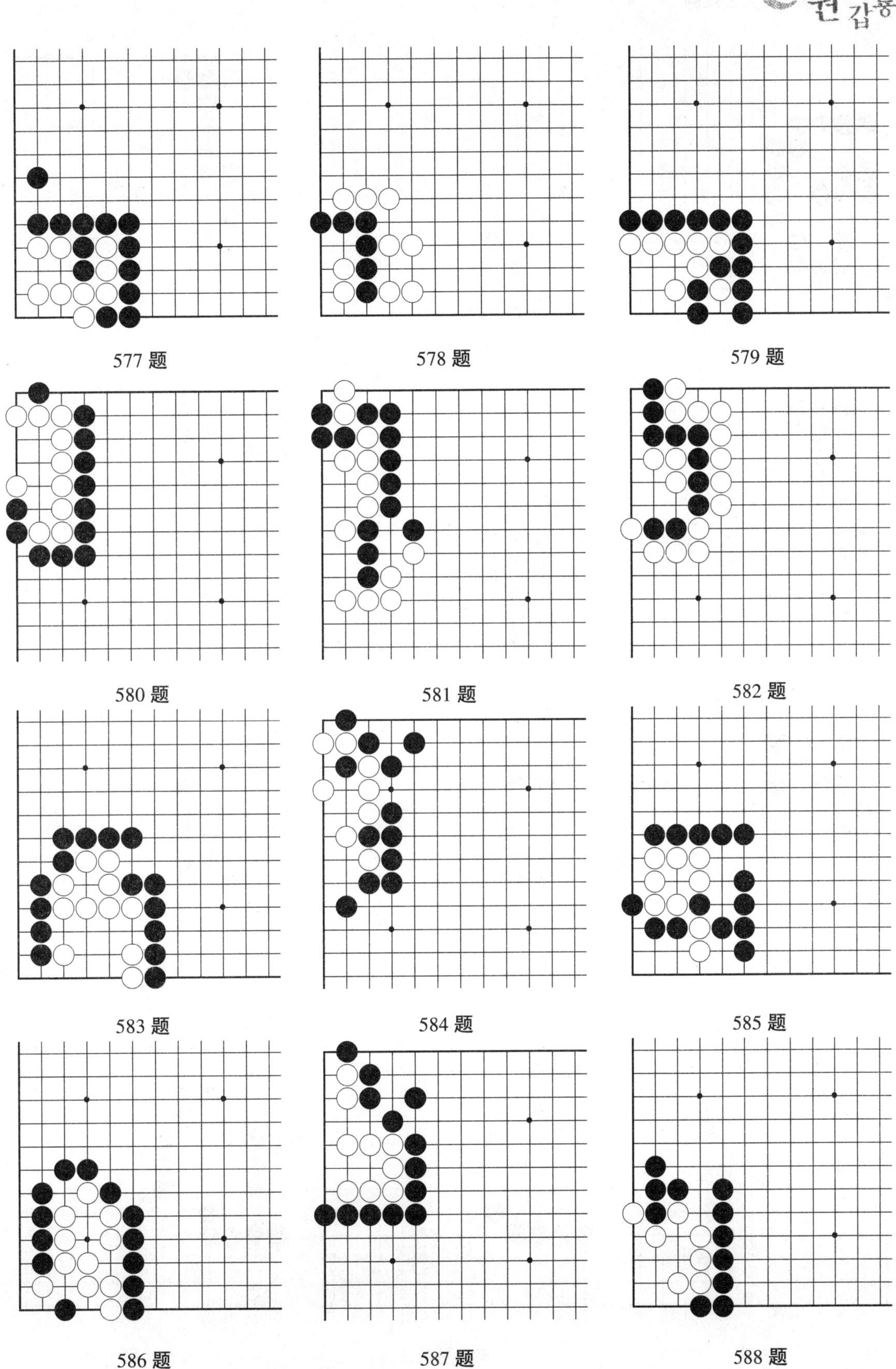

577 题　578 题　579 题

580 题　581 题　582 题

583 题　584 题　585 题

586 题　587 题　588 题

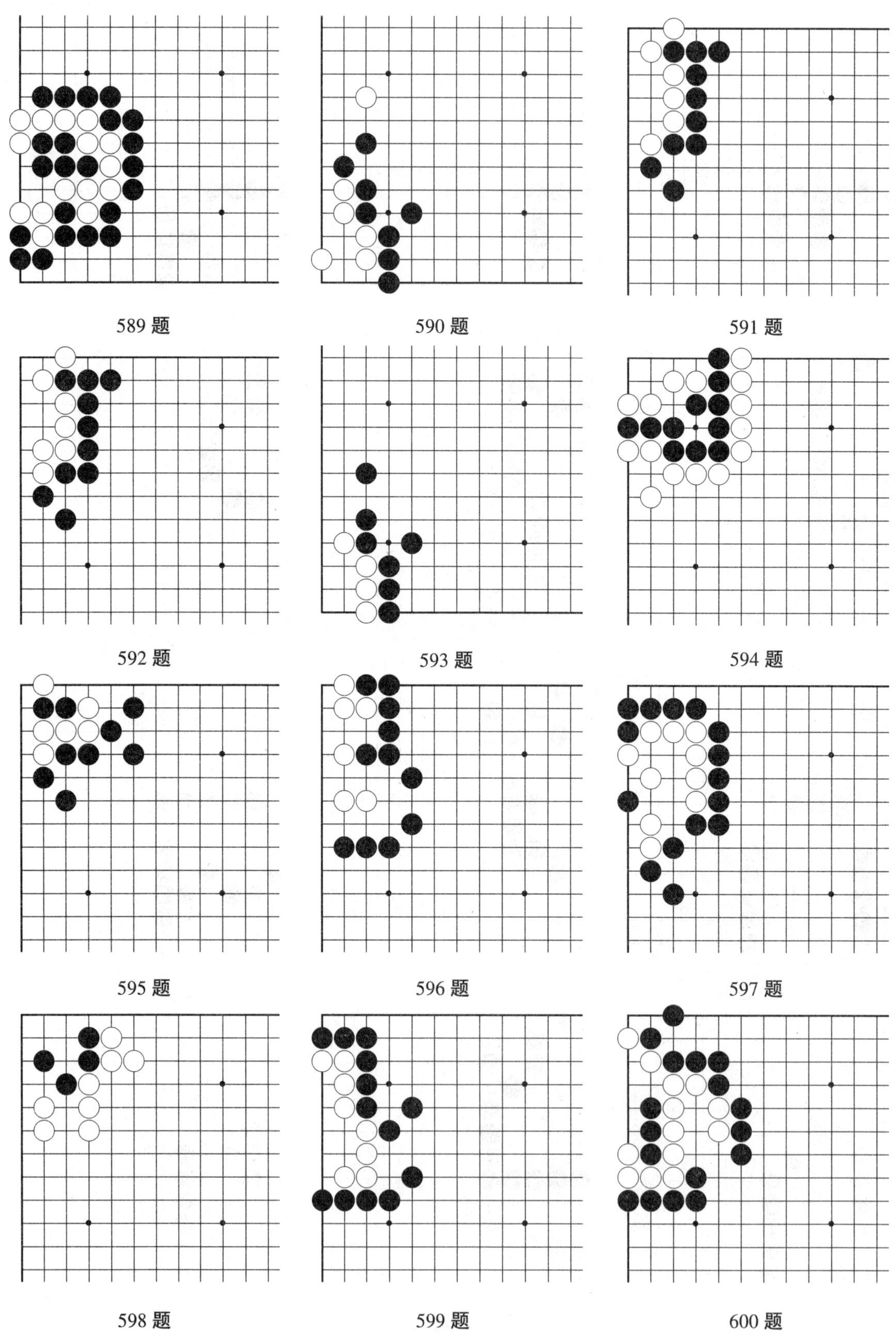

589 题

590 题

591 题

592 题

593 题

594 题

595 题

596 题

597 题

598 题

599 题

600 题

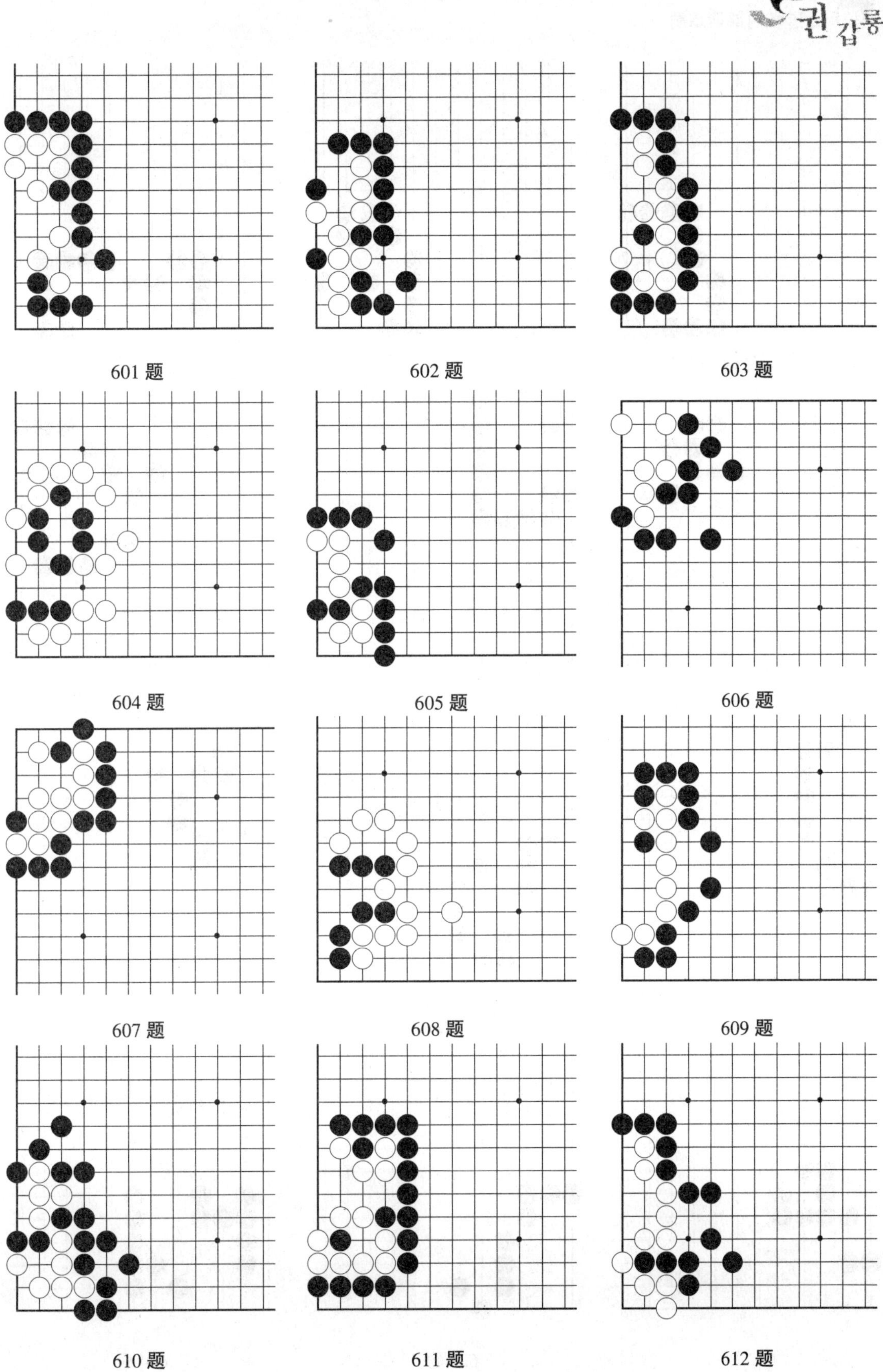

601 题

602 题

603 题

604 题

605 题

606 题

607 题

608 题

609 题

610 题

611 题

612 题

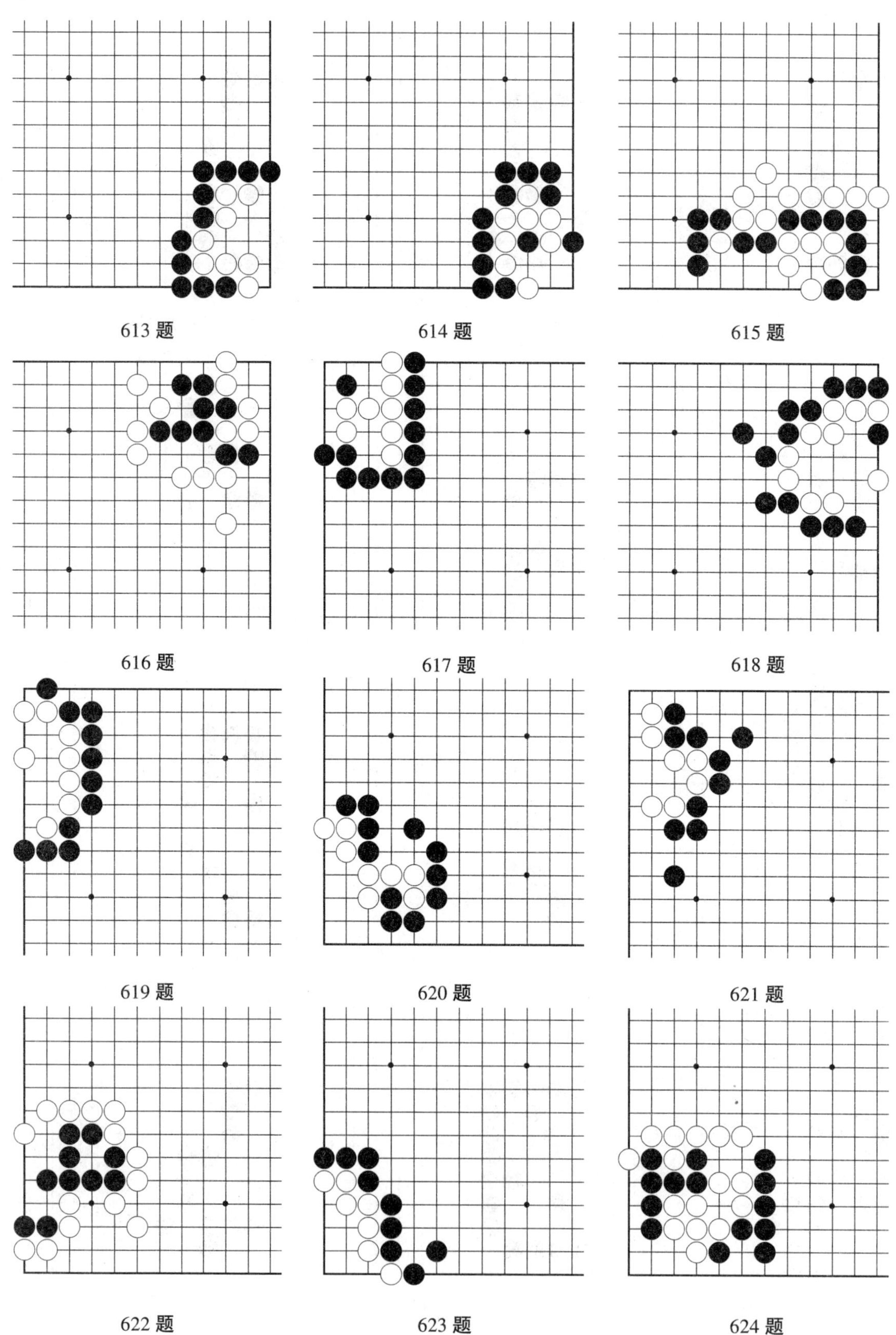
613 题
614 题
615 题
616 题
617 题
618 题
619 题
620 题
621 题
622 题
623 题
624 题

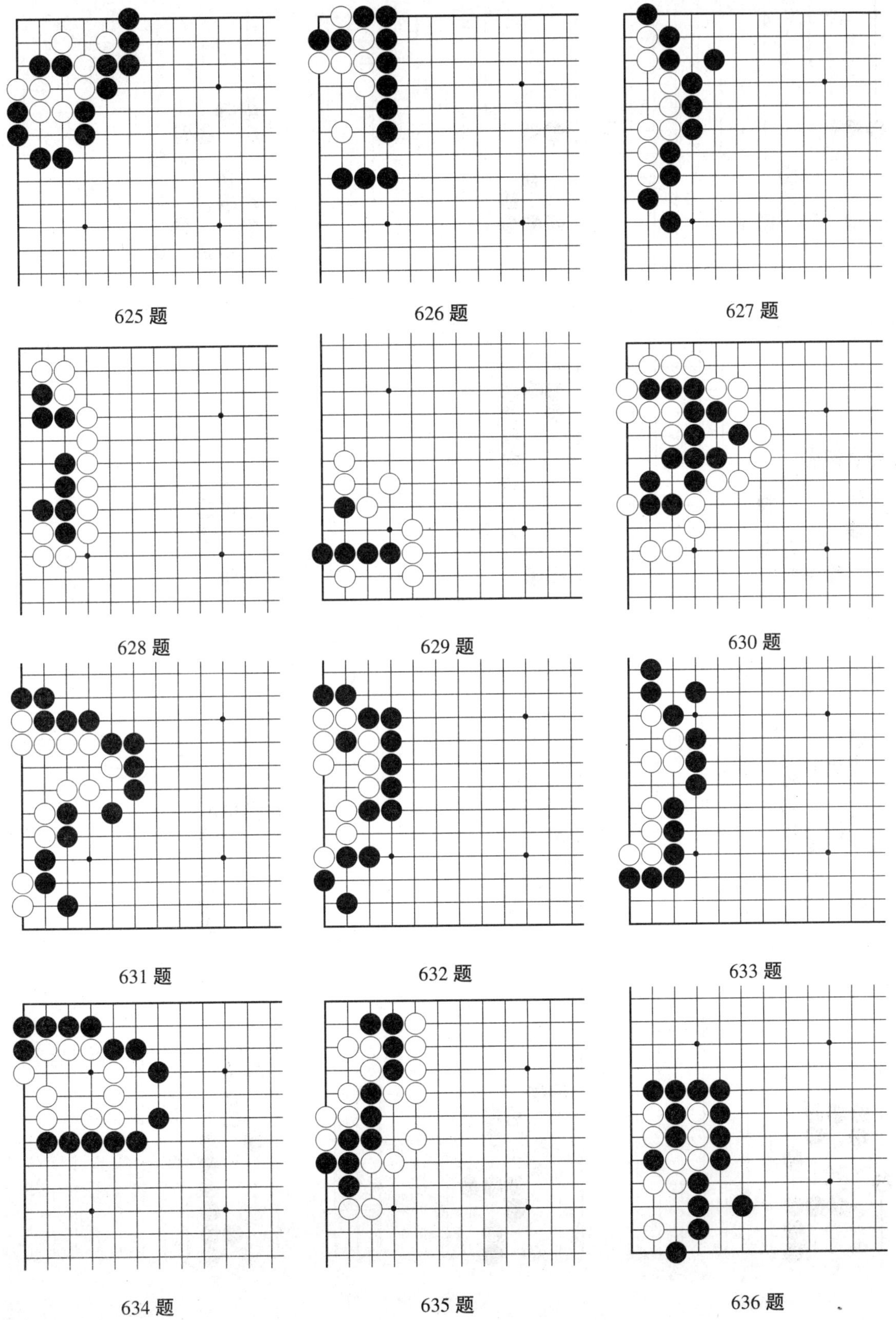

625 题

626 题

627 题

628 题

629 题

630 题

631 题

632 题

633 题

634 题

635 题

636 题

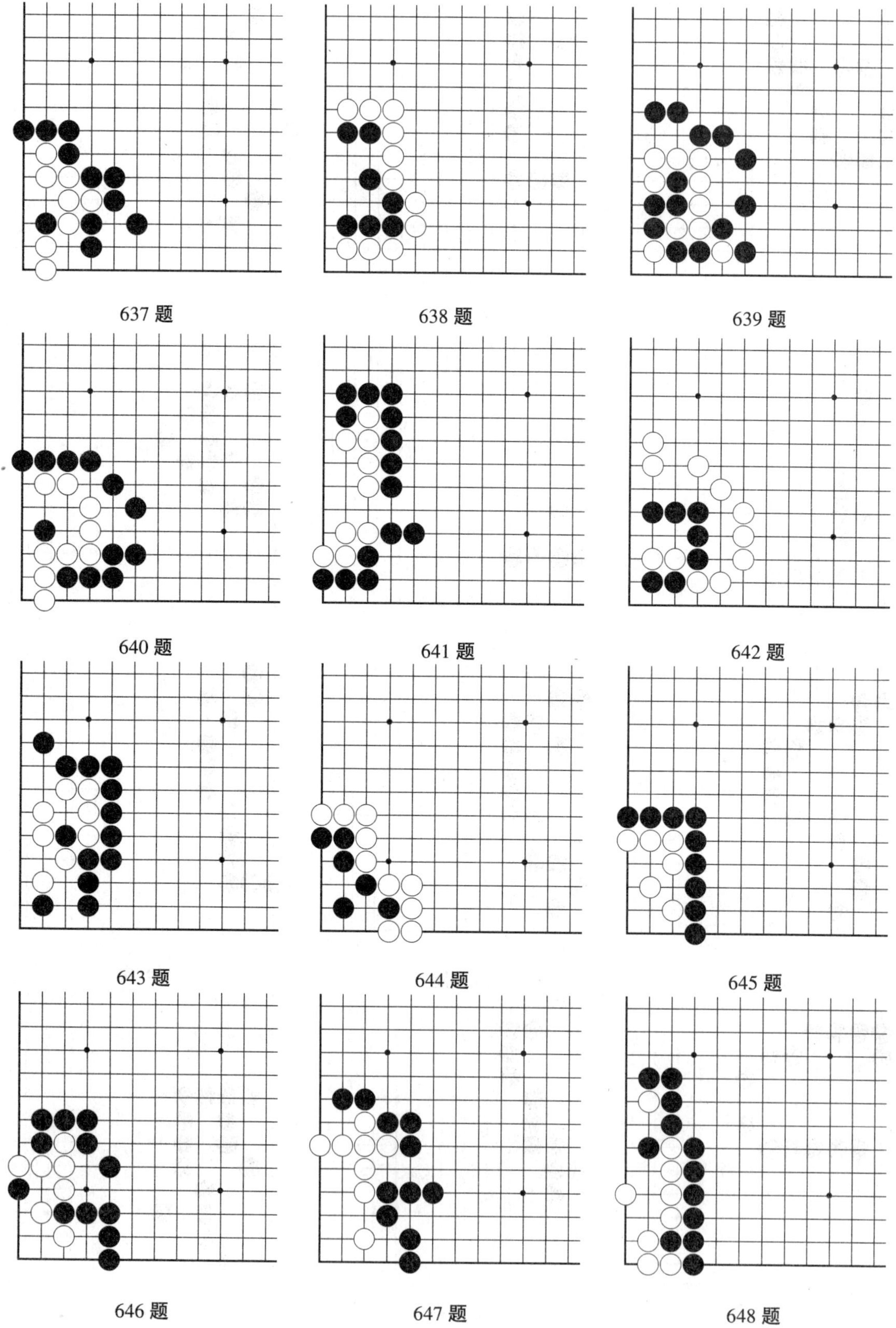
637 题
638 题
639 题
640 题
641 题
642 题
643 题
644 题
645 题
646 题
647 题
648 题

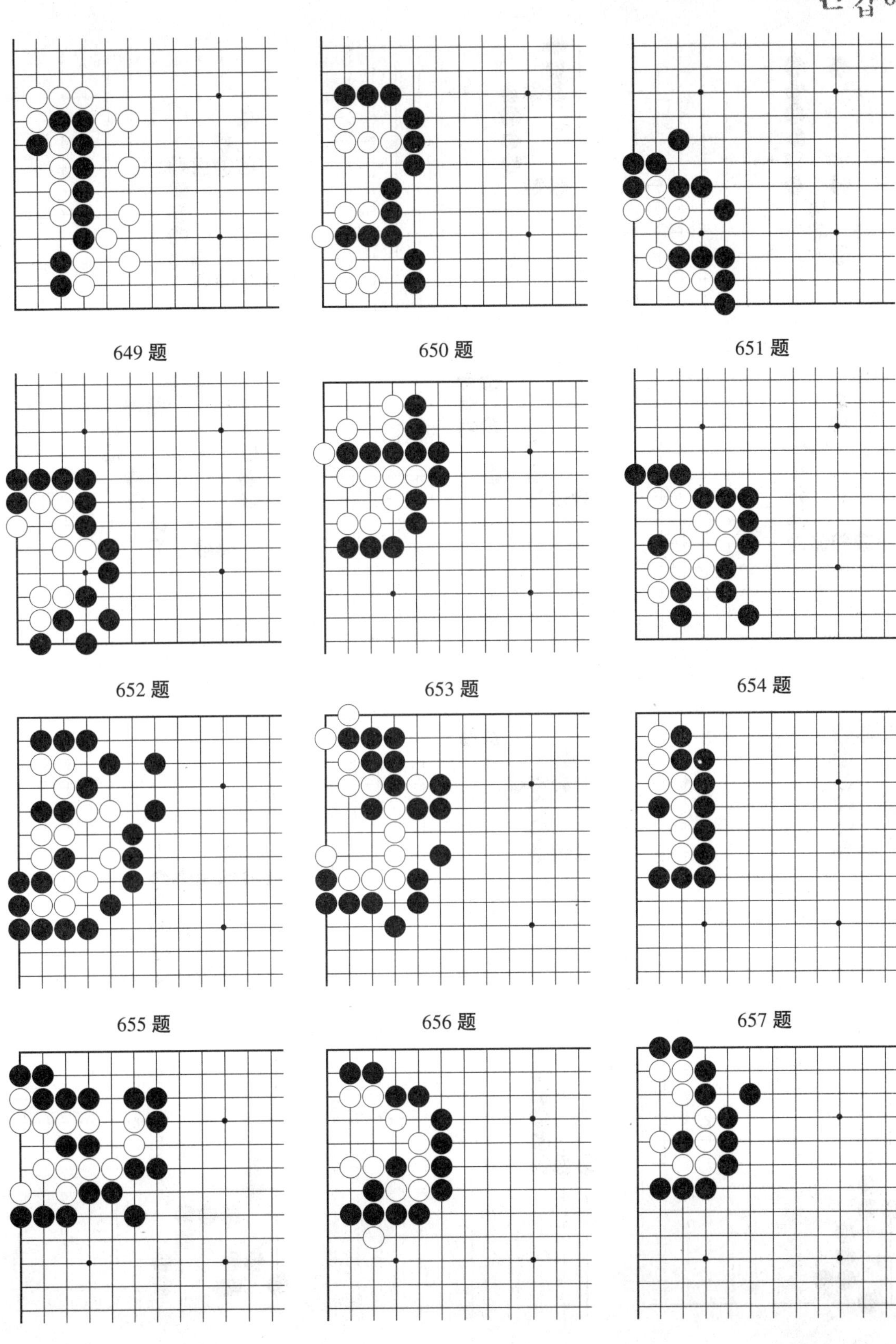

649 题

650 题

651 题

652 题

653 题

654 题

655 题

656 题

657 题

658 题

659 题

660 题

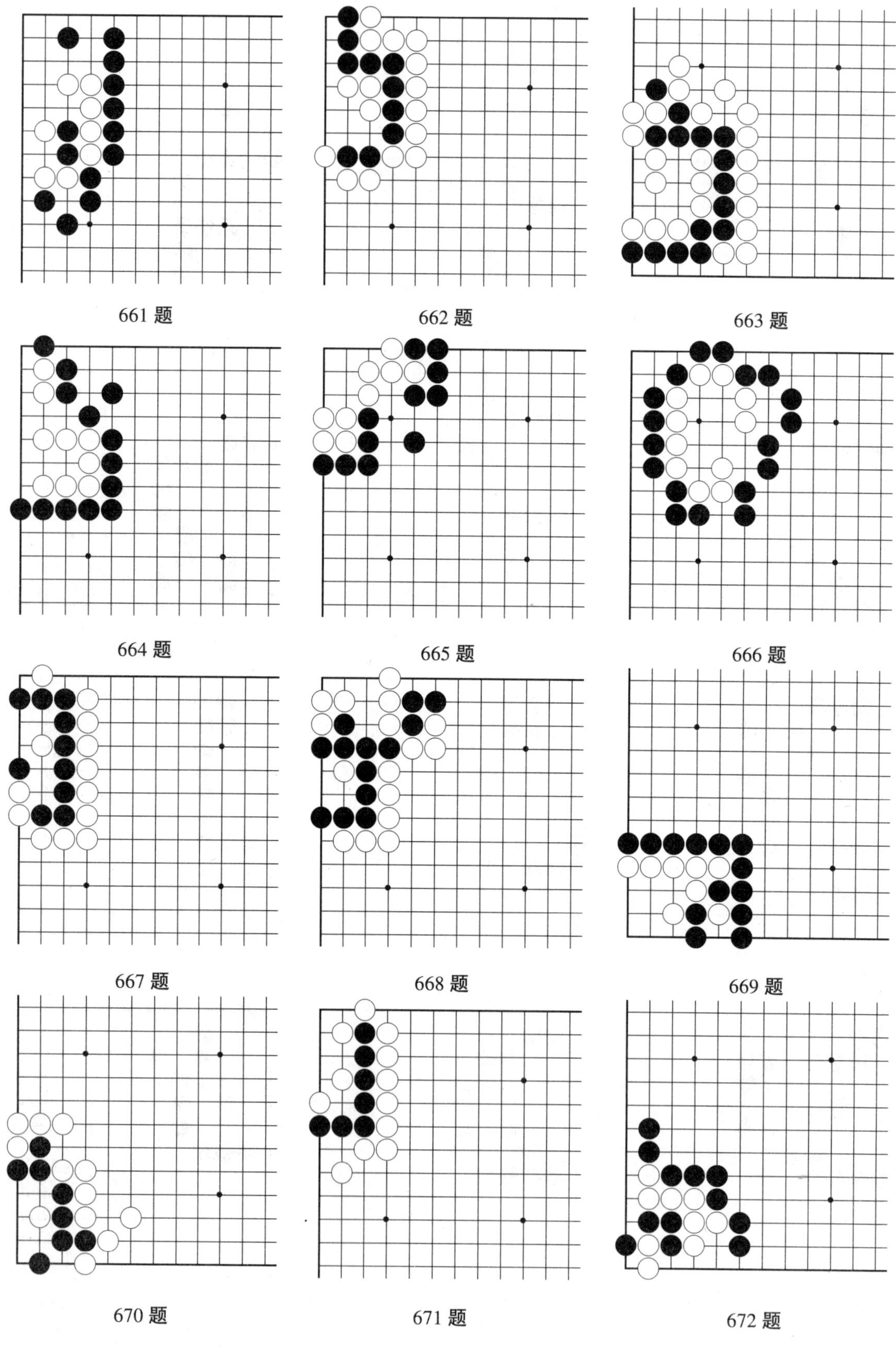

661 题

662 题

663 题

664 题

665 题

666 题

667 题

668 题

669 题

670 题

671 题

672 题

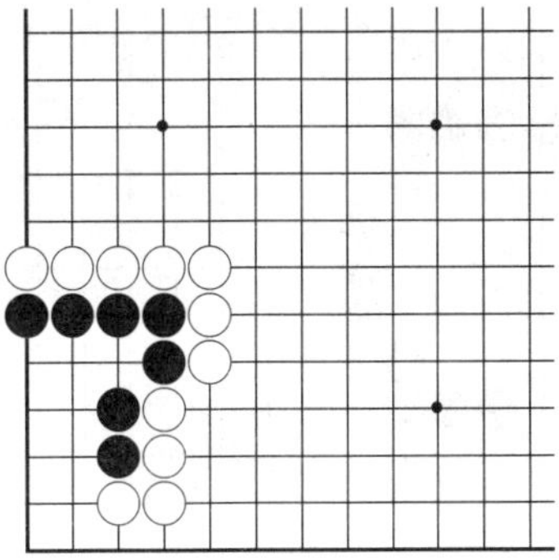

673 题

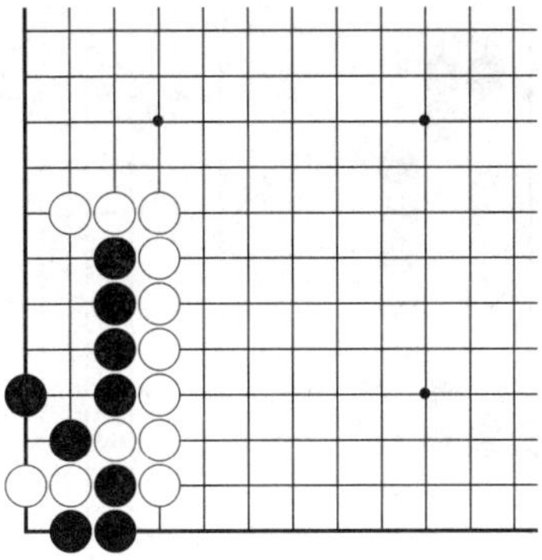

674 题

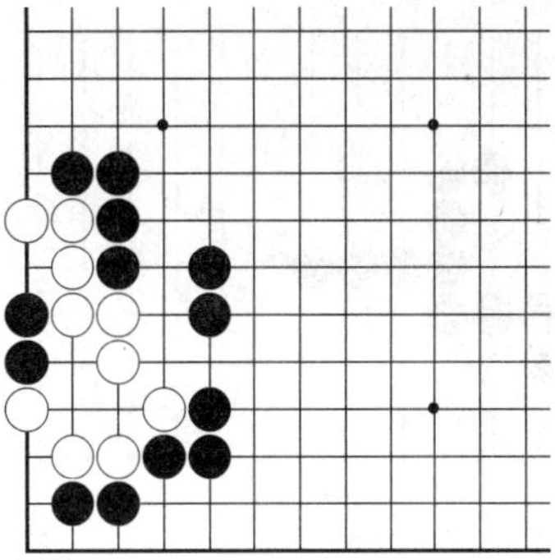

675 题

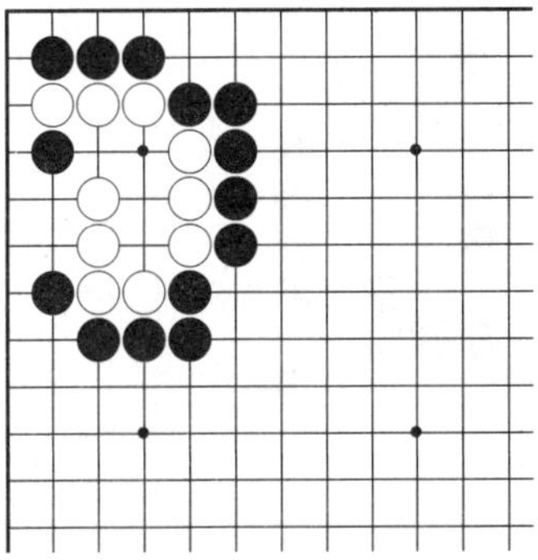

676 题

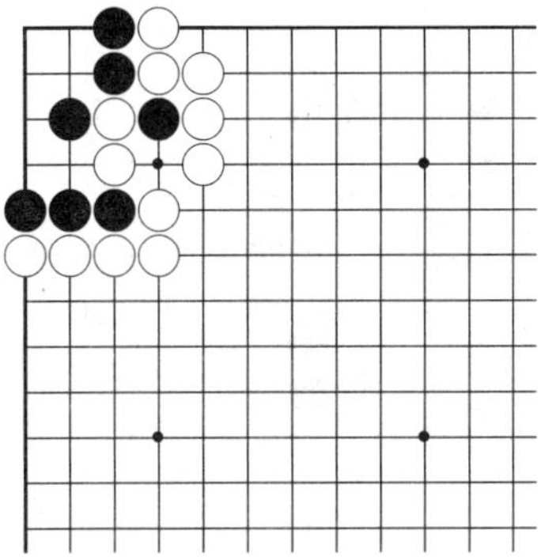

677 题

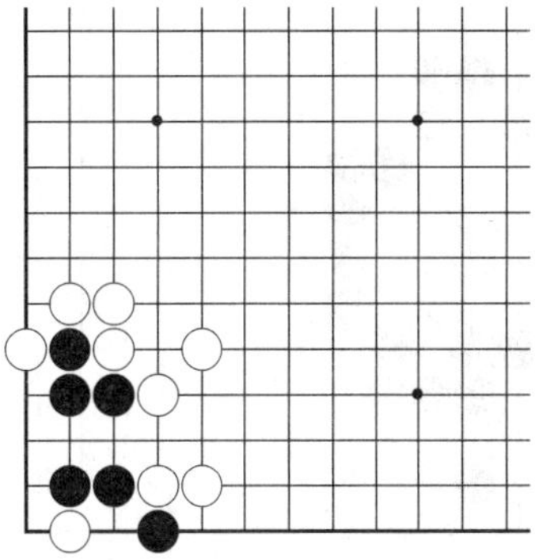

678 题

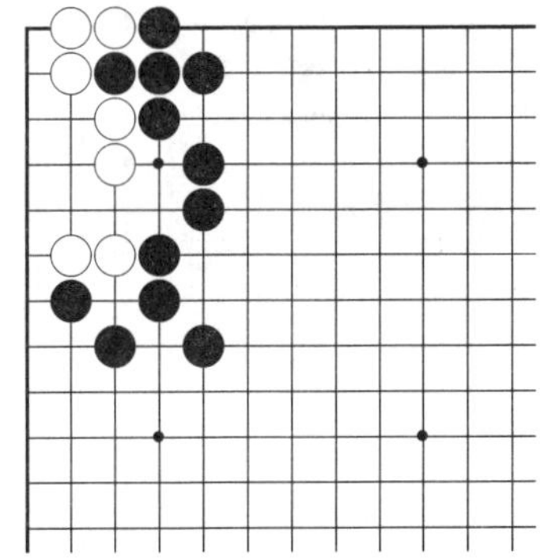

679 题

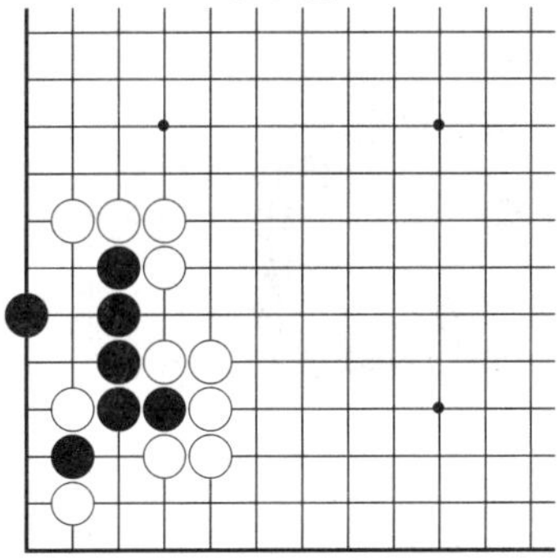

680 题

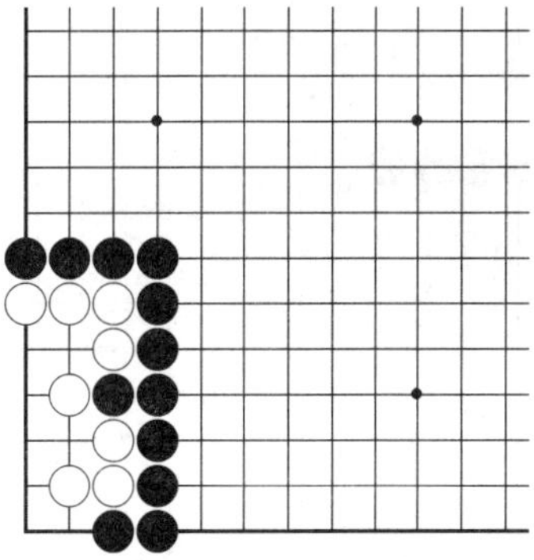

681 题

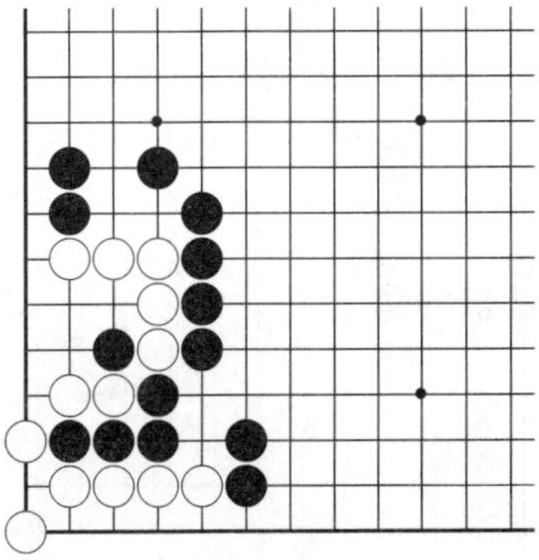

682 题

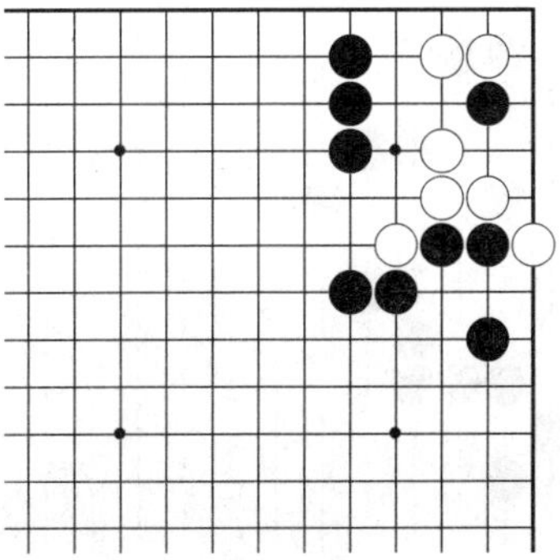

683 题

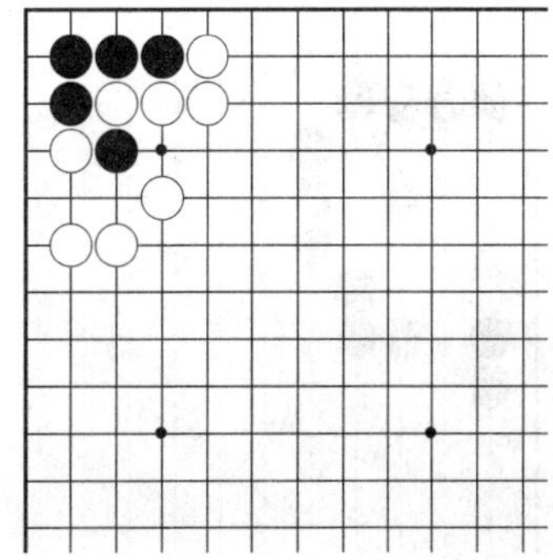

684 题

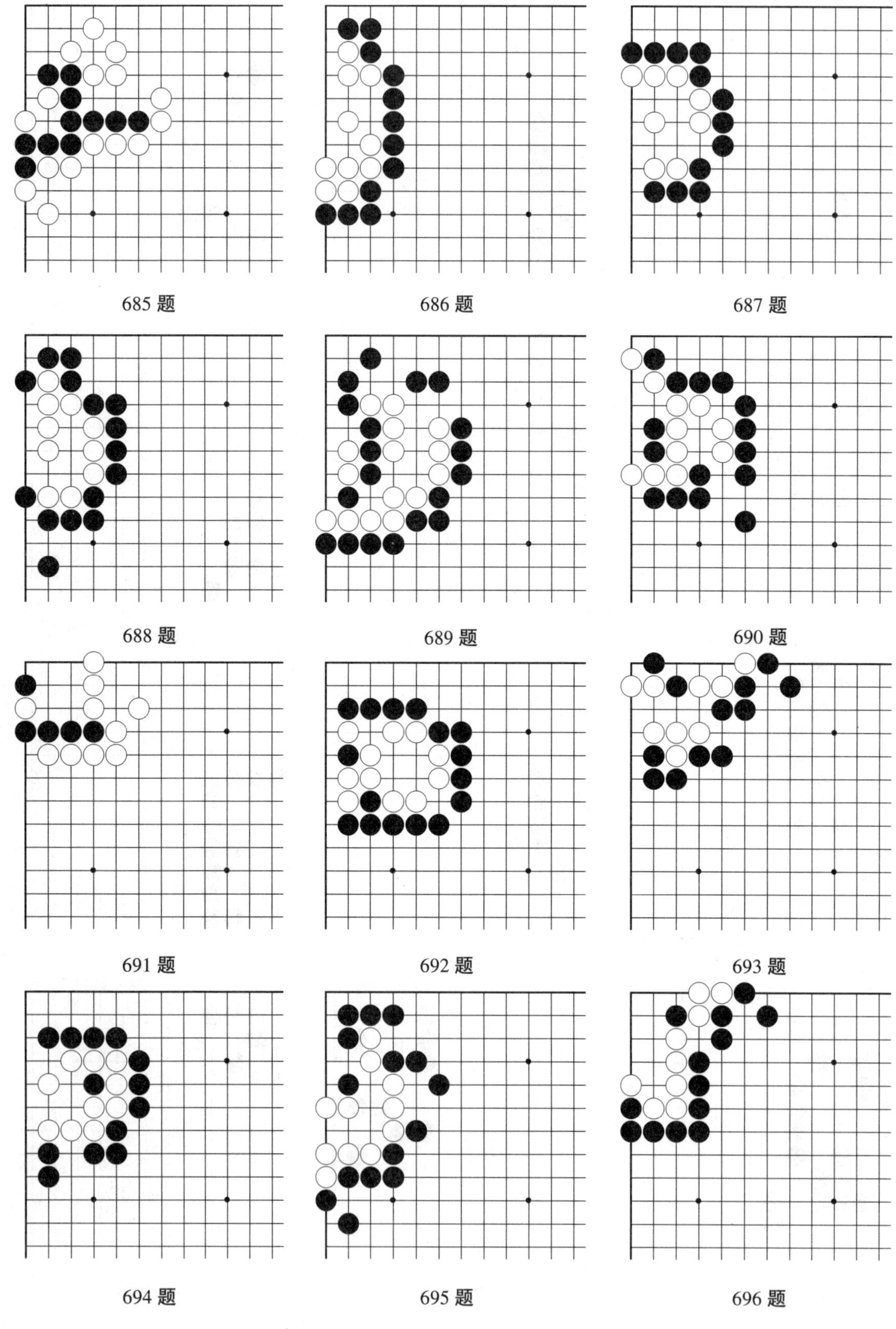
685 题
686 题
687 题
688 题
689 题
690 题
691 题
692 题
693 题
694 题
695 题
696 题

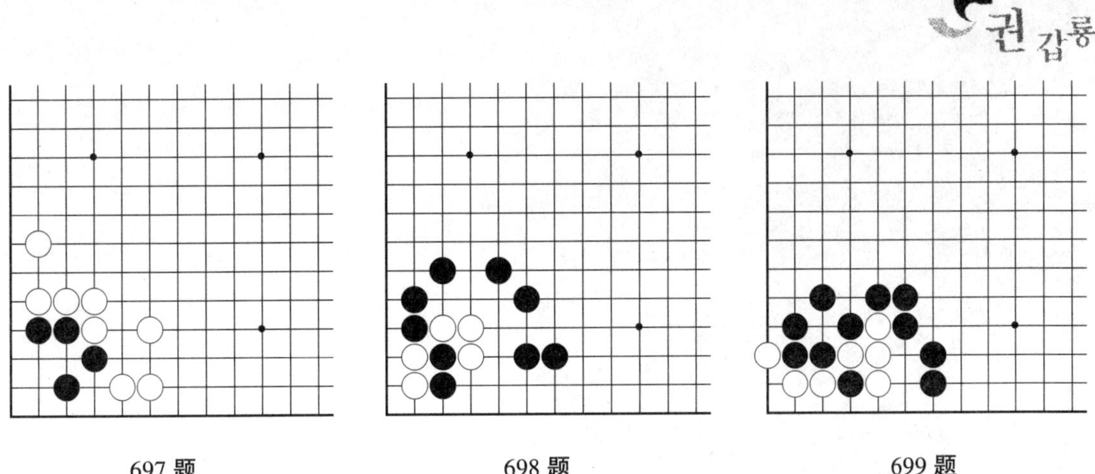

697 题　　698 题　　699 题

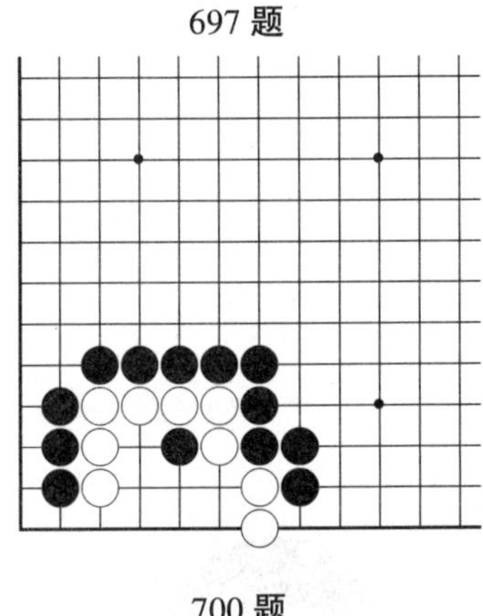

700 题

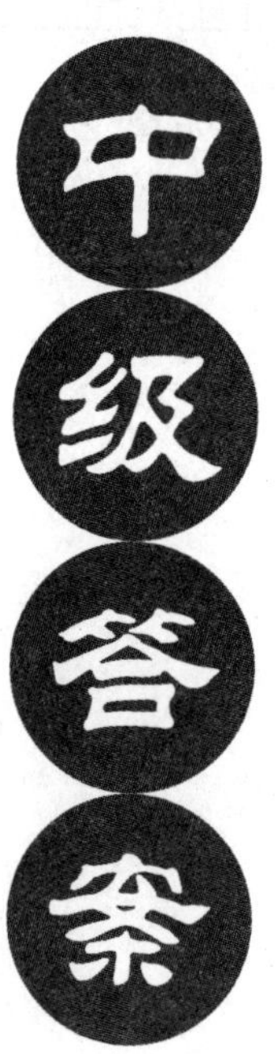
中级答案

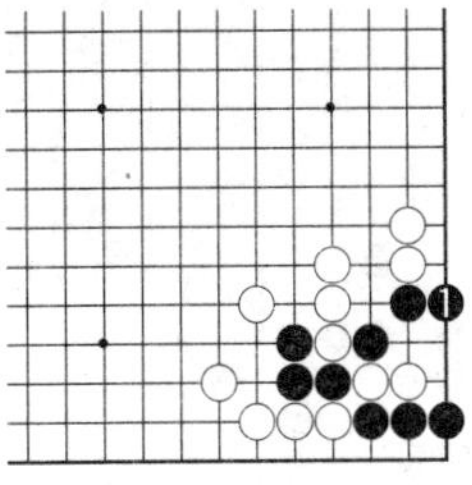

1 题

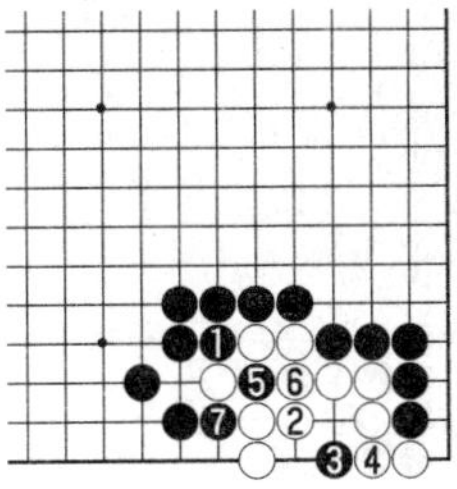

2 题

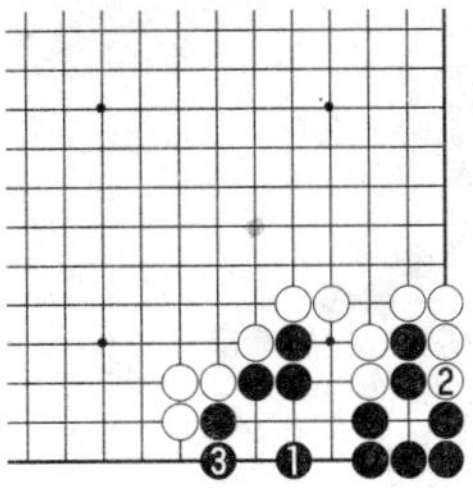

3 题

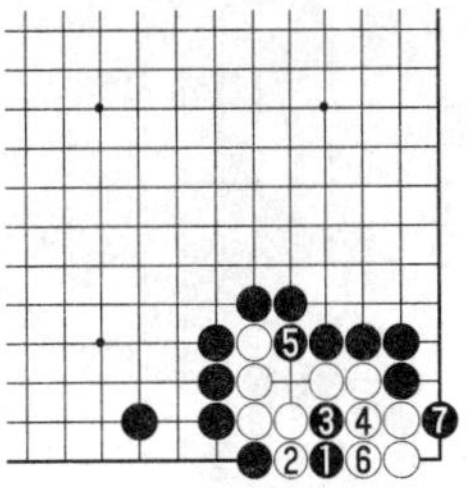

4 题

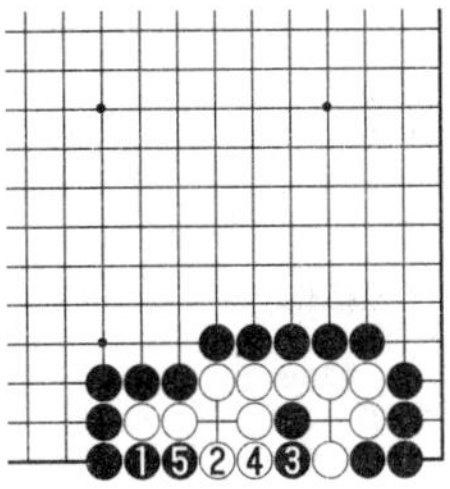

5 题

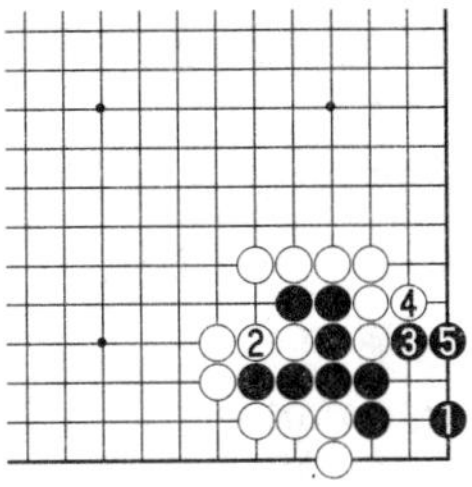

6 题

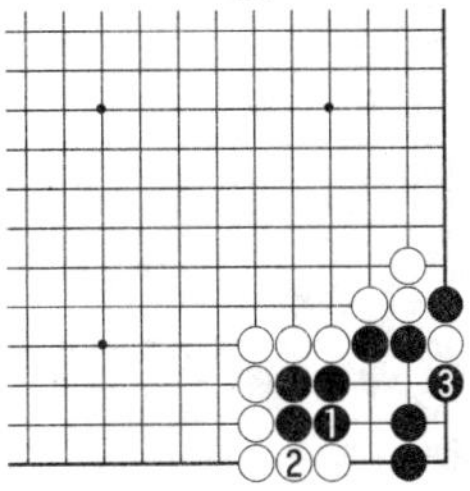

7 题

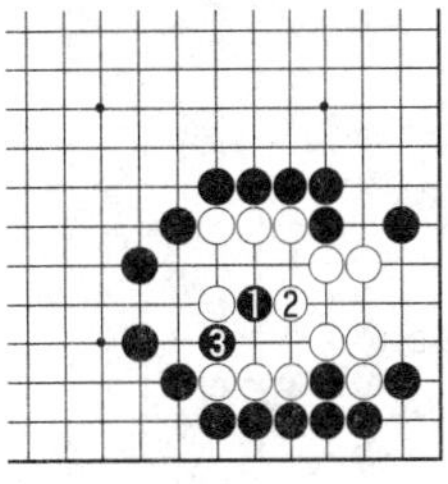

8 题

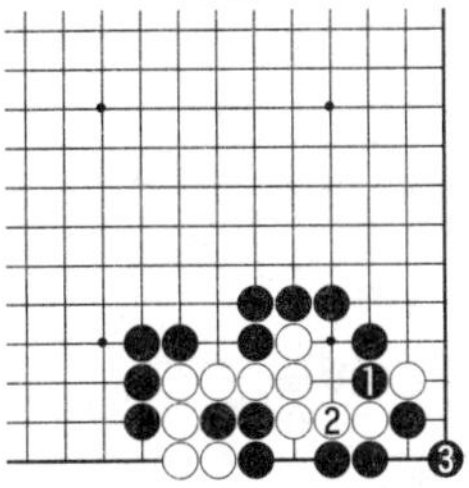

9 题

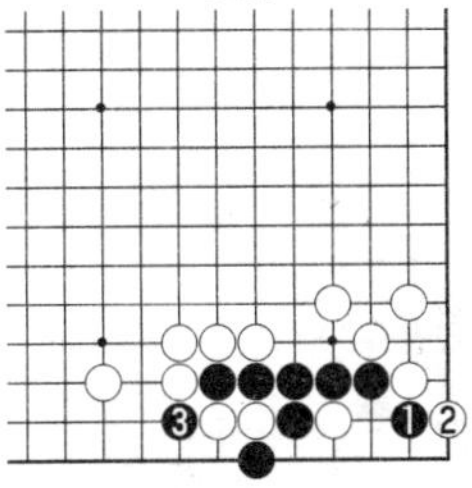

10 题

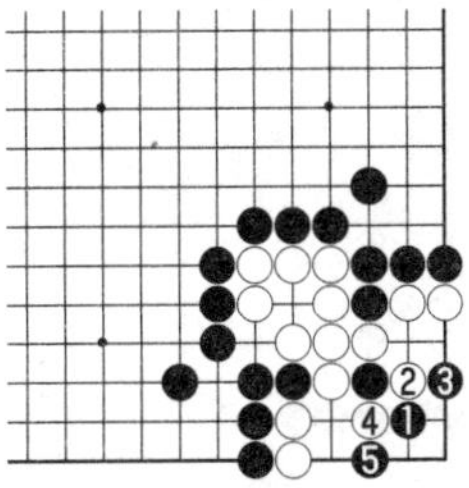

11 题

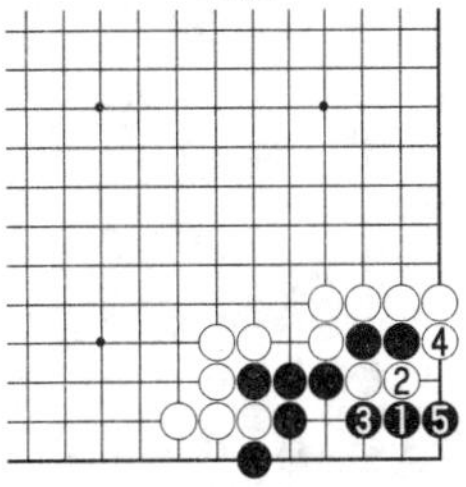

12 题

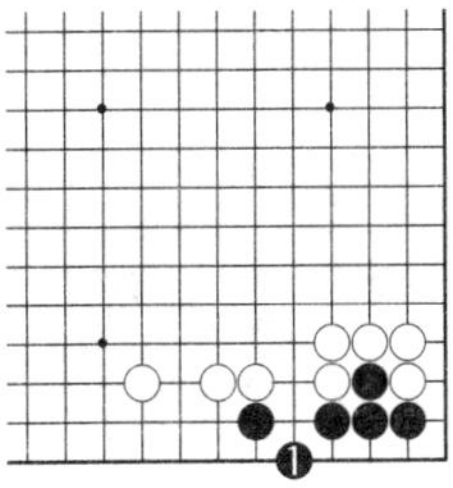

13 题

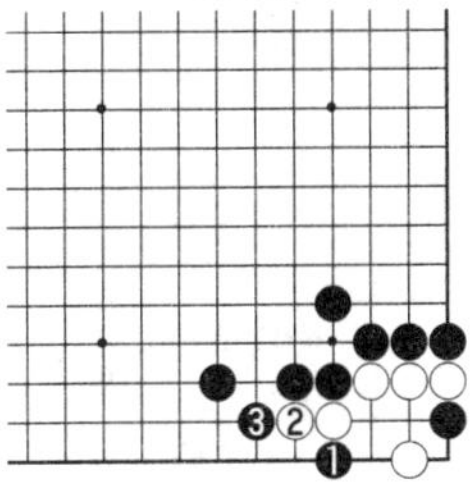

14 题

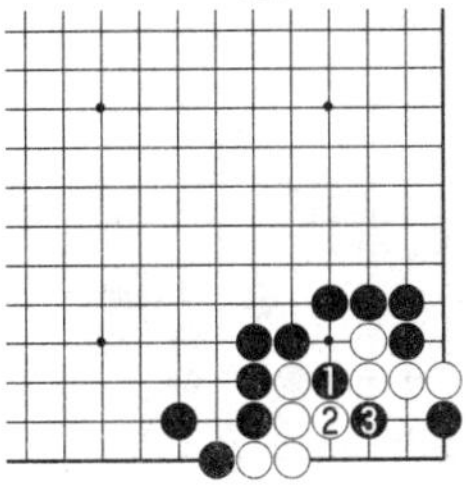

15 题

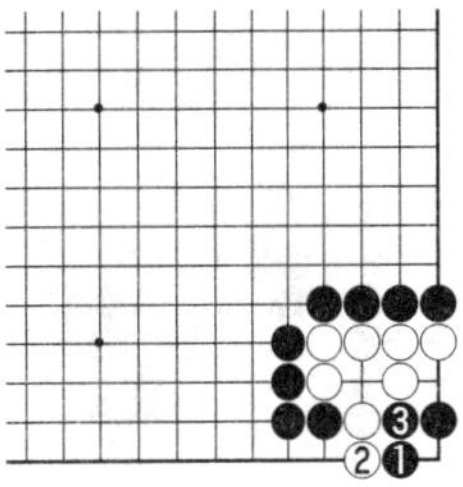

16 题

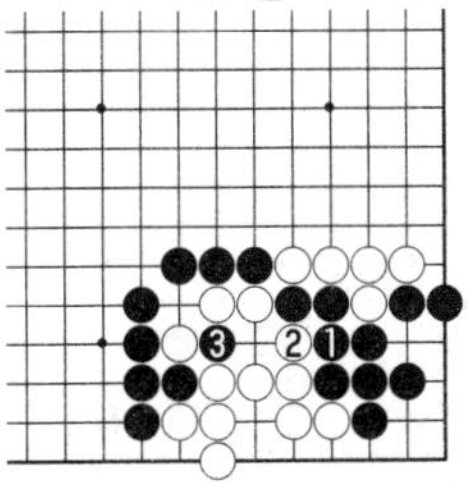

17 题

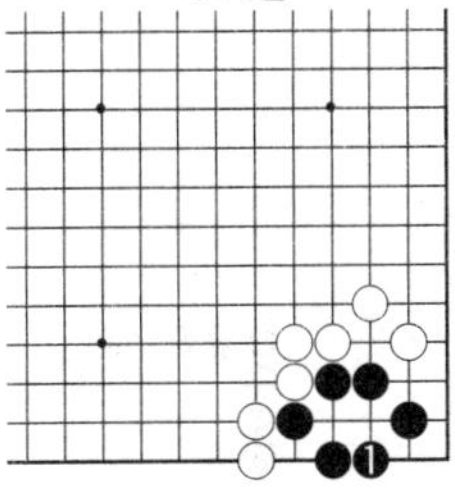

18 题

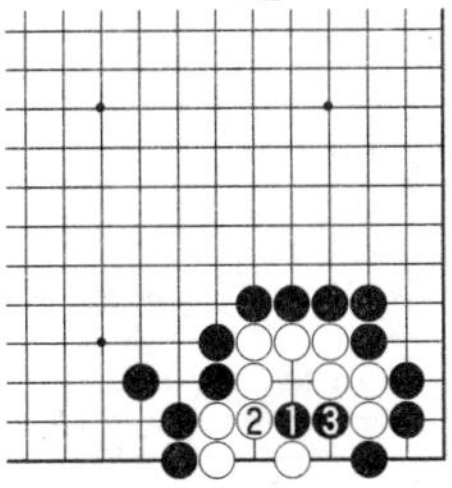

19 题

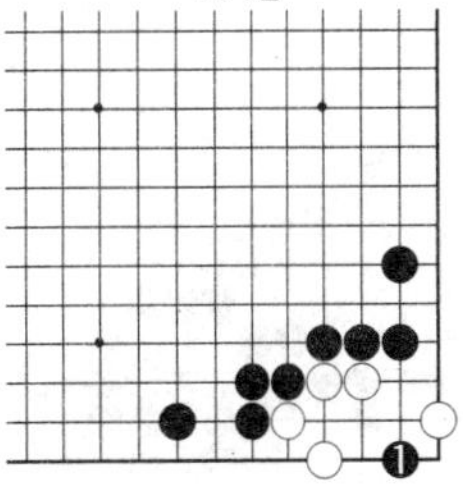

20 题

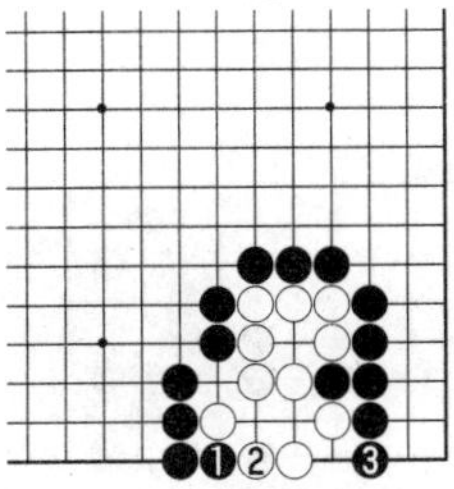

21 题

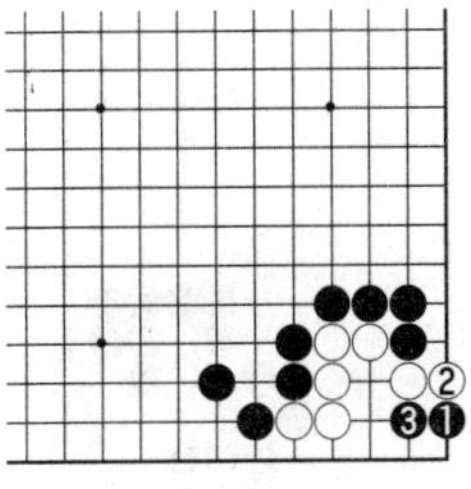

22 题

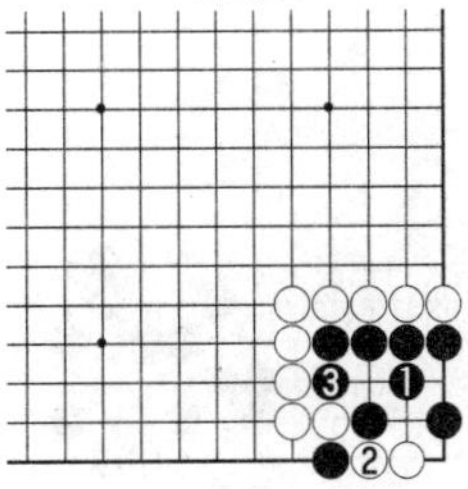

23 题

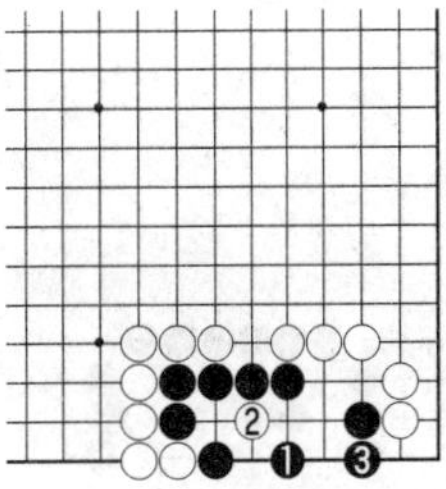

24 题

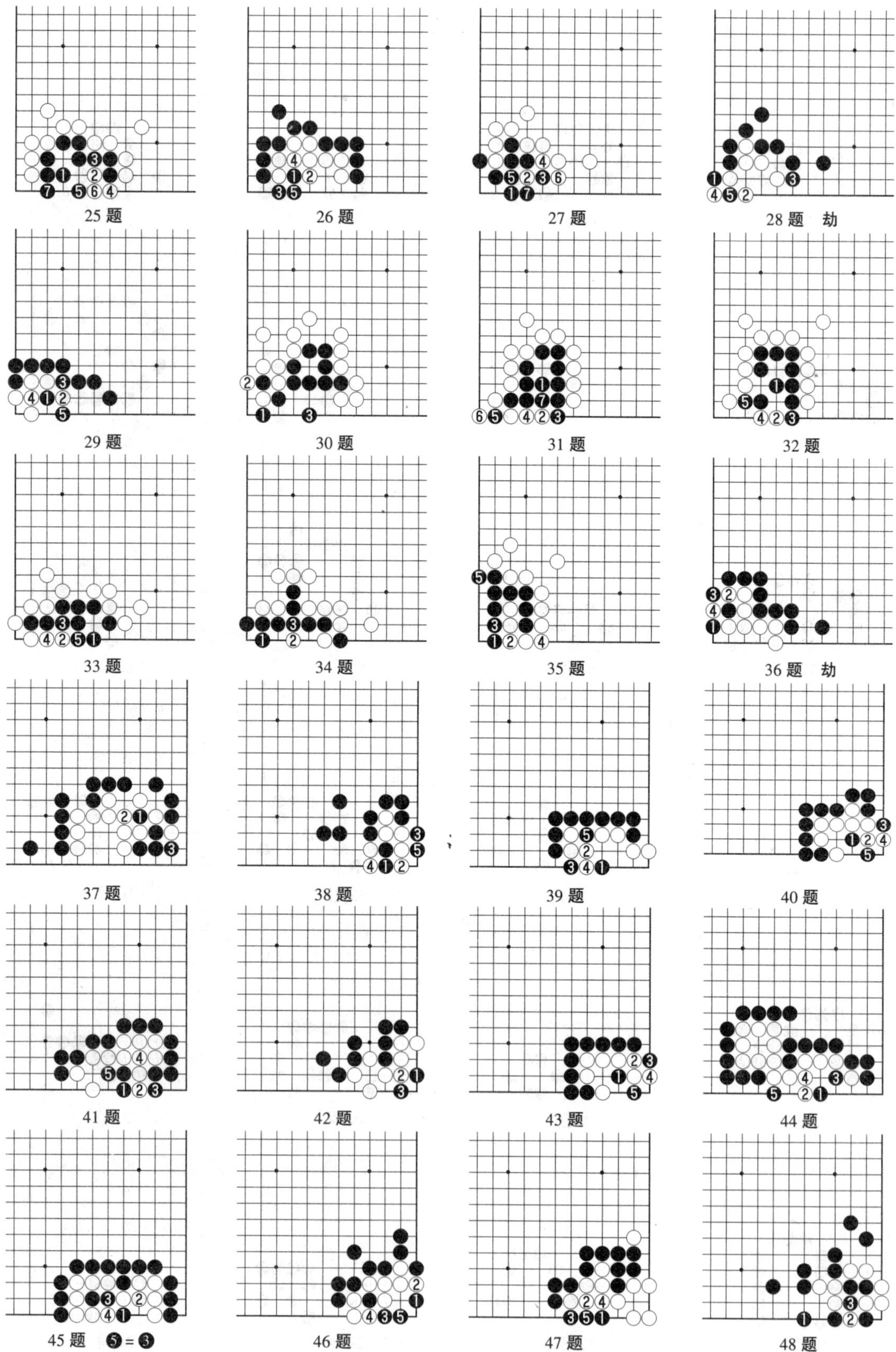

25 题　26 题　27 题　28 题　劫

29 题　30 题　31 题　32 题

33 题　34 题　35 题　36 题　劫

37 题　38 题　39 题　40 题

41 题　42 题　43 题　44 题

45 题　❺=❸　46 题　47 题　48 题

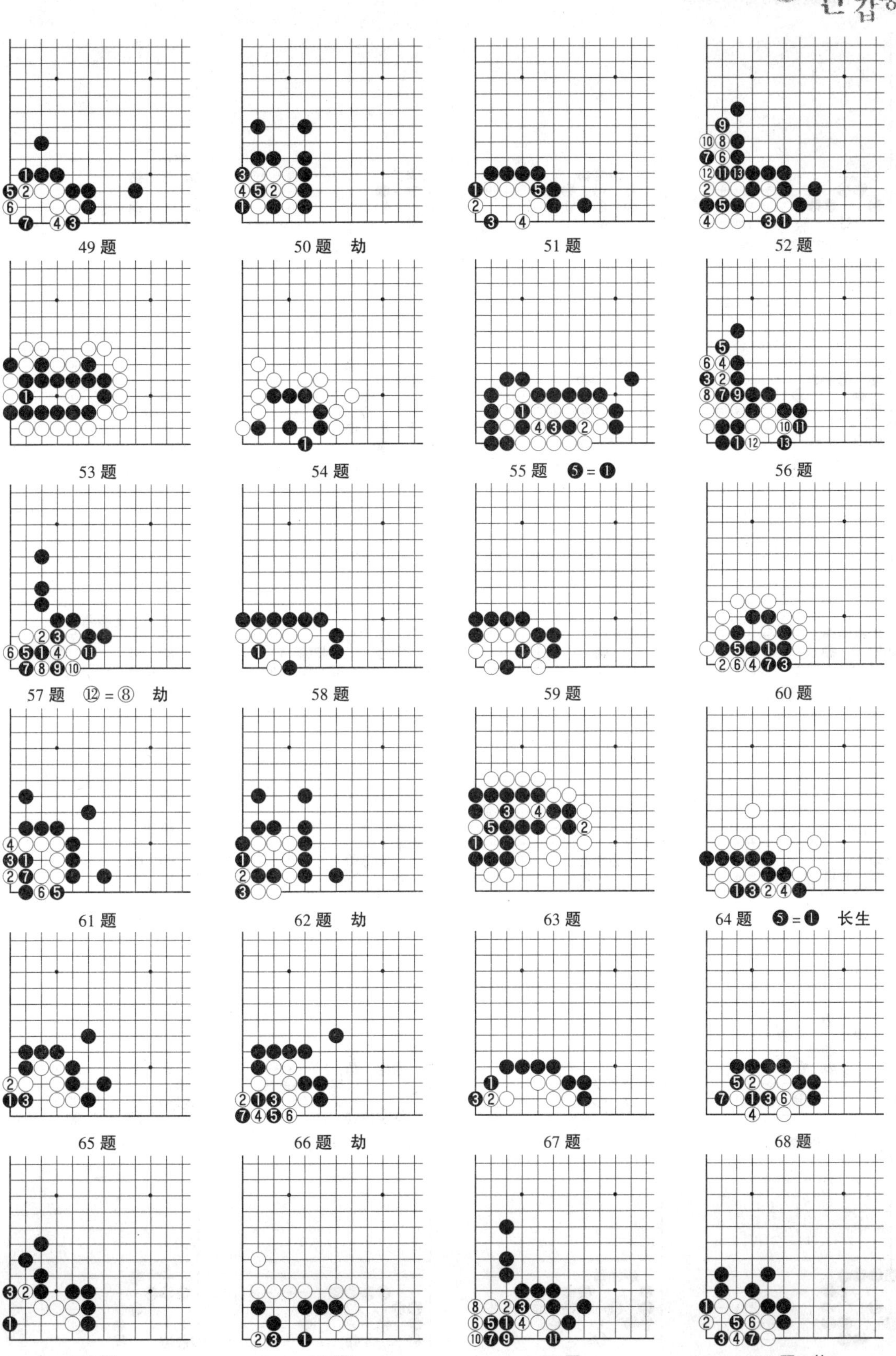

49 题　50 题　劫　51 题　52 题

53 题　54 题　55 题　❺＝❶　56 题

57 题　⑫＝⑧　劫　58 题　59 题　60 题

61 题　62 题　劫　63 题　64 题　❺＝❶　长生

65 题　66 题　劫　67 题　68 题

69 题　70 题　71 题　72 题　劫

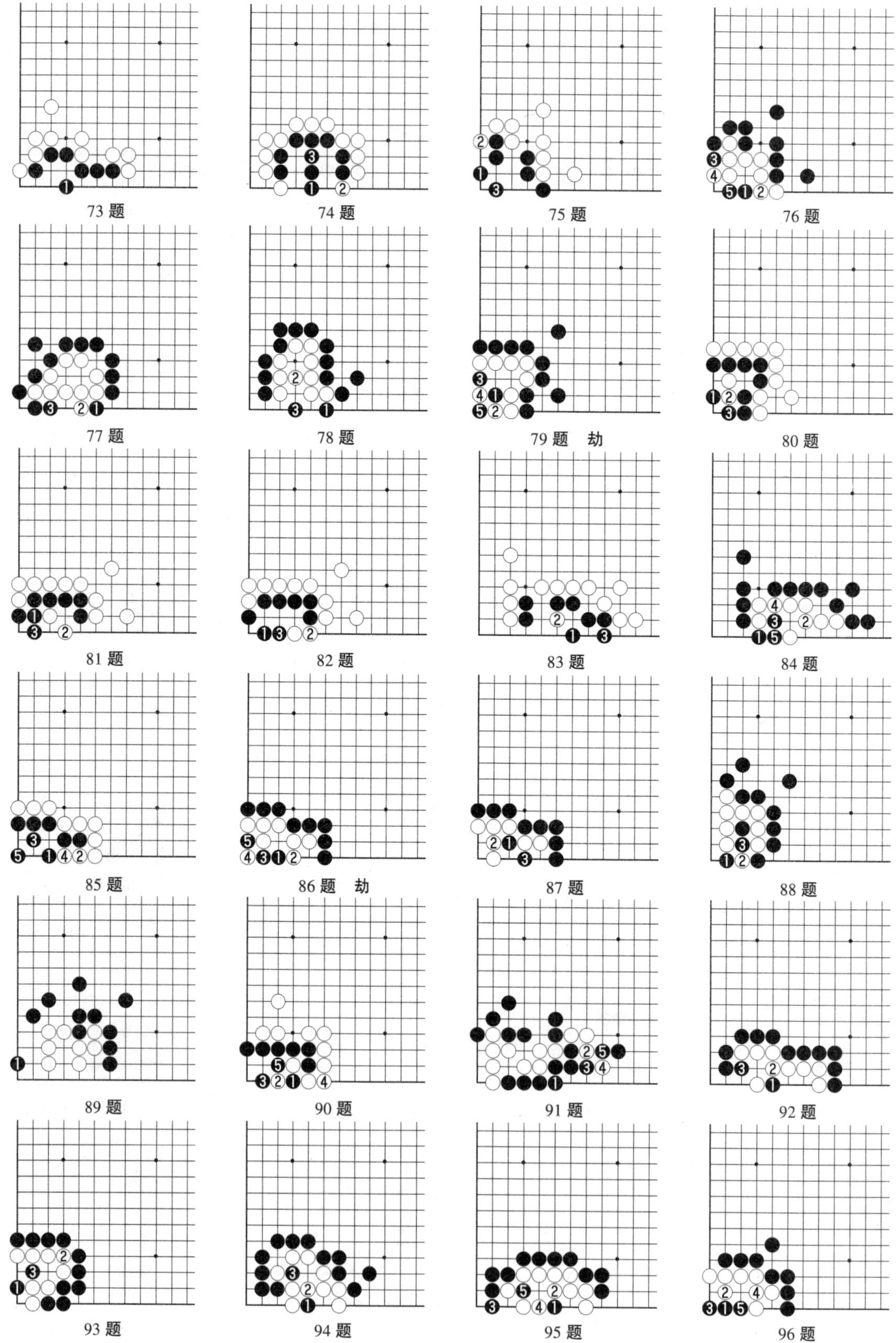

73 题
74 题
75 题
76 题
77 题
78 题
79 题 劫
80 题
81 题
82 题
83 题
84 题
85 题
86 题 劫
87 题
88 题
89 题
90 题
91 题
92 题
93 题
94 题
95 题
96 题

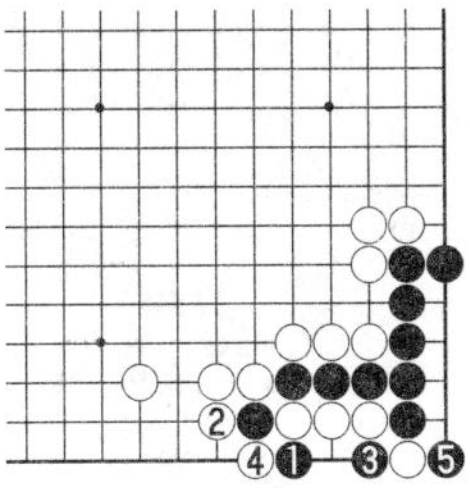

97 题

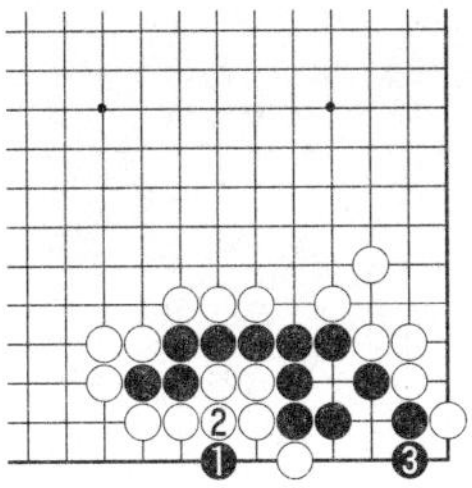

98 题

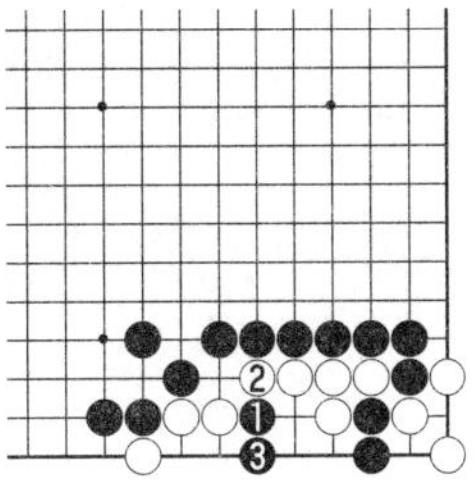

99 题

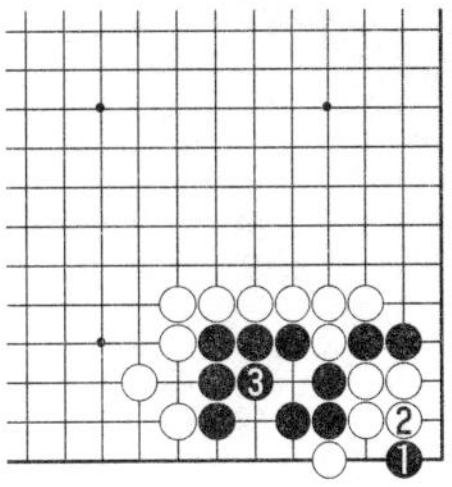

100 题

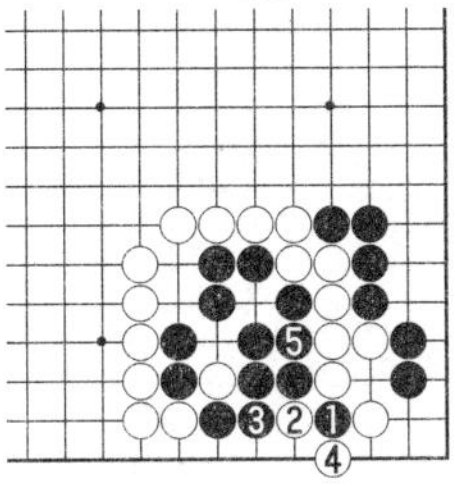

101 题

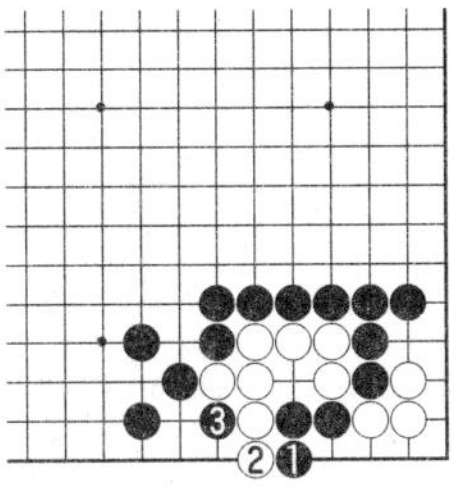

102 题

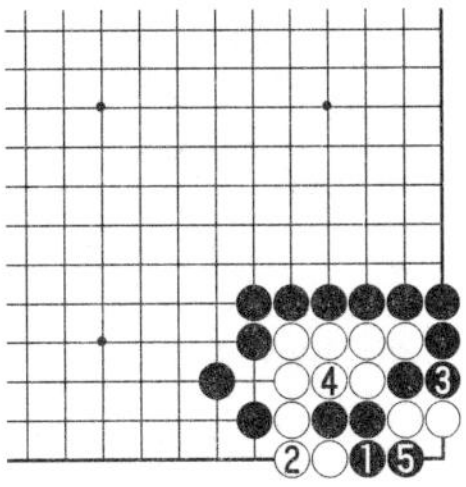

103 题

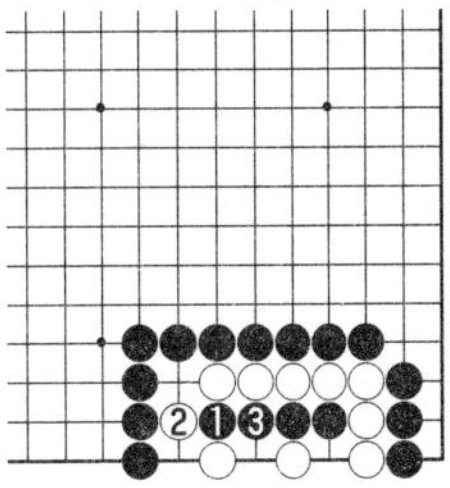

104 题

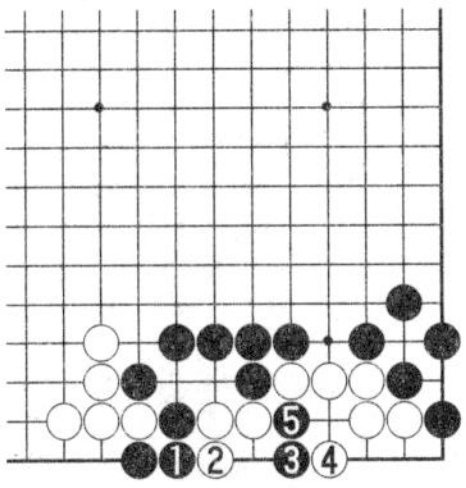

105 题

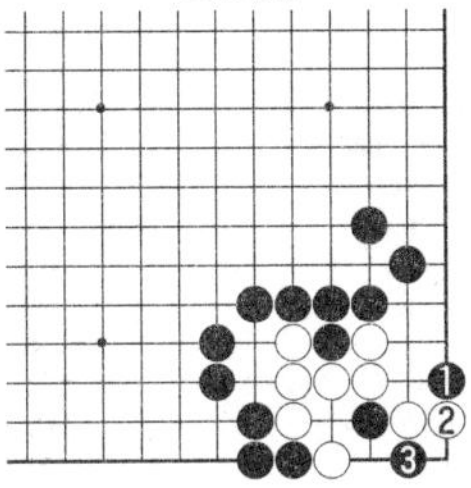

106 题

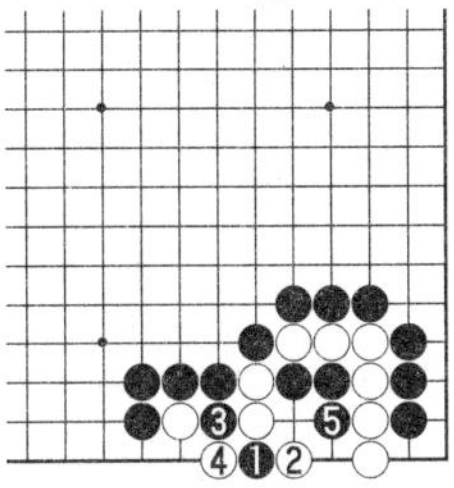

107 题

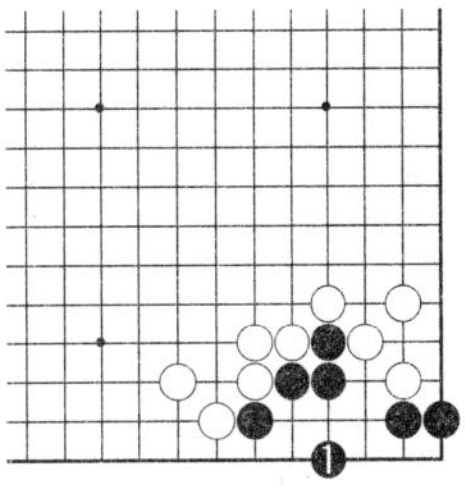

108 题

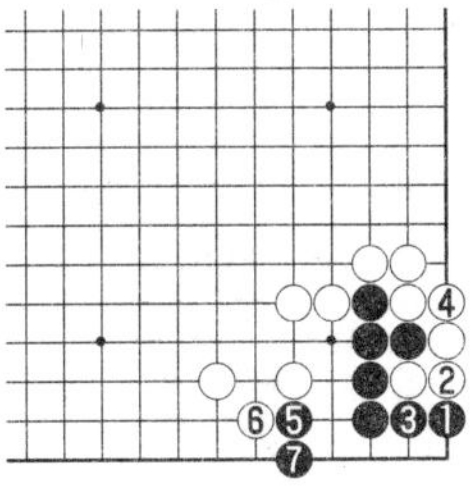

109 题

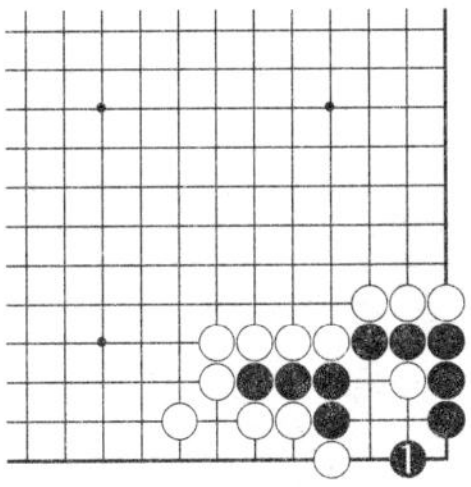

110 题

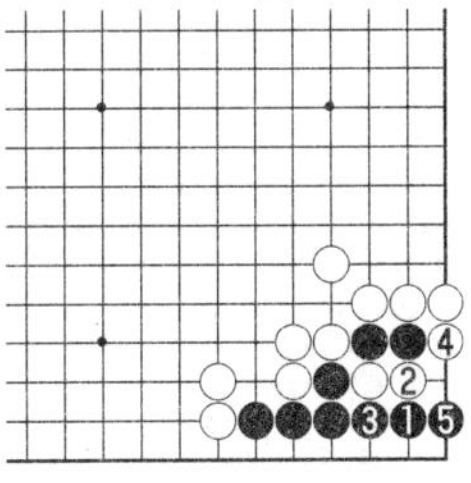

111 题

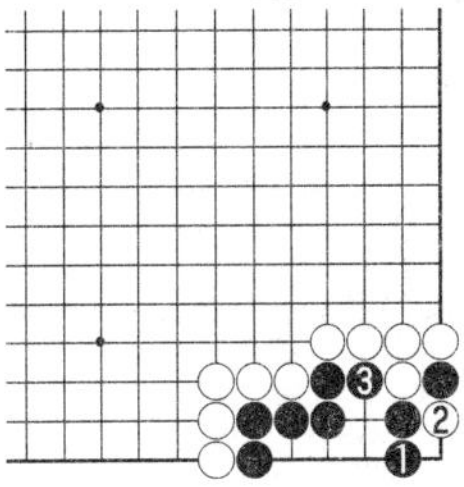

112 题

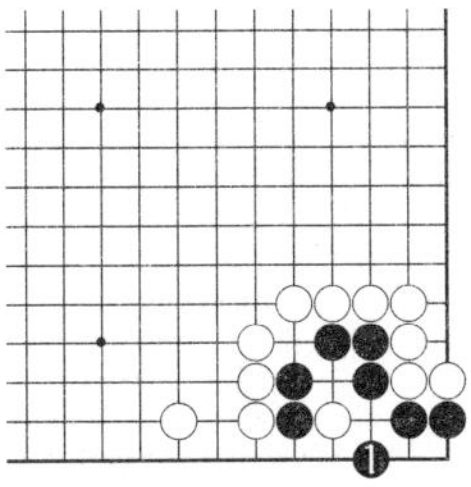

113 题

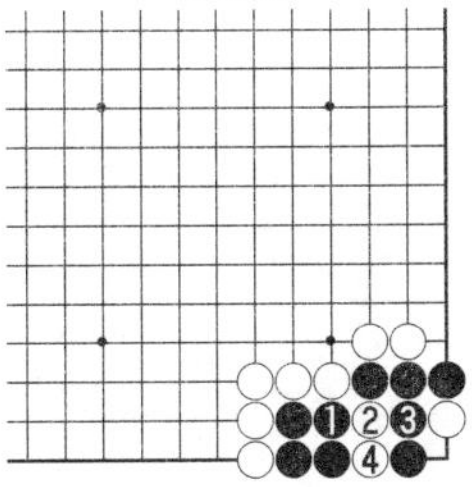

114 题 ❺=❶

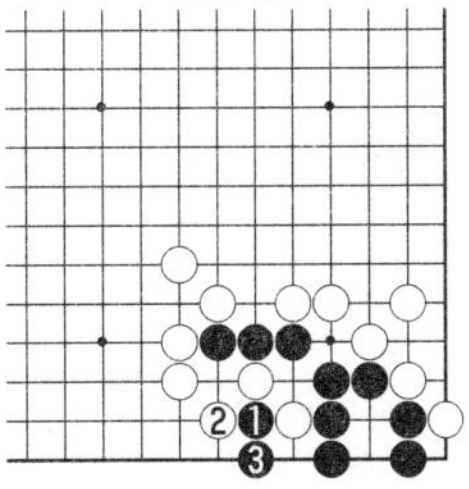

115 题

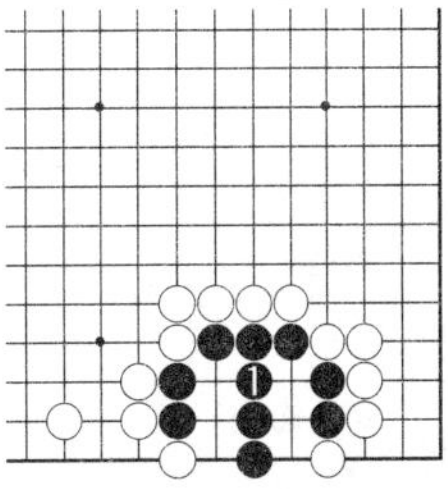

116 题

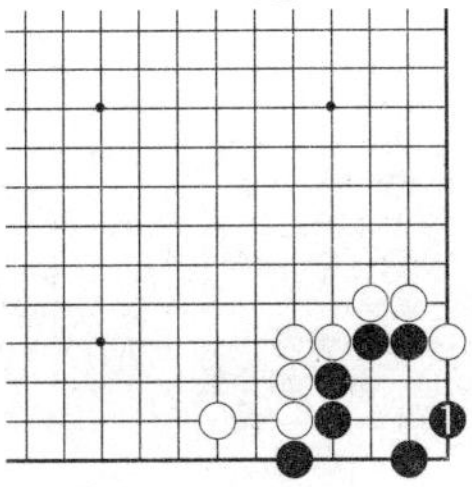

117 题

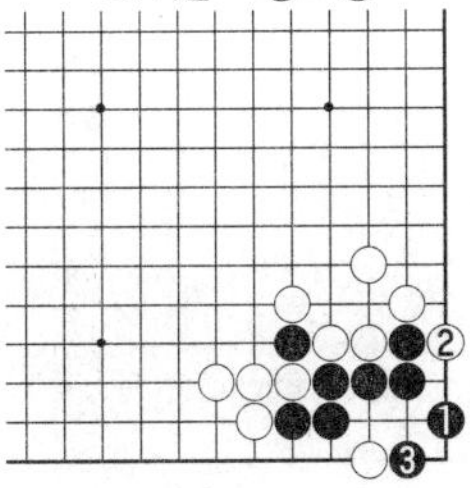

118 题

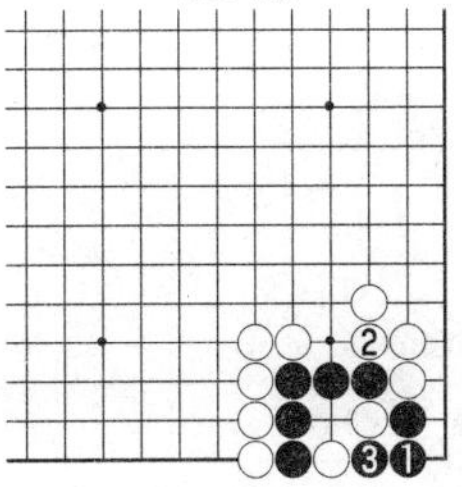

119 题

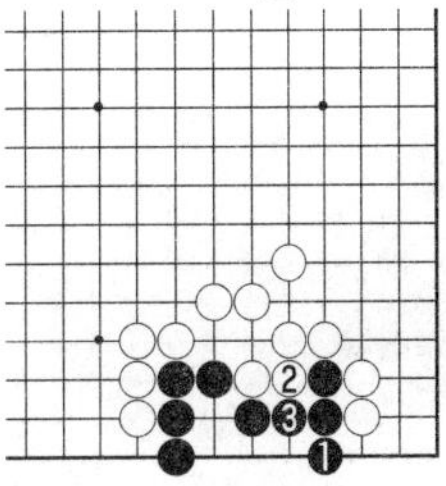

120 题

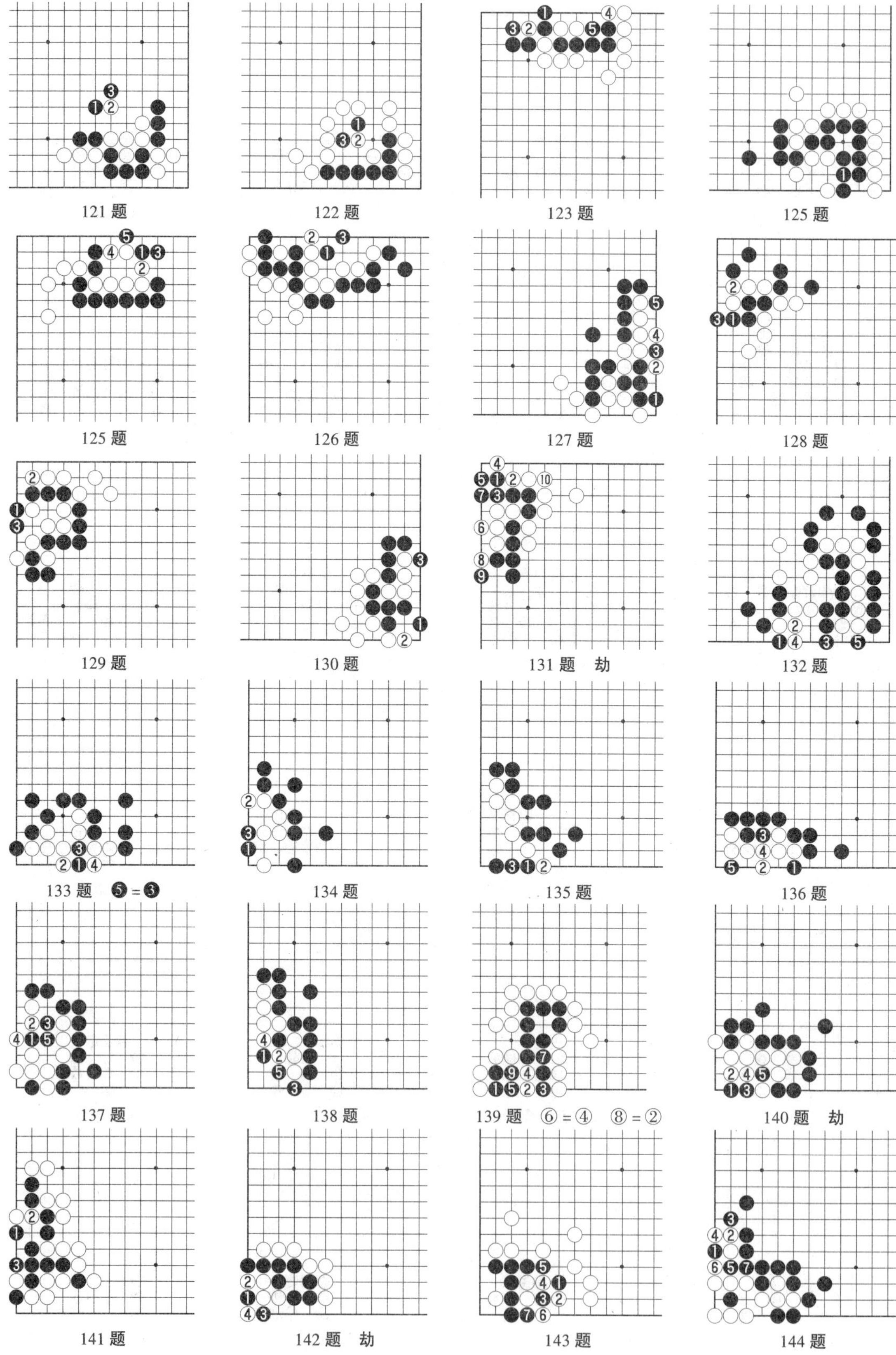

121 题　122 题　123 题　125 题

125 题　126 题　127 题　128 题

129 题　130 题　131 题　劫　132 题

133 题　❺＝❸　134 题　135 题　136 题

137 题　138 题　139 题　⑥＝④　⑧＝②　140 题　劫

141 题　142 题　劫　143 题　144 题

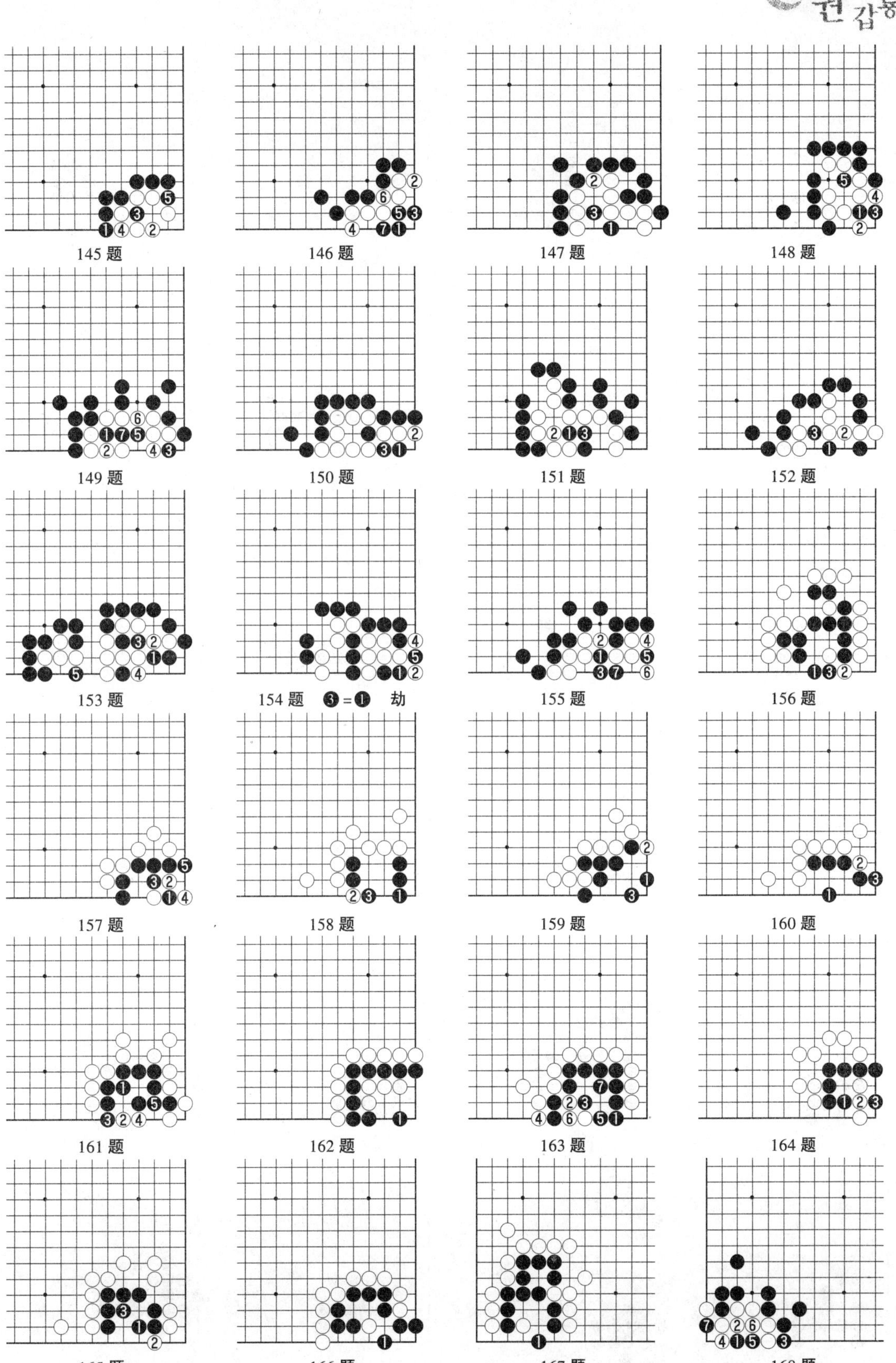

145 题　146 题　147 题　148 题

149 题　150 题　151 题　152 题

153 题　154 题　❸=❶　劫　155 题　156 题

157 题　158 题　159 题　160 题

161 题　162 题　163 题　164 题

165 题　166 题　167 题　168 题

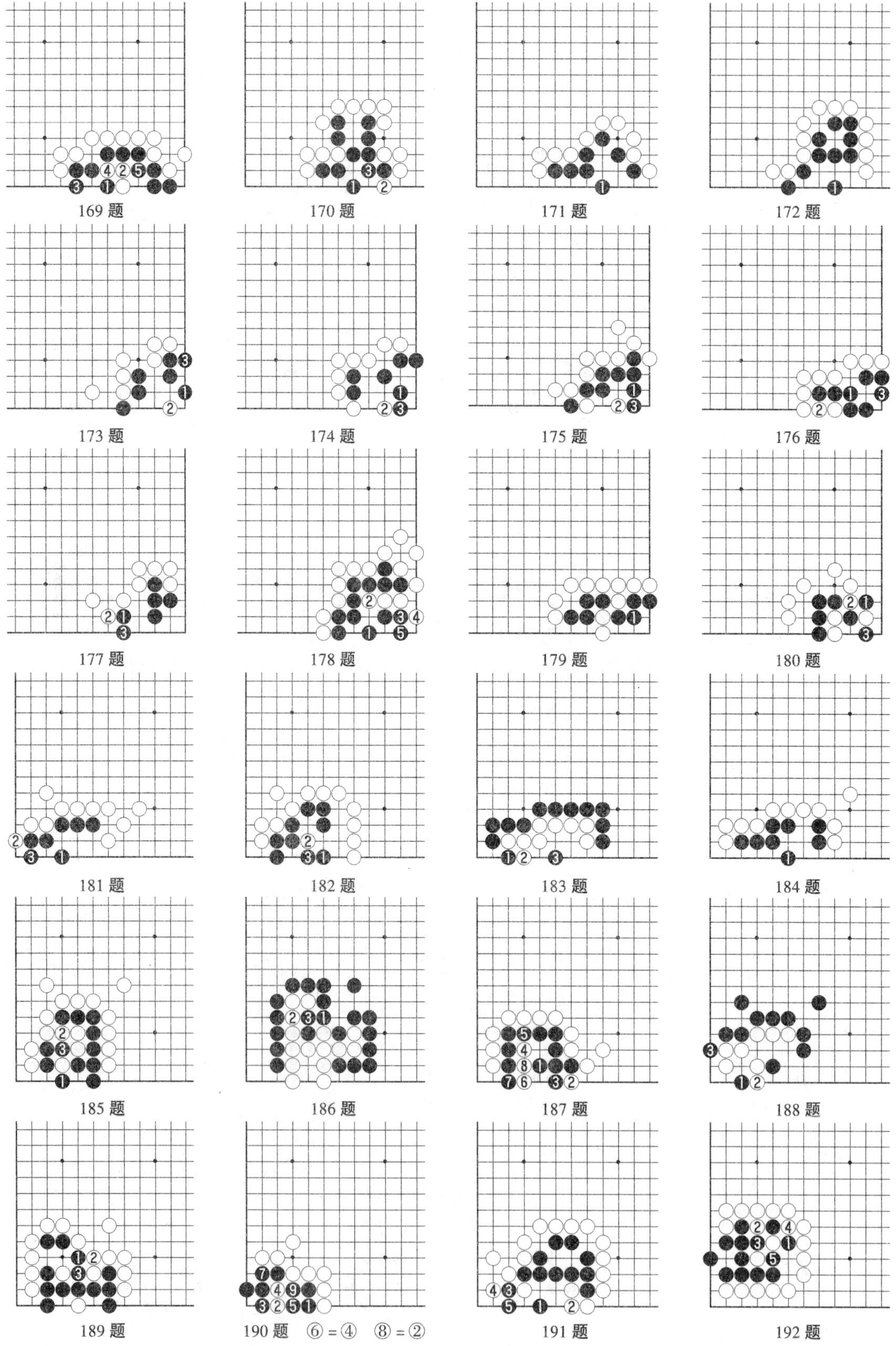
169 题
170 题
171 题
172 题
173 题
174 题
175 题
176 题
177 题
178 题
179 题
180 题
181 题
182 题
183 题
184 题
185 题
186 题
187 题
188 题
189 题
190 题 ⑥ = ④ ⑧ = ②
191 题
192 题

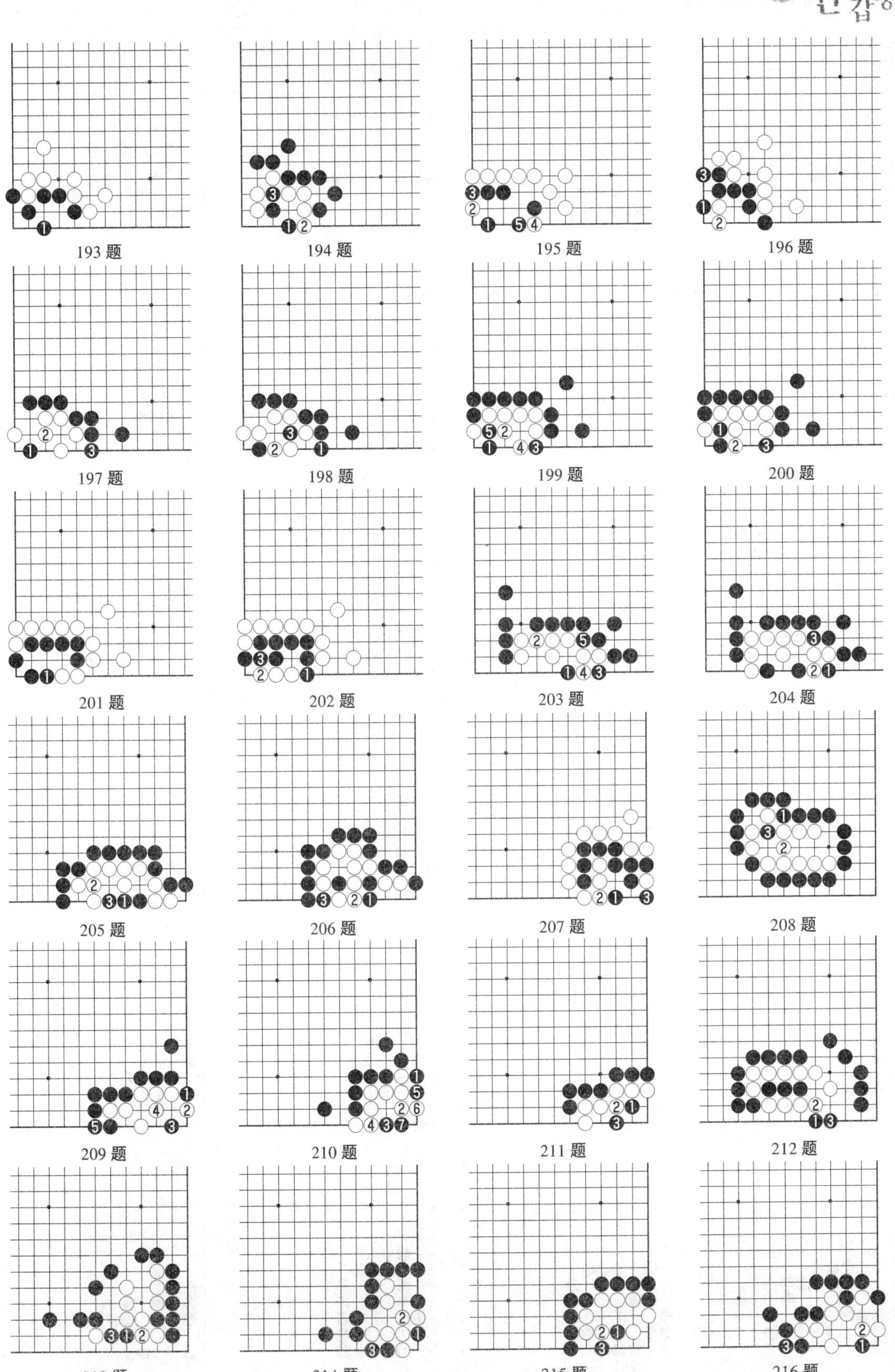

193 题
194 题
195 题
196 题
197 题
198 题
199 题
200 题
201 题
202 题
203 题
204 题
205 题
206 题
207 题
208 题
209 题
210 题
211 题
212 题
213 题
214 题
215 题
216 题

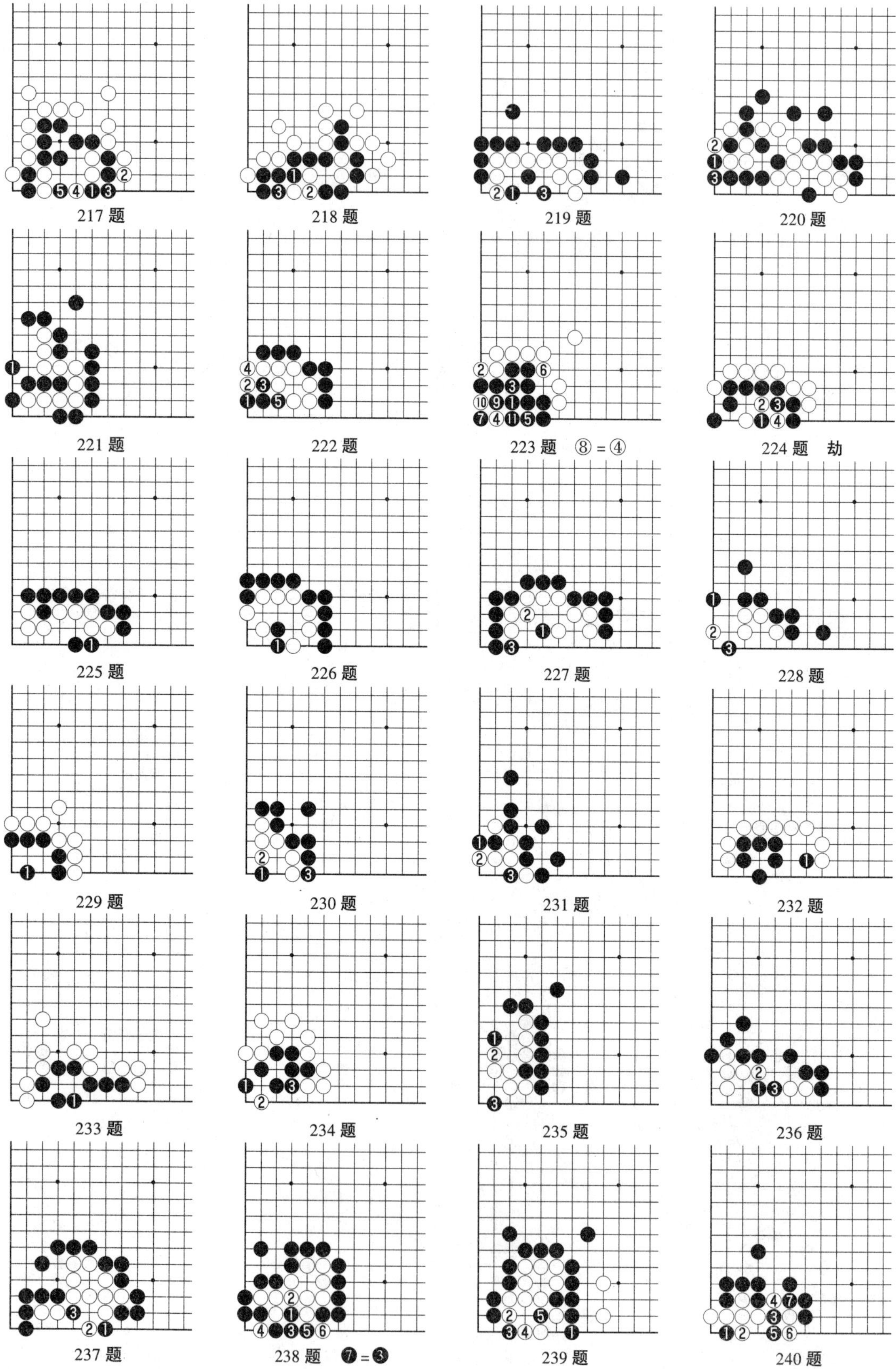

217 题

218 题

219 题

220 题

221 题

222 题

223 题 ⑧＝④

224 题 劫

225 题

226 题

227 题

228 题

229 题

230 题

231 题

232 题

233 题

234 题

235 题

236 题

237 题

238 题 ❼＝❸

239 题

240 题

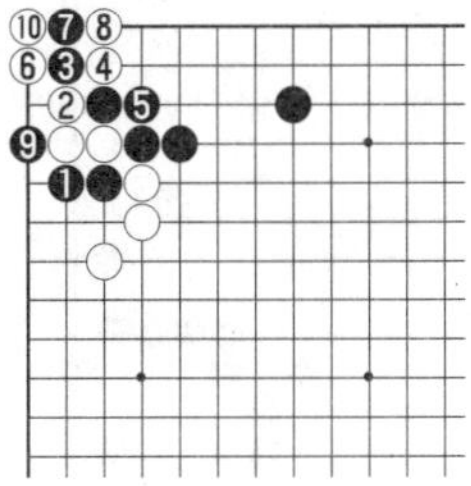

241 题 ⓫=❸

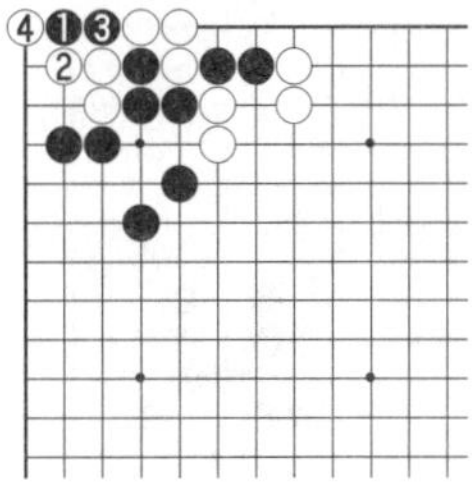

242 题 ❺=❸

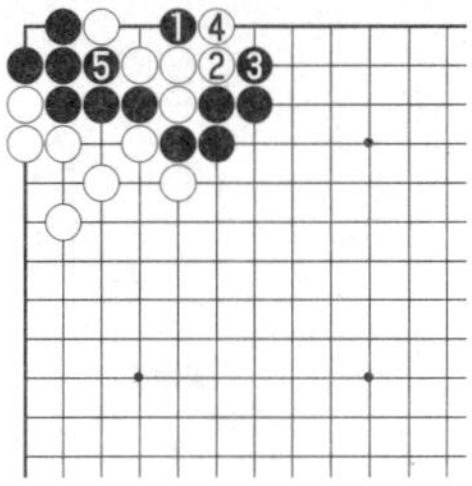

243 题

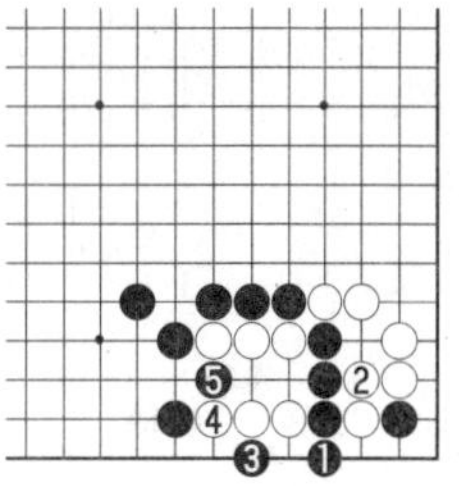

244 题

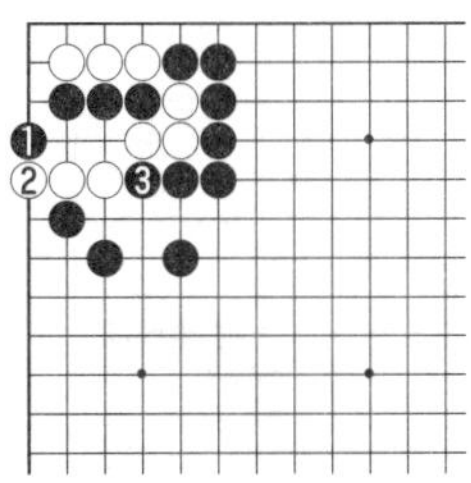

245 题

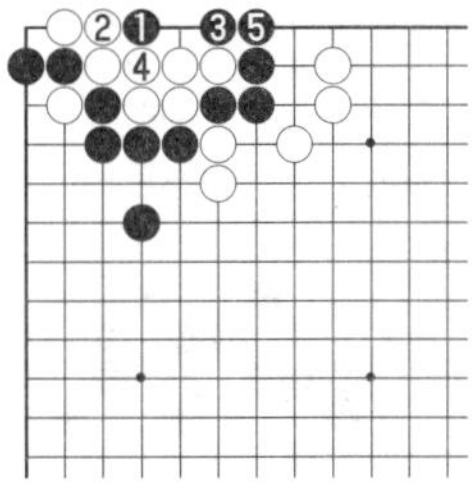

246 题

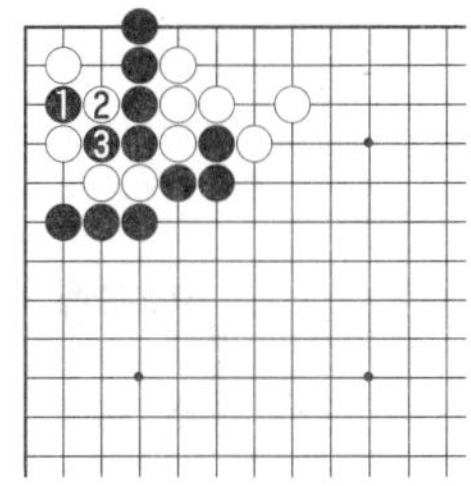

247 题

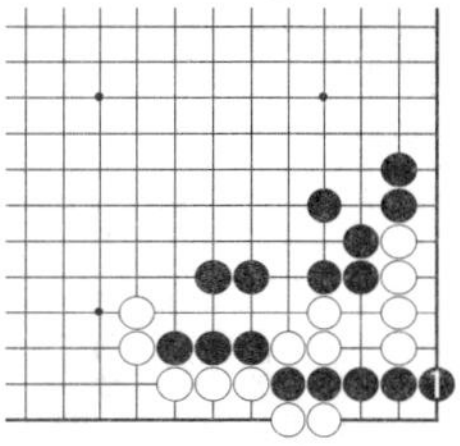

248 题

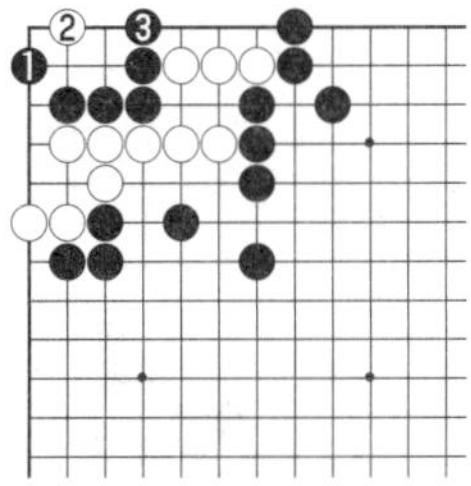

249 题

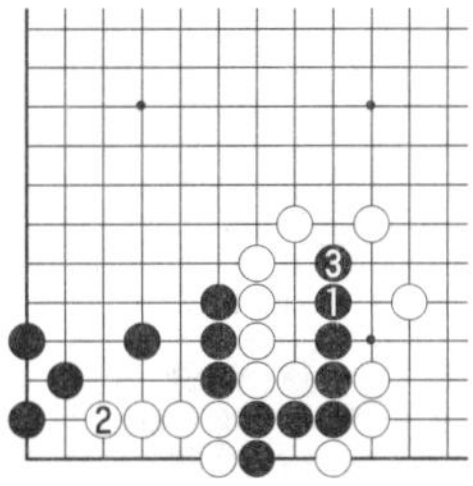

250 题

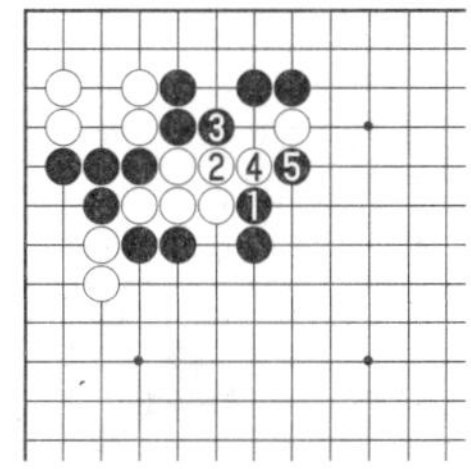

251 题

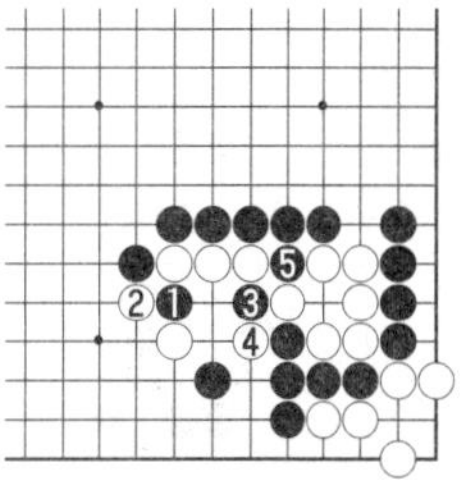

252 题

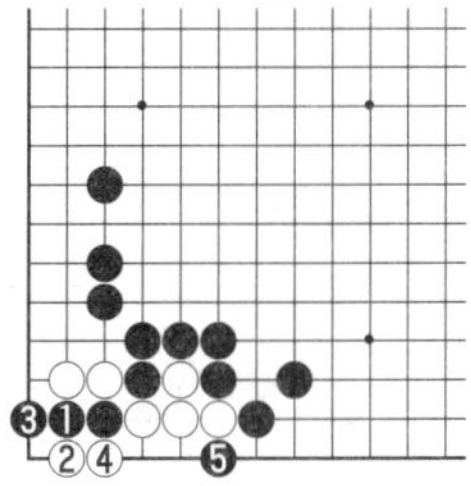

253 题

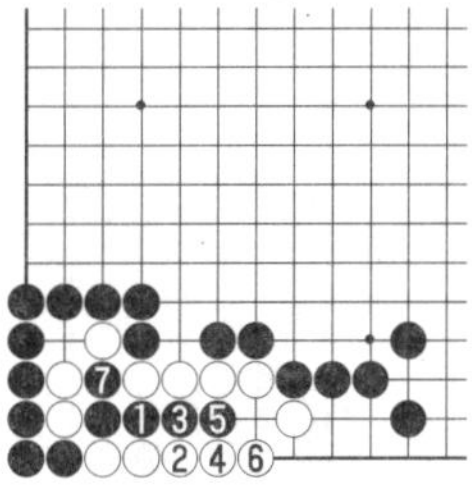

254 题

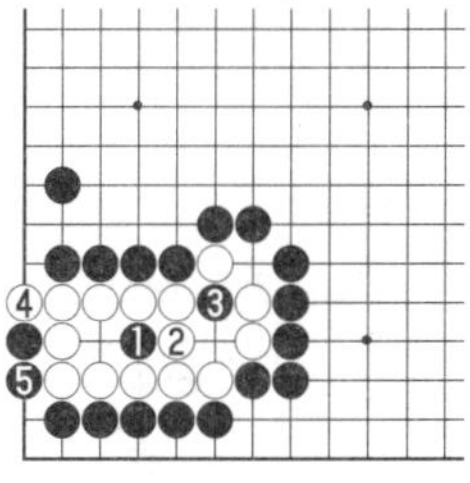

255 题

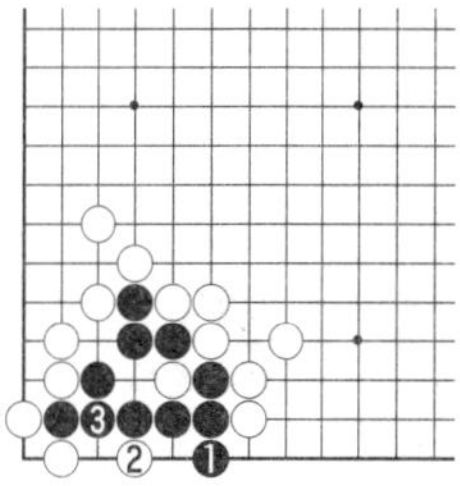

256 题

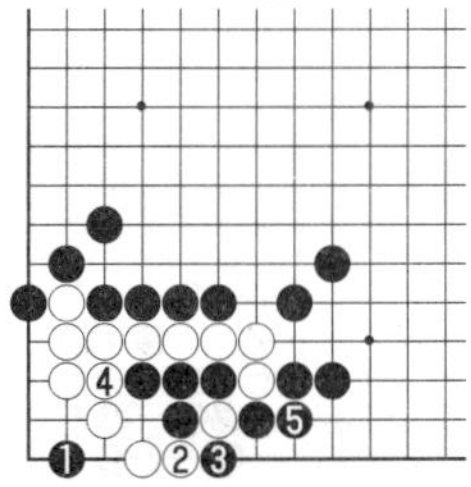

257 题

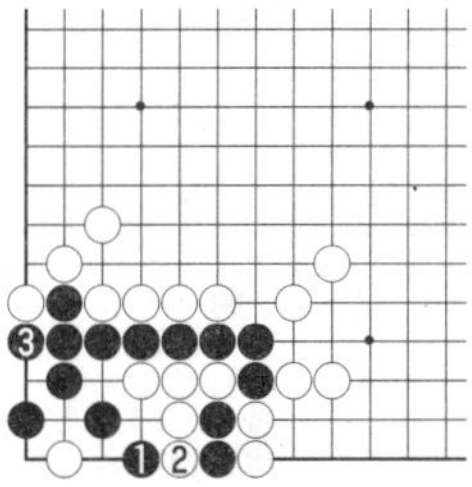

258 题

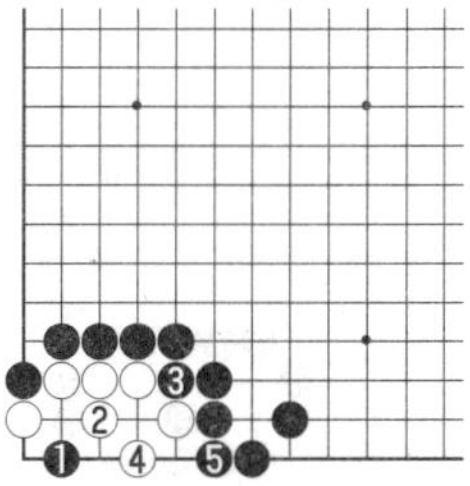

259 题

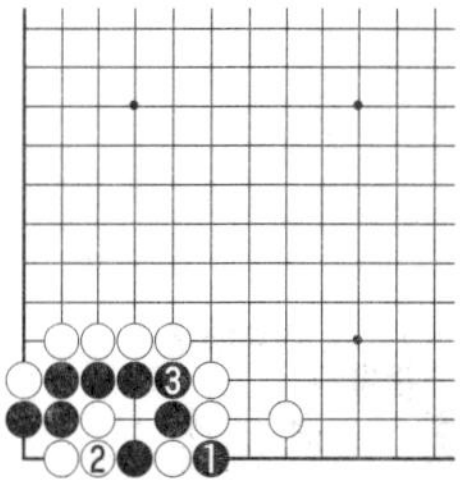

260 题

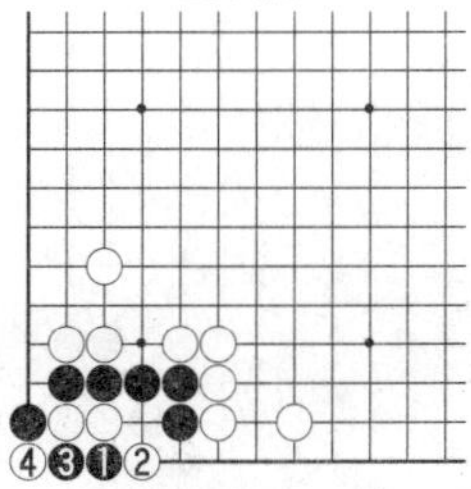

261 题 ❺=❸

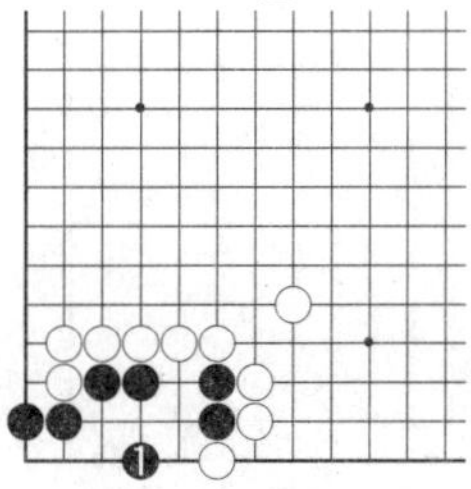

262 题

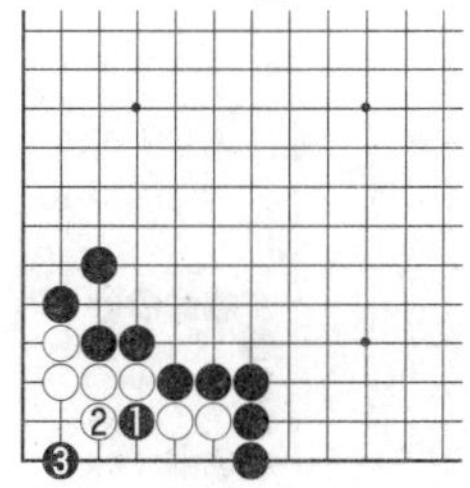

263 题

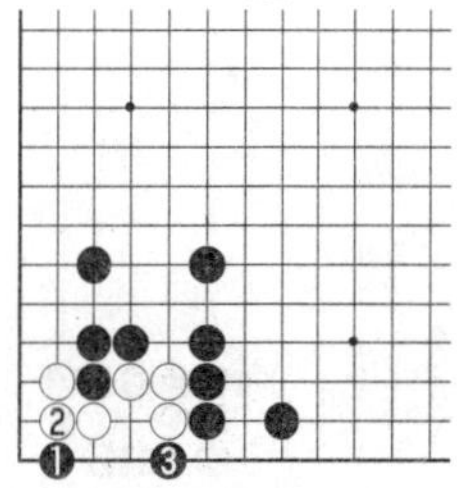

264 题

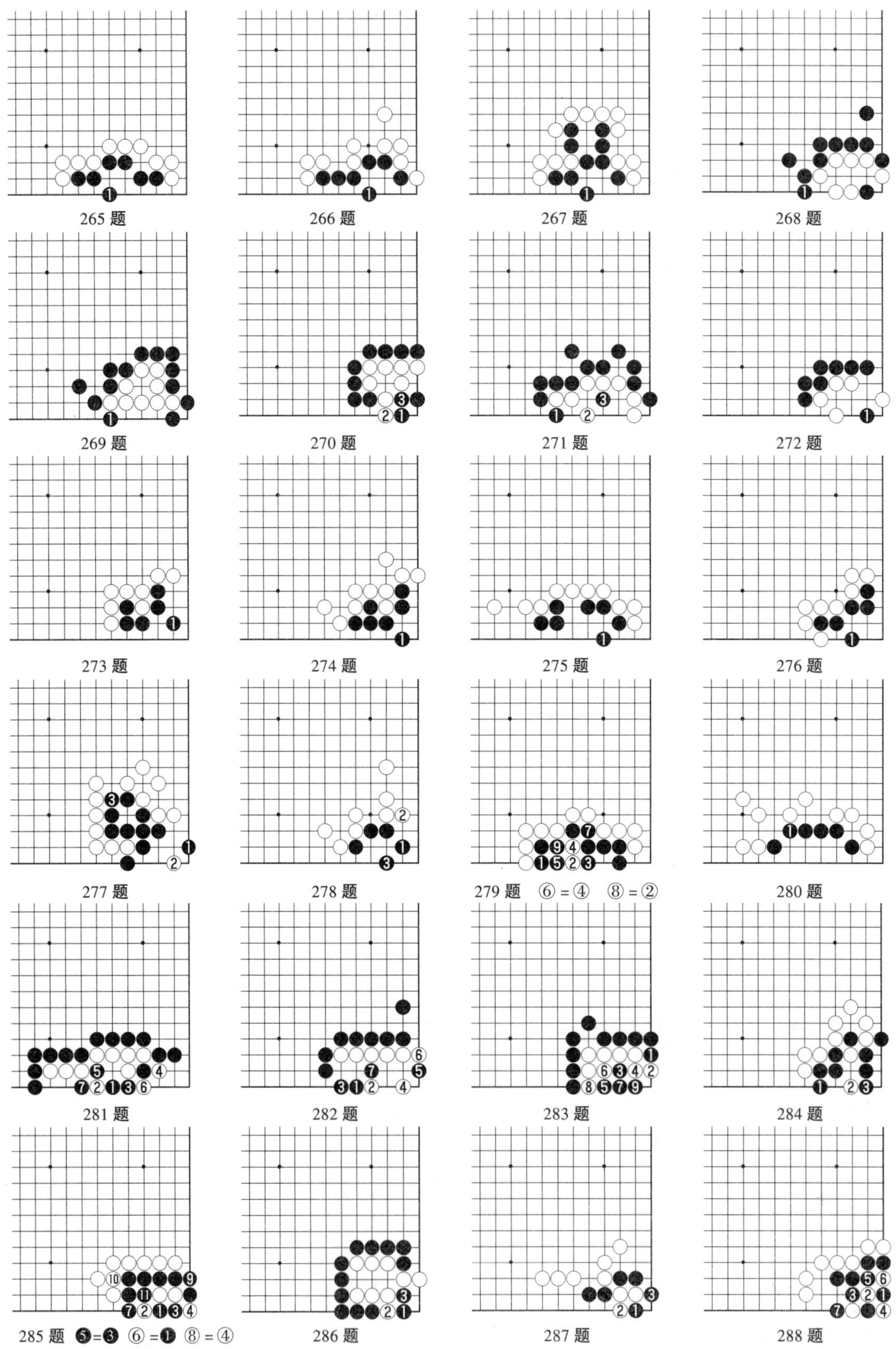
265 题
266 题
267 题
268 题
269 题
270 题
271 题
272 题
273 题
274 题
275 题
276 题
277 题
278 题
279 题 ⑥=④ ⑧=②
280 题
281 题
282 题
283 题
284 题
285 题 ❺=❸ ⑥=❶ ⑧=④
286 题
287 题
288 题

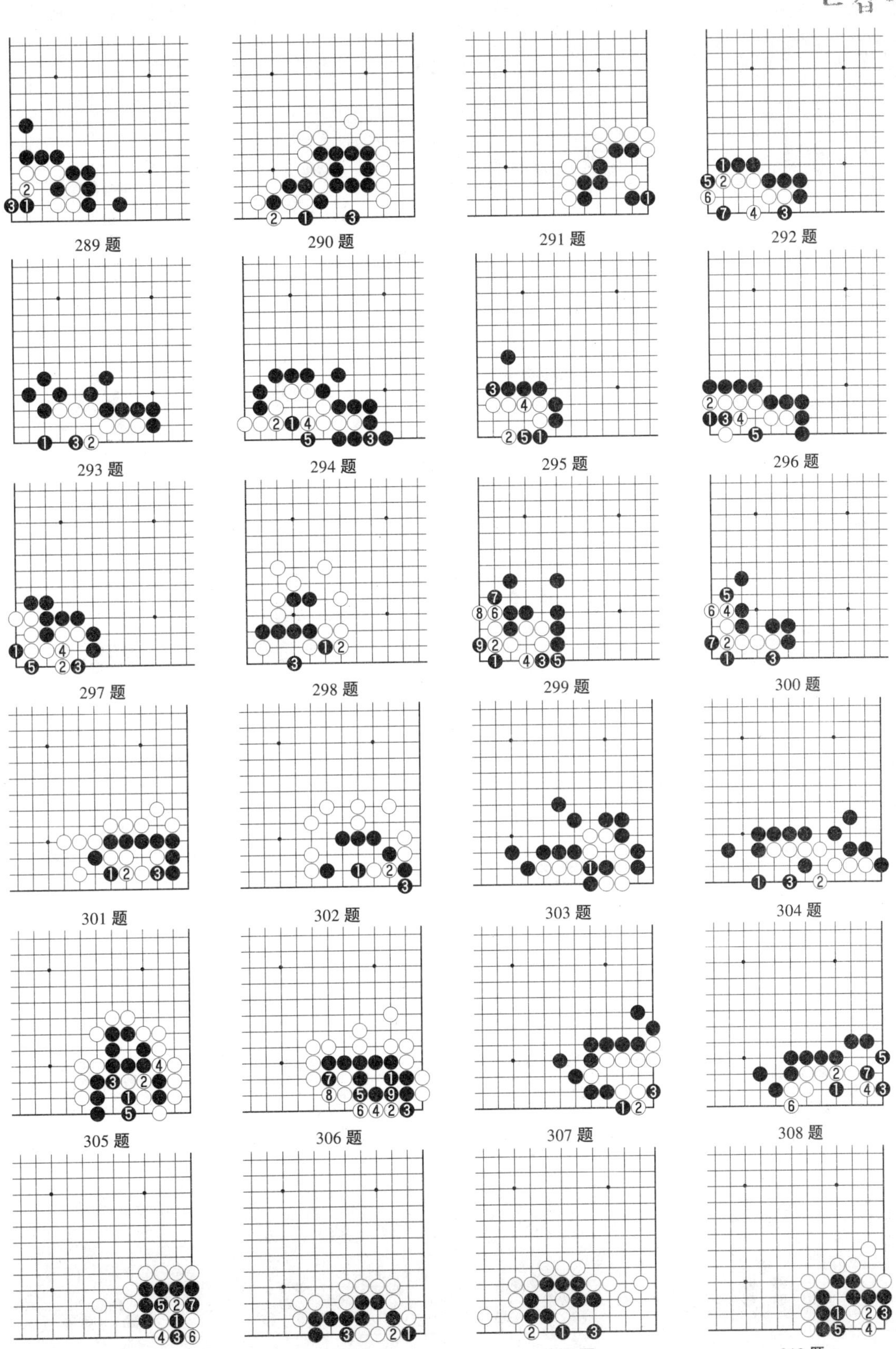

289 题 290 题 291 题 292 题

293 题 294 题 295 题 296 题

297 题 298 题 299 题 300 题

301 题 302 题 303 题 304 题

305 题 306 题 307 题 308 题

309 题 310 题 311 题 312 题

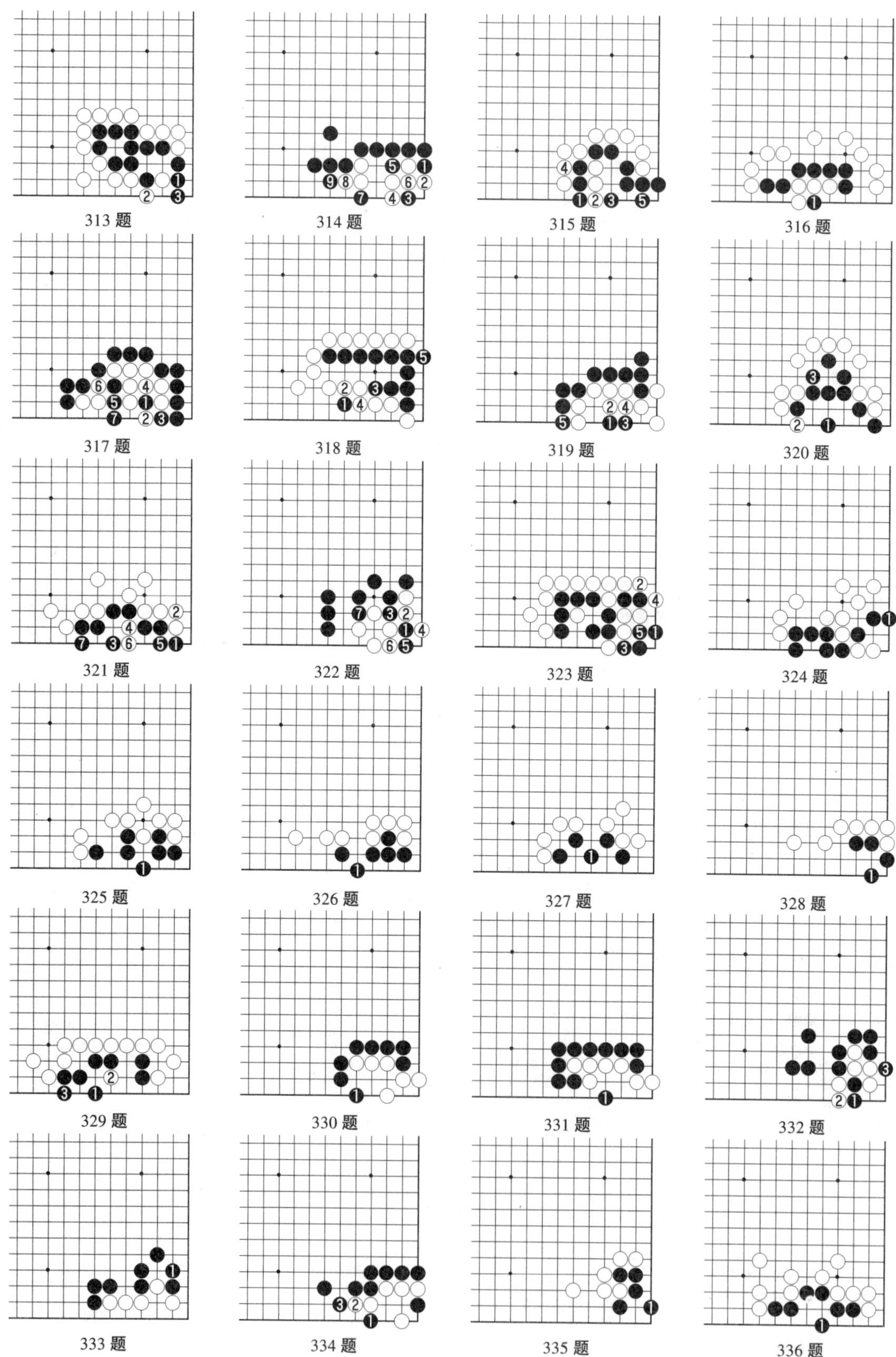
313 题
314 题
315 题
316 题
317 题
318 题
319 题
320 题
321 题
322 题
323 题
324 题
325 题
326 题
327 题
328 题
329 题
330 题
331 题
332 题
333 题
334 题
335 题
336 题

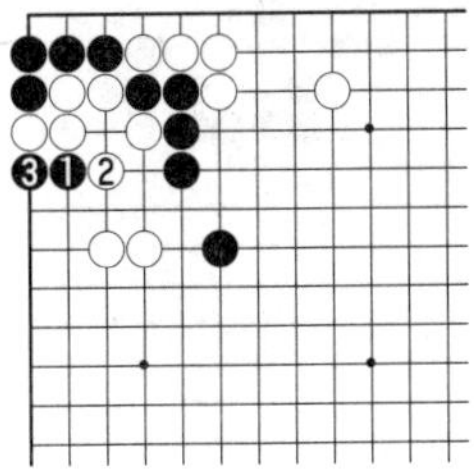

337 题

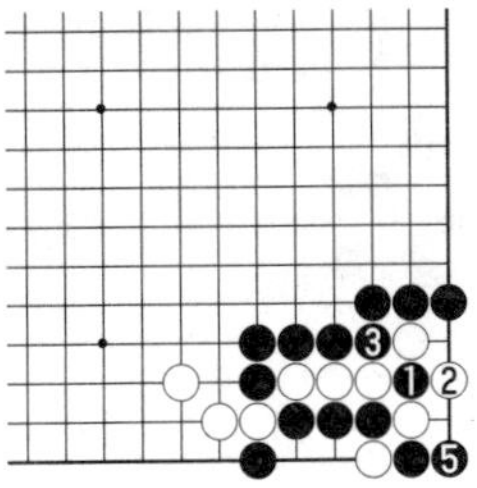

338 题 ④＝❶

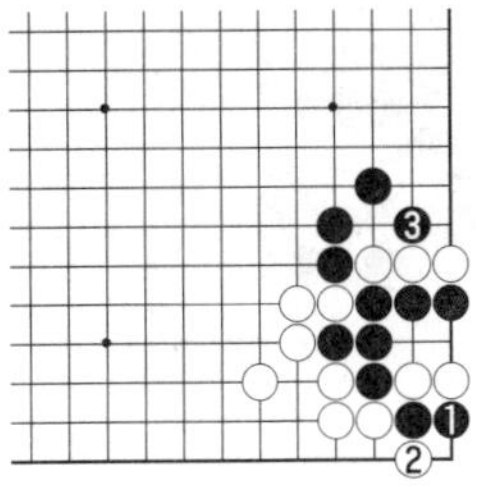

339 题

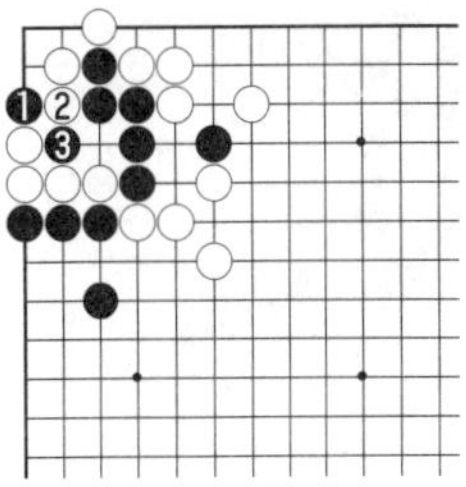

340 题

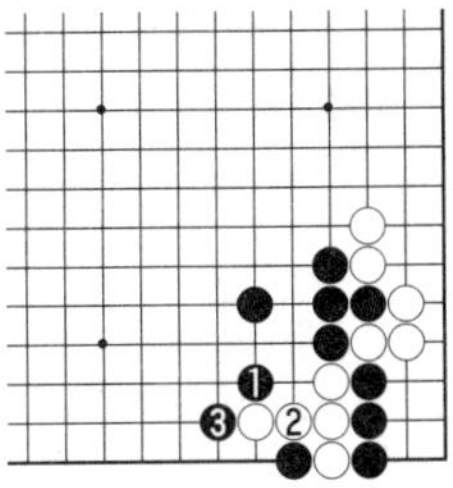

341 题

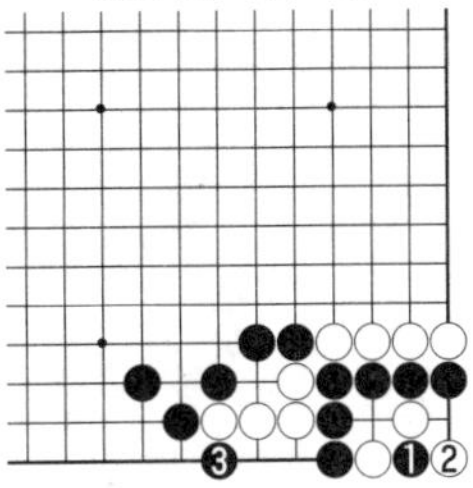

342 题

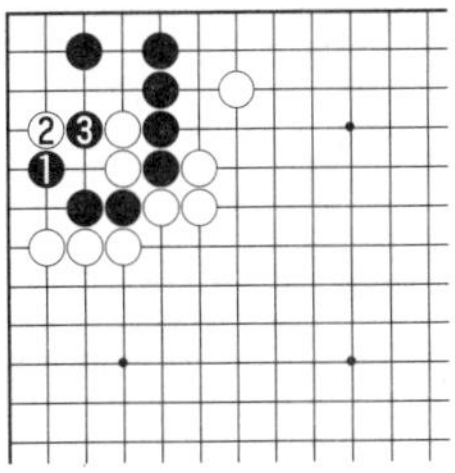

343 题

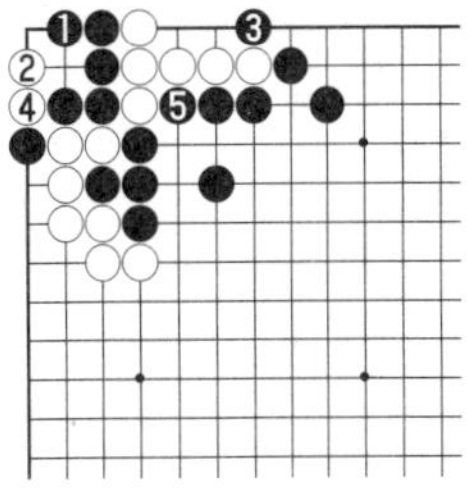

344 题

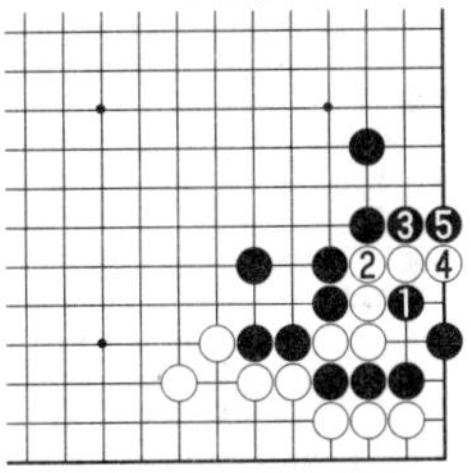

345 题

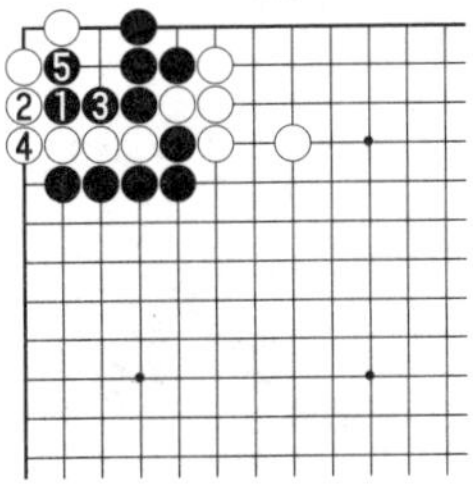

346 题

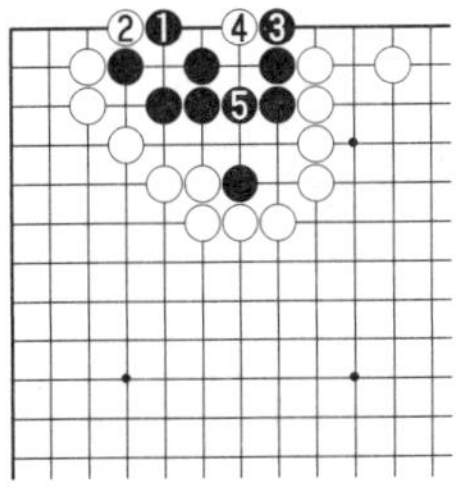

347 题

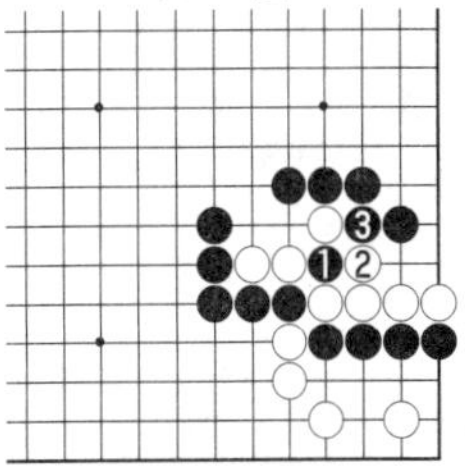

348 题

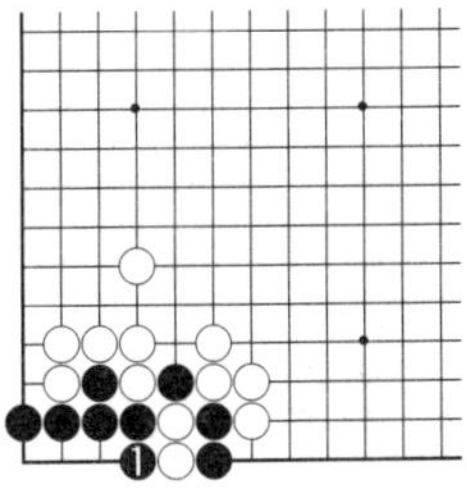

349 题

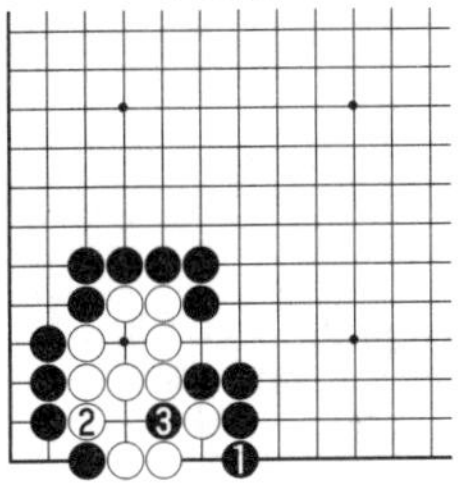

350 题

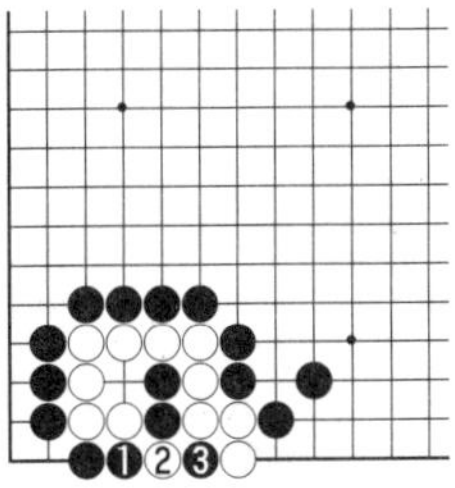

351 题 劫

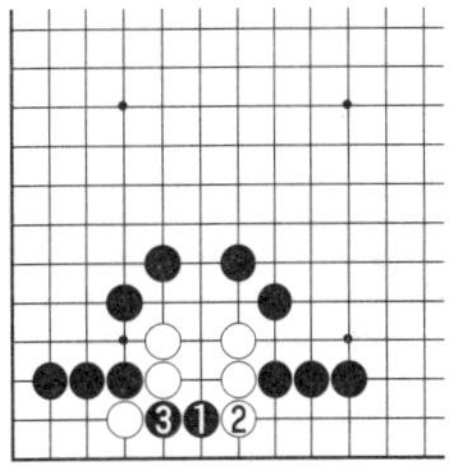

352 题

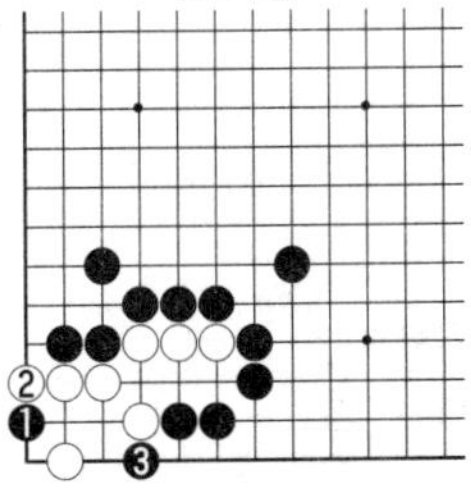

353 题

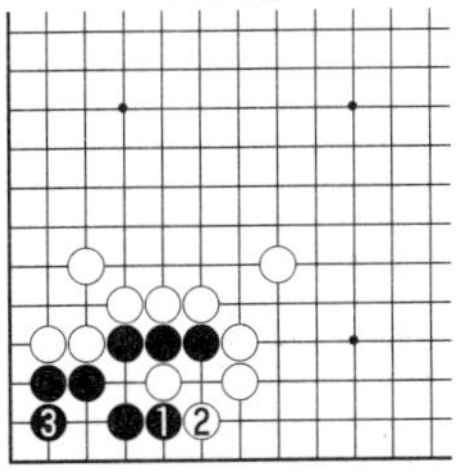

354 题

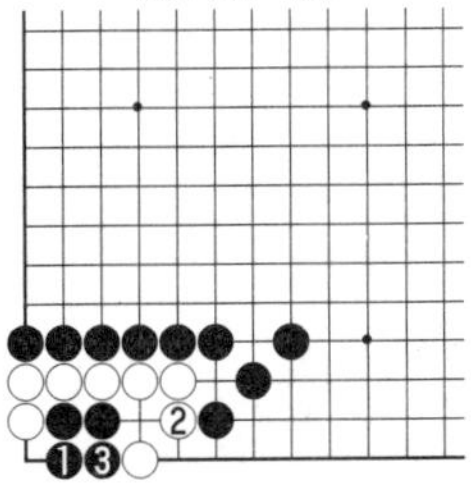

355 题

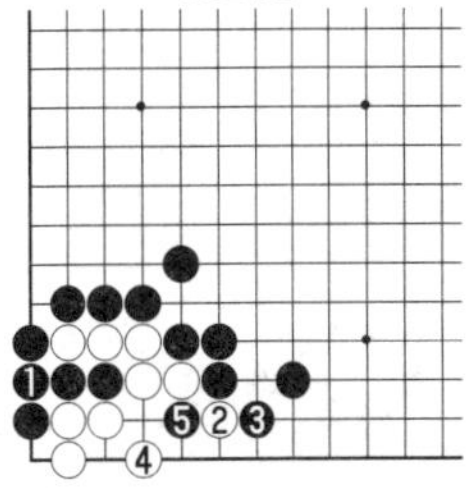

356 题

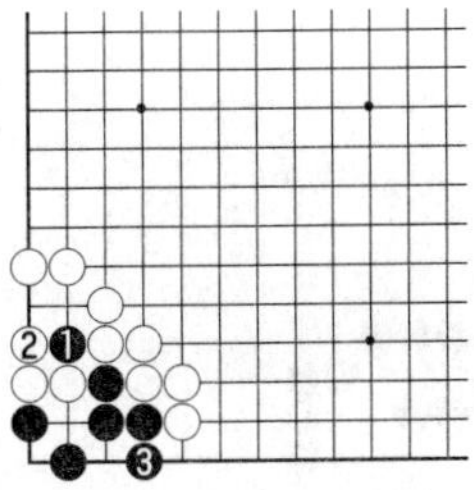

357 题

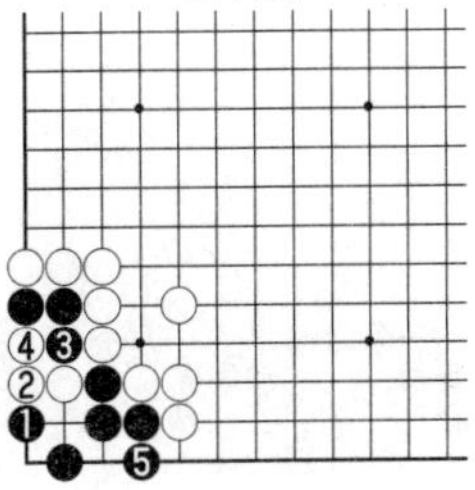

358 题

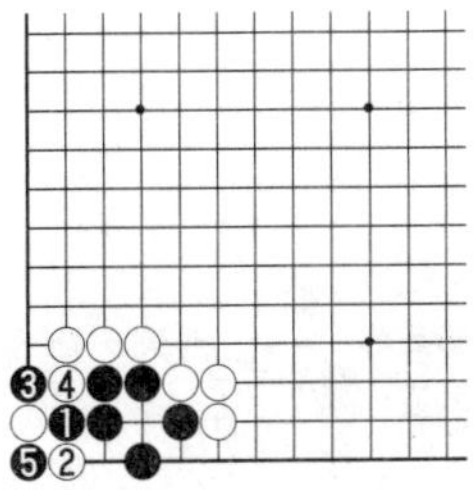

359 题 劫

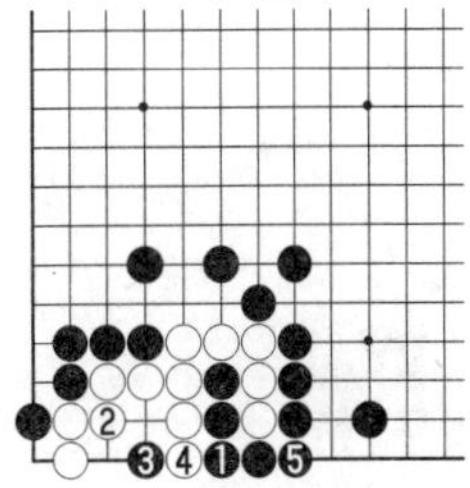

360 题

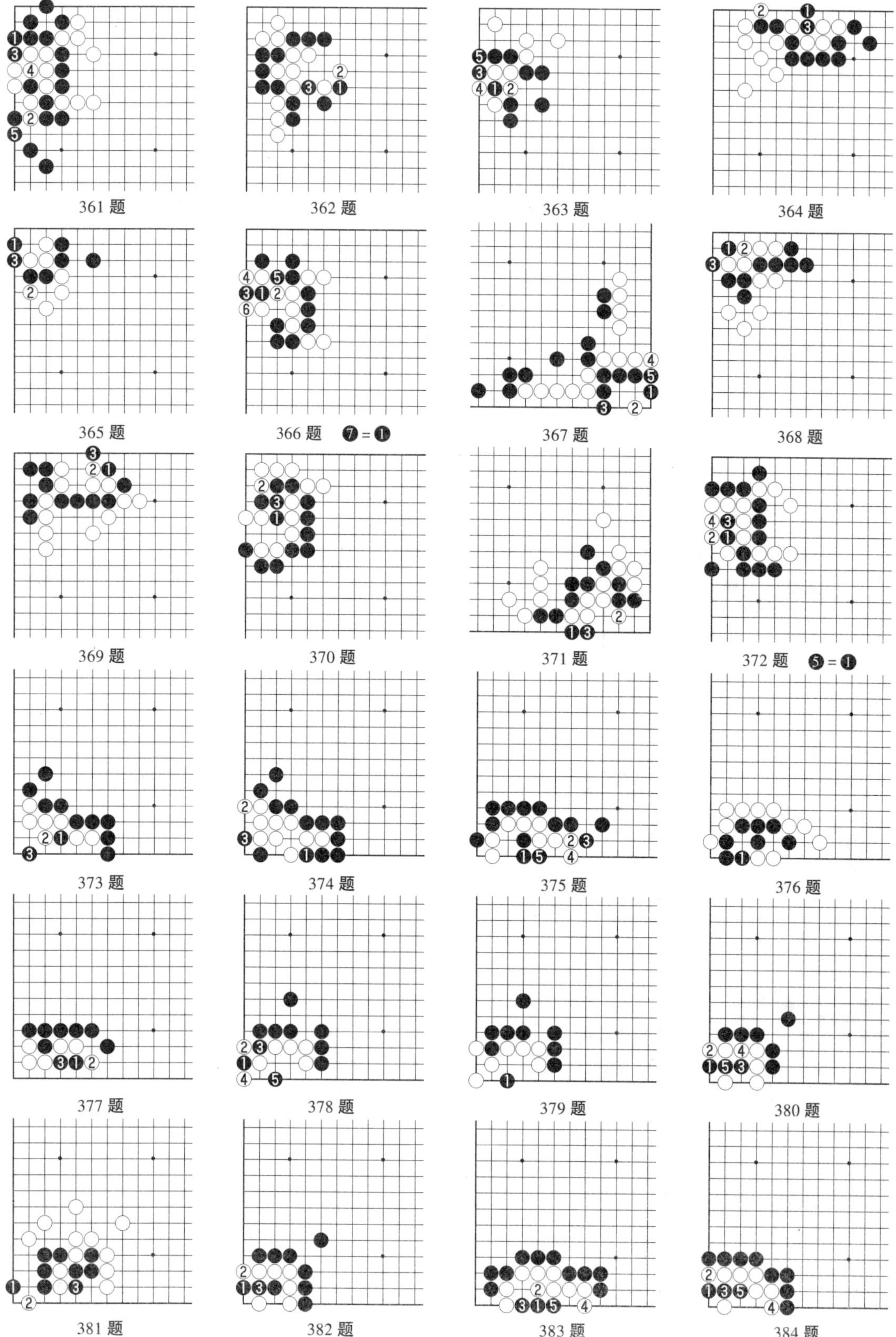

361 题 362 题 363 题 364 题

365 题 366 题 367 题 368 题

369 题 370 题 371 题 372 题

373 题 374 题 375 题 376 题

377 题 378 题 379 题 380 题

381 题 382 题 383 题 384 题

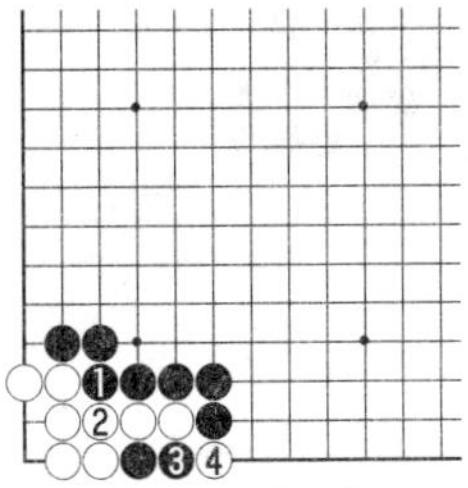

385 题 ❺=❸

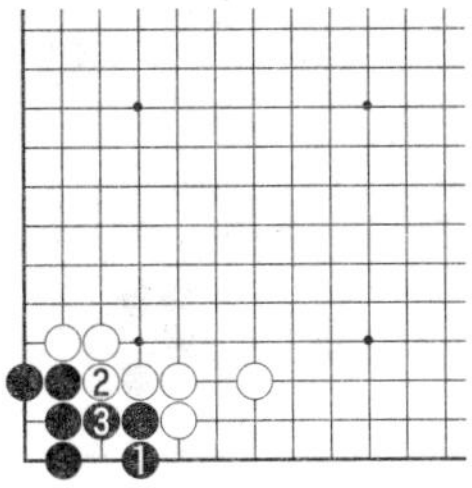

386 题

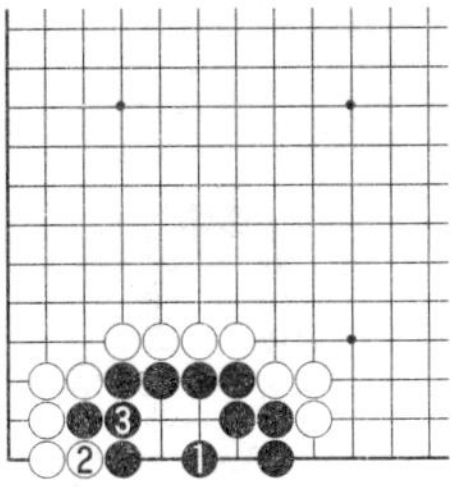

387 题

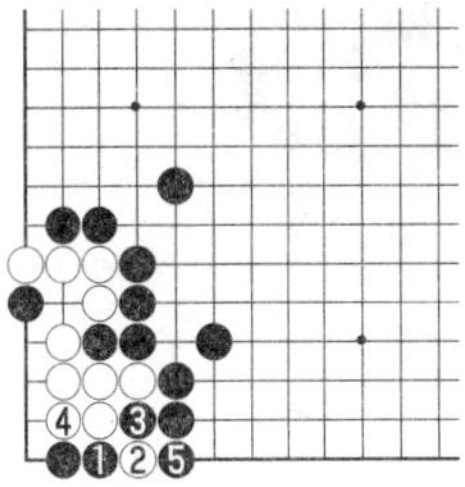

388 题

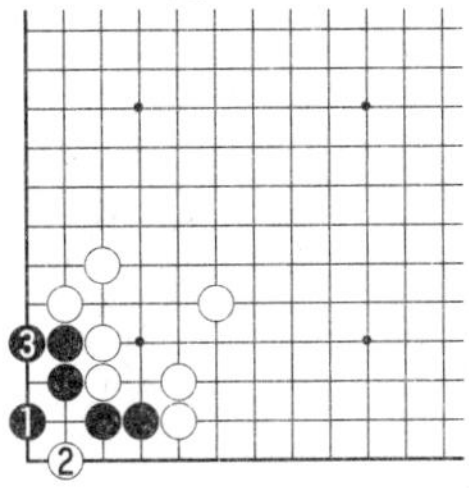

389 题

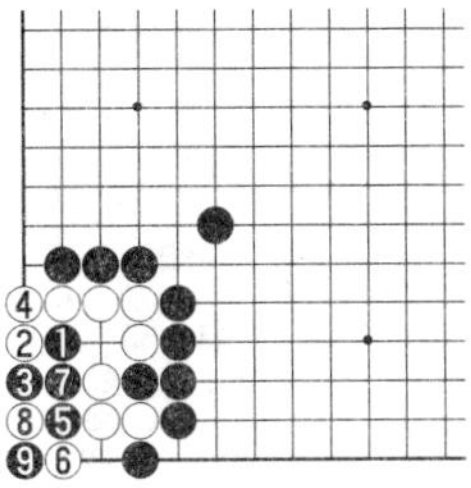

390 题 劫

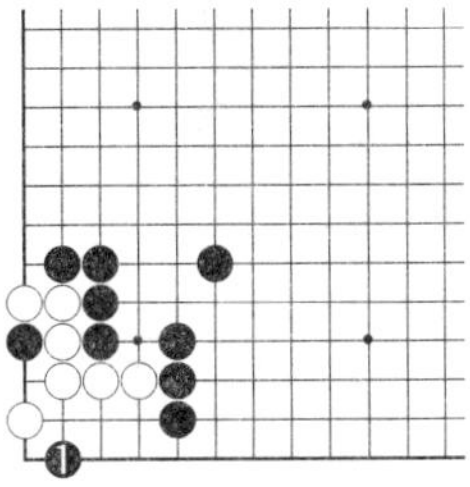

391 题

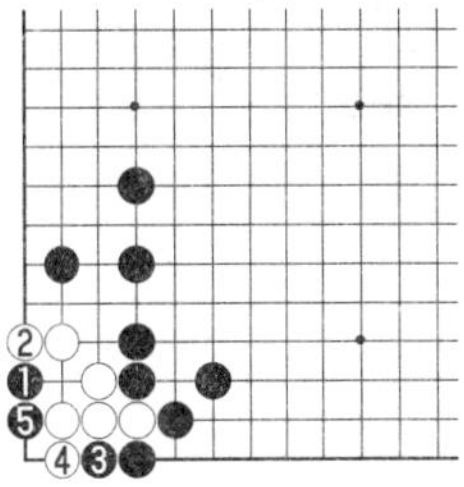

392 题

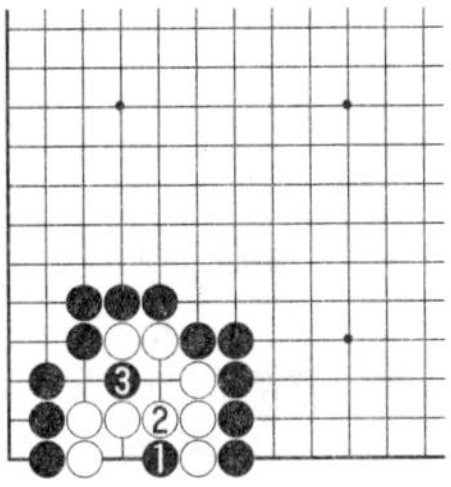

393 题

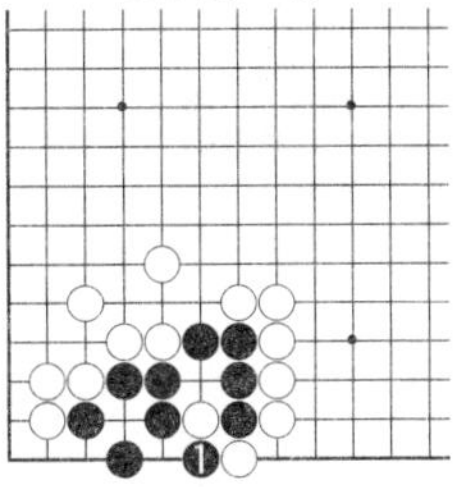

394 题

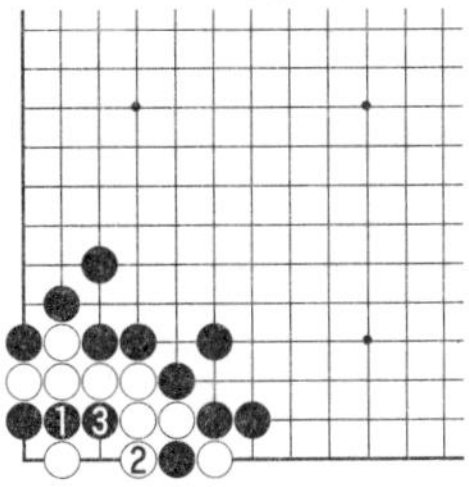

395 题

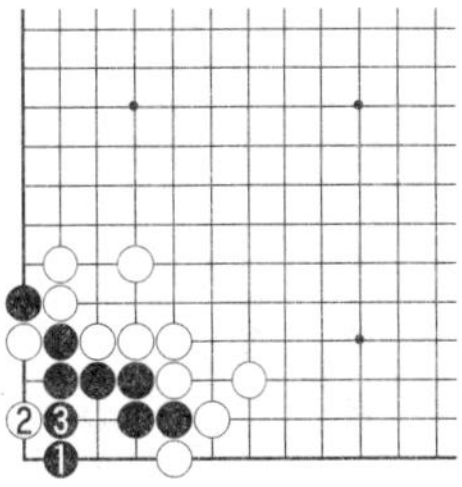

396 题

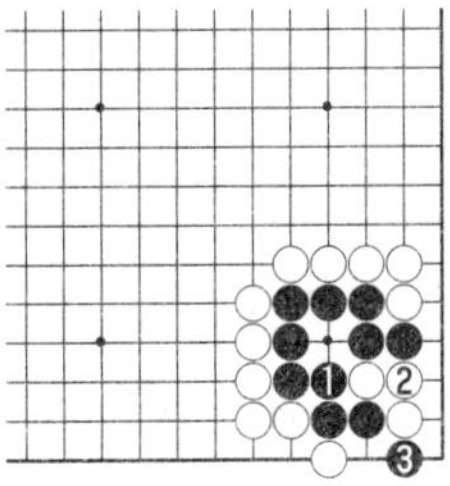

397 题

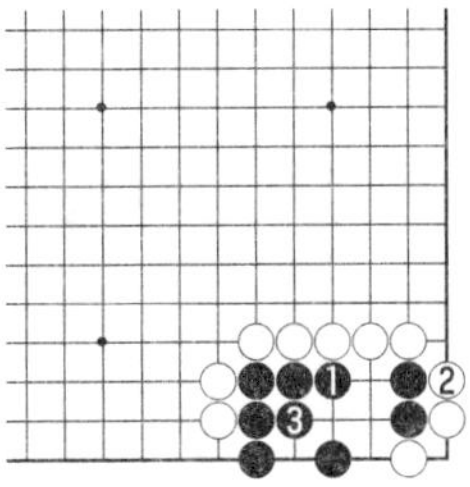

398 题

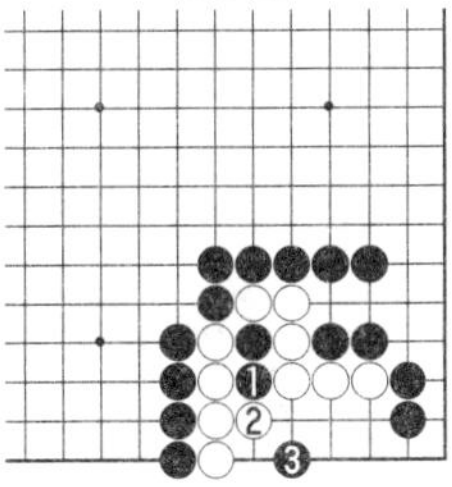

399 题

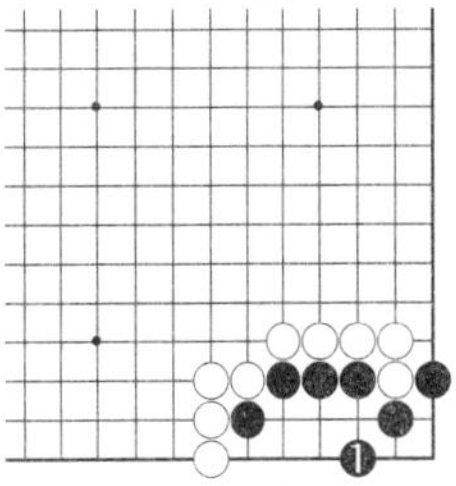

400 题

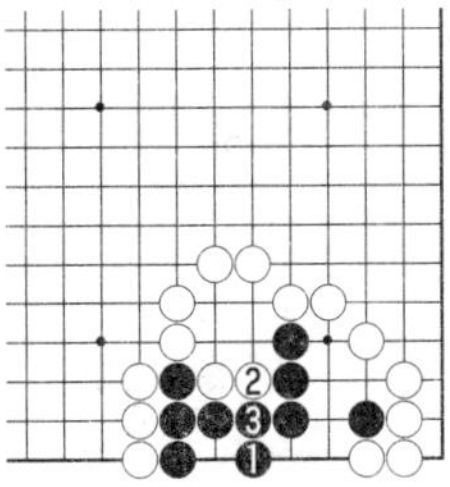

401 题

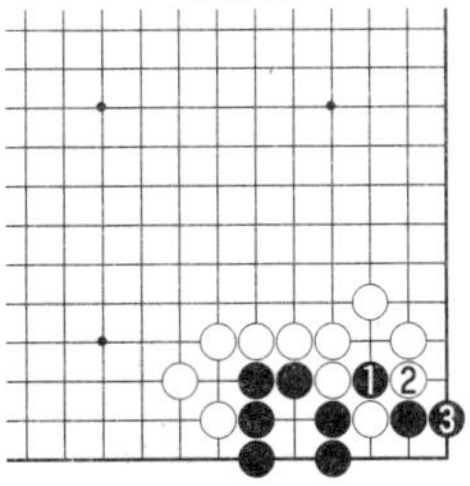

402 题

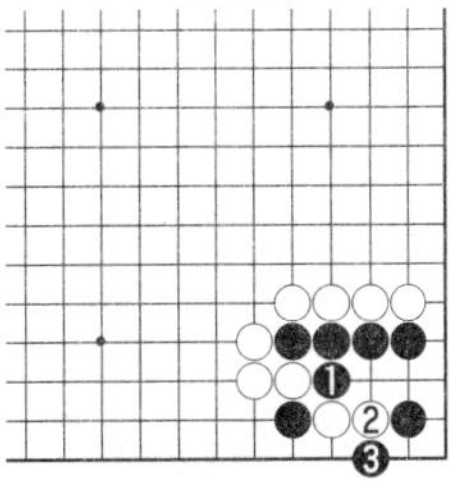

403 题

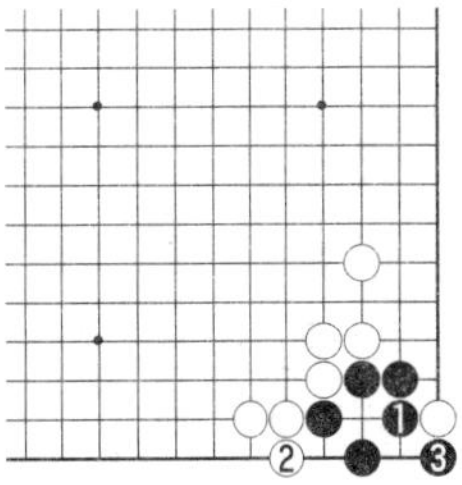

404 题

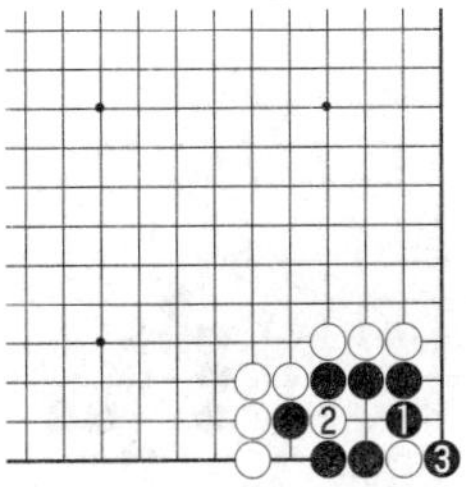

405 题

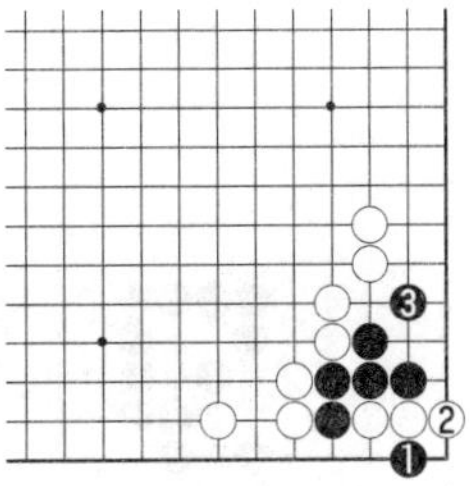

406 题

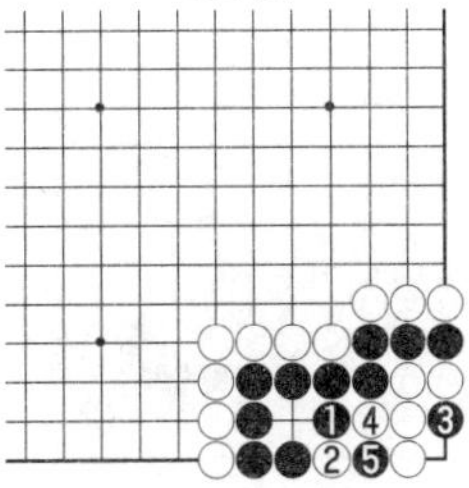

407 题 劫

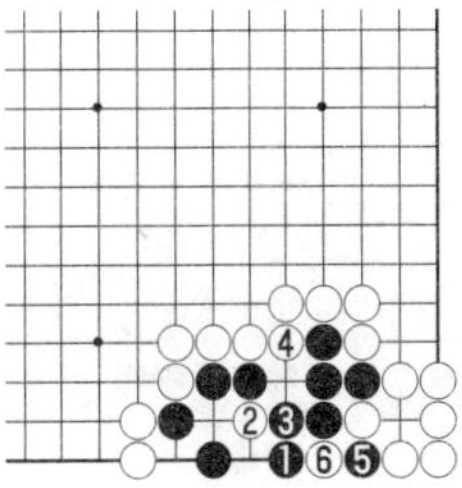

408 题 劫

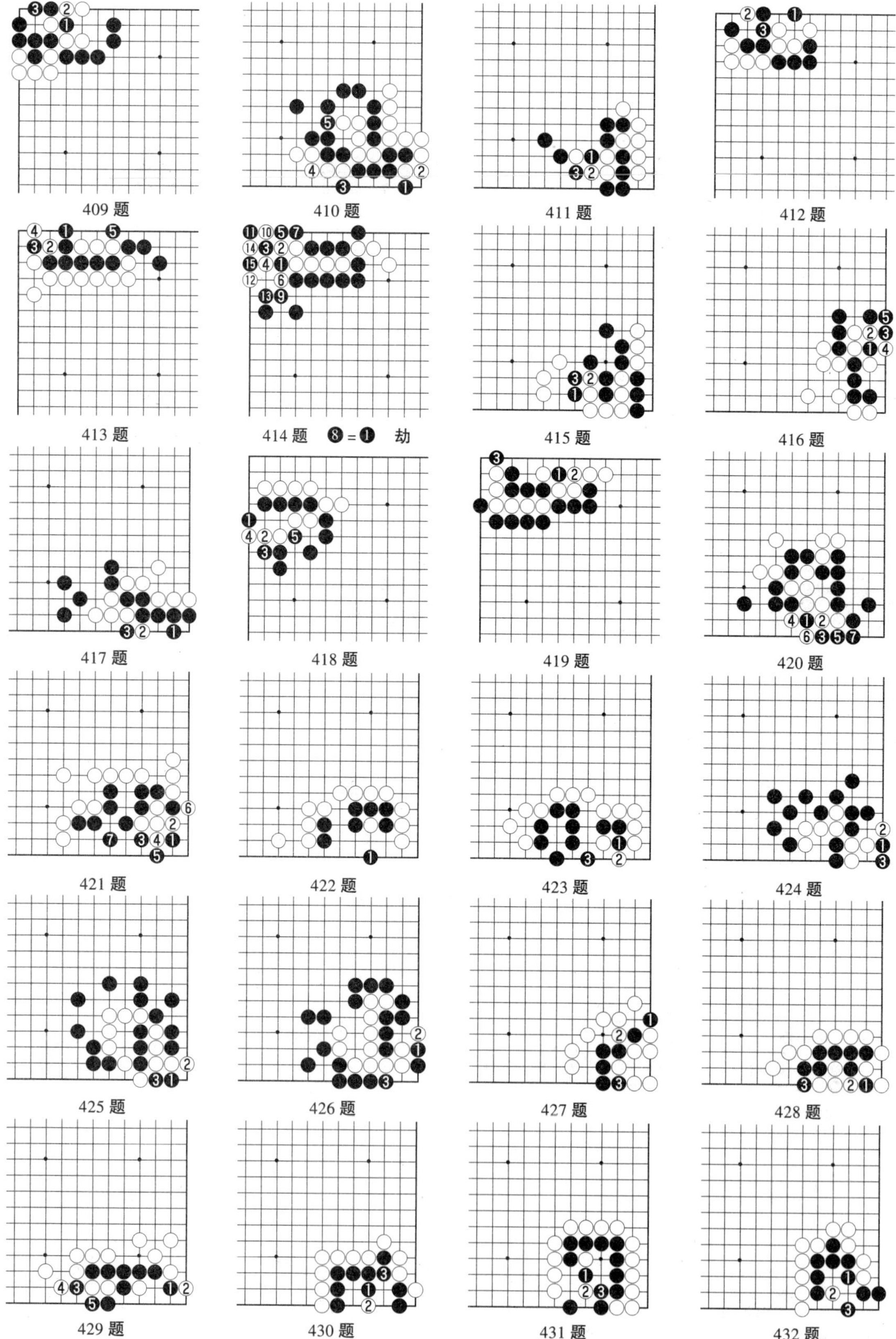

409 题　410 题　411 题　412 题

413 题　414 题　❽=❶　劫　415 题　416 题

417 题　418 题　419 题　420 题

421 题　422 题　423 题　424 题

425 题　426 题　427 题　428 题

429 题　430 题　431 题　432 题

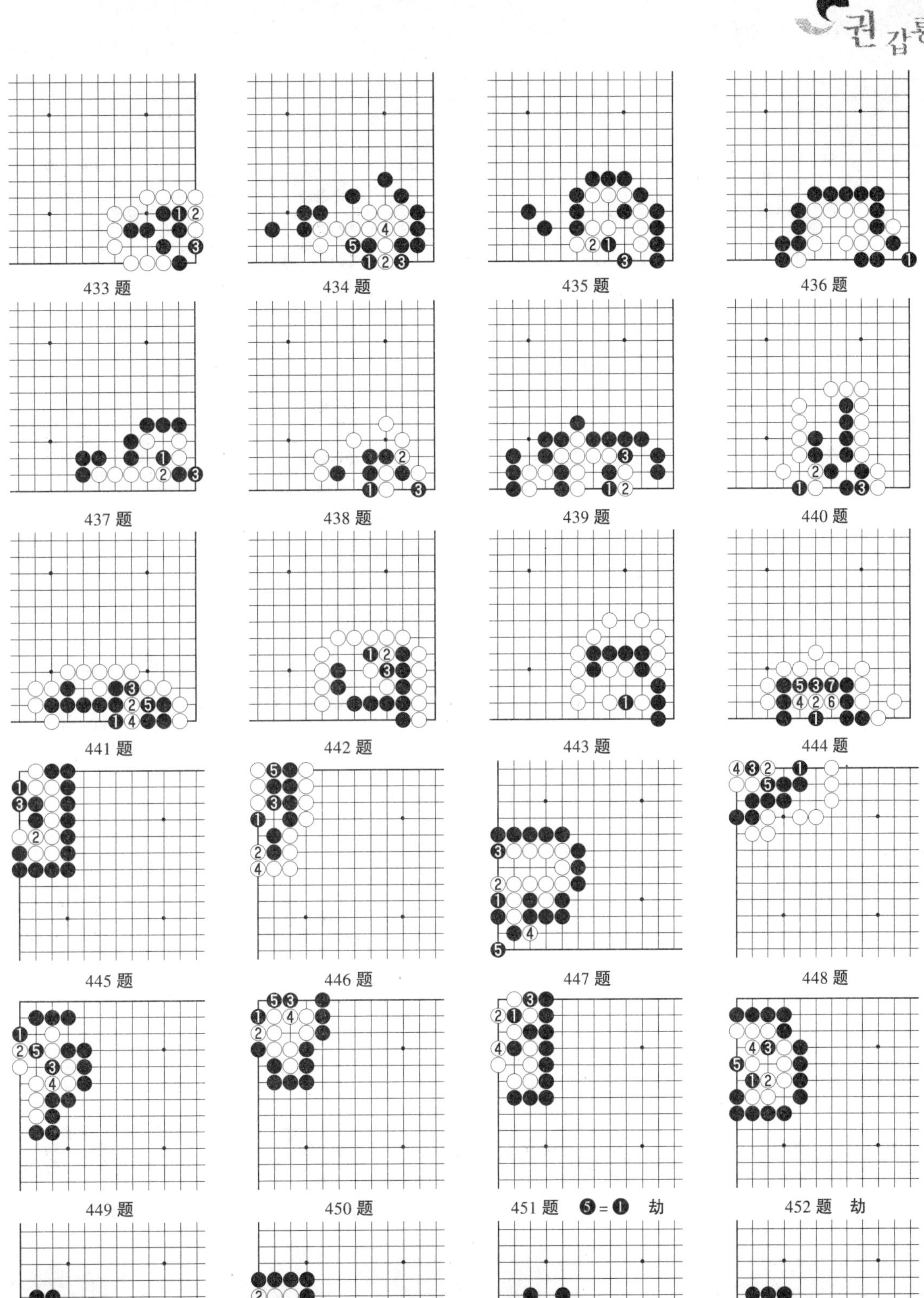

433 题　434 题　435 题　436 题

437 题　438 题　439 题　440 题

441 题　442 题　443 题　444 题

445 题　446 题　447 题　448 题

449 题　450 题　451 题　❺=❶　劫　452 题　劫

453 题　454 题　455 题　劫　456 题

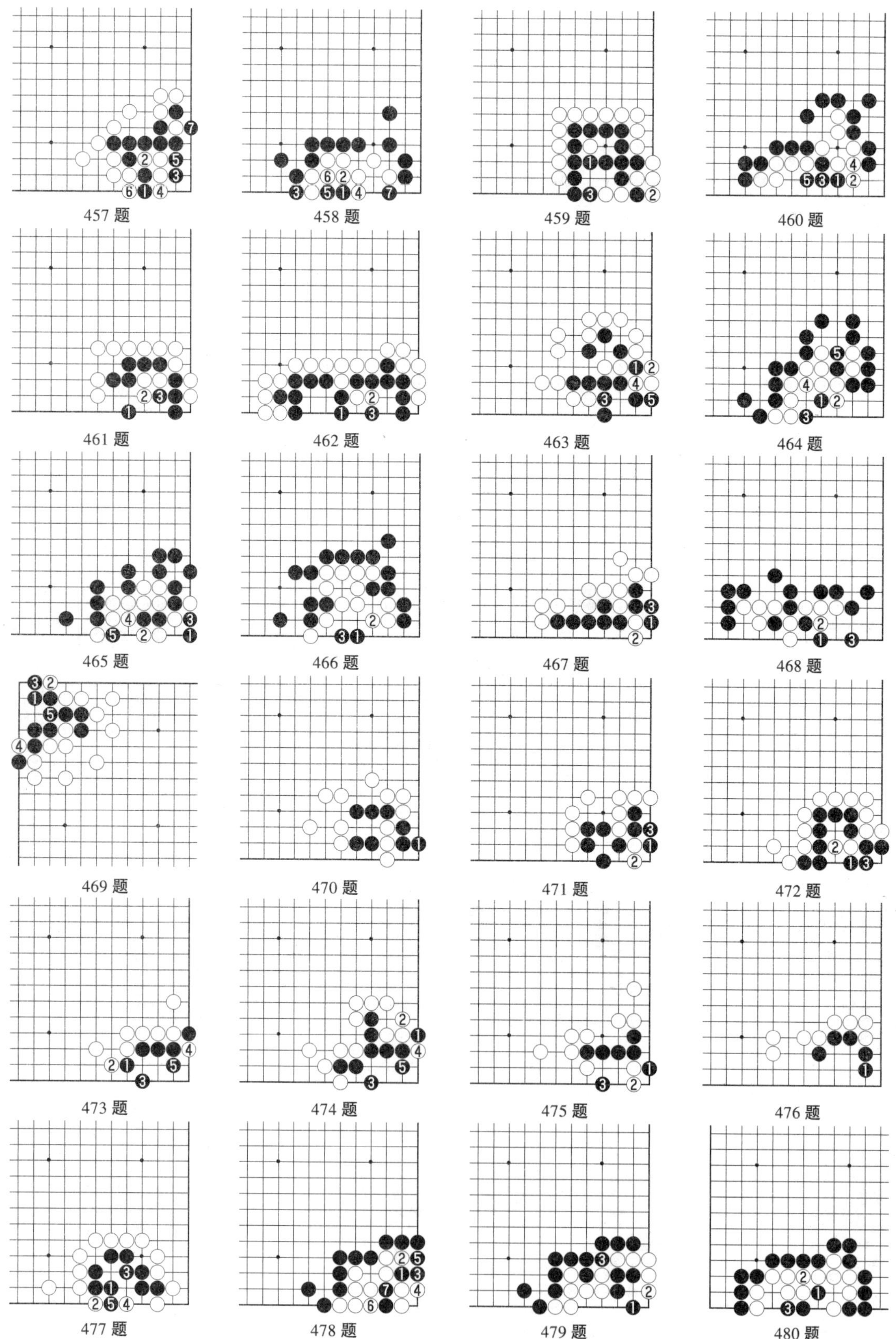

457 题 458 题 459 题 460 题

461 题 462 题 463 题 464 题

465 题 466 题 467 题 468 题

469 题 470 题 471 题 472 题

473 题 474 题 475 题 476 题

477 题 478 题 479 题 480 题

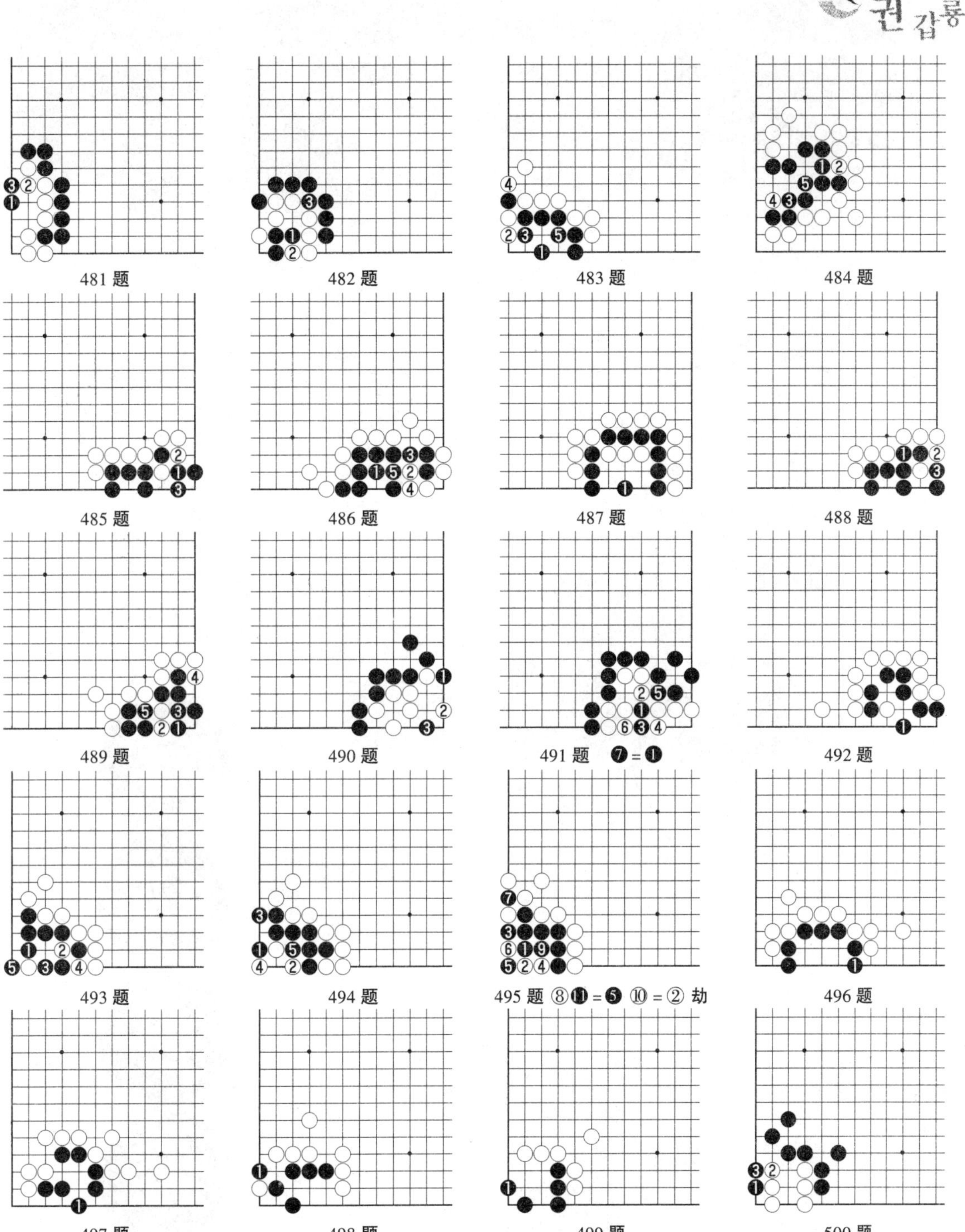

481 题 482 题 483 题 484 题

485 题 486 题 487 题 488 题

489 题 490 题 491 题 ❼=❶ 492 题

493 题 494 题 495 题 ⑧⓫=❺ ⑩=② 劫 496 题

497 题 498 题 499 题 500 题

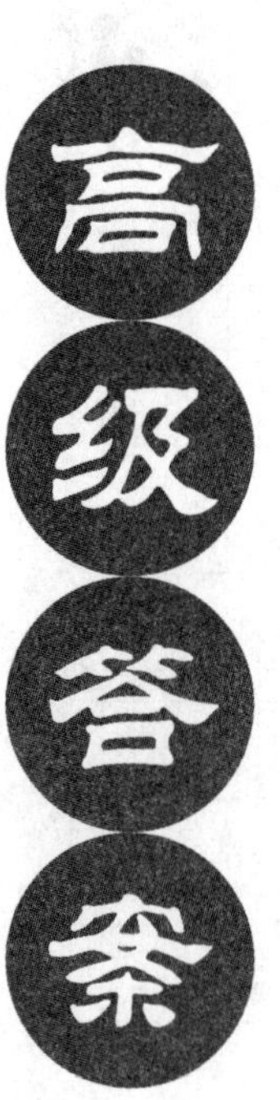
高级答案

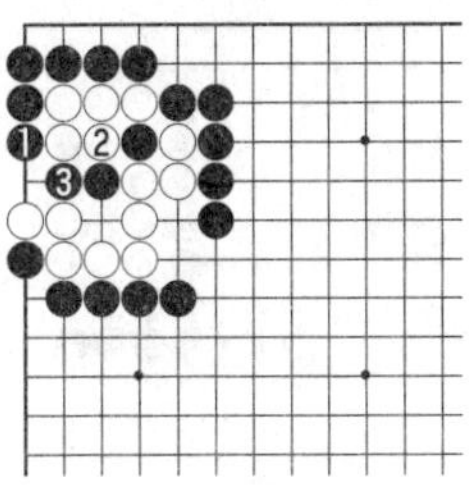

1 题

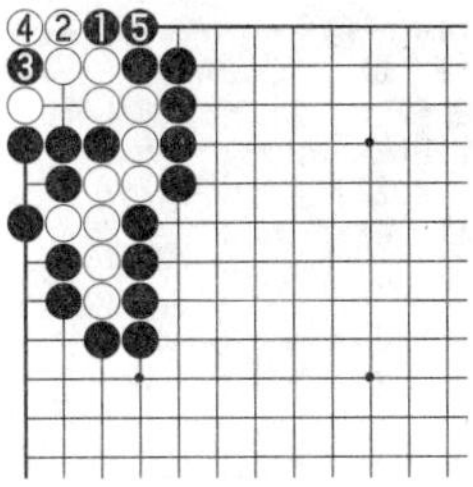

2 题

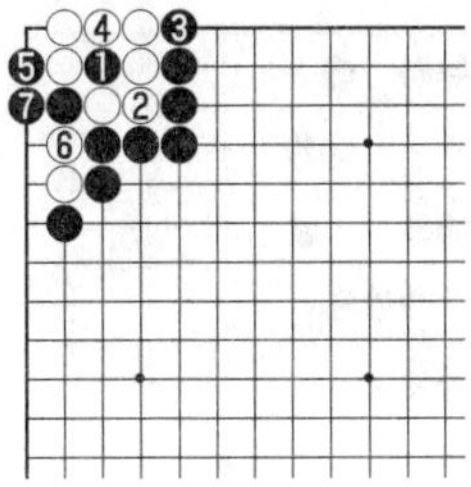

3 题

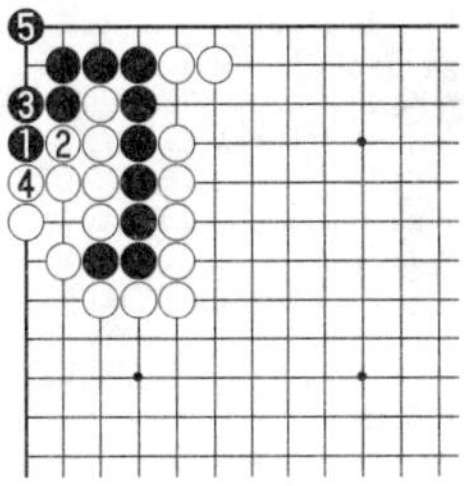

4 题

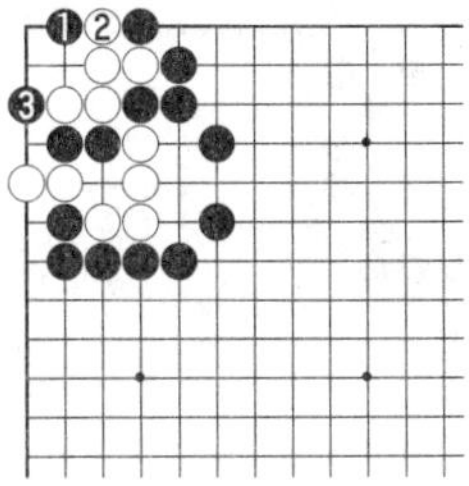

5 题

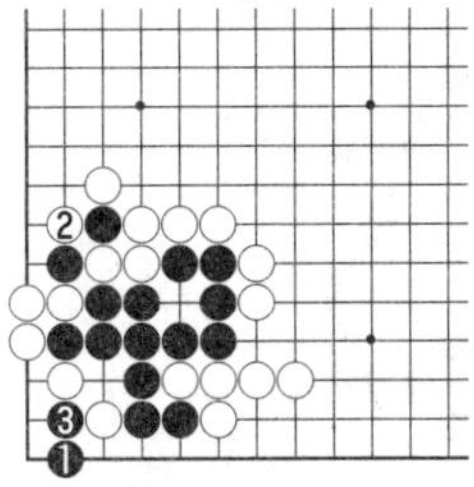

6 题

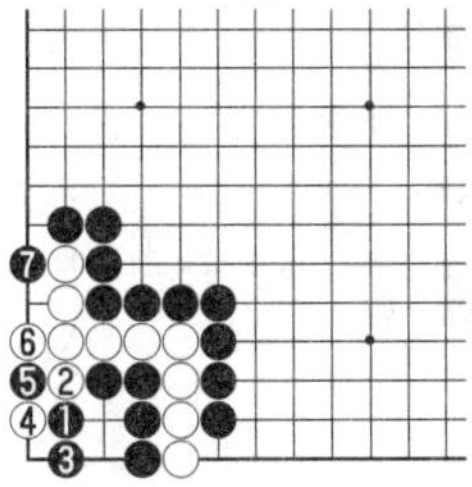

7 题

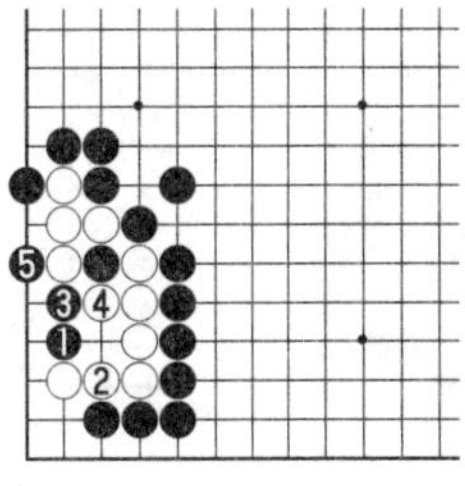

8 题

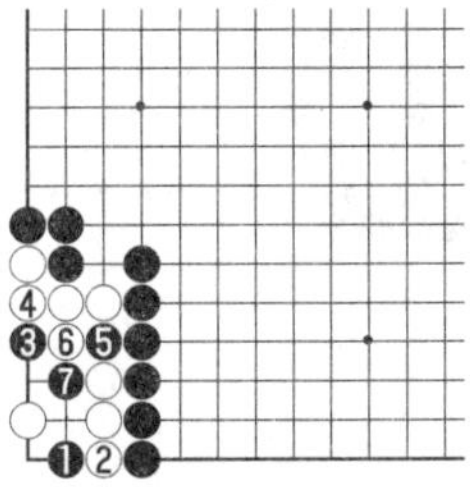

9 题

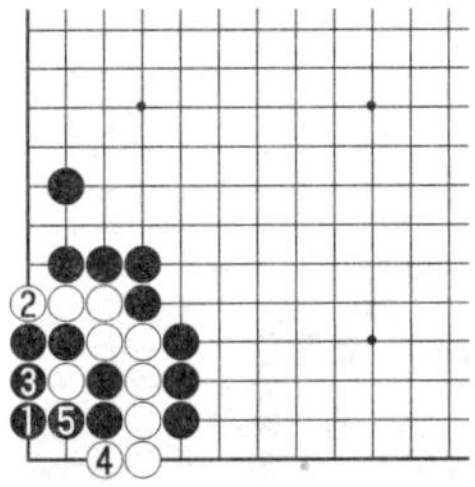

10 题

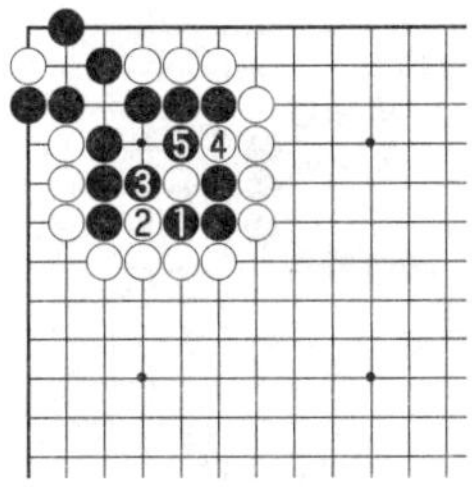

11 题

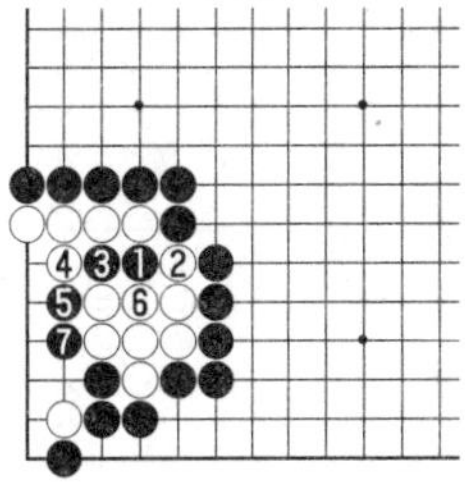

12 题

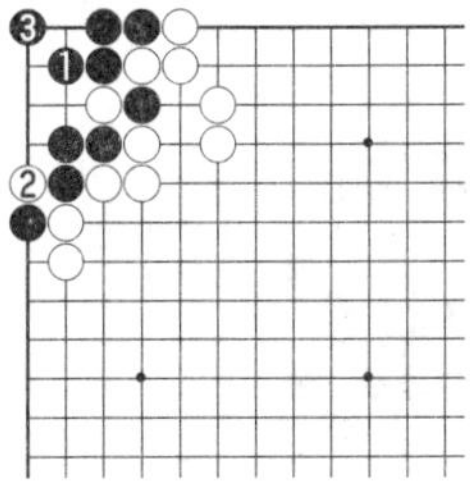

13 题

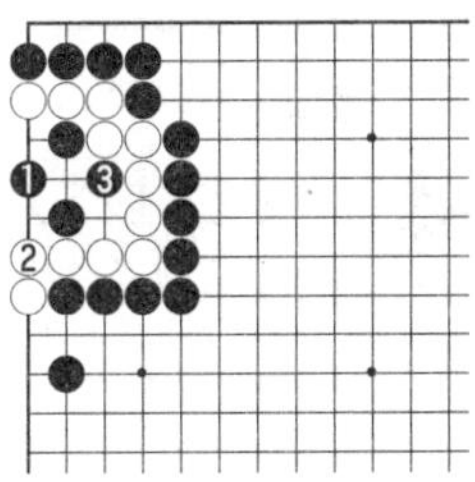

14 题

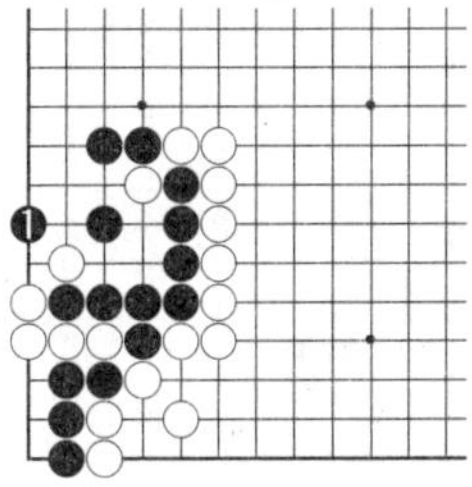

15 题

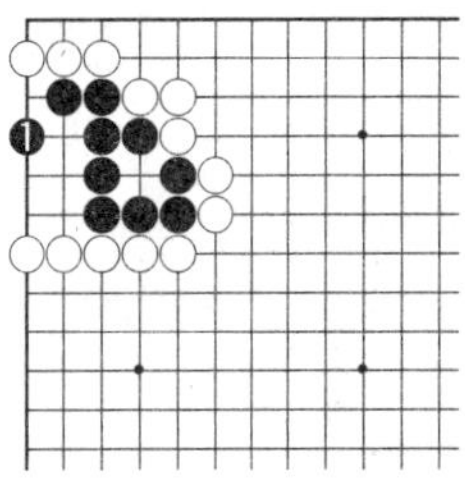

16 题

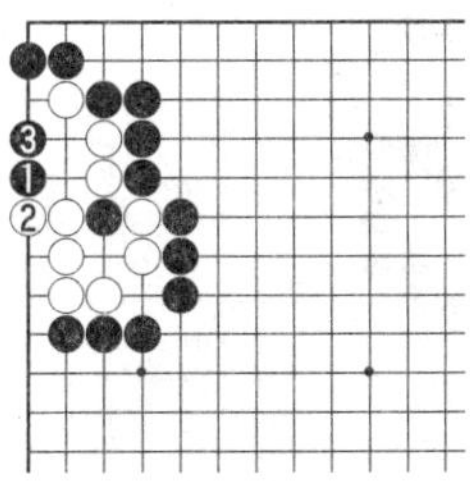

17 题

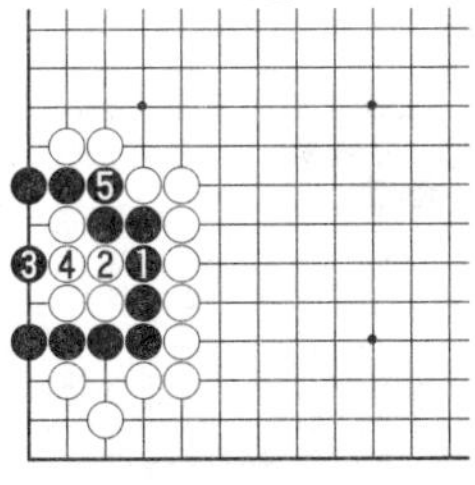

18 题

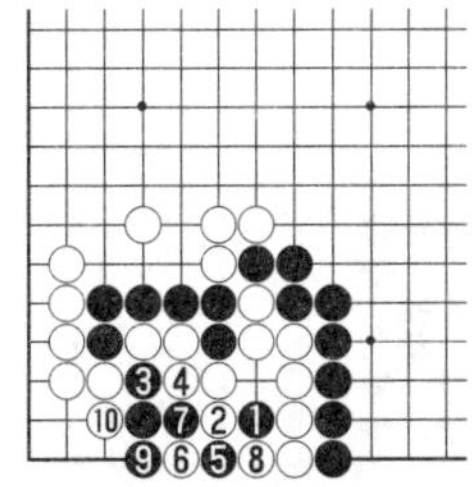

19 题 ⓫ = ❺ 劫

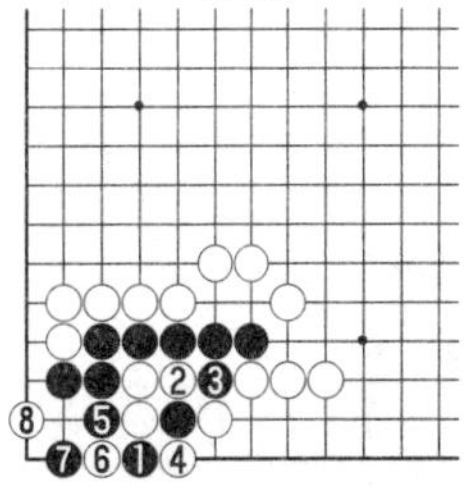

20 题 ❾ = ❶ 劫

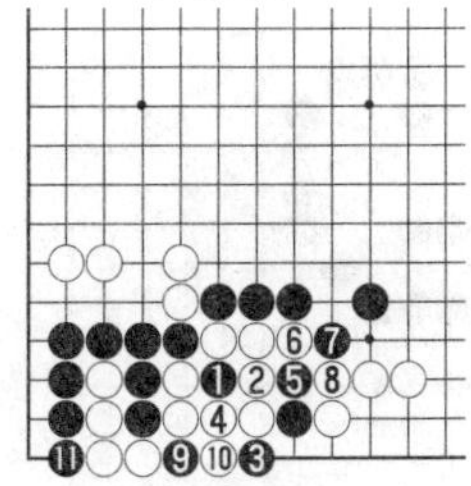

21 题

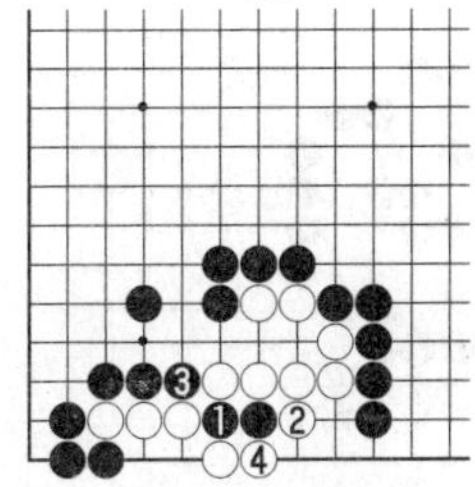

22 题 ❺ = ❶

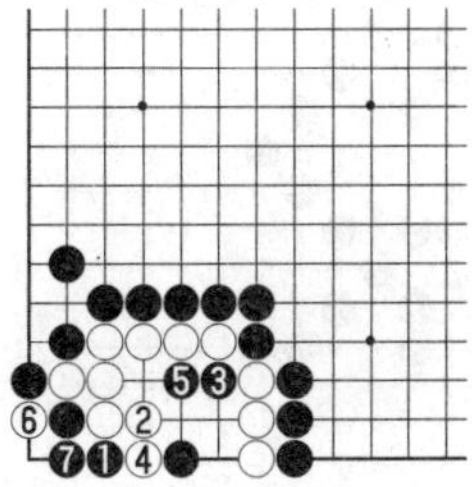

23 题

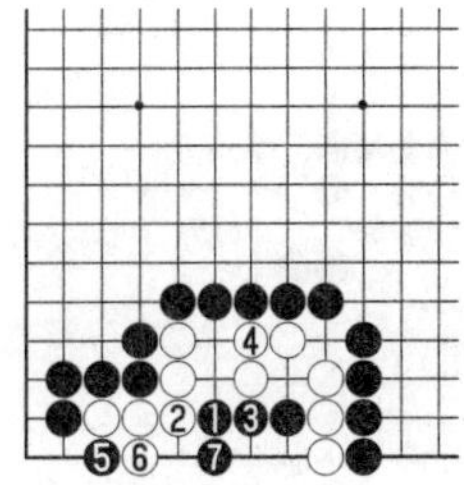

24 题

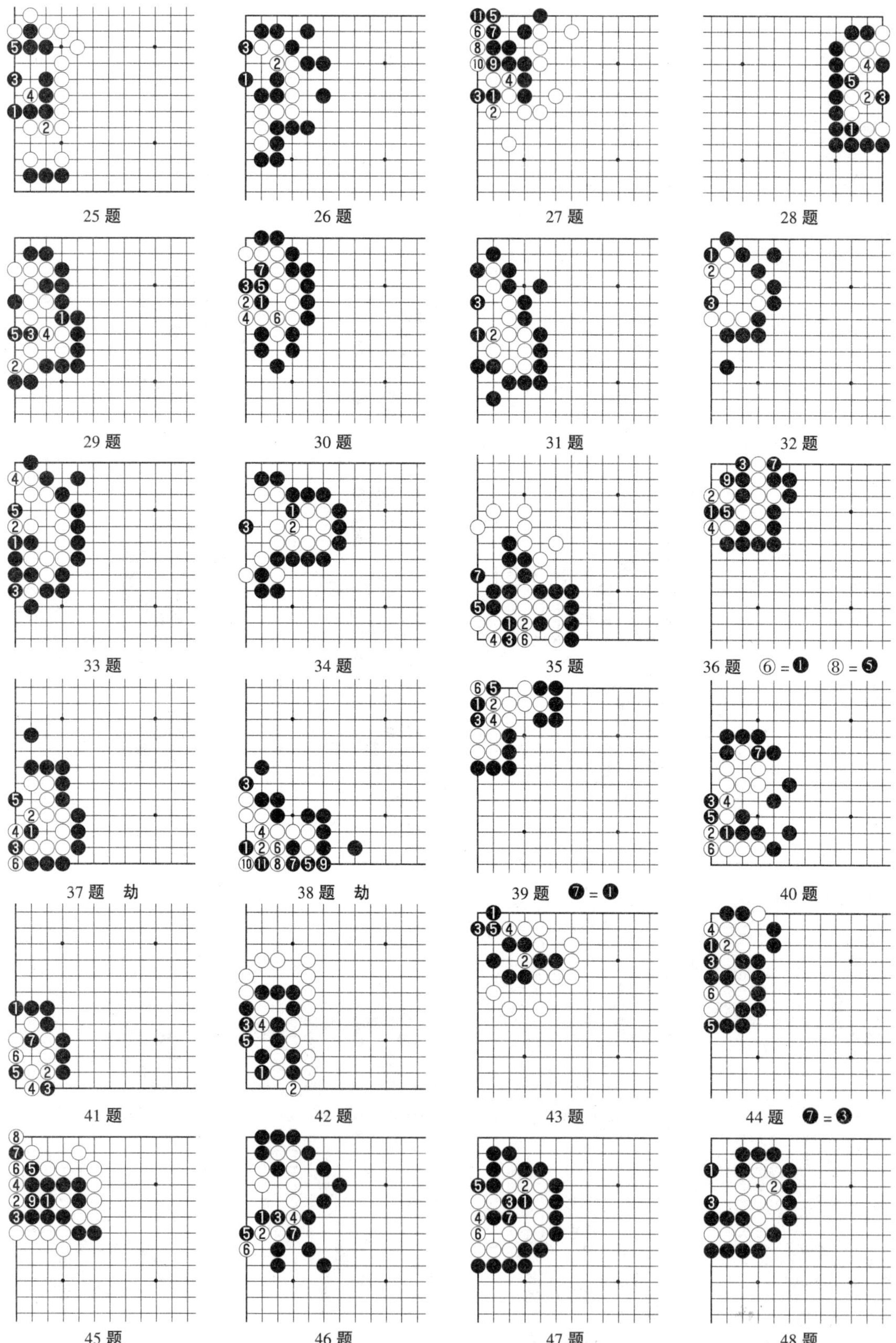
25 题
26 题
27 题
28 题
29 题
30 题
31 题
32 题
33 题
34 题
35 题
36 题 ⑥=❶ ⑧=❺
37 题 劫
38 题 劫
39 题 ❼=❶
40 题
41 题
42 题
43 题
44 题 ❼=❸
45 题
46 题
47 题
48 题

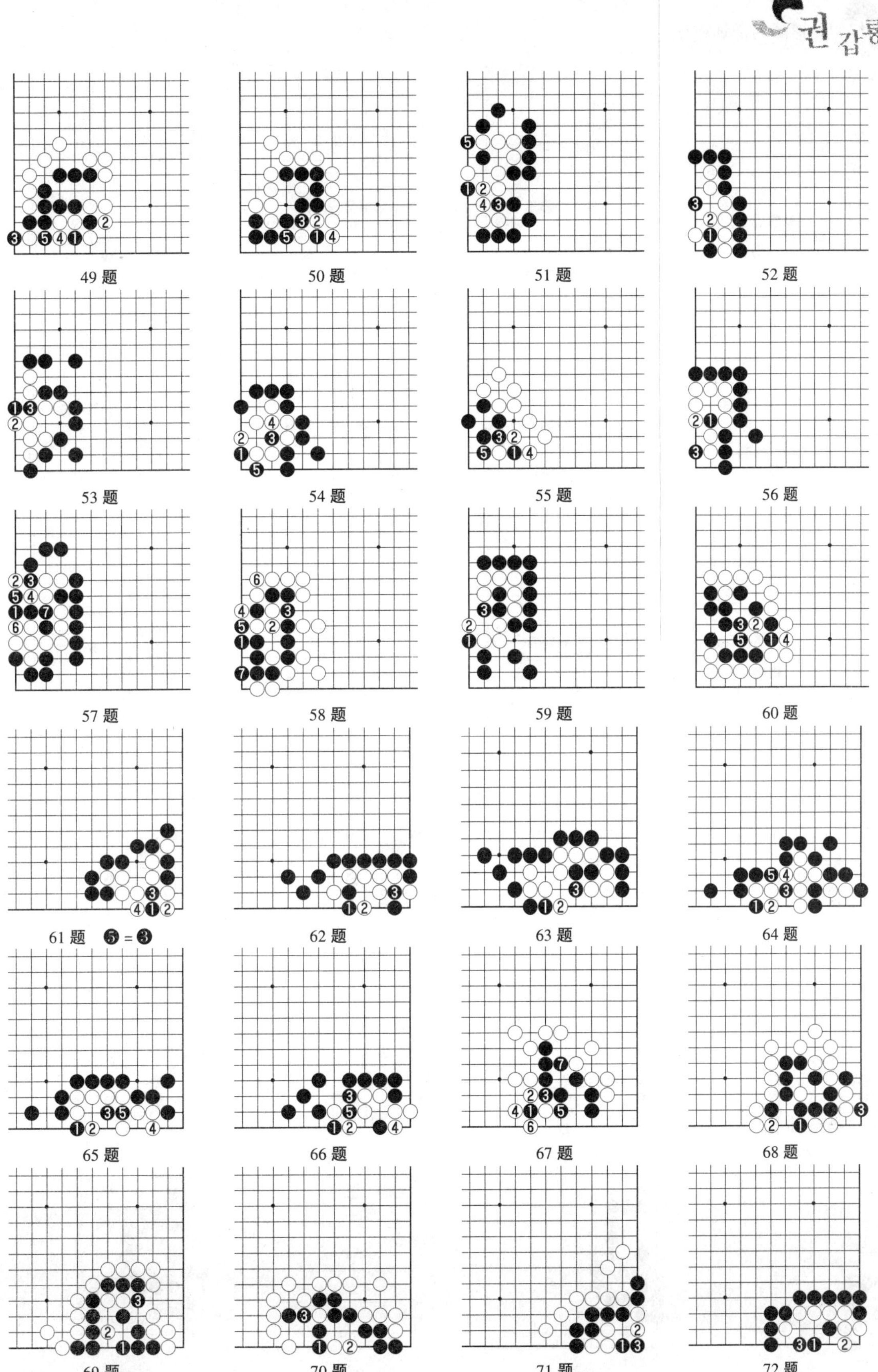

49 题　50 题　51 题　52 题

53 题　54 题　55 题　56 题

57 题　58 题　59 题　60 题

61 题 ❺ = ❸　62 题　63 题　64 题

65 题　66 题　67 题　68 题

69 题　70 题　71. 题　72 题

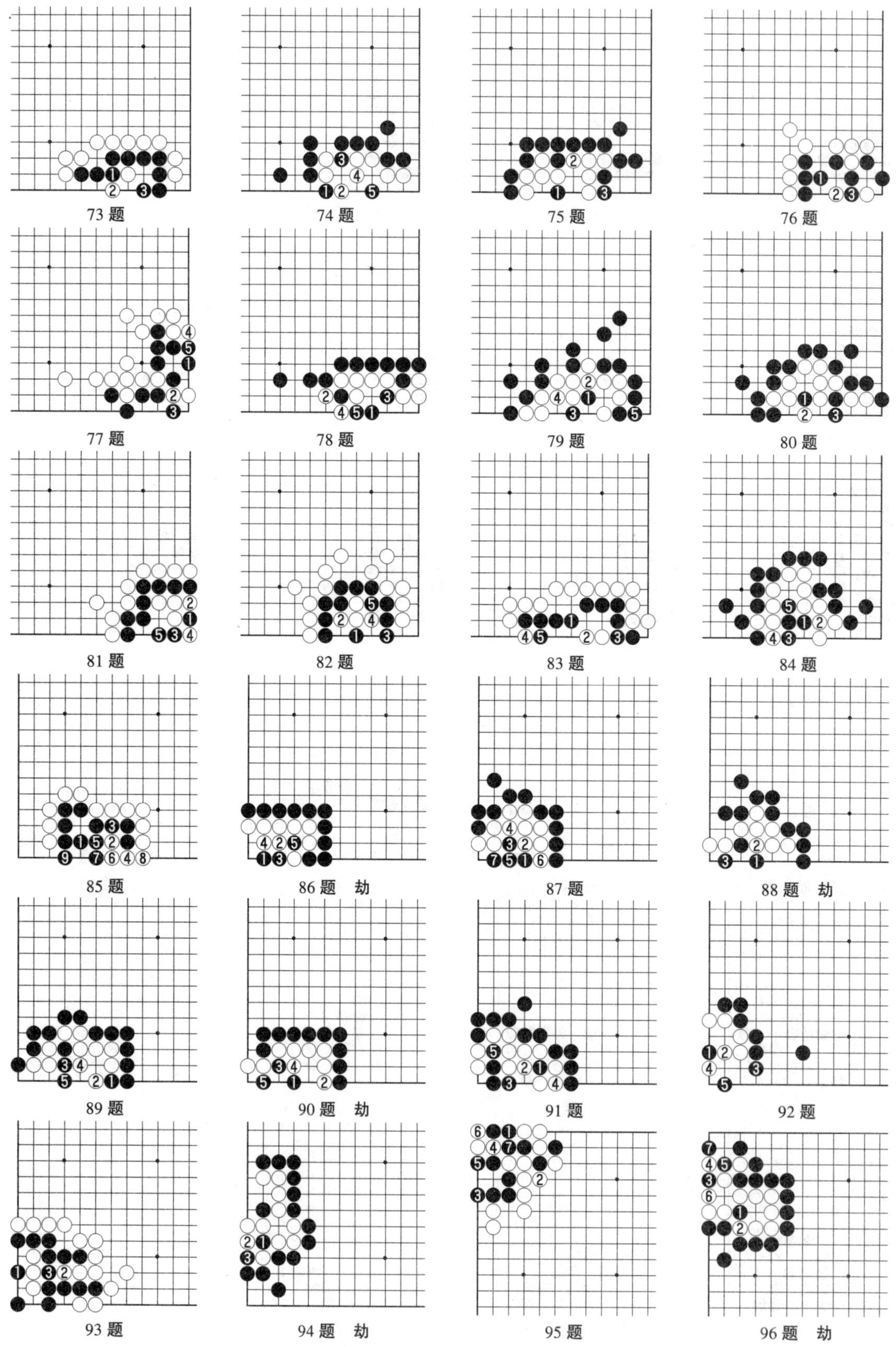

73 题　74 题　75 题　76 题

77 题　78 题　79 题　80 题

81 题　82 题　83 题　84 题

85 题　86 题　劫　87 题　88 题　劫

89 题　90 题　劫　91 题　92 题

93 题　94 题　劫　95 题　96 题　劫

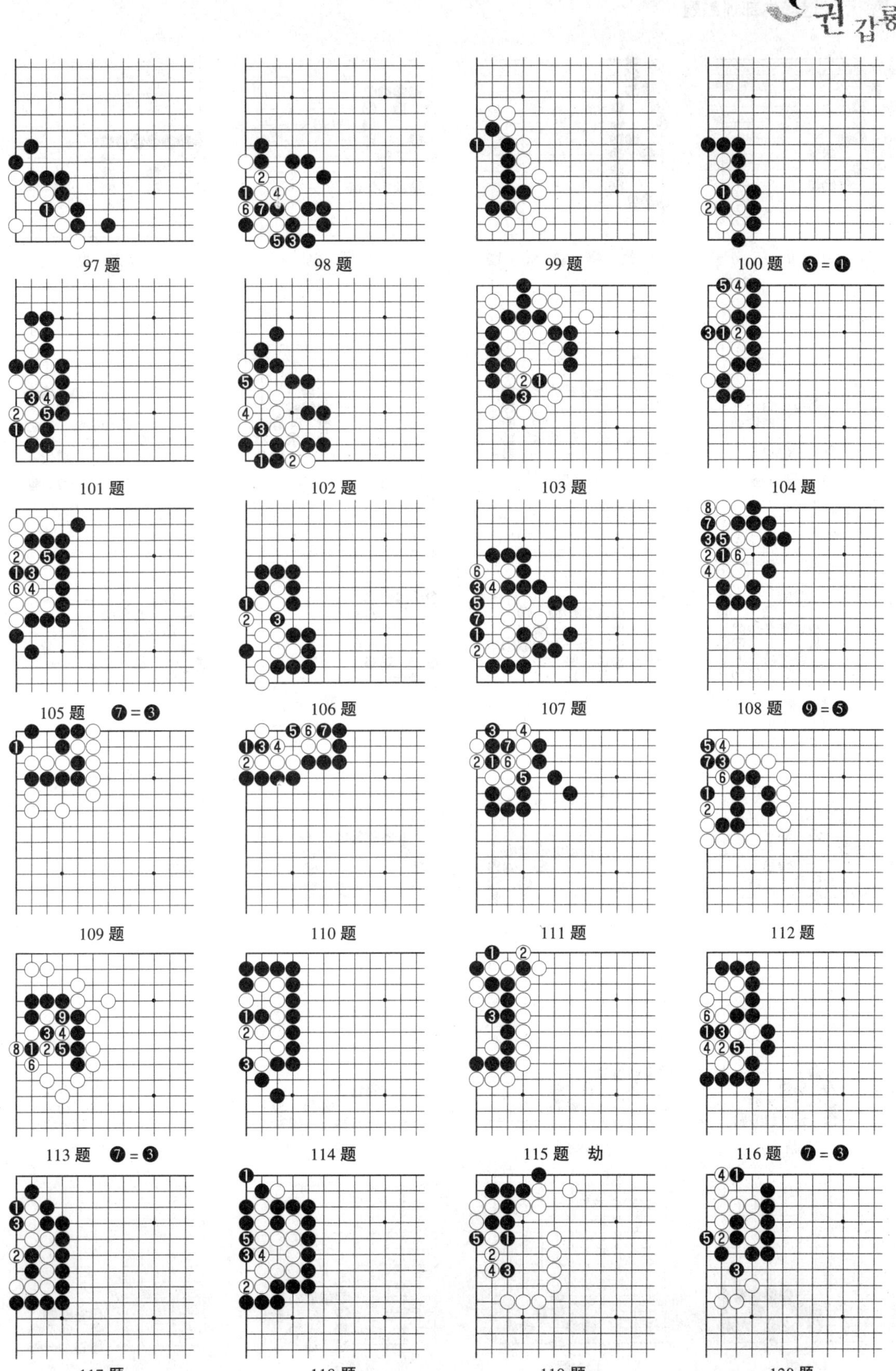

97 题　98 题　99 题　100 题　❸ = ❶

101 题　102 题　103 题　104 题

105 题　❼ = ❸　106 题　107 题　108 题　❾ = ❺

109 题　110 题　111 题　112 题

113 题　❼ = ❸　114 题　115 题　劫　116 题　❼ = ❸

117 题　118 题　119 题　120 题

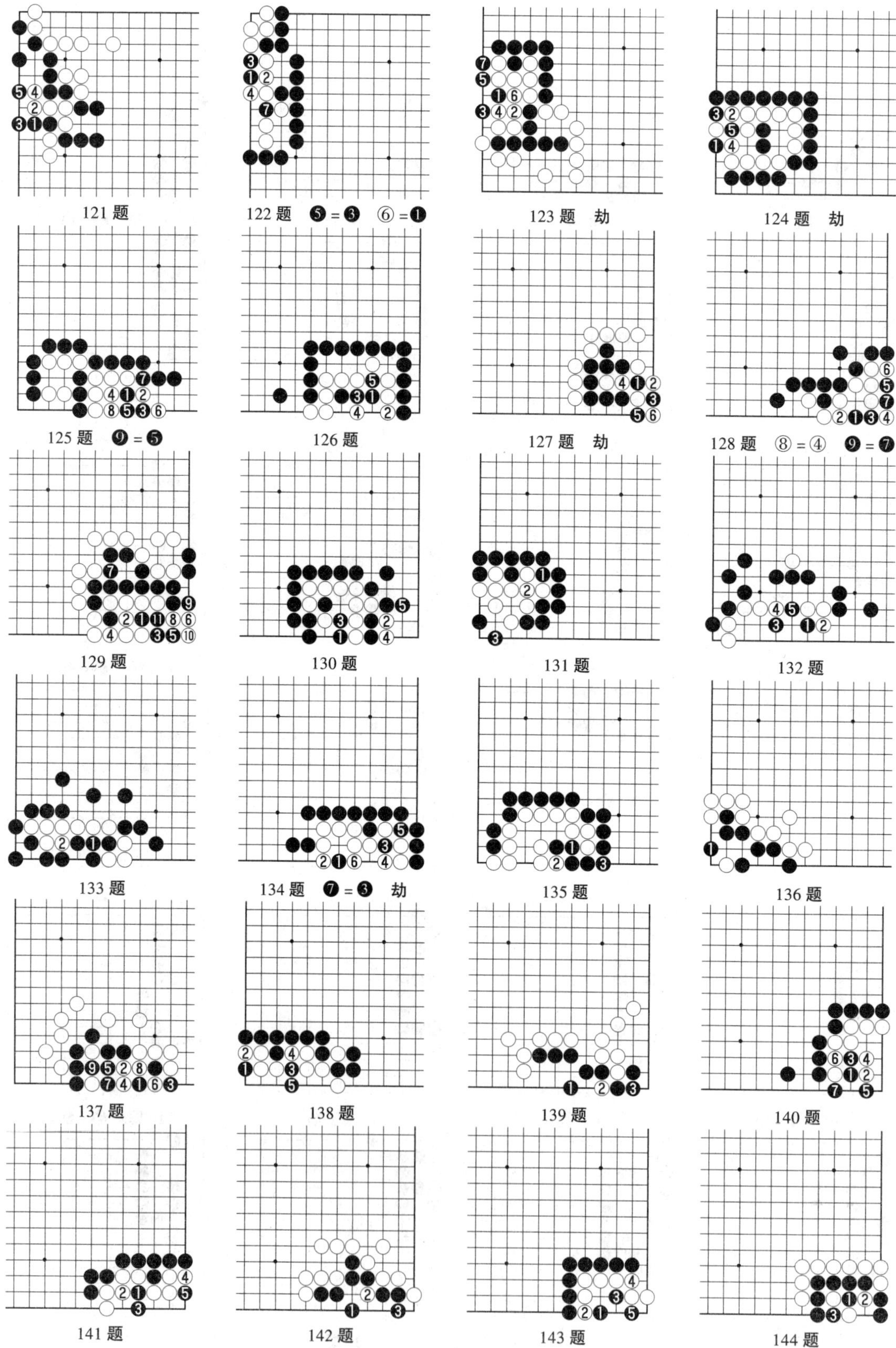

121 题

122 题 ❺ = ❸ ⑥ = ❶

123 题 劫

124 题 劫

125 题 ❾ = ❺

126 题

127 题 劫

128 题 ⑧ = ④ ❾ = ❼

129 题

130 题

131 题

132 题

133 题

134 题 ❼ = ❸ 劫

135 题

136 题

137 题

138 题

139 题

140 题

141 题

142 题

143 题

144 题

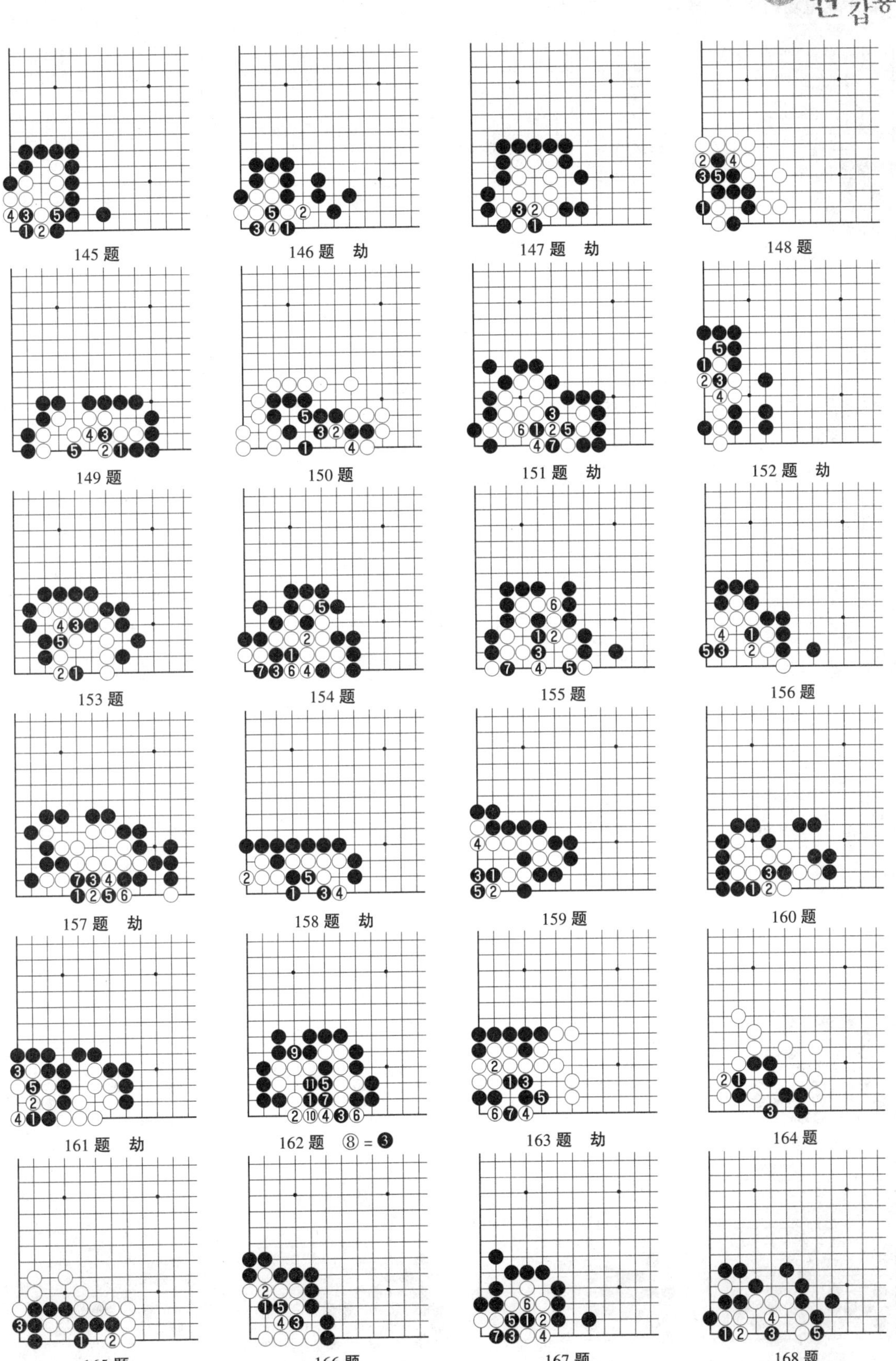

145 题

146 题　劫

147 题　劫

148 题

149 题

150 题

151 题　劫

152 题　劫

153 题

154 题

155 题

156 题

157 题　劫

158 题　劫

159 题

160 题

161 题　劫

162 题　⑧ = ❸

163 题　劫

164 题

165 题

166 题

167 题

168 题

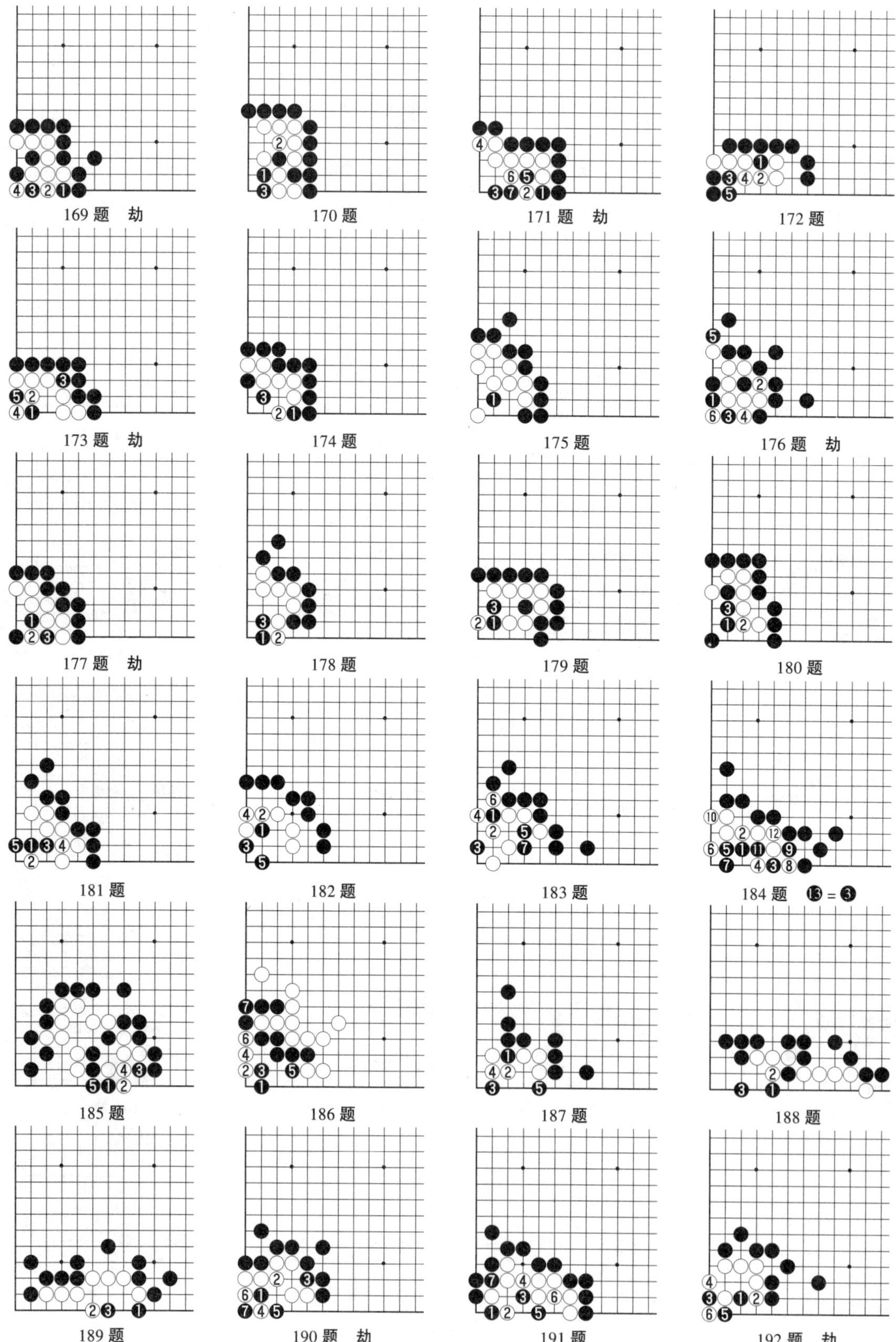

169 题　劫

170 题

171 题　劫

172 题

173 题　劫

174 题

175 题

176 题　劫

177 题　劫

178 题

179 题

180 题

181 题

182 题

183 题

184 题　⓭ = ❸

185 题

186 题

187 题

188 题

189 题

190 题　劫

191 题

192 题　劫

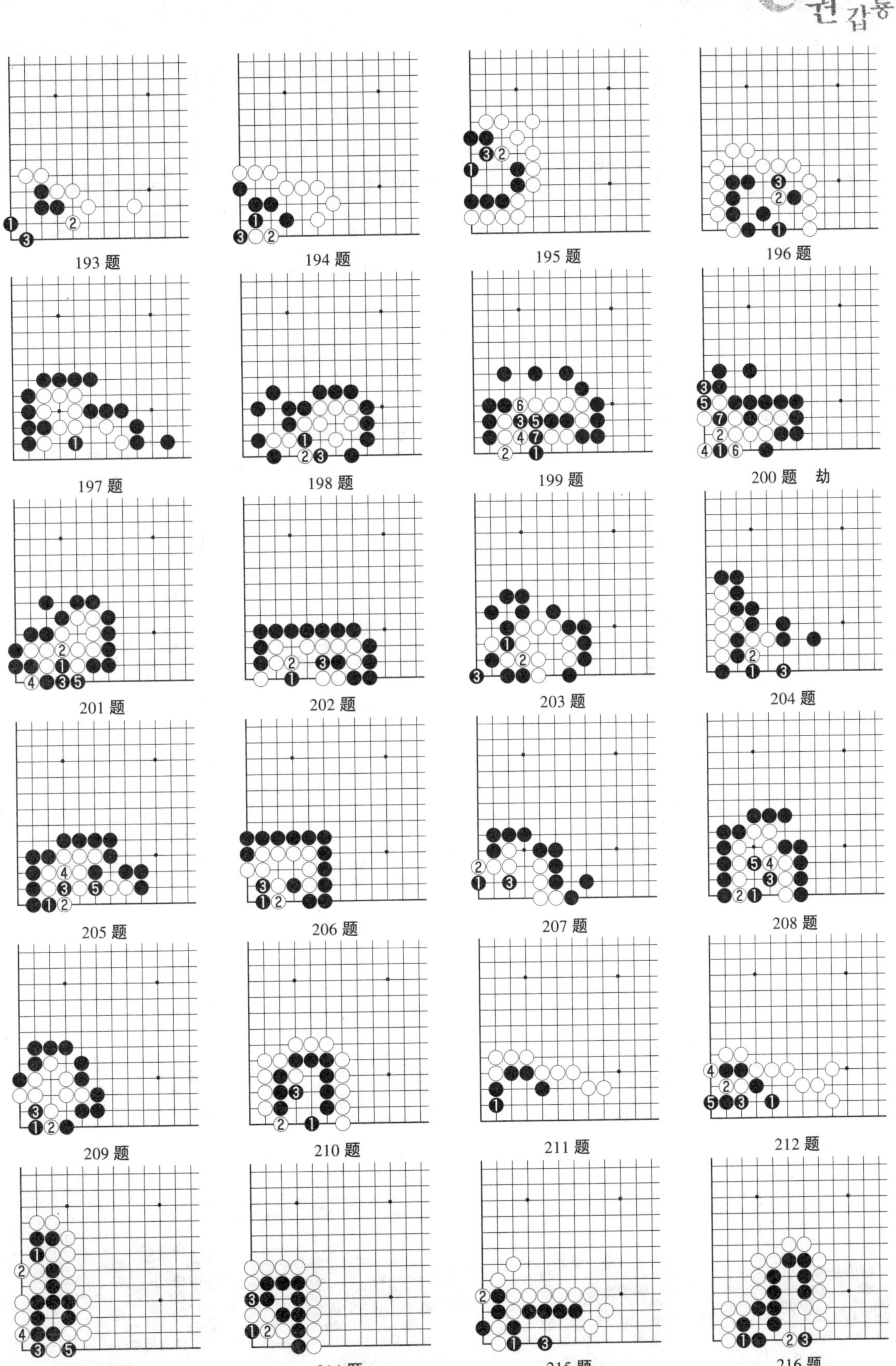

193 题　194 题　195 题　196 题

197 题　198 题　199 题　200 题　劫

201 题　202 题　203 题　204 题

205 题　206 题　207 题　208 题

209 题　210 题　211 题　212 题

213 题　214 题　215 题　216 题

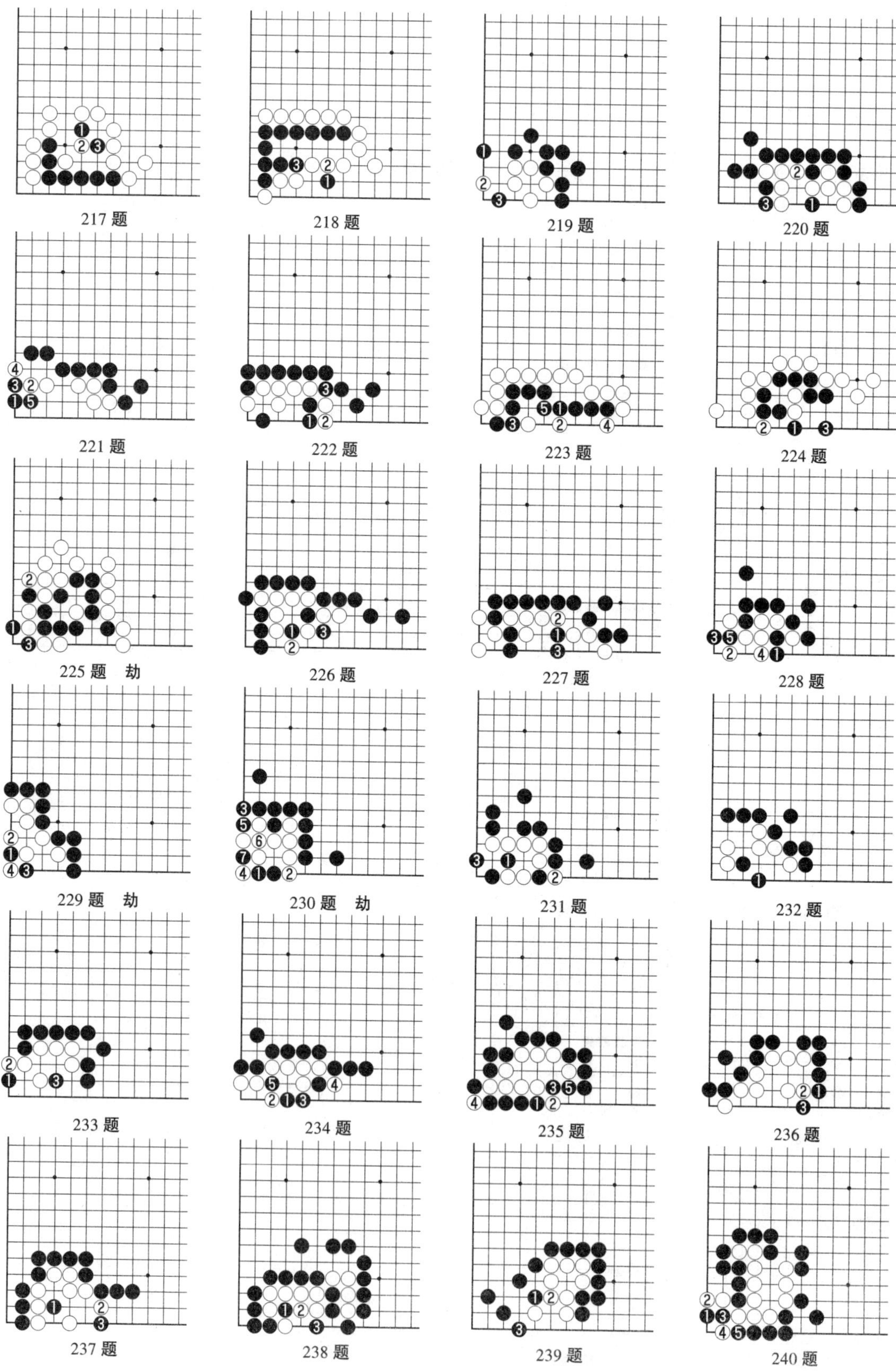
217 题
218 题
219 题
220 题
221 题
222 题
223 题
224 题
225 题 劫
226 题
227 题
228 题
229 题 劫
230 题 劫
231 题
232 题
233 题
234 题
235 题
236 题
237 题
238 题
239 题
240 题

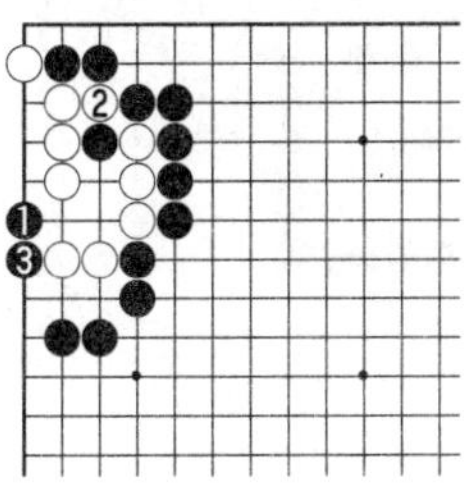

241 题

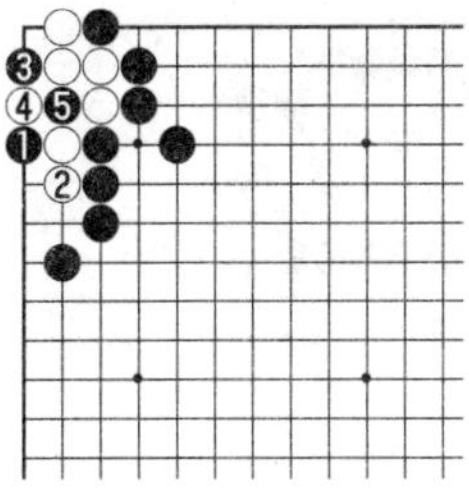

242 题 劫

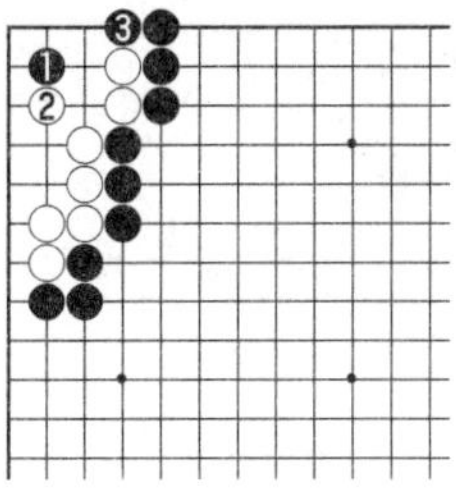

243 题

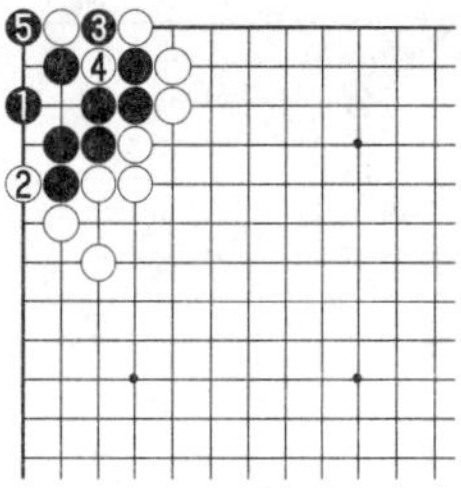

244 题

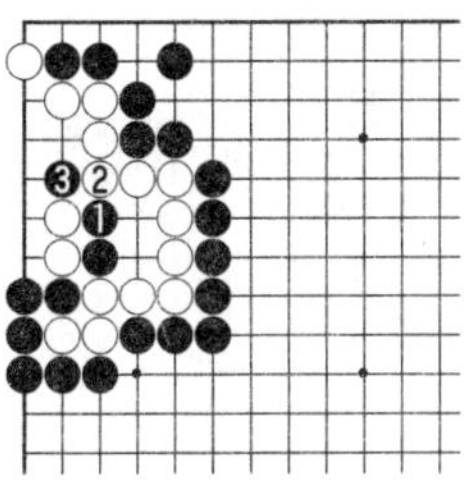

245 题

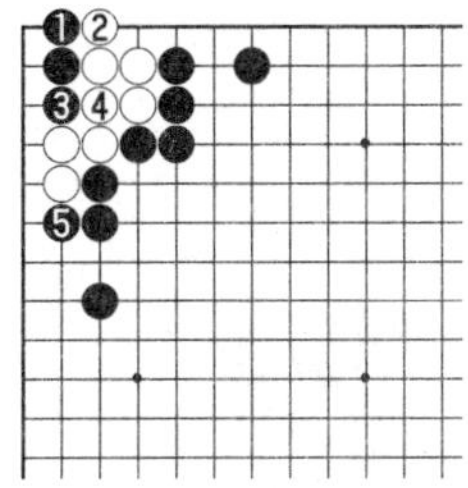

246 题

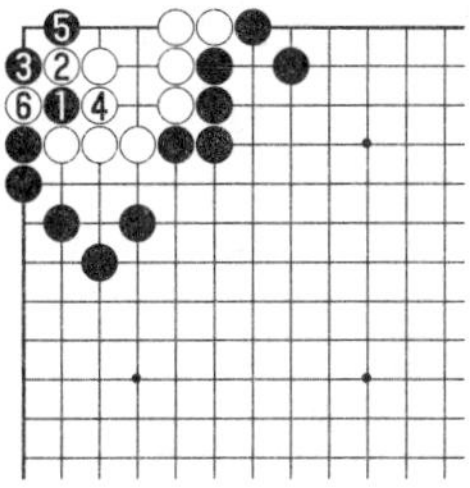

247 题 劫

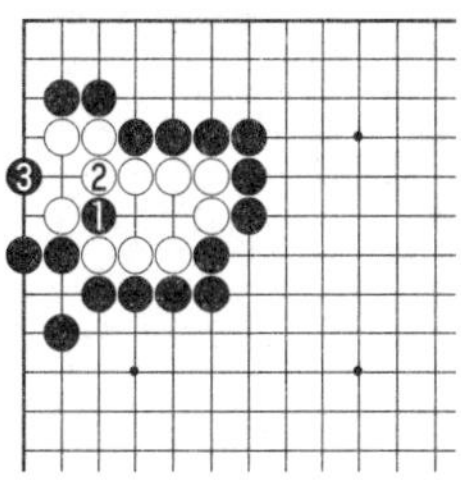

248 题

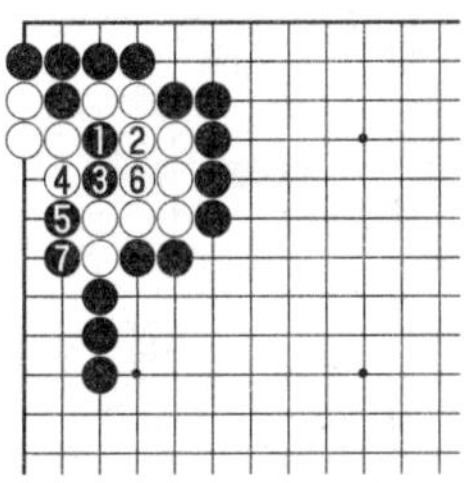

249 题

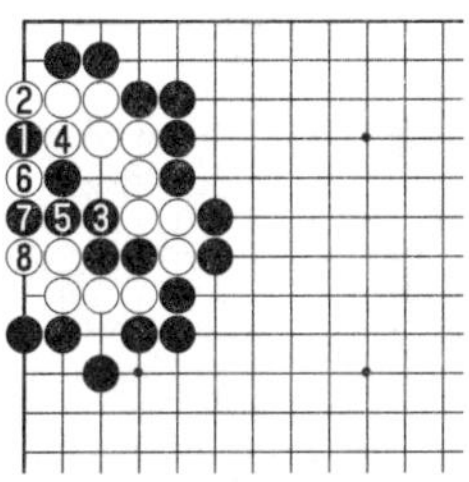

250 题 ❾=❶ 劫

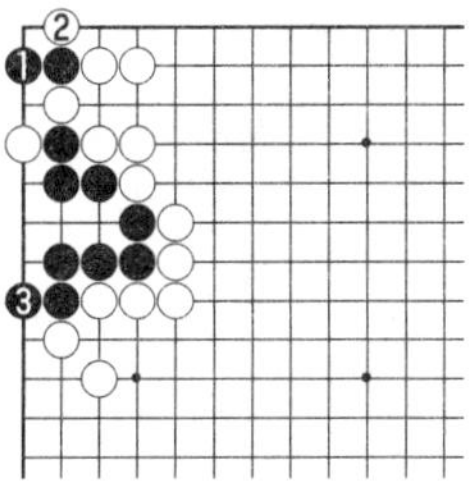

251 题

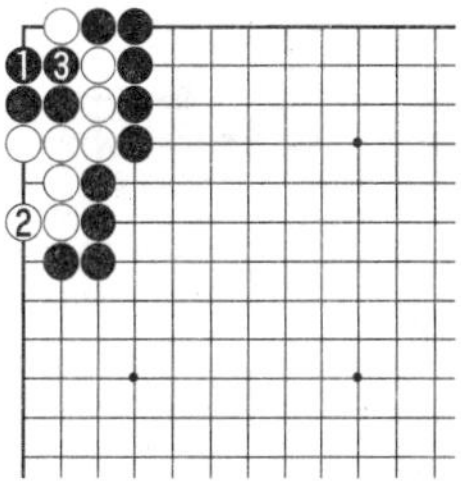

252 题

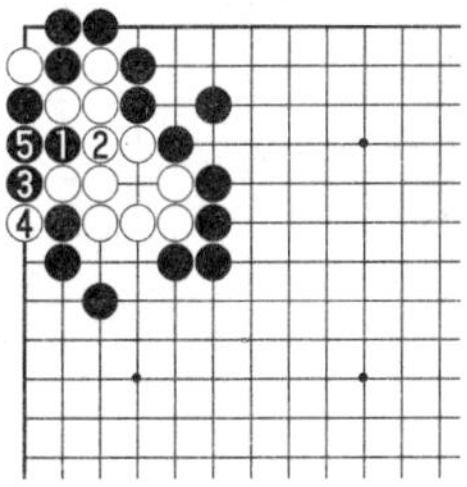

253 题

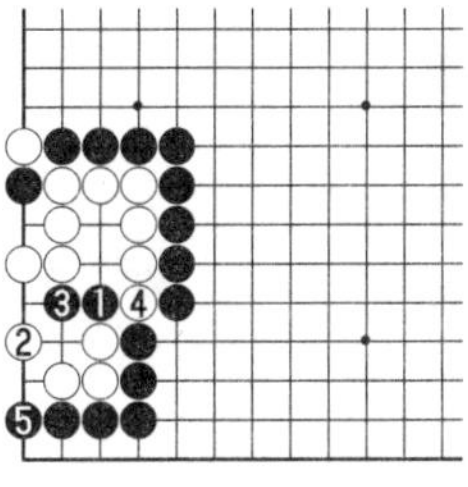

254 题

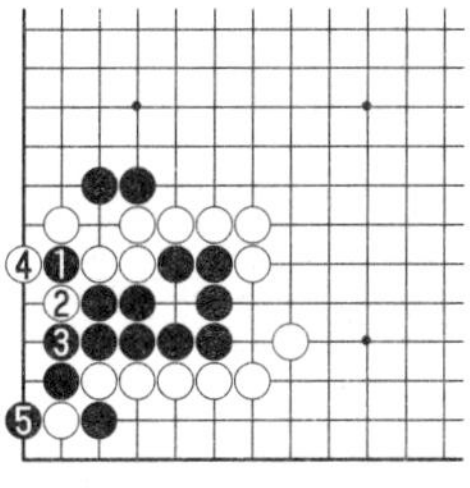

255 题

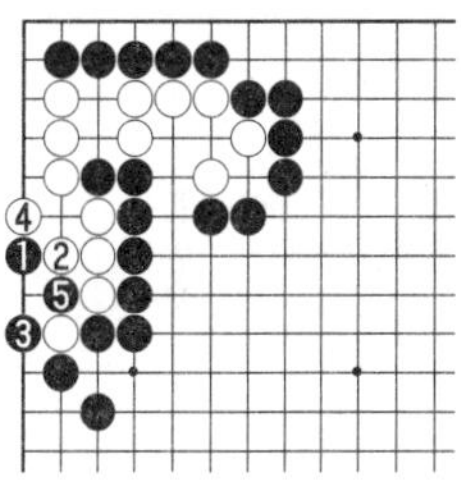

256 题 劫

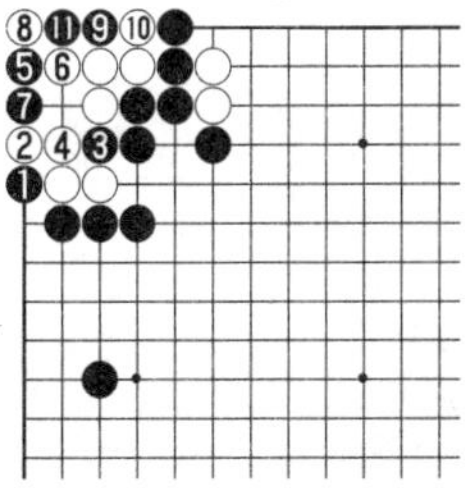

257 题 ⑫=⑧ ⓭=⓫

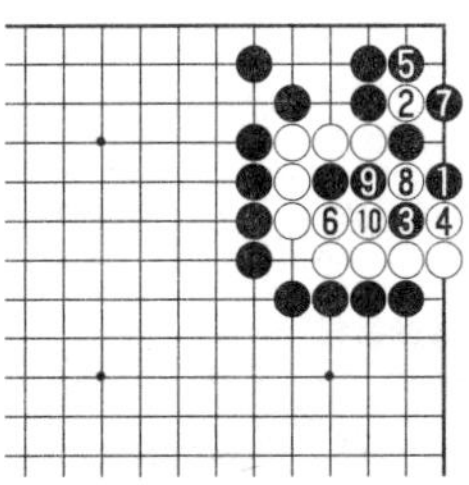

258 题 ⓫=❸ 劫

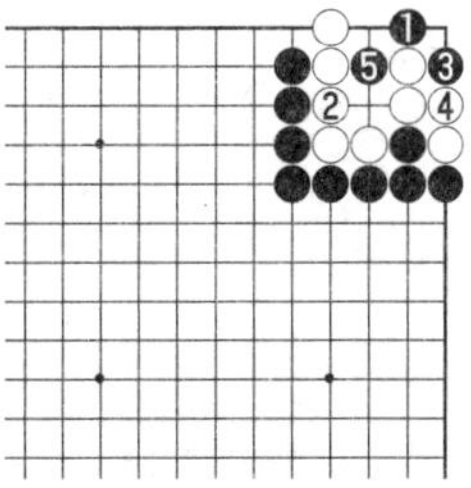

259 题 劫

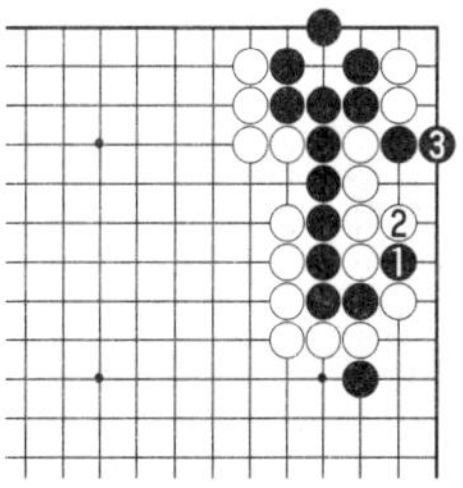

260 题

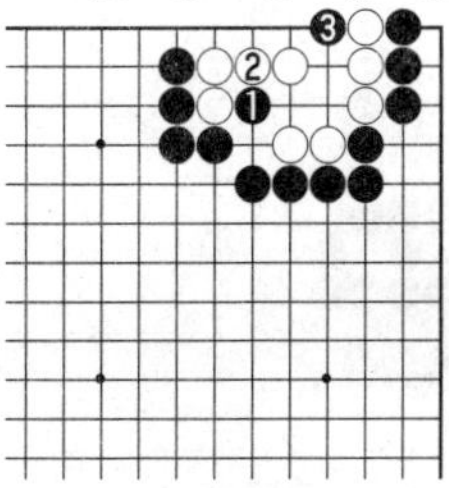

261 题

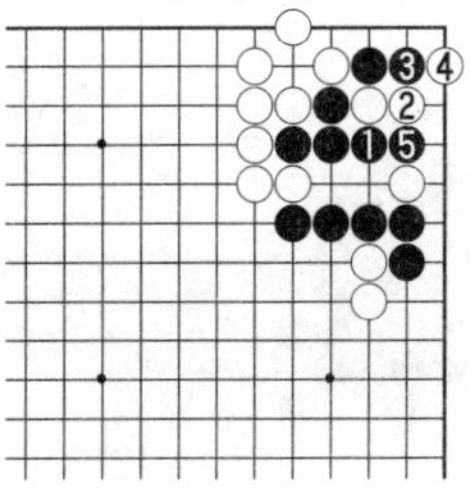

262 题

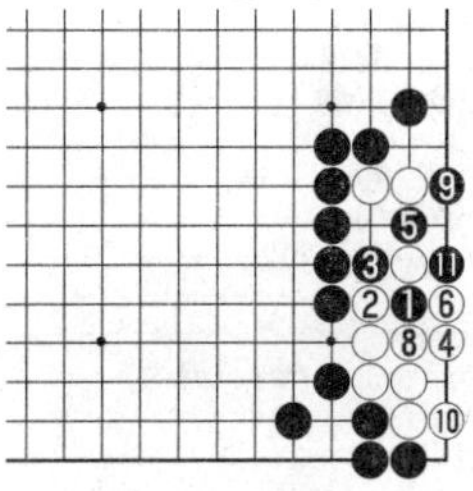

263 题 ❼=❶ 劫

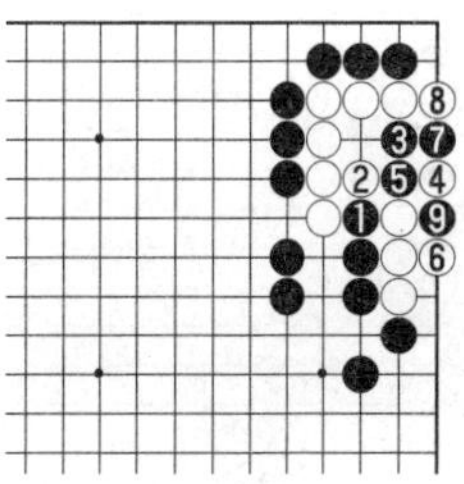

264 题 劫

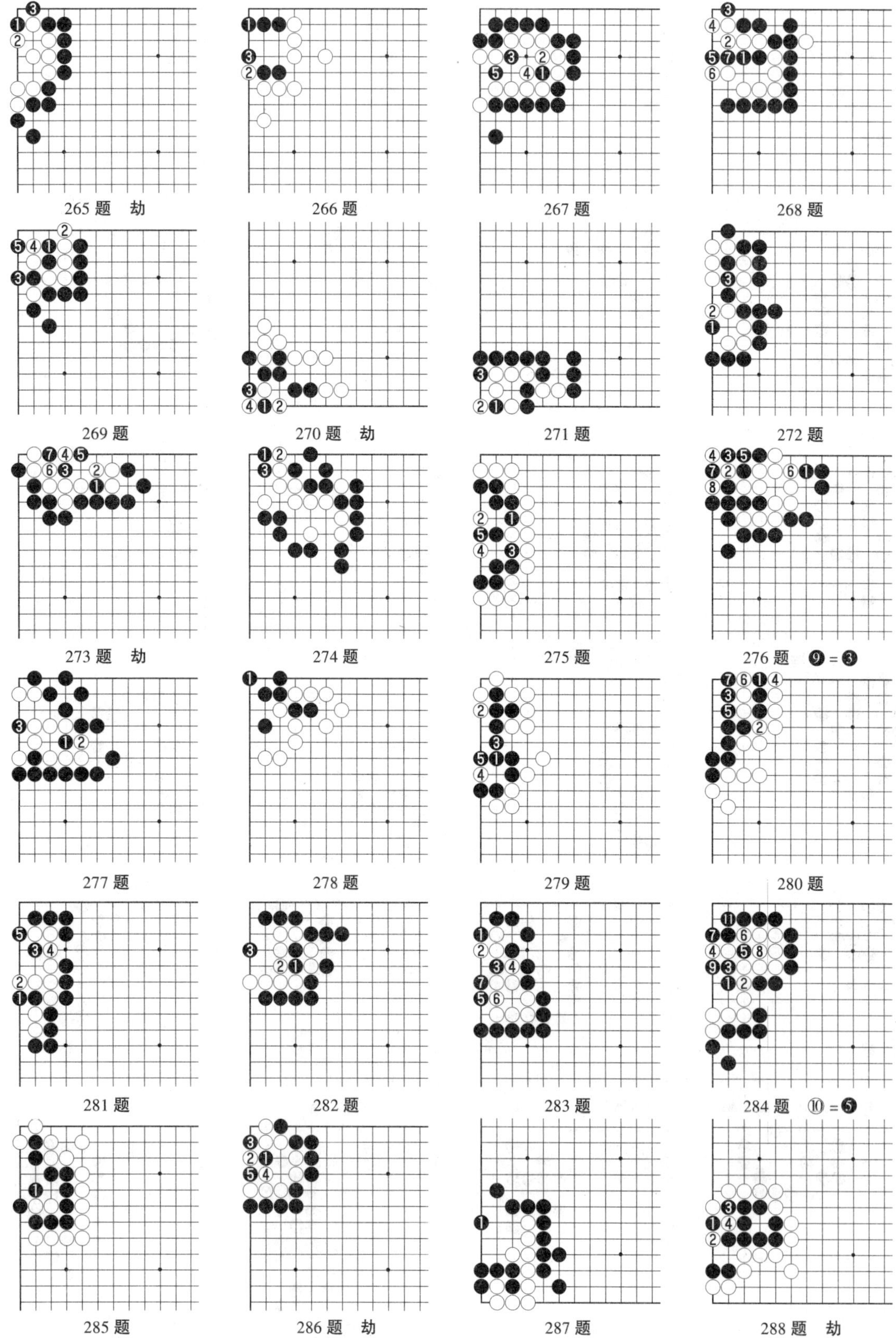

265 题 劫
266 题
267 题
268 题
269 题
270 题 劫
271 题
272 题
273 题 劫
274 题
275 题
276 题 ❾=❸
277 题
278 题
279 题
280 题
281 题
282 题
283 题
284 题 ⑩=❺
285 题
286 题 劫
287 题
288 题 劫

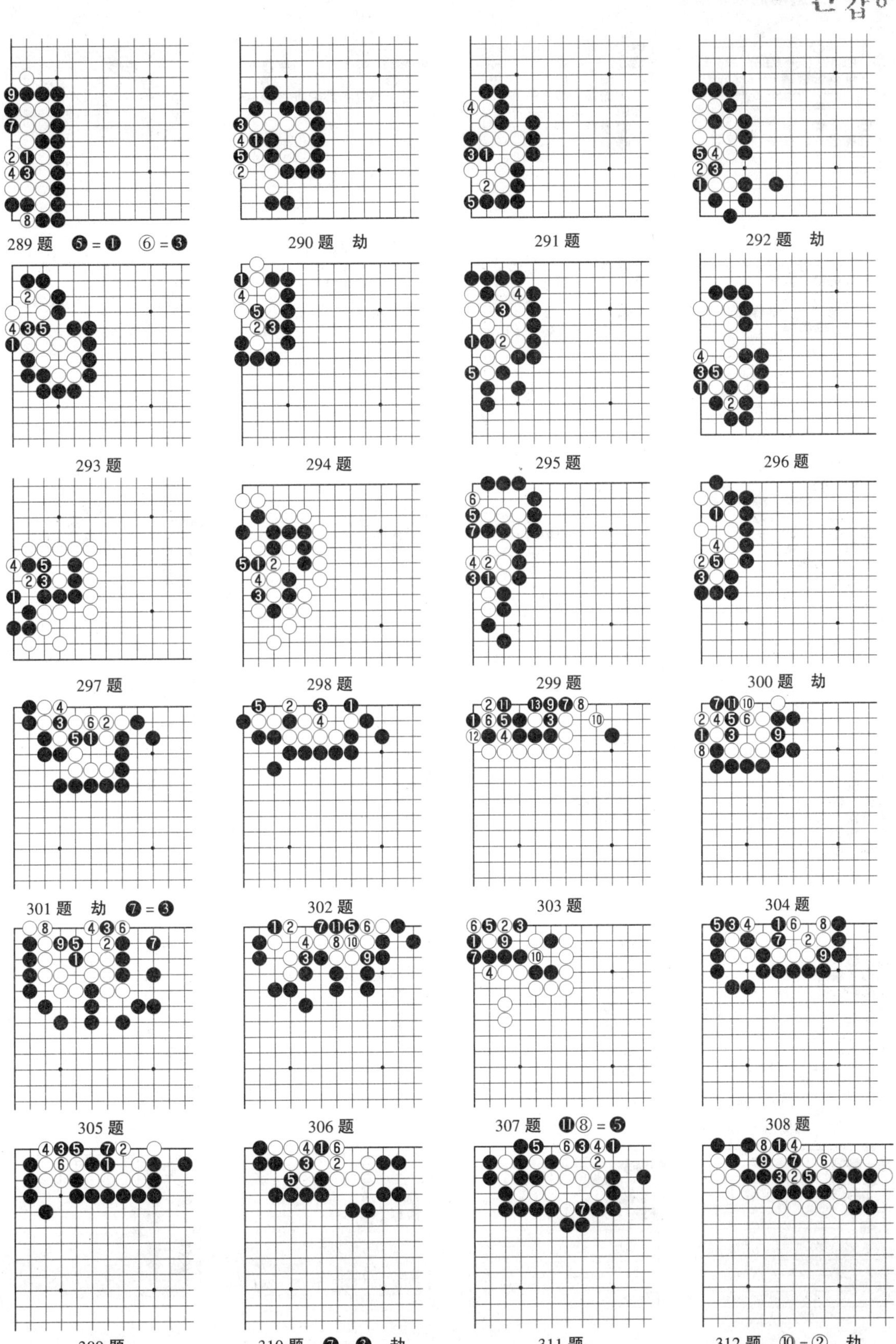

289 题 ❺=❶ ⑥=❸

290 题 劫

291 题

292 题 劫

293 题

294 题

295 题

296 题

297 题

298 题

299 题

300 题 劫

301 题 劫 ❼=❸

302 题

303 题

304 题

305 题

306 题

307 题 ⓫⑧=❺

308 题

309 题

310 题 ❼=❸ 劫

311 题

312 题 ⑩=② 劫

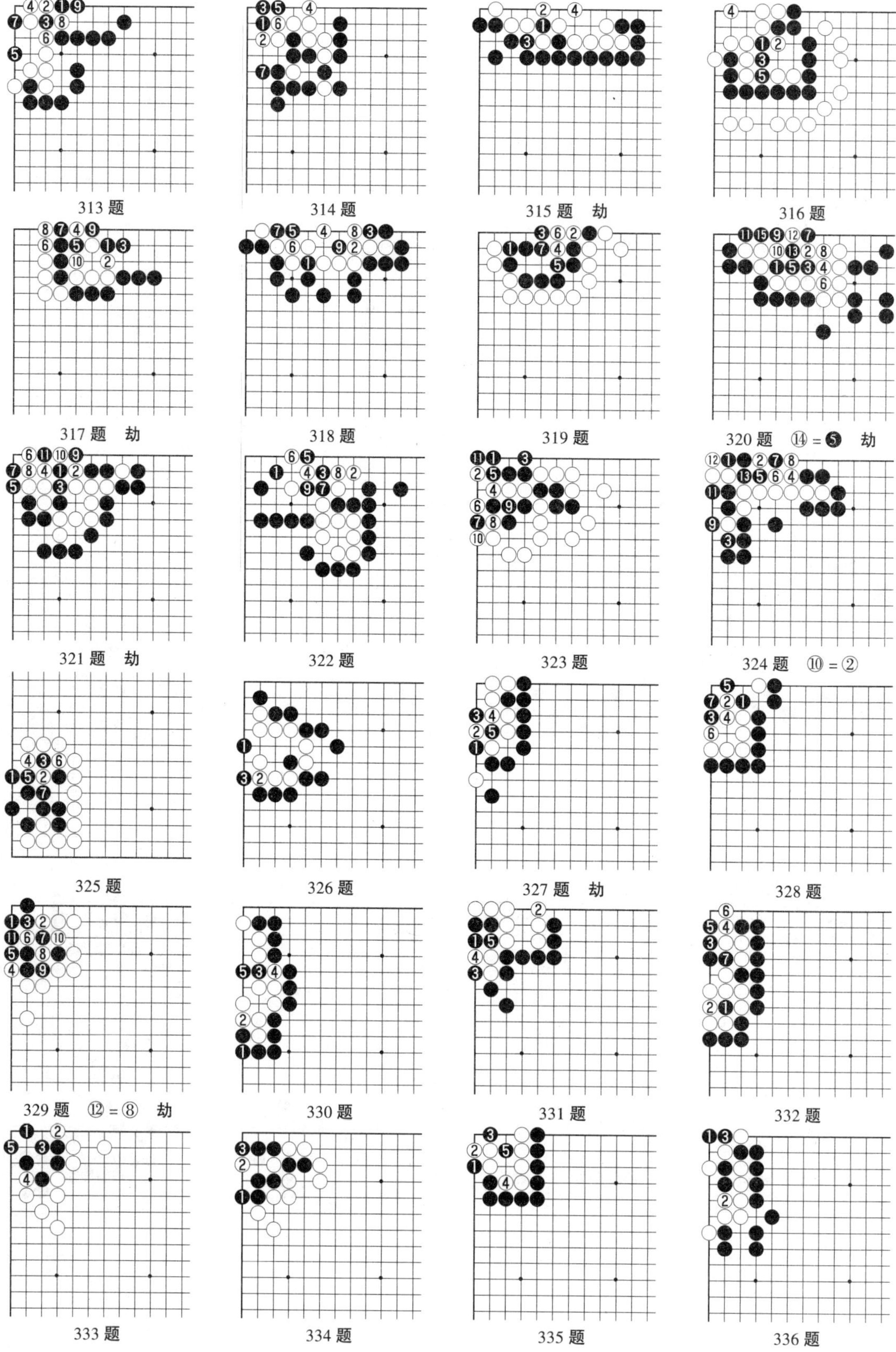
313 题
314 题
315 题　劫
316 题
317 题　劫
318 题
319 题
320 题　⑭ = ❺　劫
321 题　劫
322 题
323 题
324 题　⑩ = ②
325 题
326 题
327 题　劫
328 题
329 题　⑫ = ⑧　劫
330 题
331 题
332 题
333 题
334 题
335 题
336 题

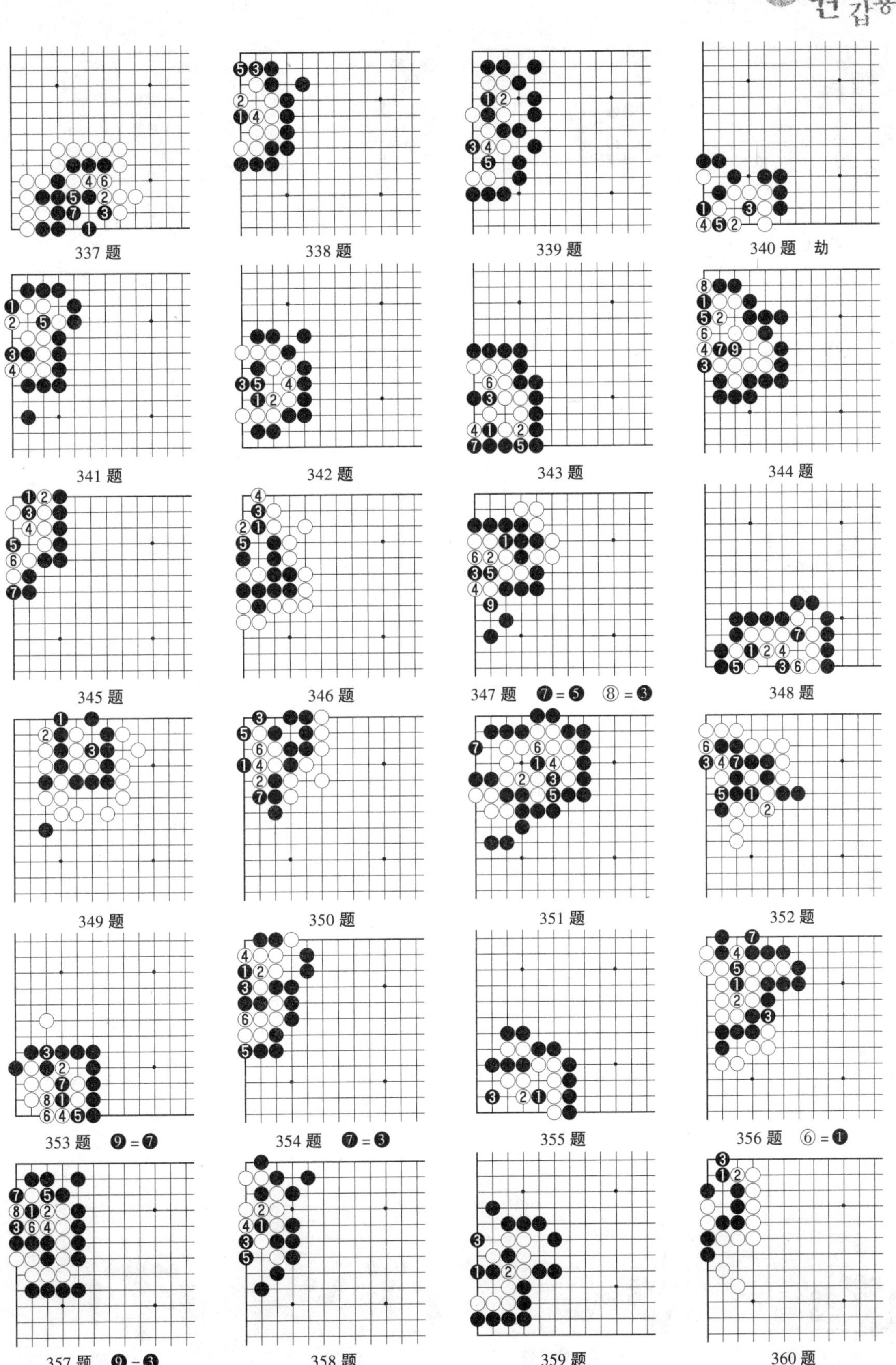

337 题
338 题
339 题
340 题 劫
341 题
342 题
343 题
344 题
345 题
346 题
347 题 ❼=❺ ⑧=❸
348 题
349 题
350 题
351 题
352 题
353 题 ❾=❼
354 题 ❼=❸
355 题
356 题 ⑥=❶
357 题 ❾=❸
358 题
359 题
360 题

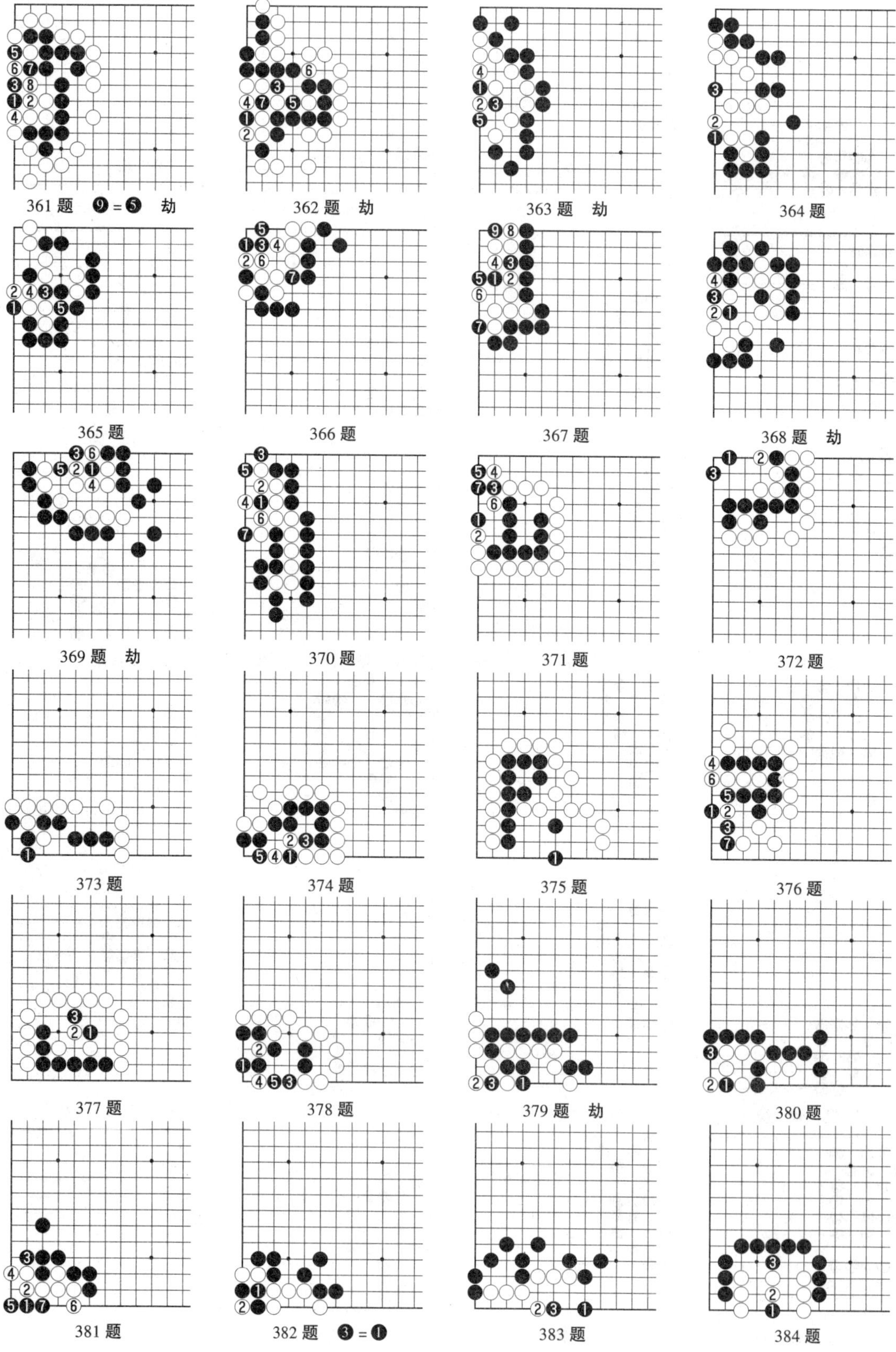

361 题 ❾=❺ 劫
362 题 劫
363 题 劫
364 题
365 题
366 题
367 题
368 题 劫
369 题 劫
370 题
371 题
372 题
373 题
374 题
375 题
376 题
377 题
378 题
379 题 劫
380 题
381 题
382 题 ❸=❶
383 题
384 题

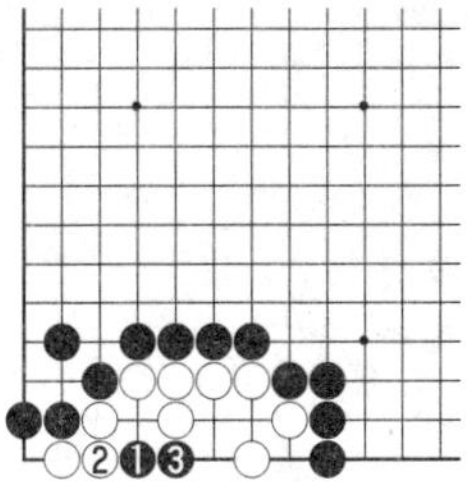

385 题

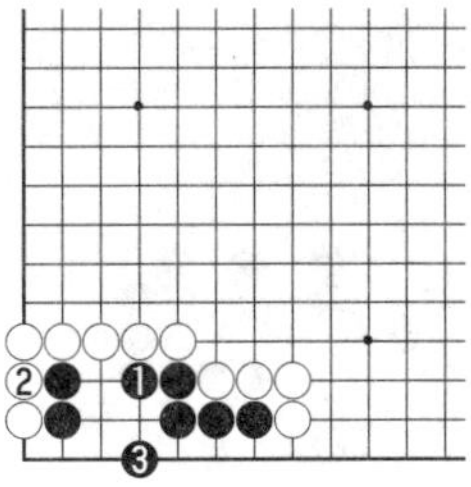

386 题

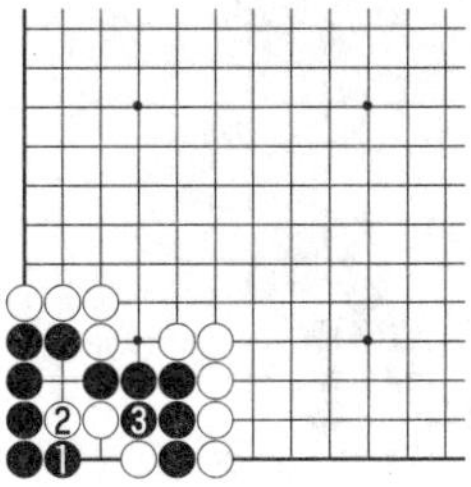

387 题

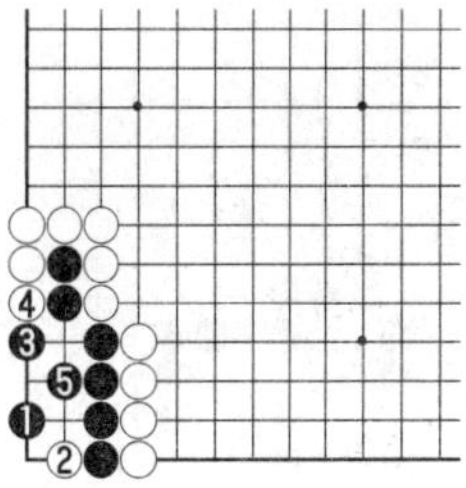

388 题

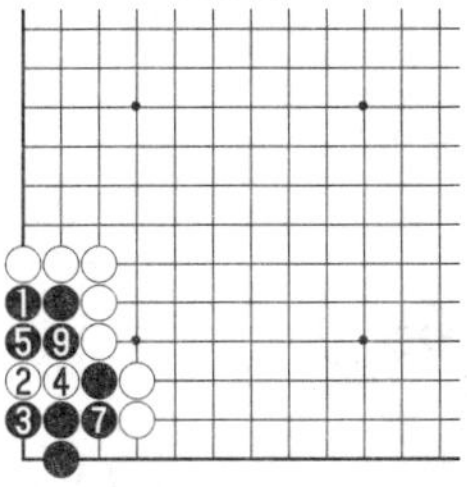

389 题 ⑥=④ ⑧=②

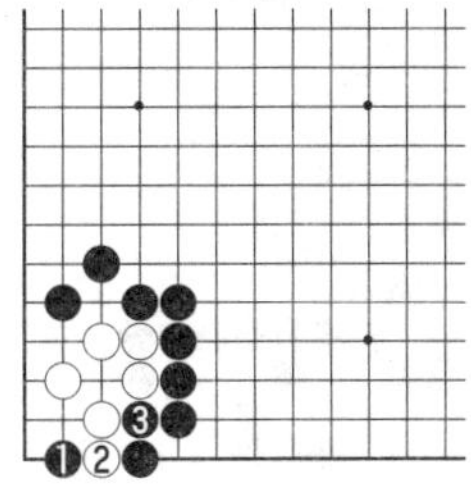

390 题

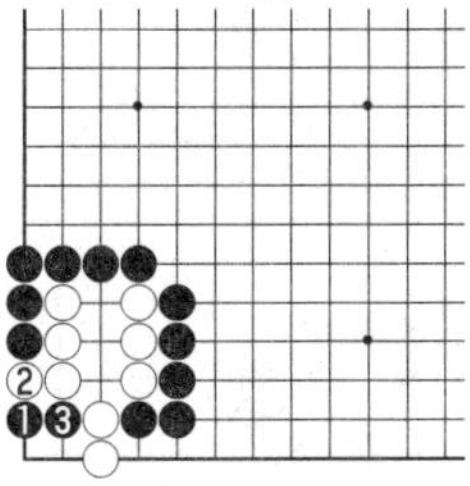

391 题

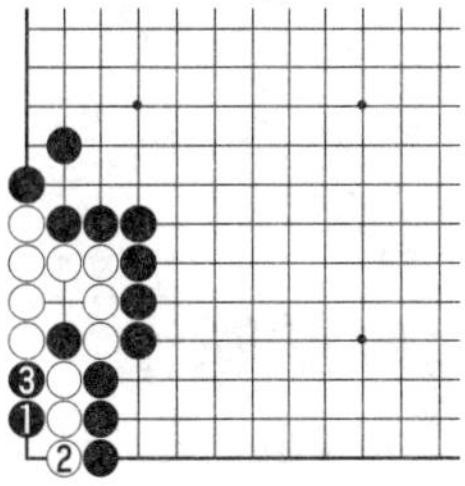

392 题

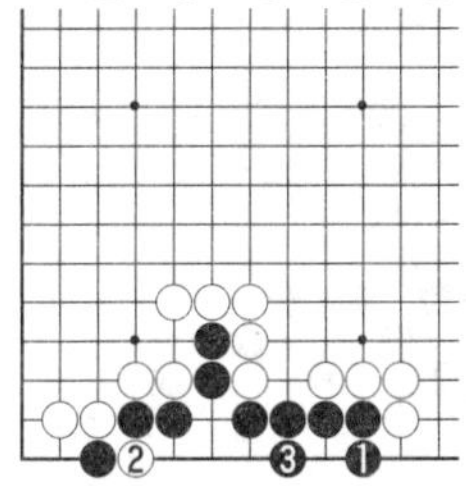

393 题

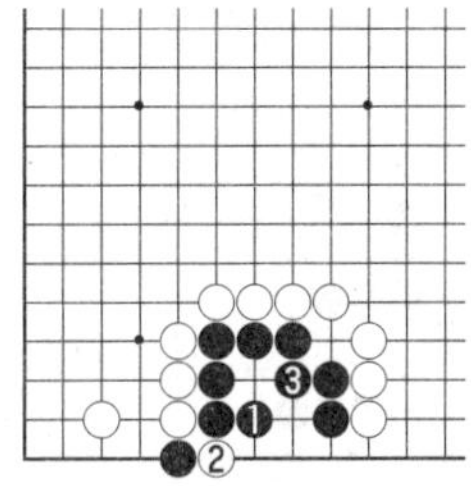

394 题

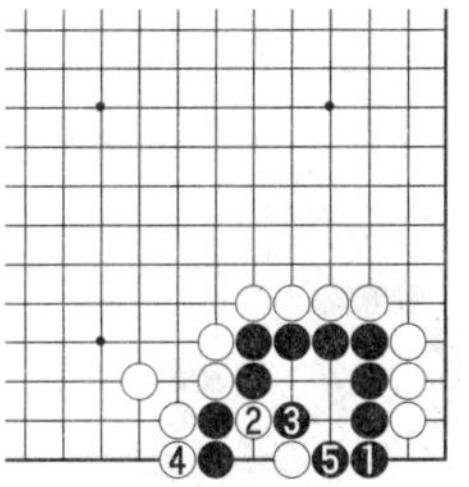

395 题

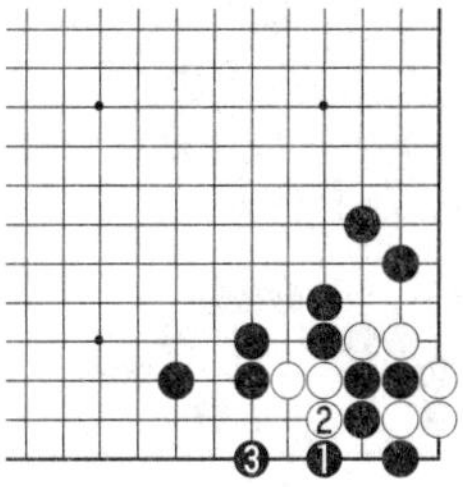

396 题

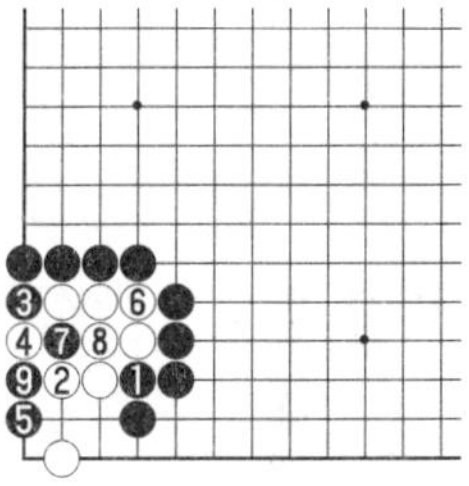

397 题 劫

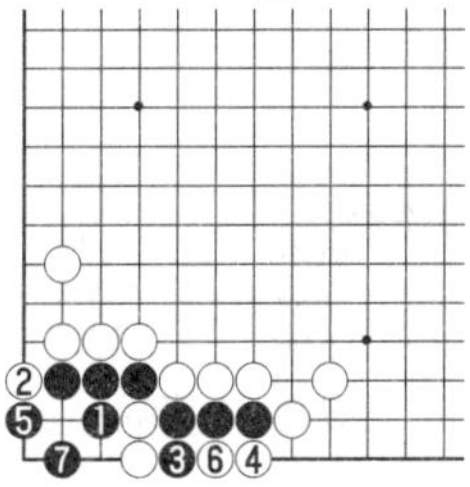

398 题

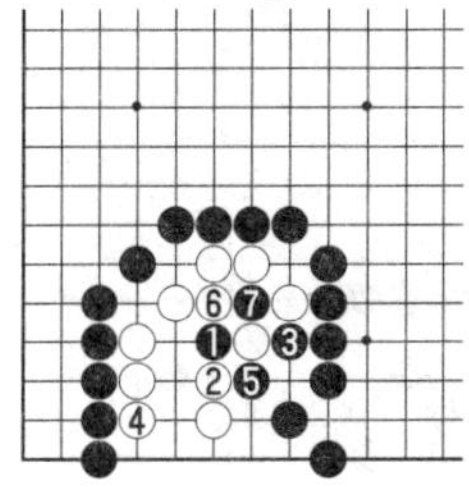

399 题 劫

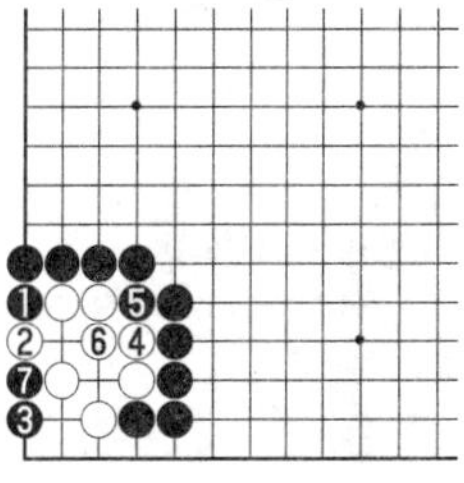

400 题 劫

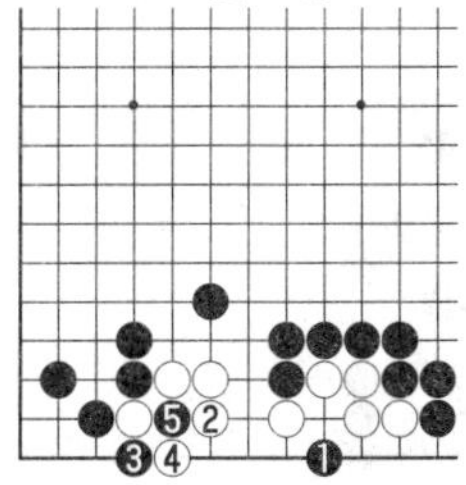

401 题 劫

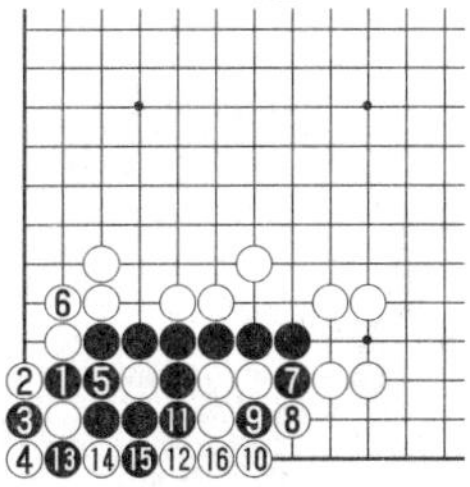

402 题 ⓱=⓭ 劫

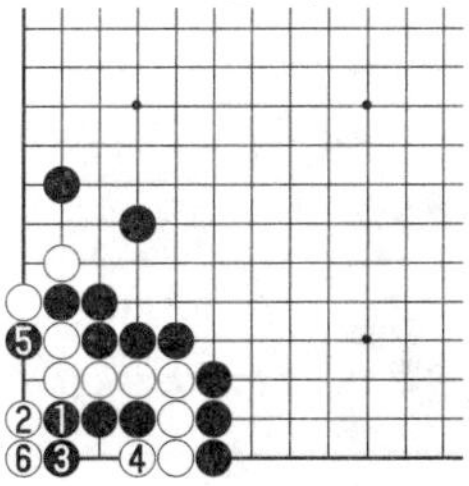

403 题 长生

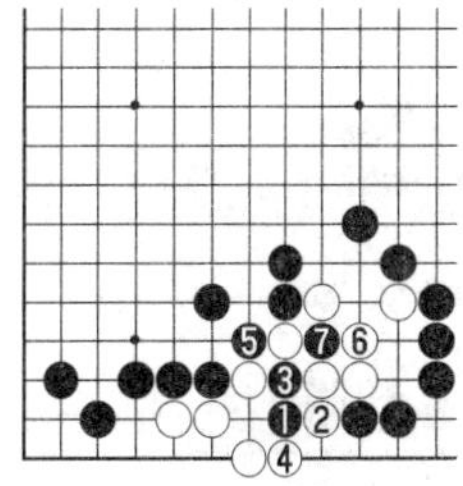

404 题 劫

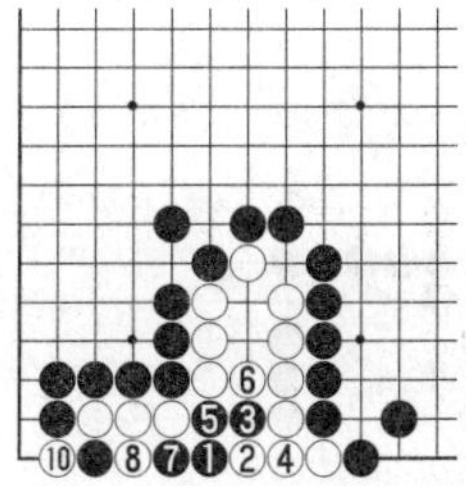

405 题 ❾=❺ ⓫=❶

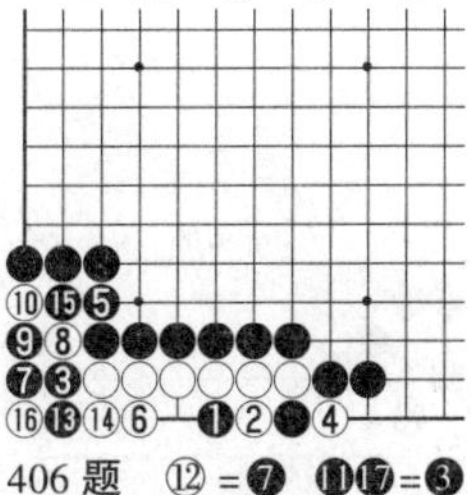

406 题 ⑫=❼ ⓫⓱=❸ ⑱=⓭ ⓳=❾ 劫

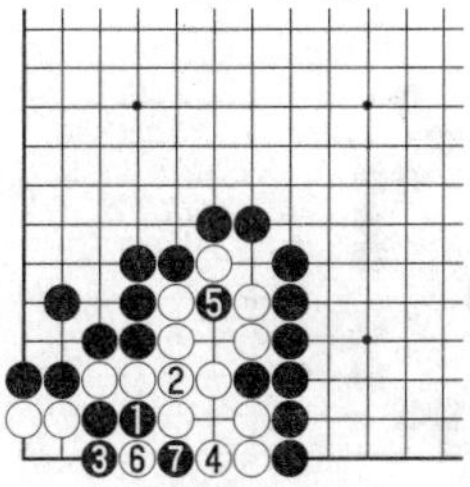

407 题 劫

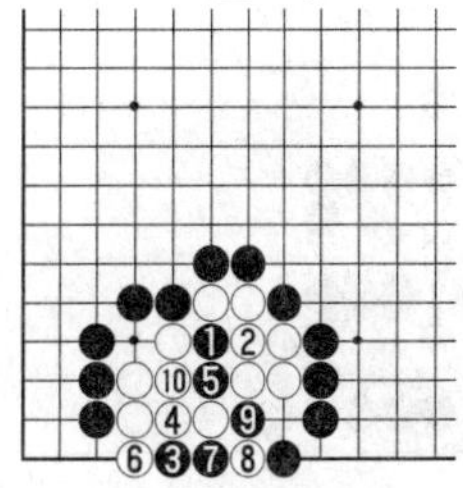

408 题 ⓫=❼

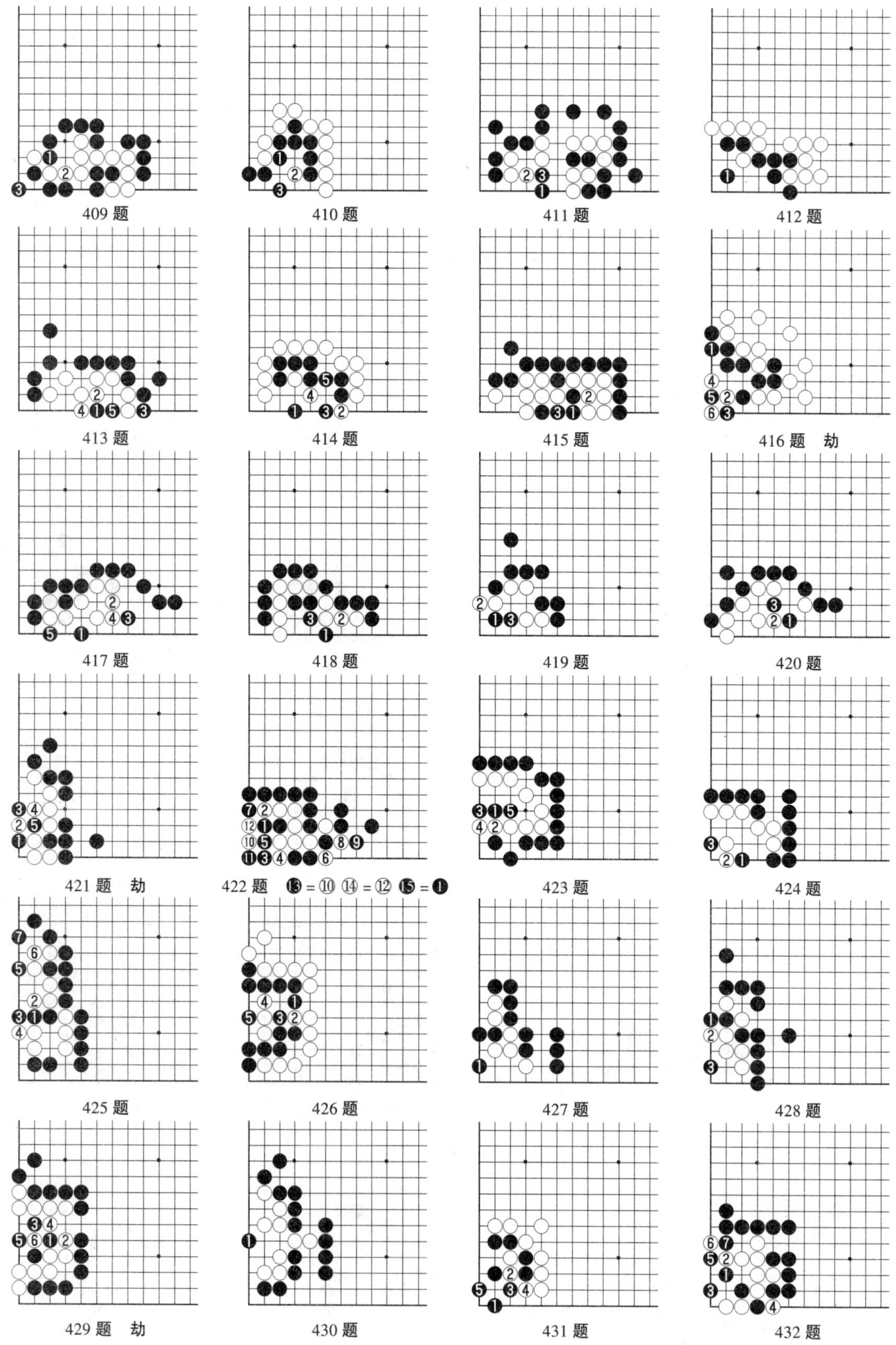

409 题

410 题

411 题

412 题

413 题

414 题

415 题

416 题 劫

417 题

418 题

419 题

420 题

421 题 劫

422 题 ⓭＝⑩ ⑭＝⑫ ⓯＝❶

423 题

424 题

425 题

426 题

427 题

428 题

429 题 劫

430 题

431 题

432 题

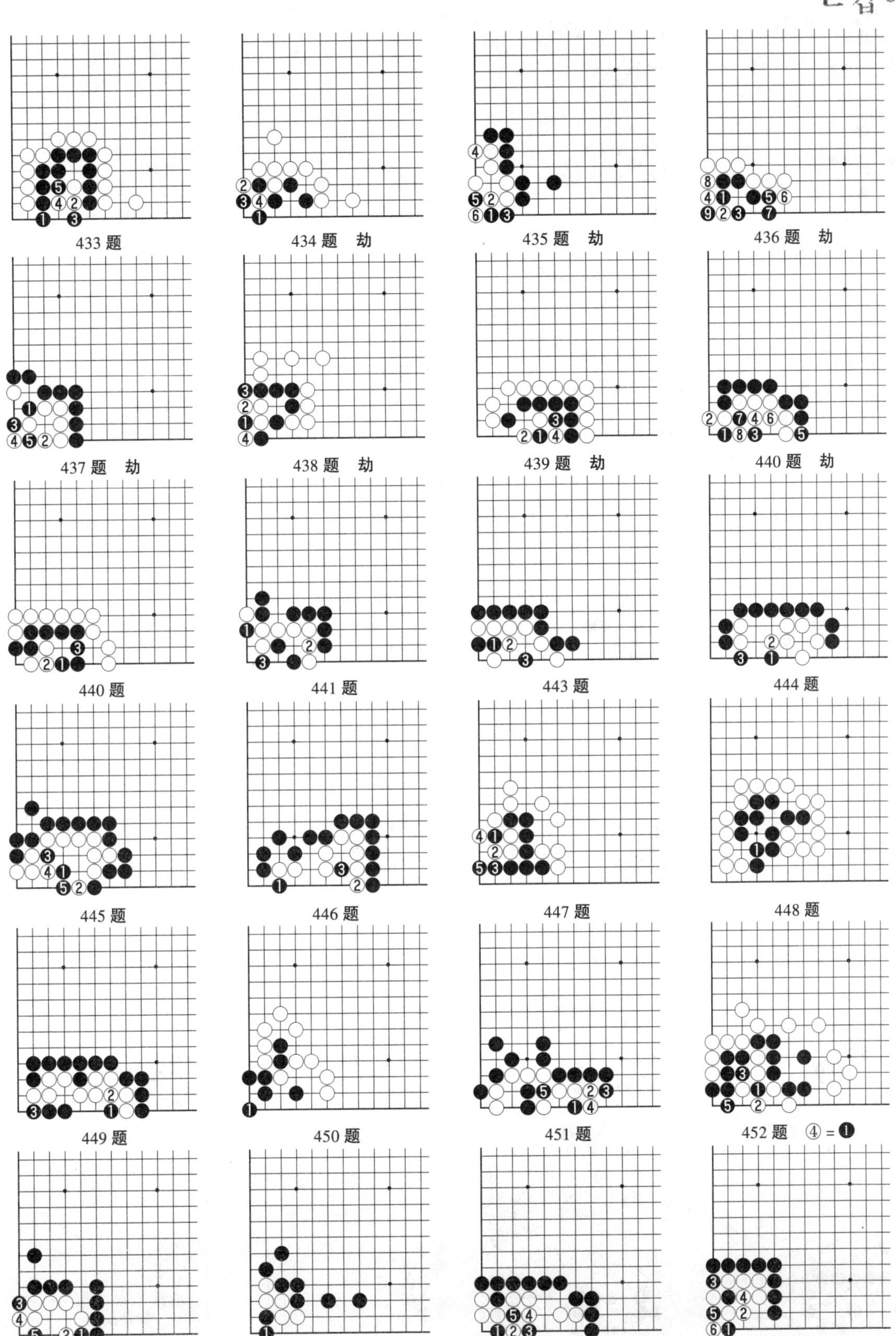

433 题　434 题　劫　435 题　劫　436 题　劫

437 题　劫　438 题　劫　439 题　劫　440 题　劫

440 题　441 题　443 题　444 题

445 题　446 题　447 题　448 题

449 题　450 题　451 题　452 题　④ = ❶

453 题　454 题　455 题　劫　456 题　劫

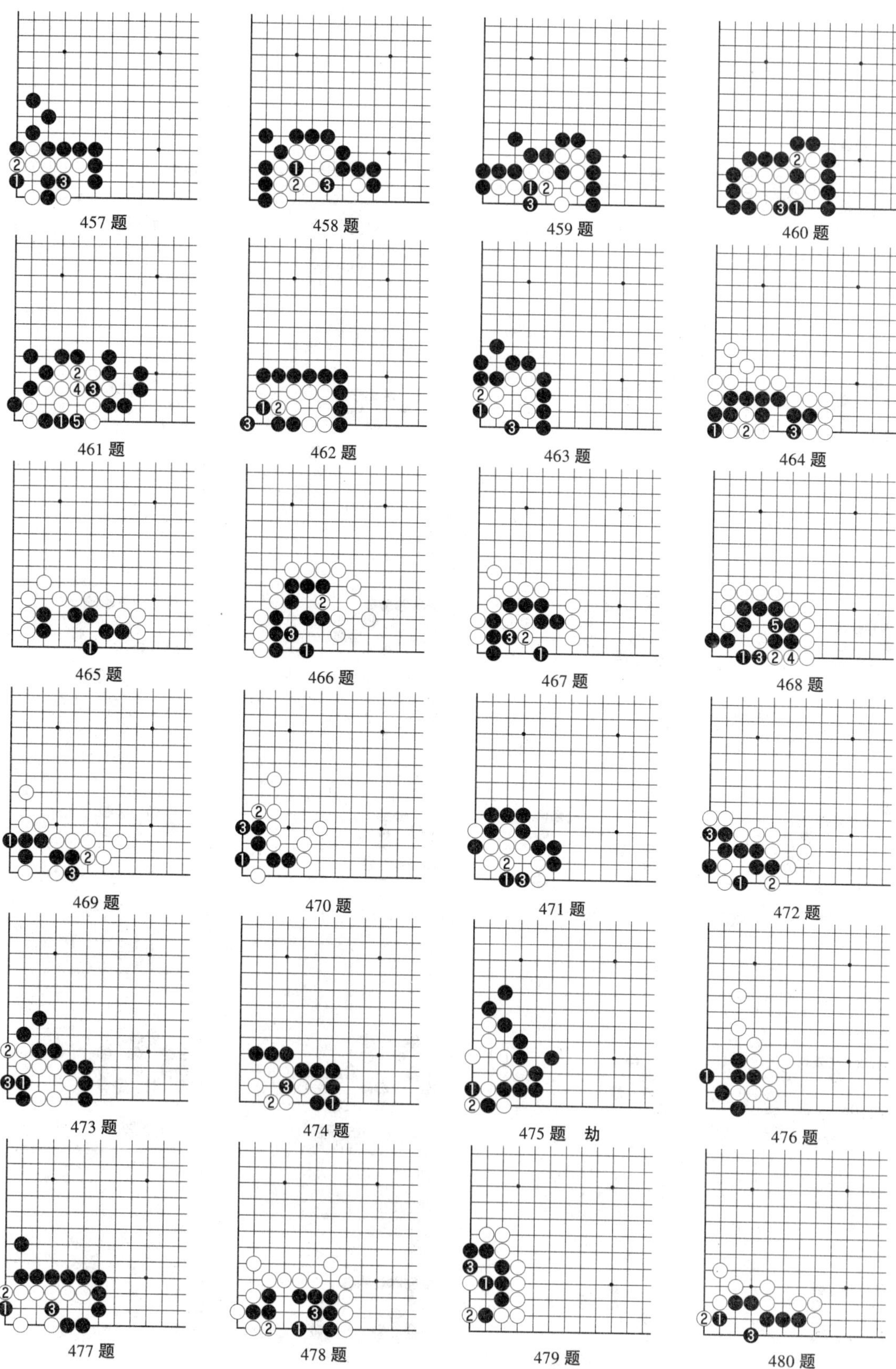
457 题
458 题
459 题
460 题
461 题
462 题
463 题
464 题
465 题
466 题
467 题
468 题
469 题
470 题
471 题
472 题
473 题
474 题
475 题 劫
476 题
477 题
478 题
479 题
480 题

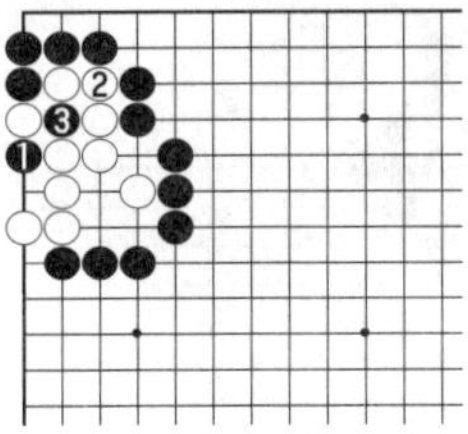

481 题　劫

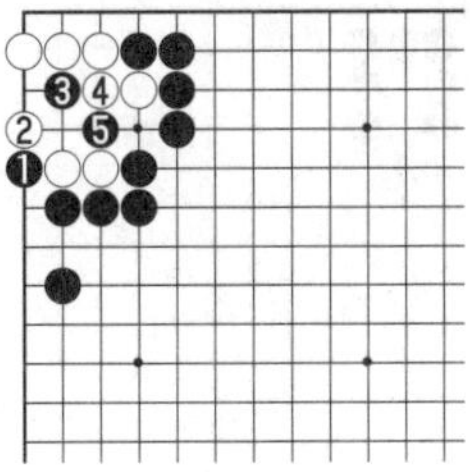

482 题

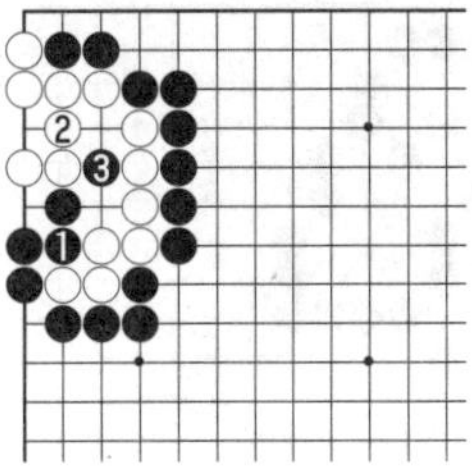

483 题

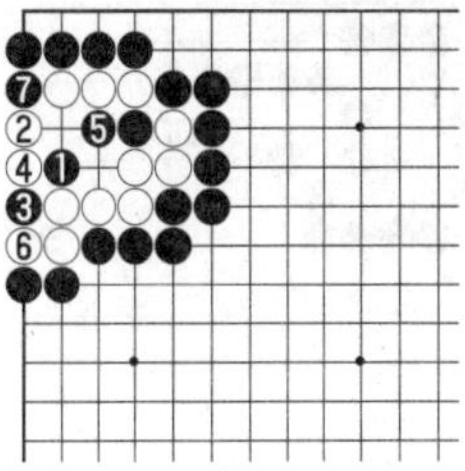

484 题

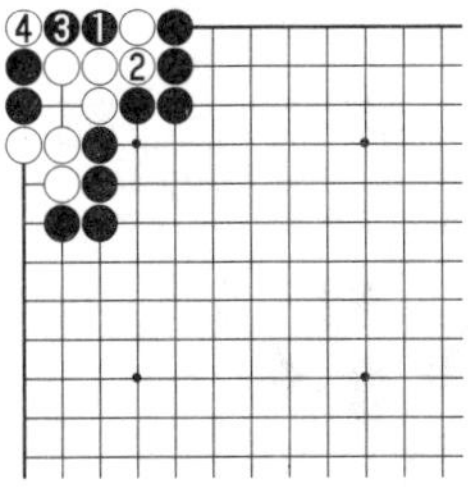

485 题　❺ = ❸

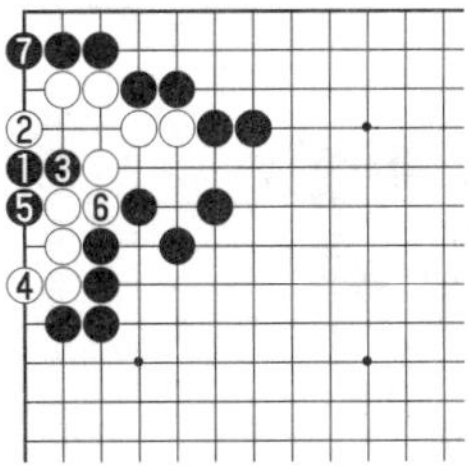

486 题

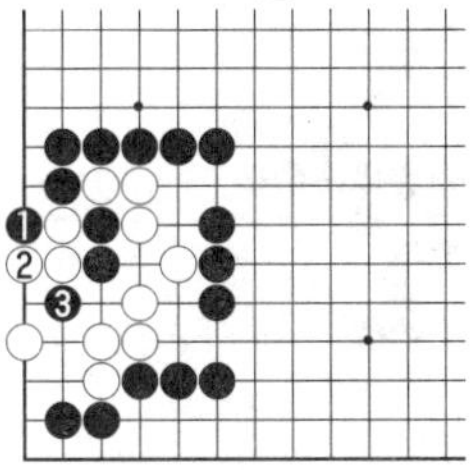

487 题

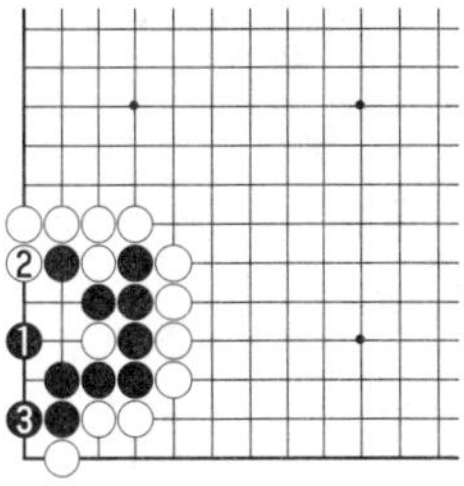

488 题

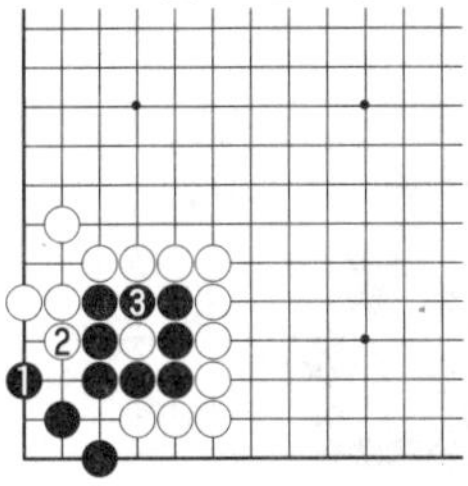

489 题

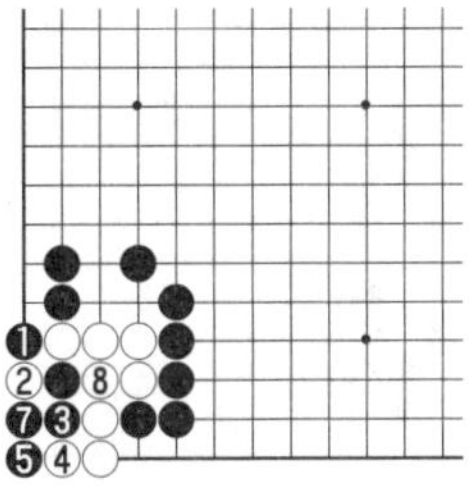

490 题　⑥❾ = ②

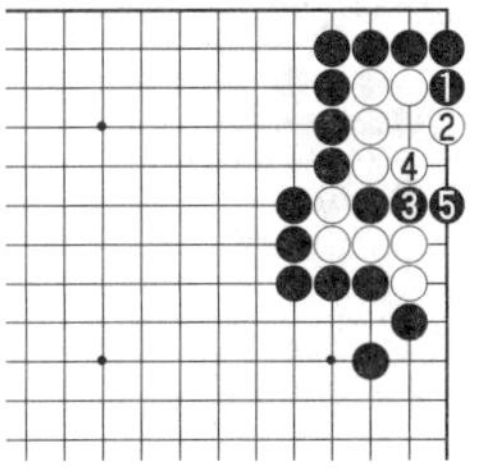

491 题

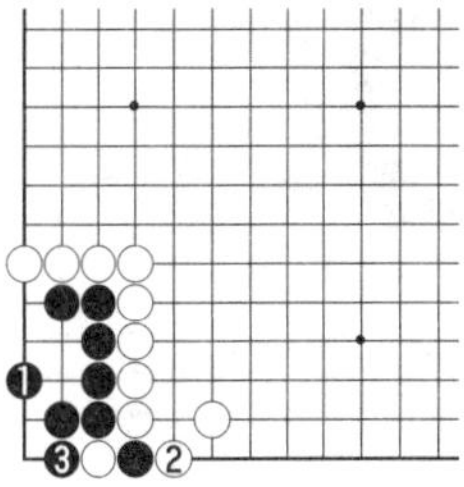

492 题

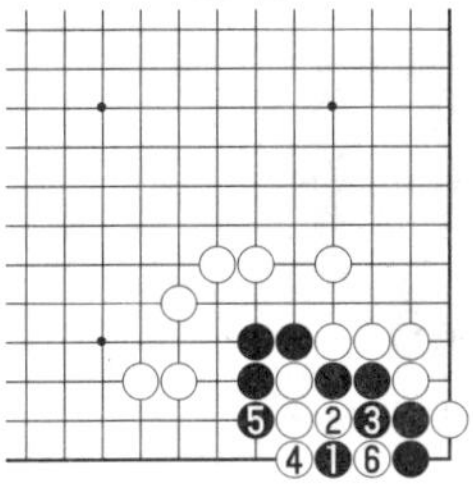

493 题　劫

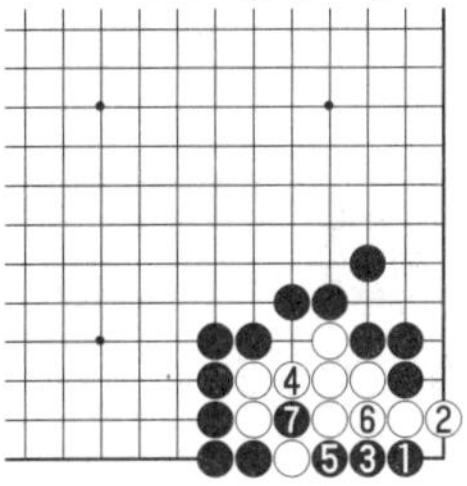

494 题　劫

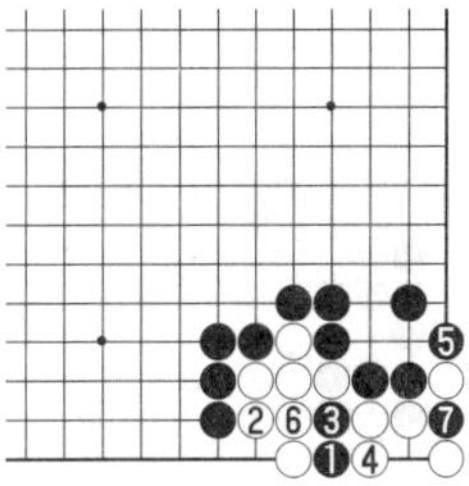

495 题　劫

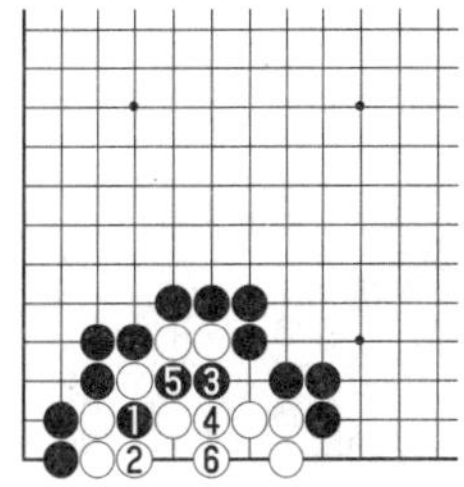

496 题　❼ = ❶　劫

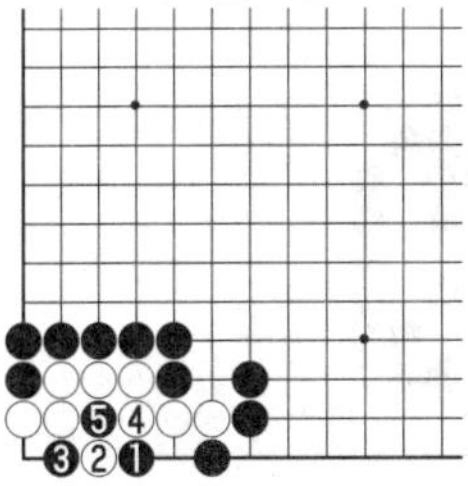

497 题　劫

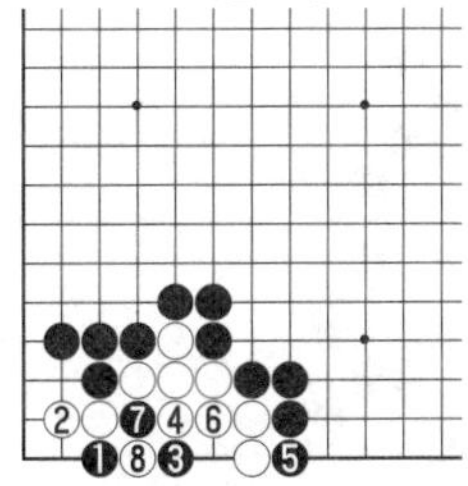

498 题　劫

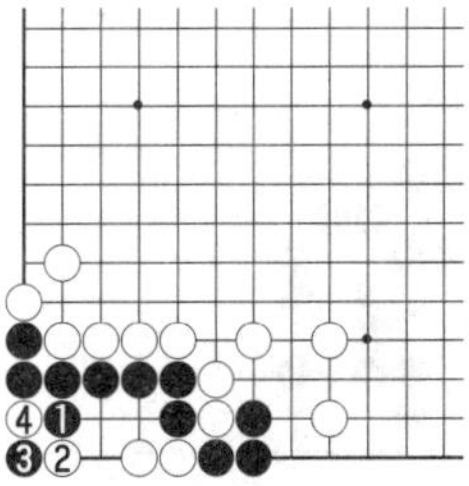

499 题　劫

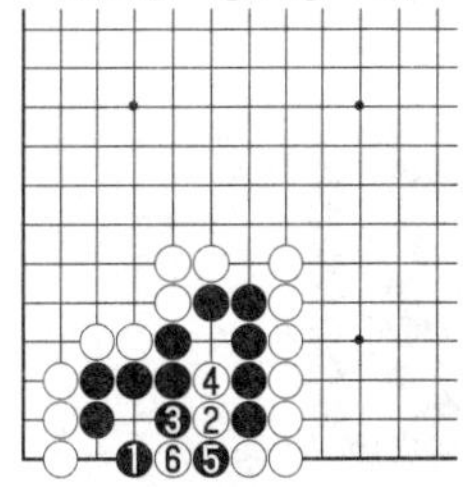

500 题　劫

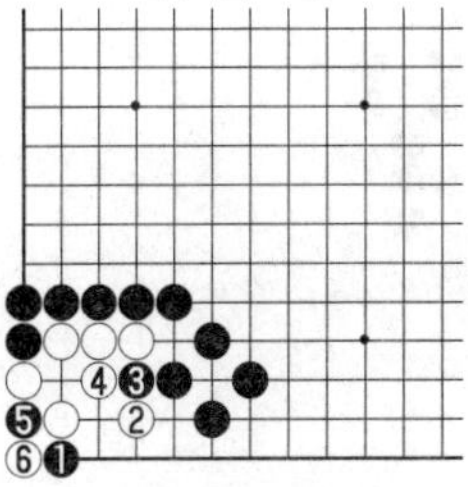

501 题　劫

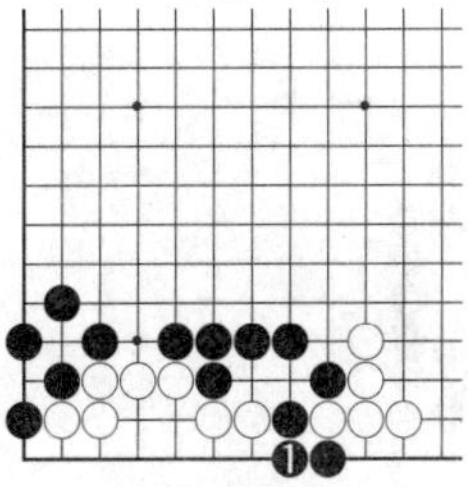

502 题

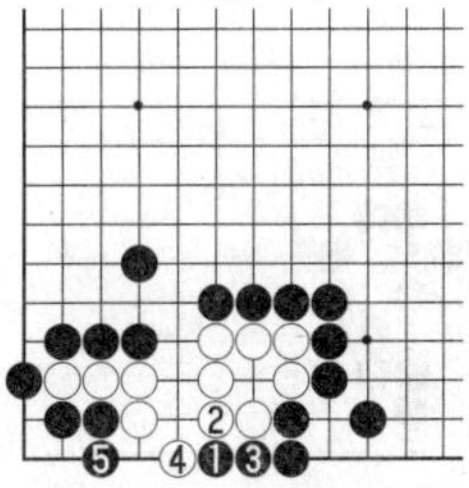

503 题

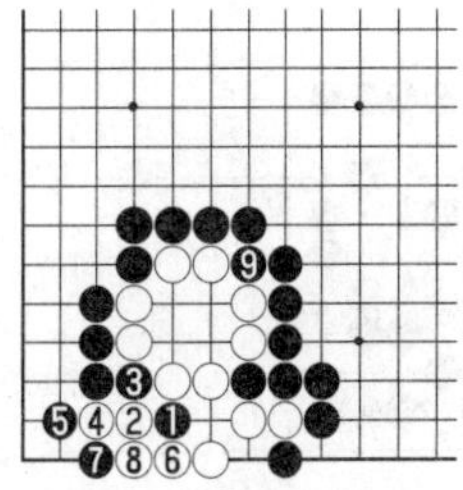

504 题

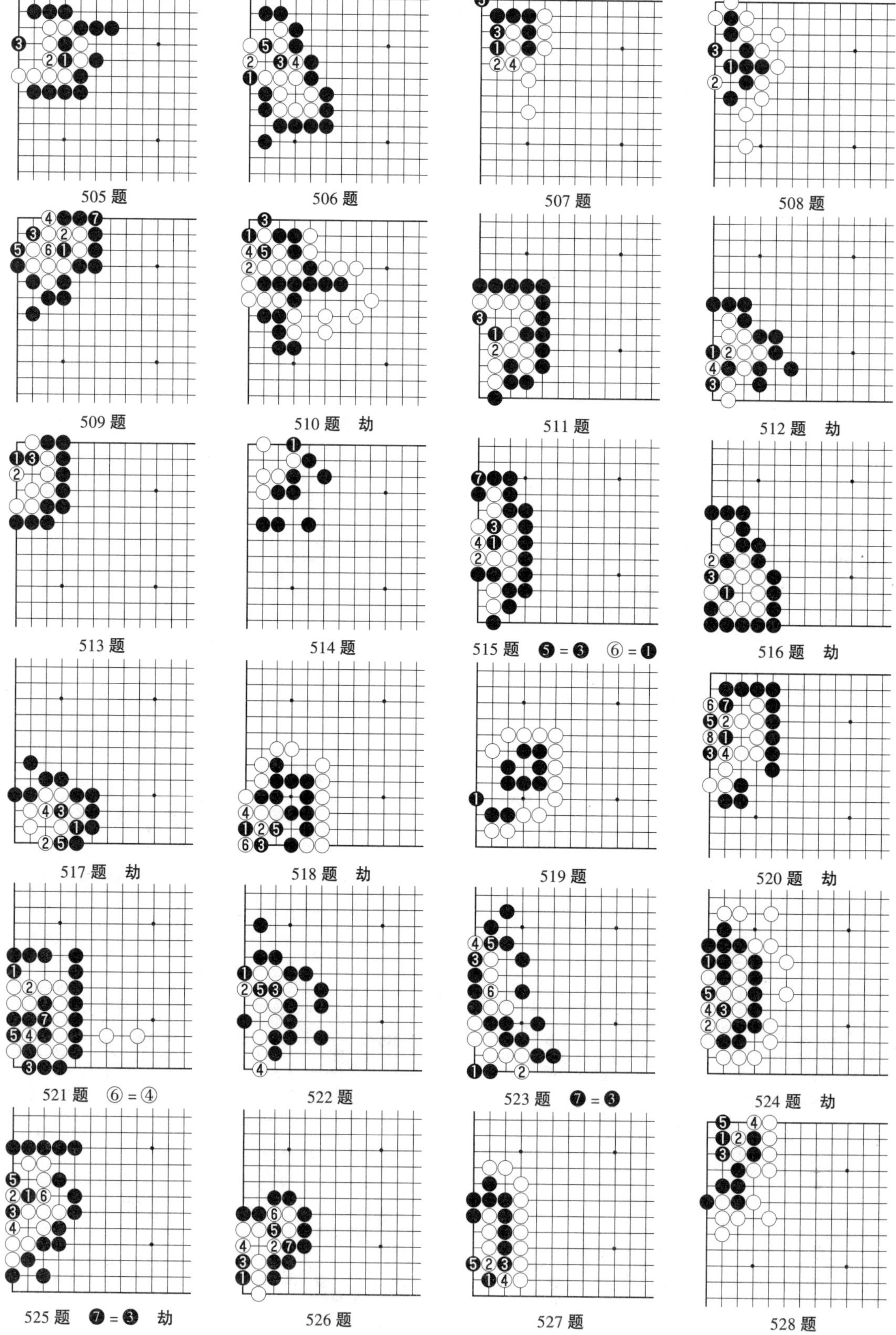

505 题　506 题　507 题　508 题

509 题　510 题　劫　511 题　512 题　劫

513 题　514 题　515 题　❺ = ❸　⑥ = ❶　516 题　劫

517 题　劫　518 题　劫　519 题　520 题　劫

521 题　⑥ = ④　522 题　523 题　❼ = ❸　524 题　劫

525 题　❼ = ❸　劫　526 题　527 题　528 题

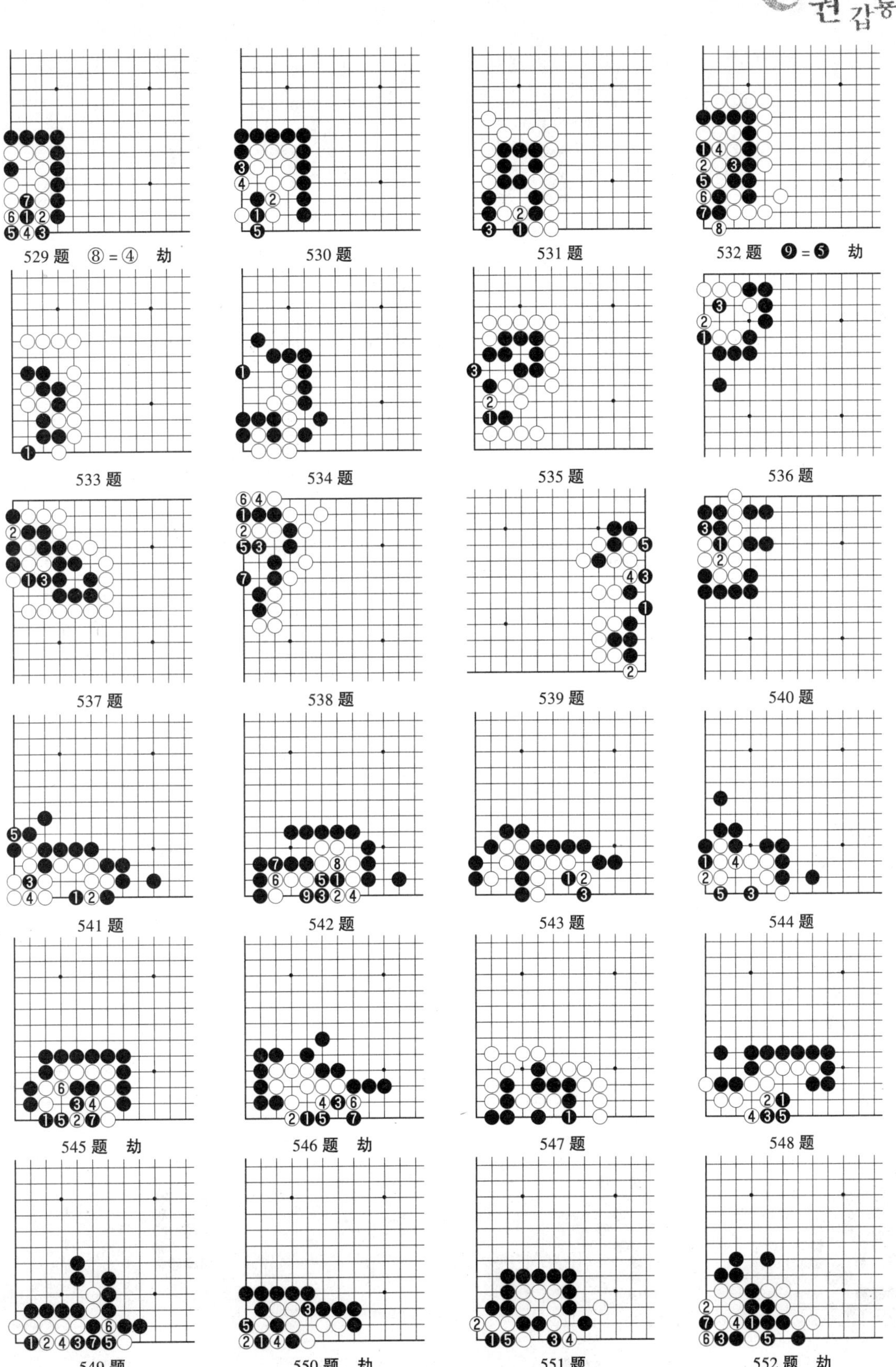

529 题 ⑧=④ 劫　530 题　531 题　532 题 ❾=❺ 劫

533 题　534 题　535 题　536 题

537 题　538 题　539 题　540 题

541 题　542 题　543 题　544 题

545 题 劫　546 题 劫　547 题　548 题

549 题　550 题 劫　551 题　552 题 劫

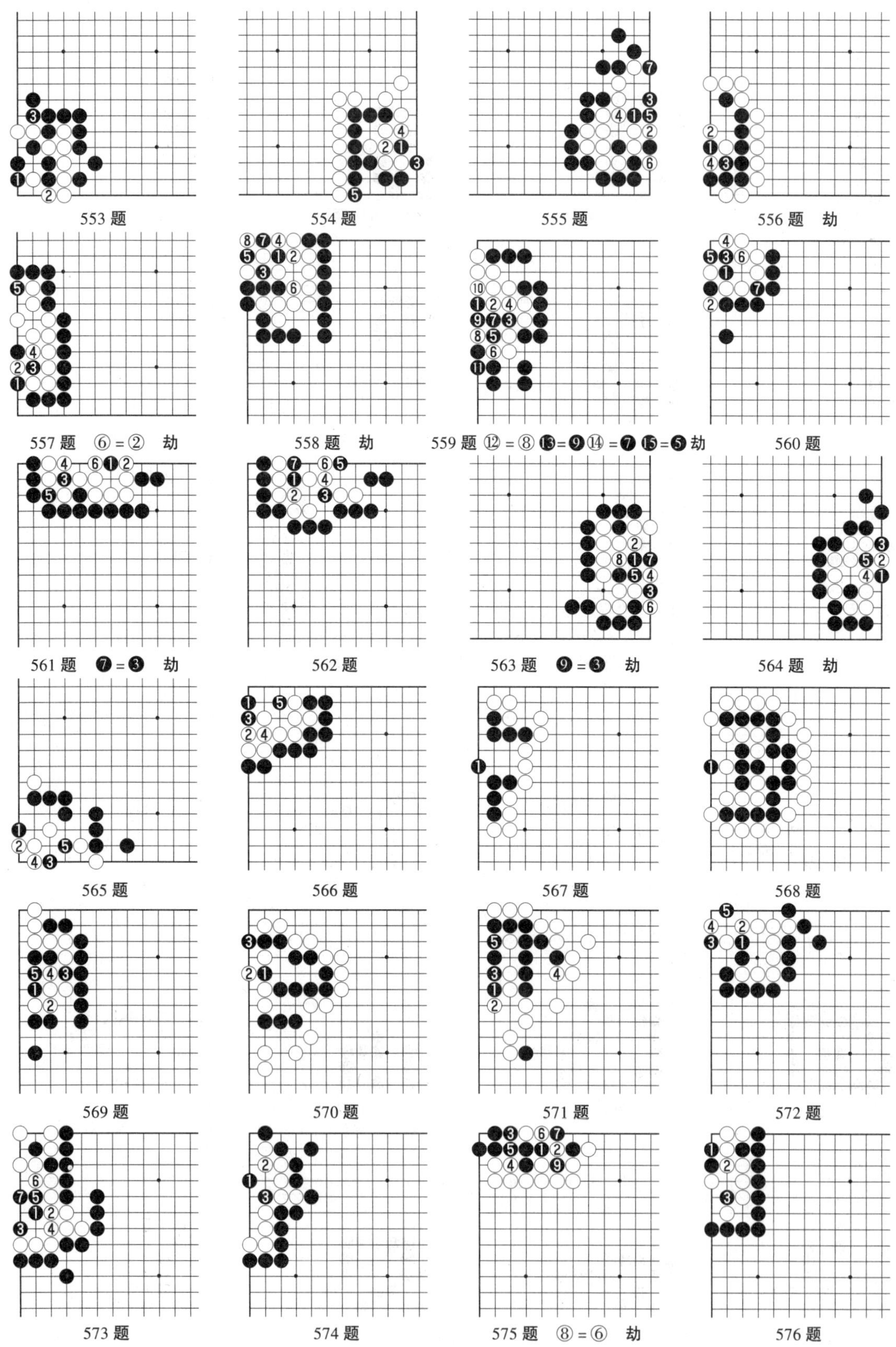

553 题

554 题

555 题

556 题　劫

557 题　⑥＝②　劫

558 题　劫

559 题　⑫＝⑧ ⓭＝❾ ⑭＝❼ ⓯＝❺ 劫

560 题

561 题　❼＝❸　劫

562 题

563 题　❾＝❸　劫

564 题　劫

565 题

566 题

567 题

568 题

569 题

570 题

571 题

572 题

573 题

574 题

575 题　⑧＝⑥　劫

576 题

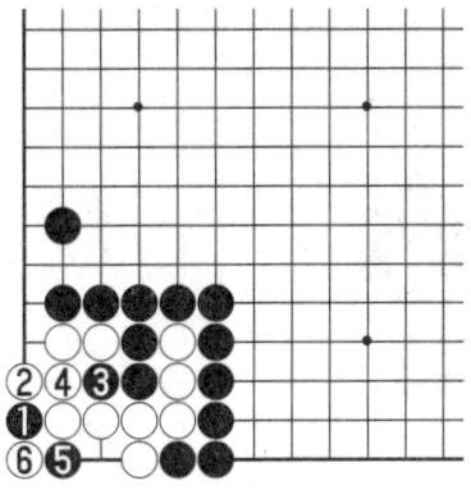

577 题 劫

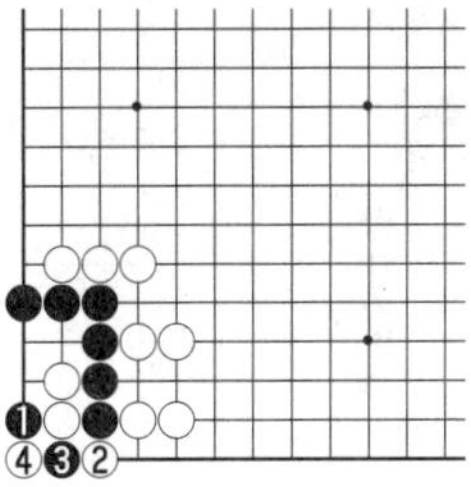

578 题 劫

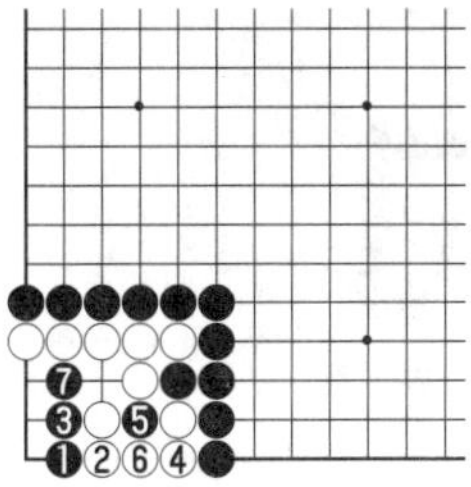

579 题

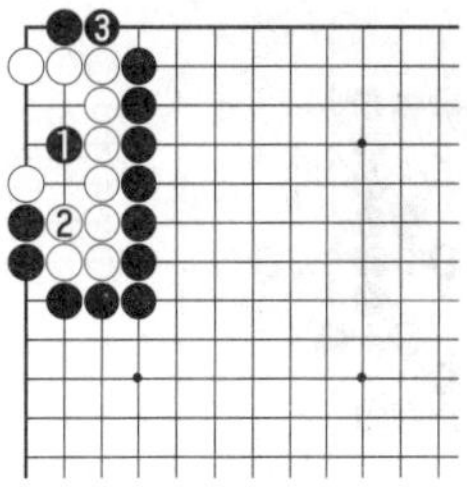

580 题

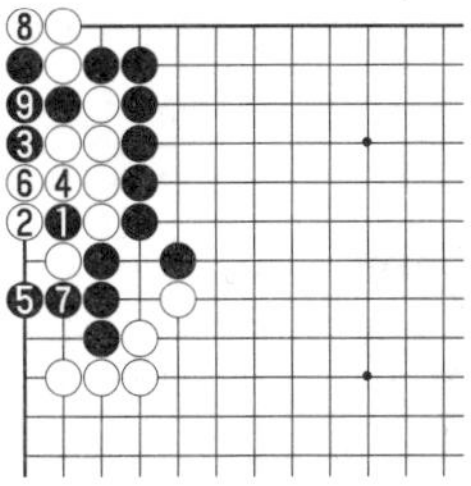

581 题

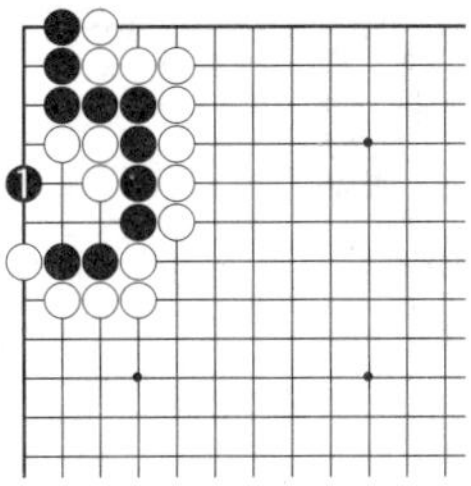

582 题

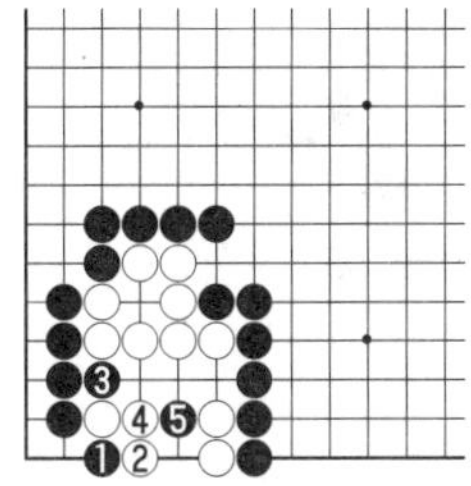

583 题

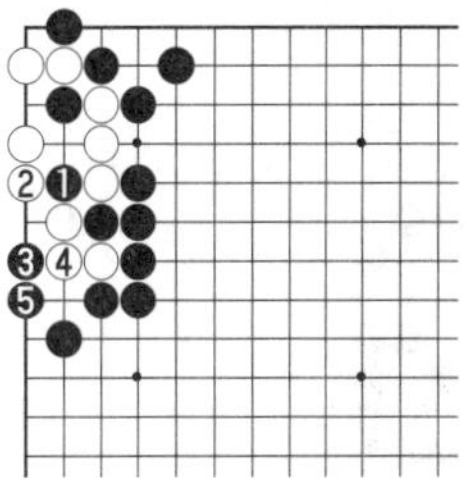

584 题

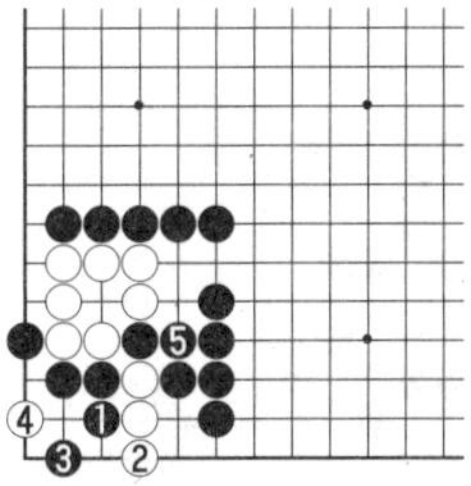

585 题

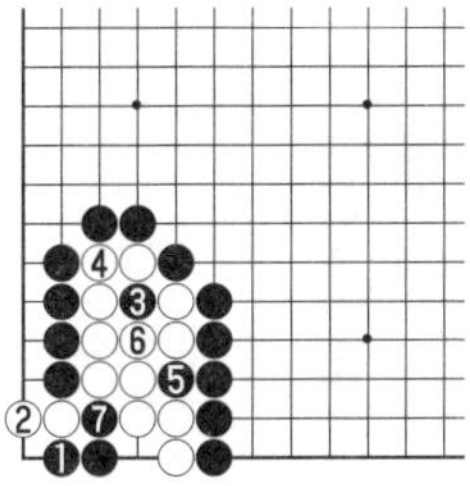

586 题

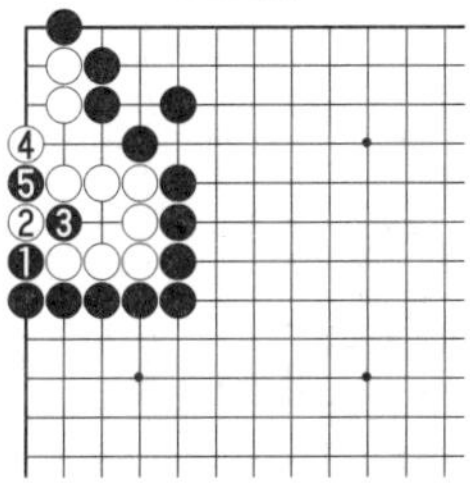

587 题 劫

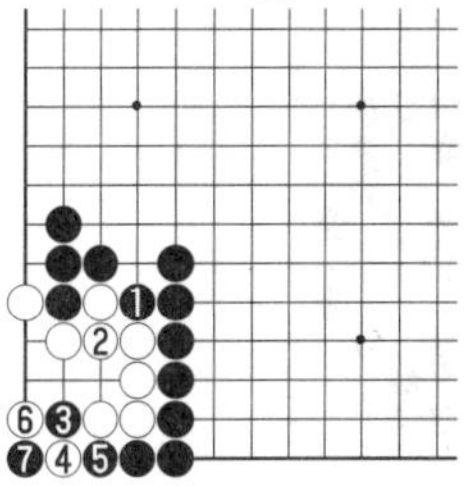

588 题 劫

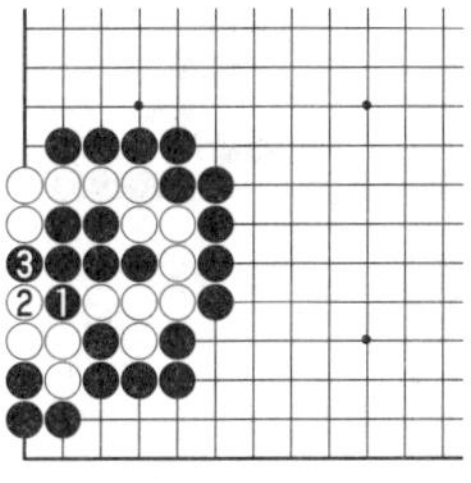

589 题

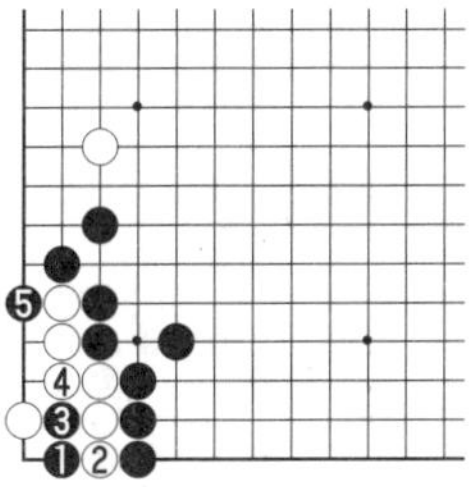

590 题

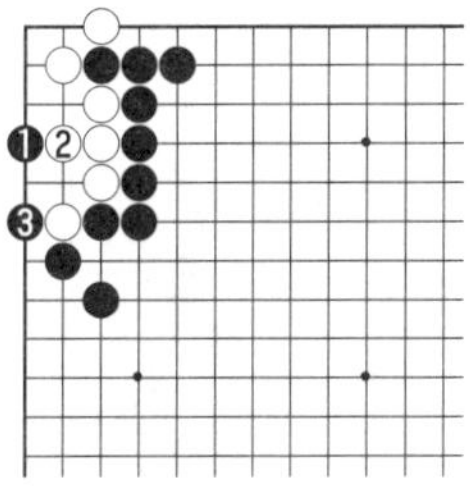

591 题

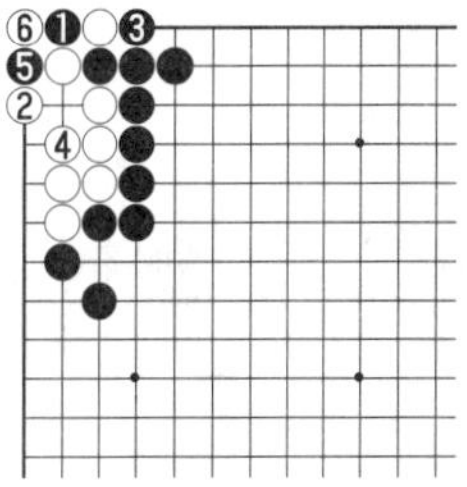

592 题 劫

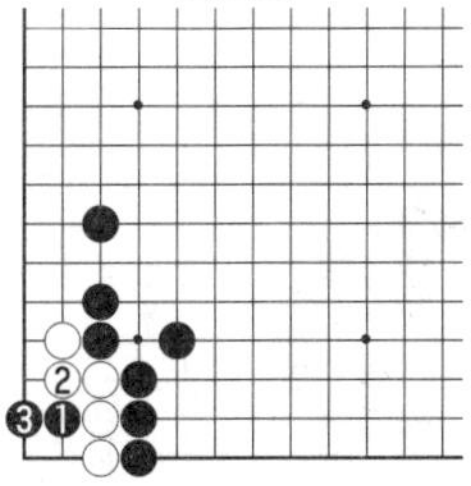

593 题

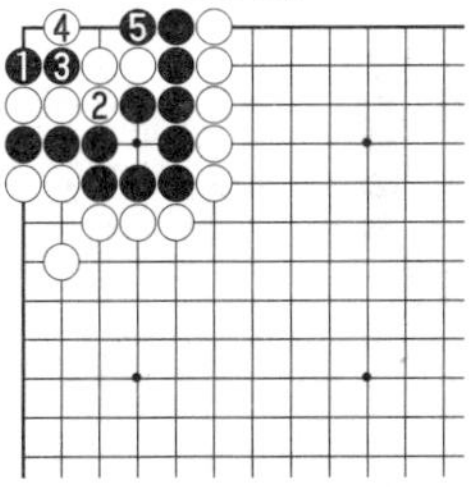

594 题

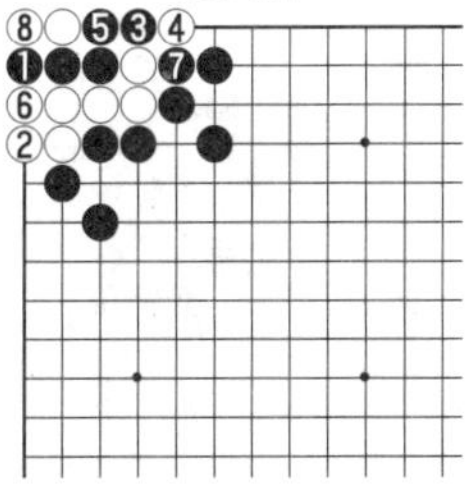

595 题 ❾ = ❸

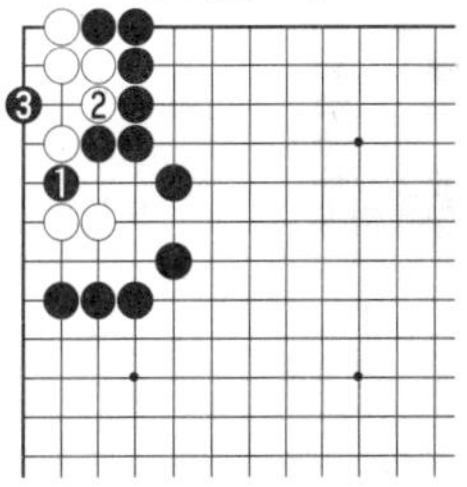

596 题

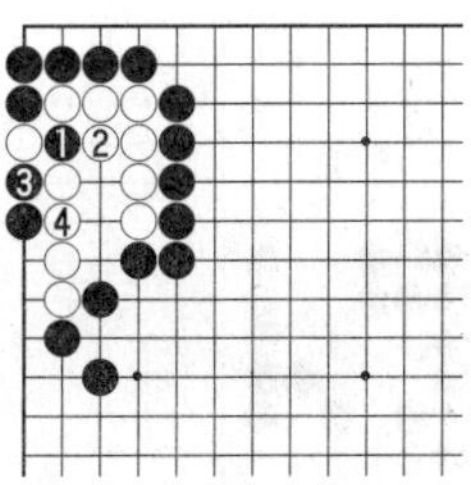

597 题 ❺ = ❶ 劫

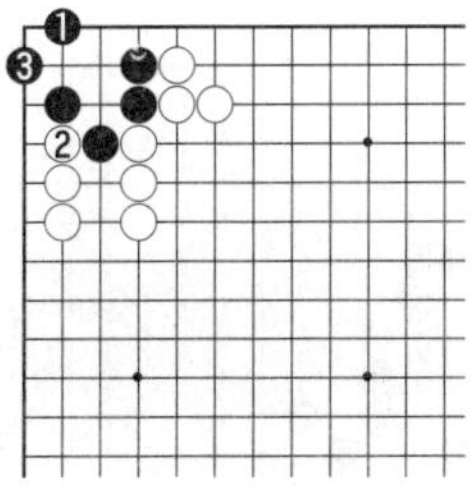

598 题

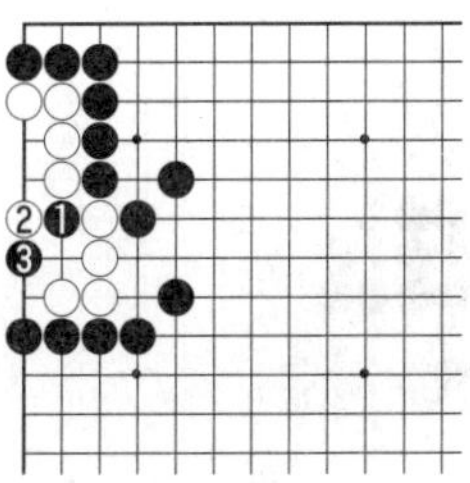

599 题

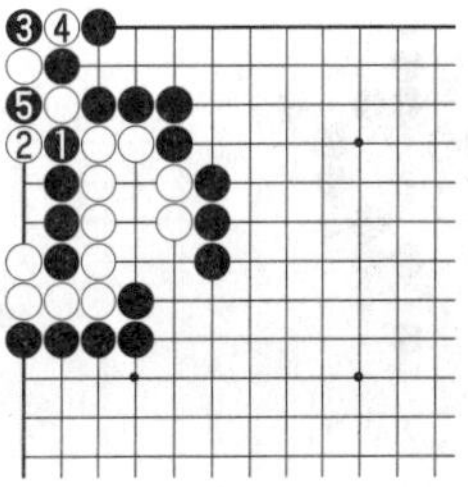

600 题

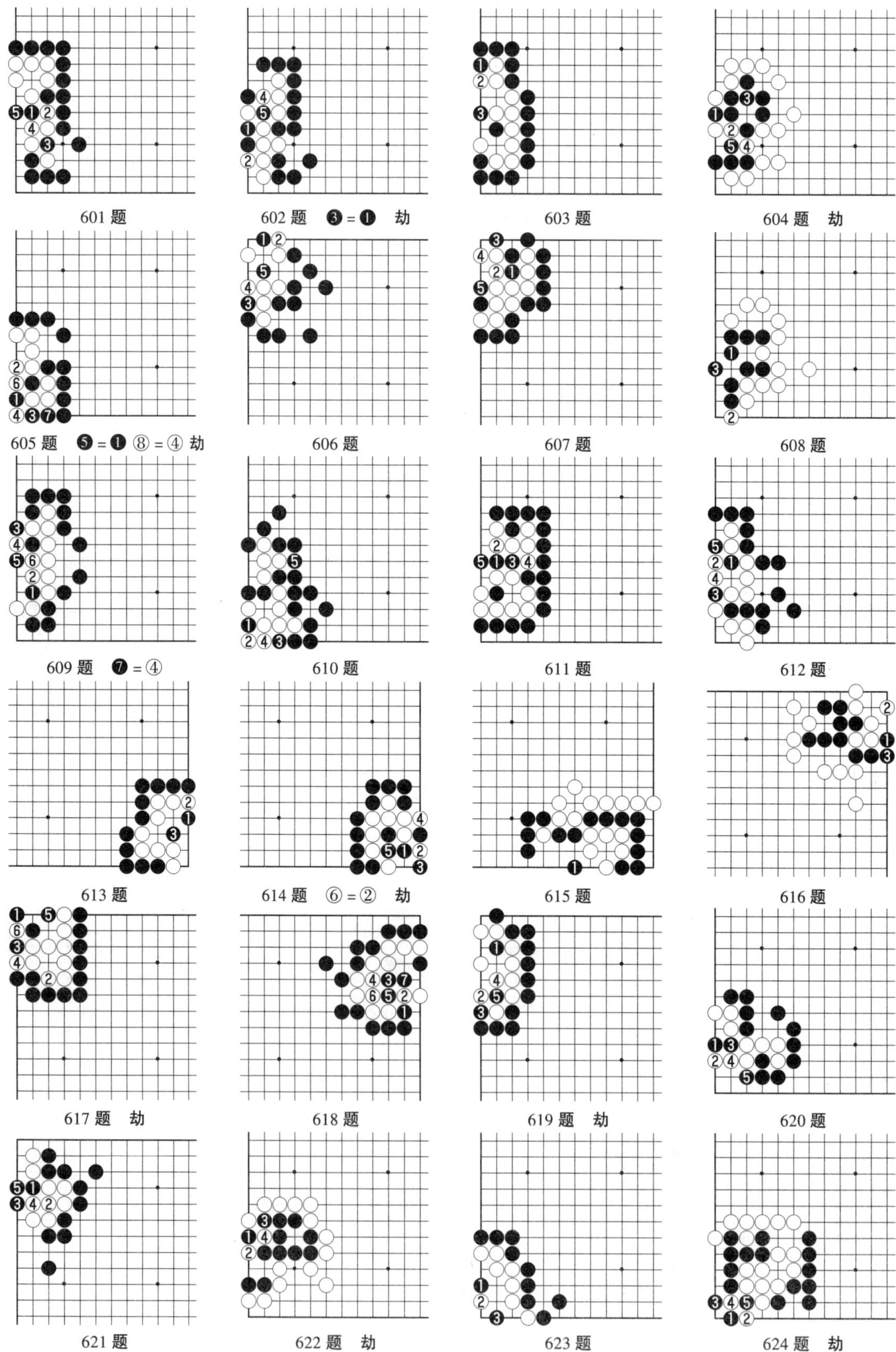

601 题

602 题 ❸ = ❶ 劫

603 题

604 题 劫

605 题 ❺ = ❶ ⑧ = ④ 劫

606 题

607 题

608 题

609 题 ❼ = ④

610 题

611 题

612 题

613 题

614 题 ⑥ = ② 劫

615 题

616 题

617 题 劫

618 题

619 题 劫

620 题

621 题

622 题 劫

623 题

624 题 劫

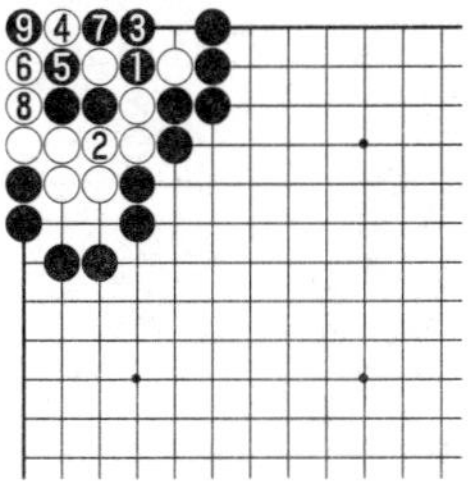

625 题　劫

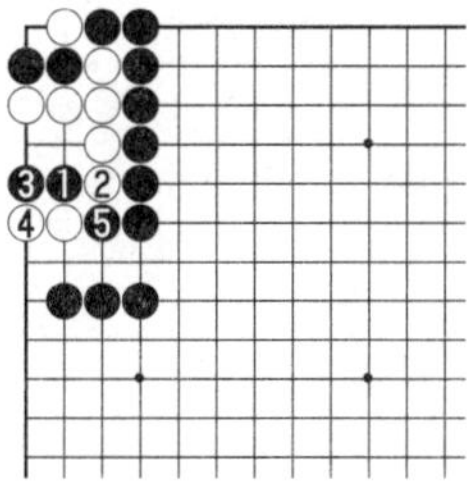

626 题

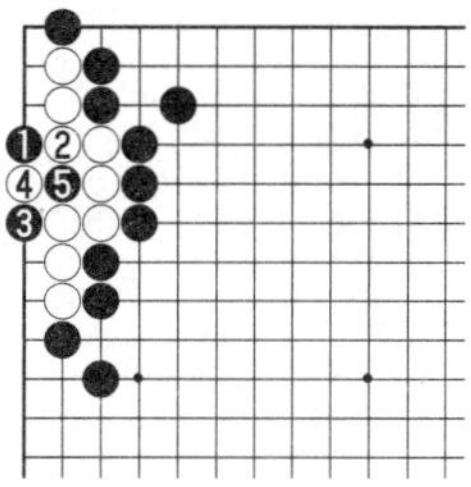

627 题　劫

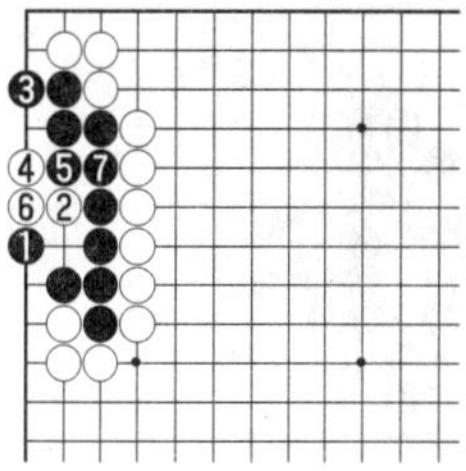

628 题

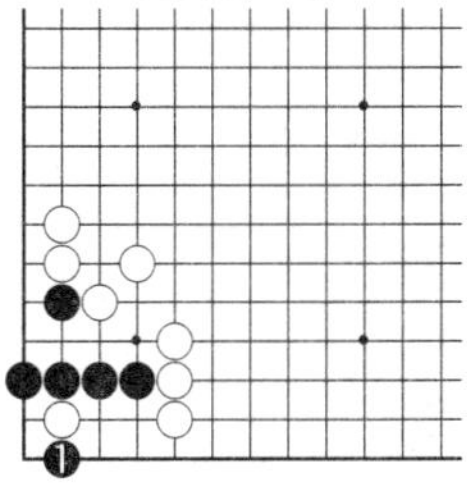

629 题

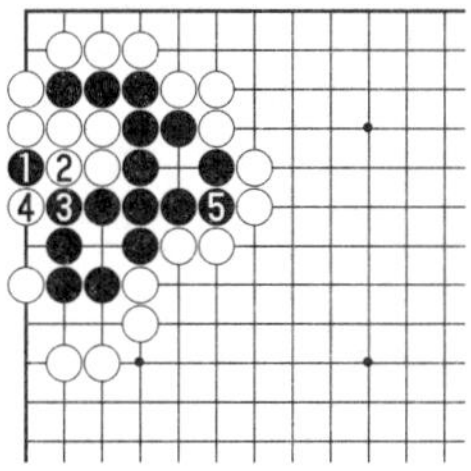

630 题

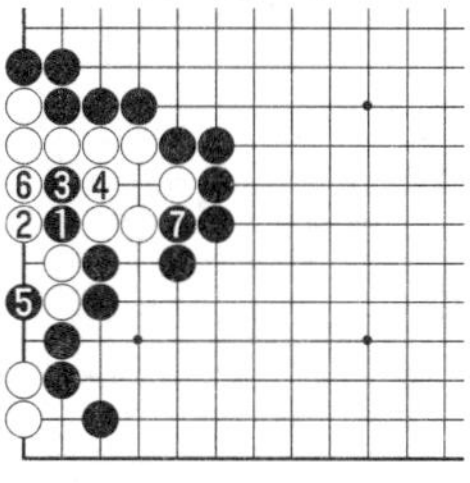

631 题

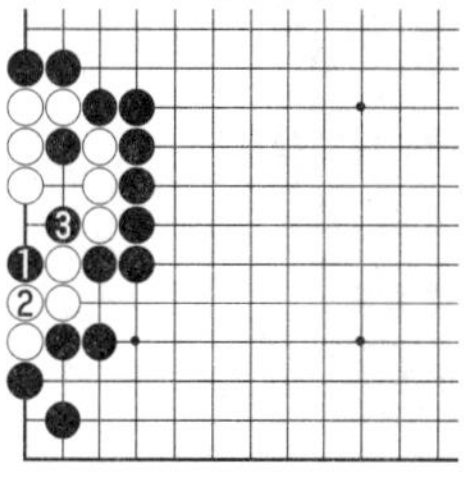

632 题

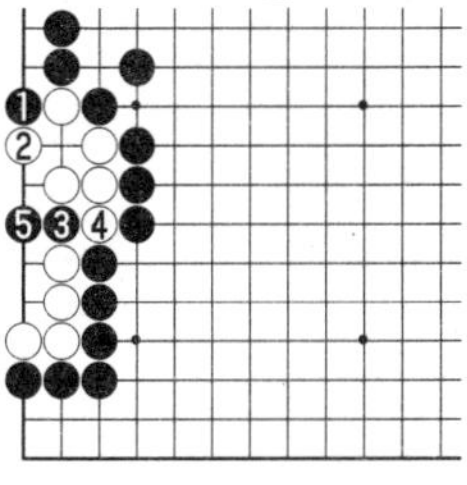

633 题

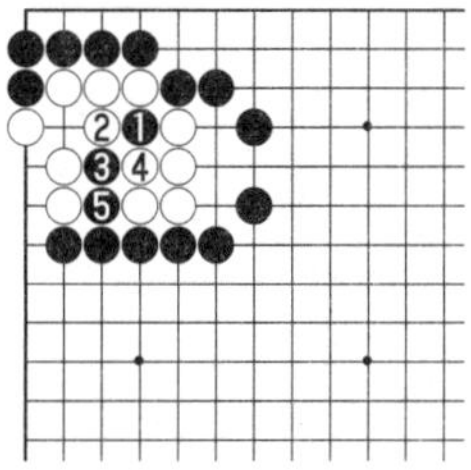

634 题

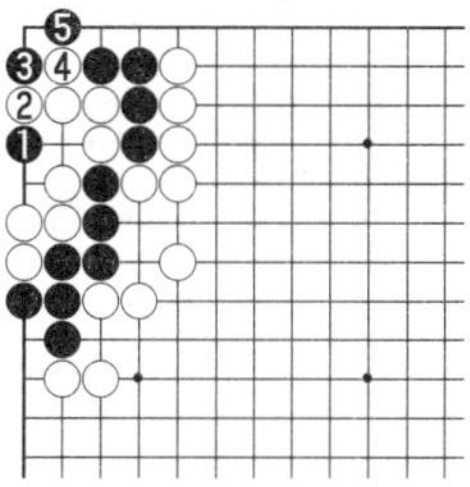

635 题　劫

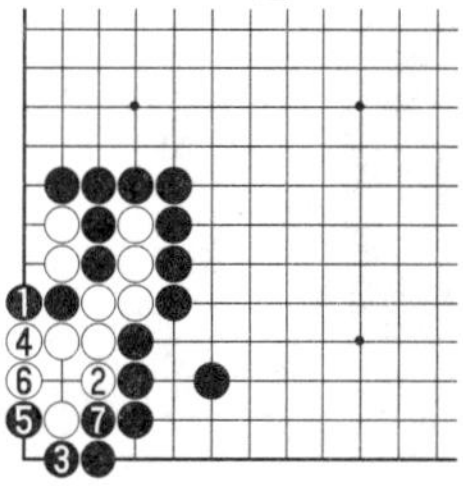

636 题　劫

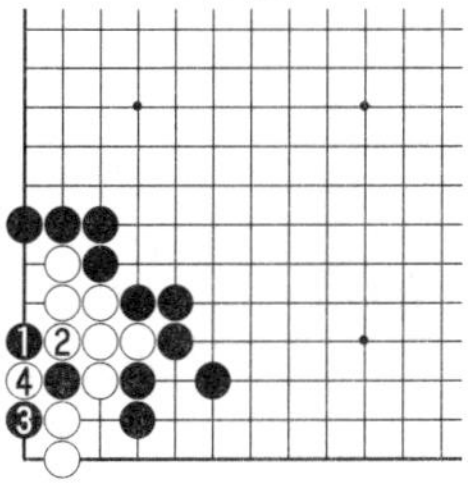

637 题　劫

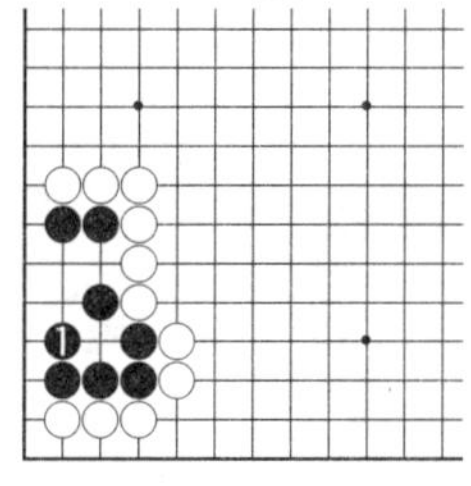

638 题

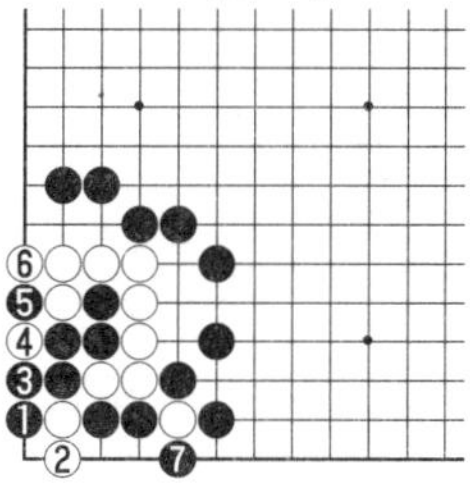

639 题　⑧＝④　劫

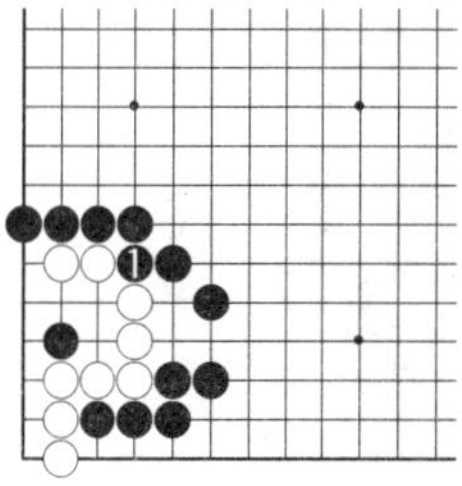

640 题

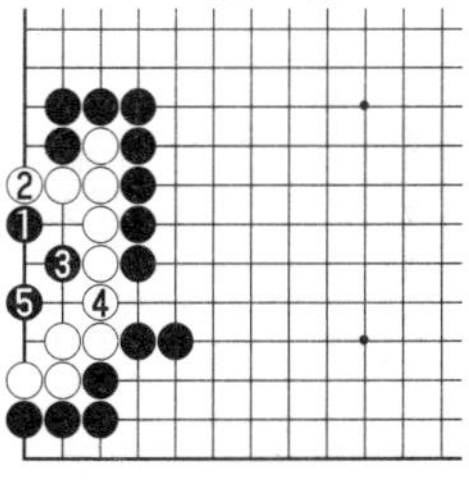

641 题

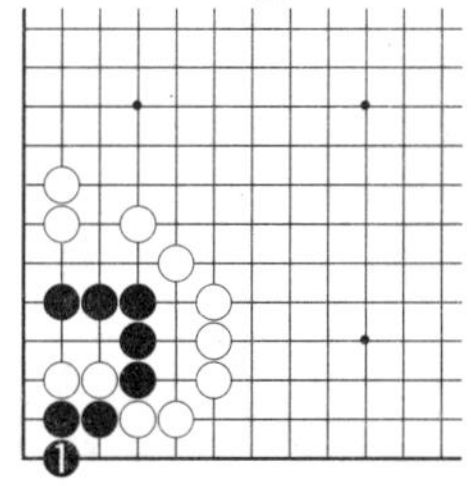

642 题

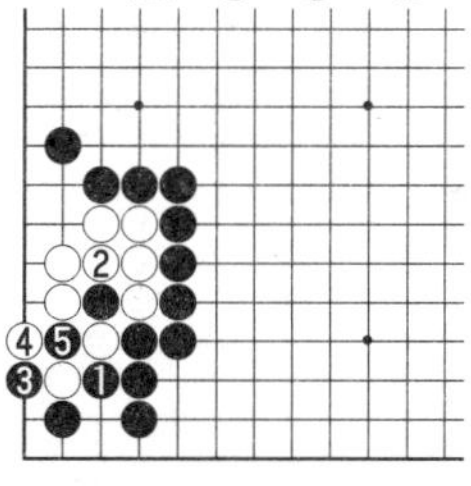

643 题　劫

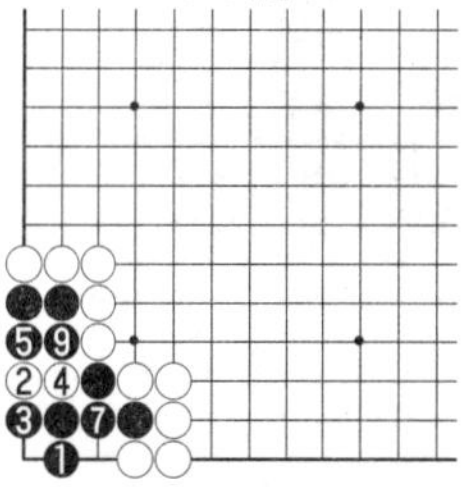

644 题　⑥＝④　⑧＝②

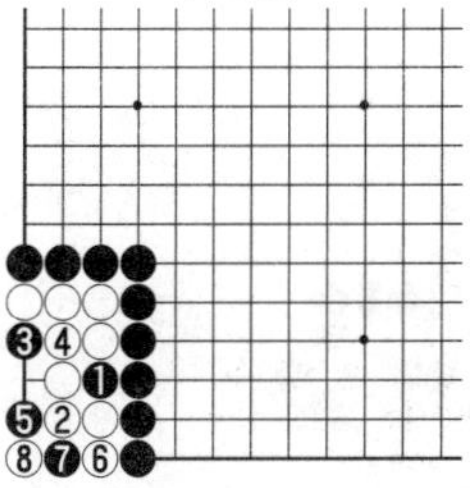

645 题　劫

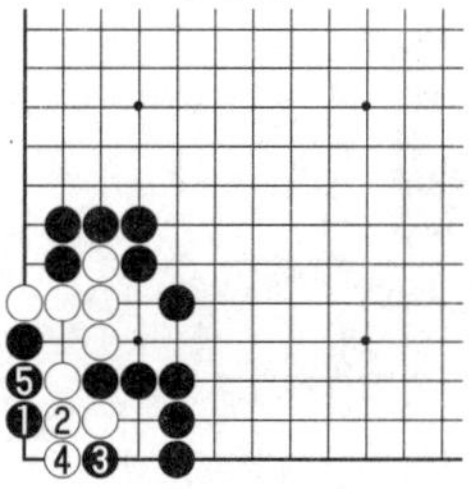

646 题

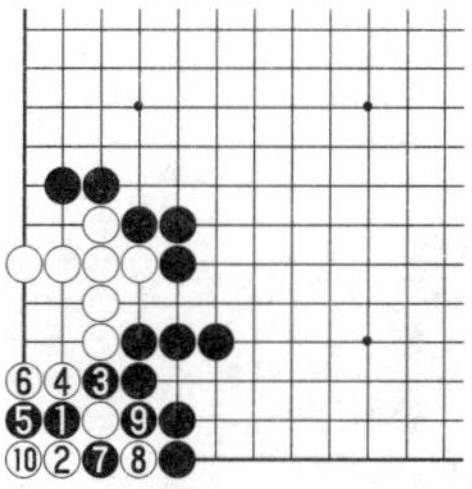

647 题　⓫＝❶　⑫＝❺　⓭＝❼　劫

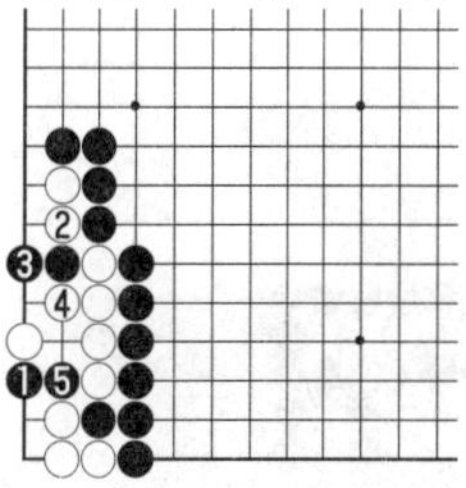

648 题

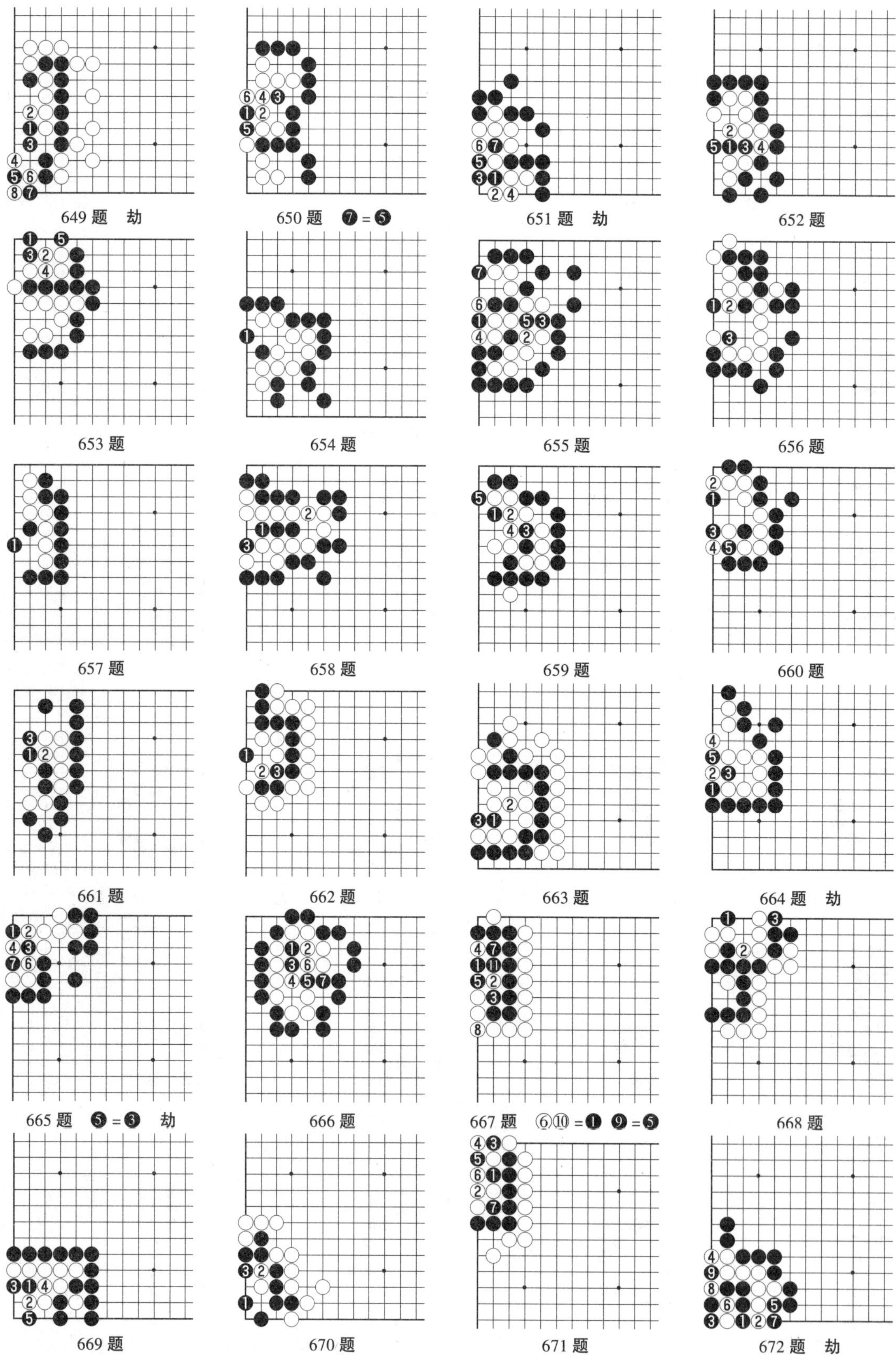

649 题　劫

650 题　❼ = ❺

651 题　劫

652 题

653 题

654 题

655 题

656 题

657 题

658 题

659 题

660 题

661 题

662 题

663 题

664 题　劫

665 题　❺ = ❸　劫

666 题

667 题　⑥⑩ = ❶　❾ = ❺

668 题

669 题

670 题

671 题

672 题　劫

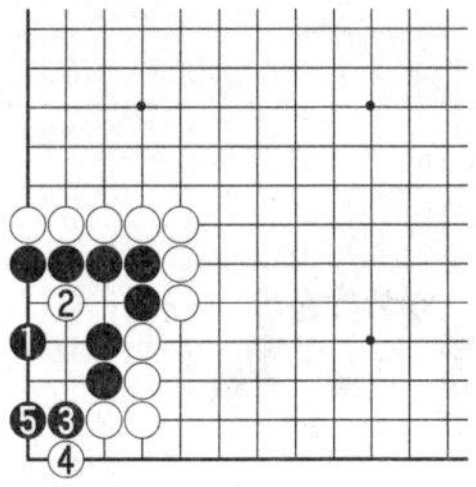

673 题

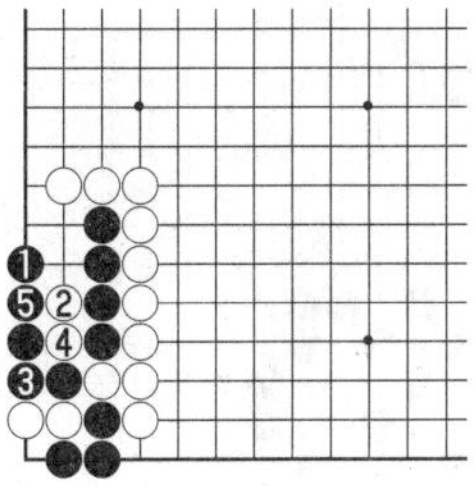

674 题

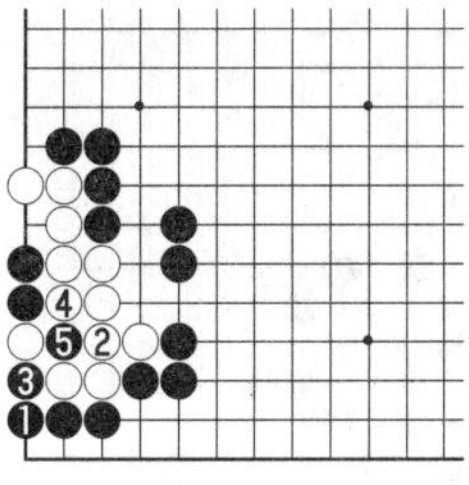

675 题　劫

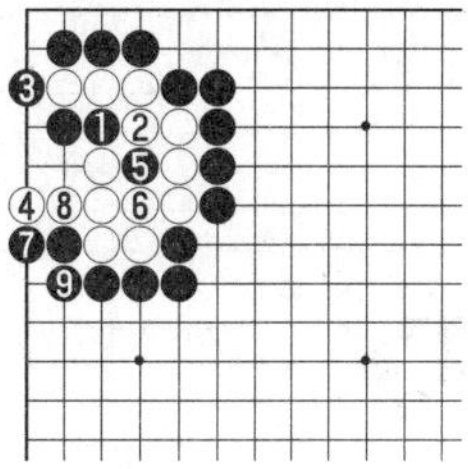

676 题

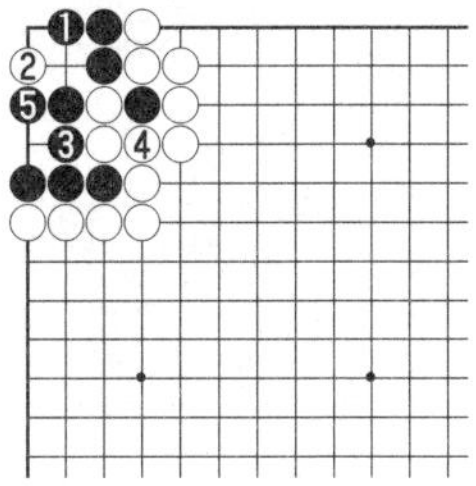

677 题

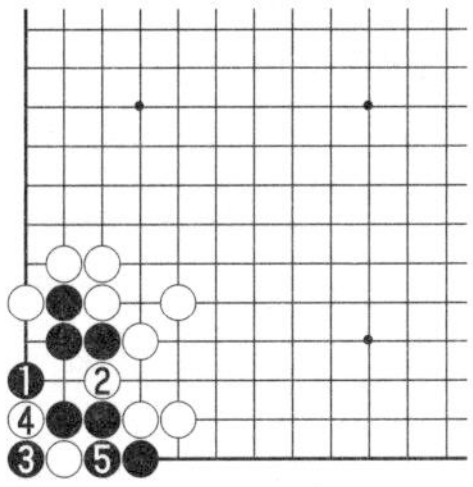

678 题

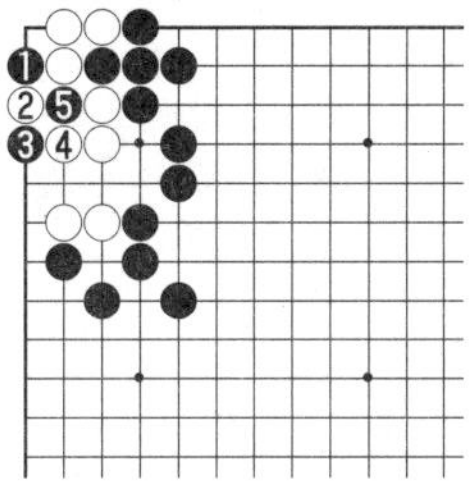

679 题　劫

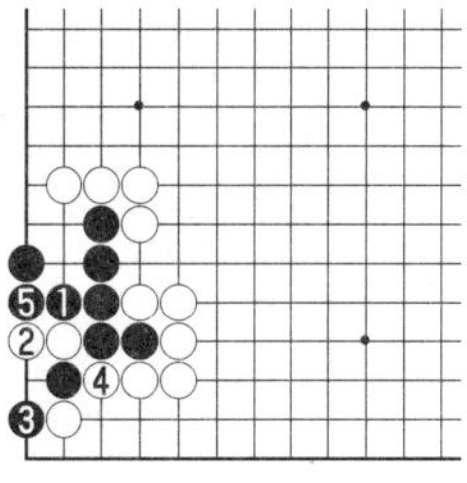

680 题

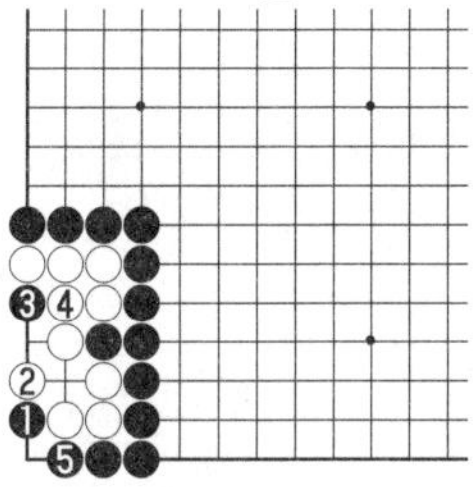

681 题　劫

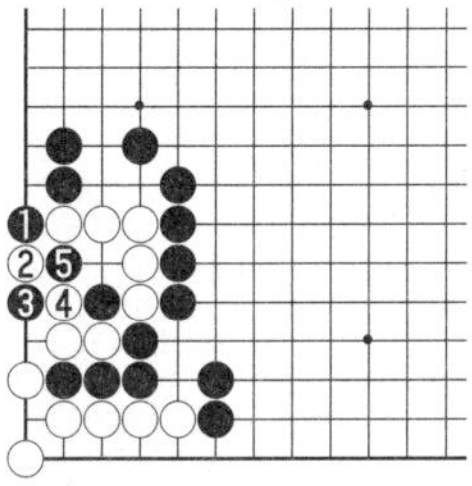

682 题

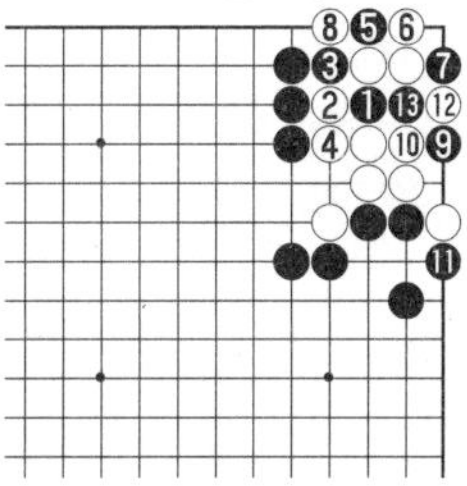

683 题

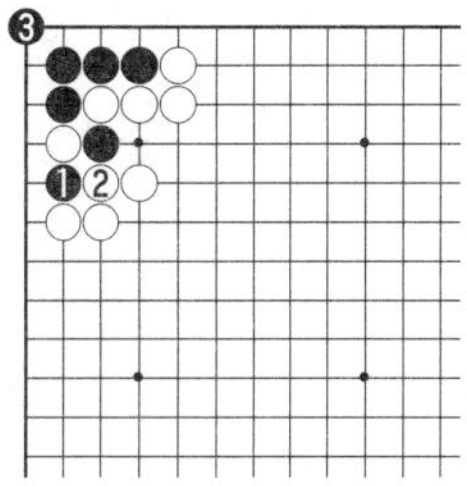

684 题

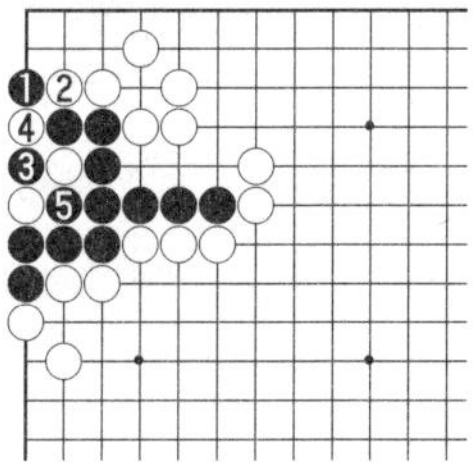

685 题

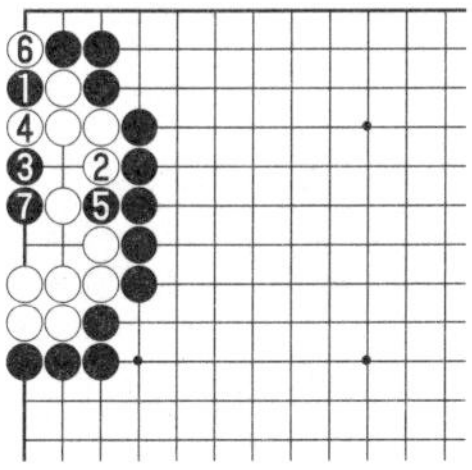

686 题

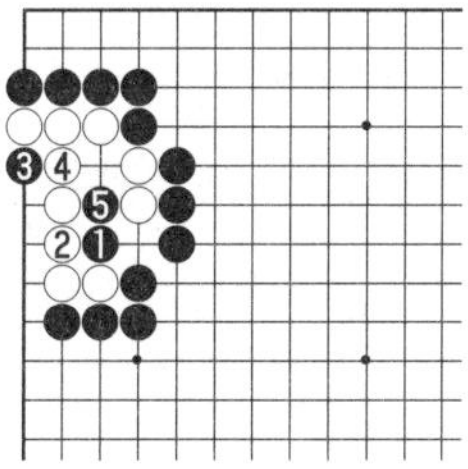

687 题

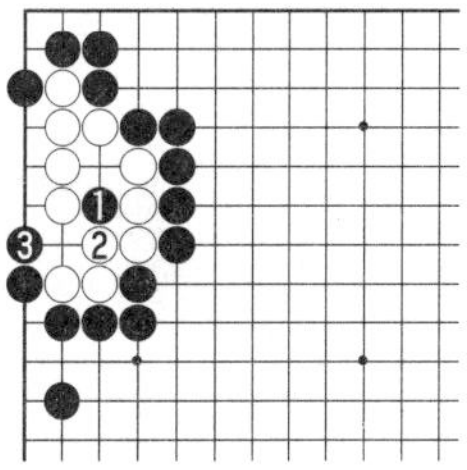

688 题

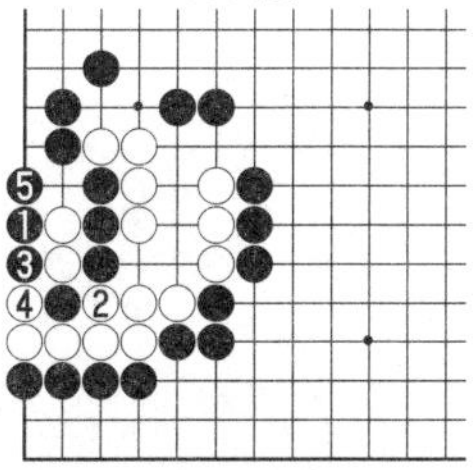

689 题

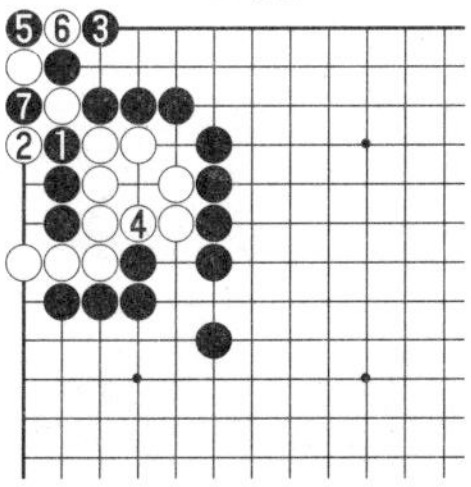

690 题

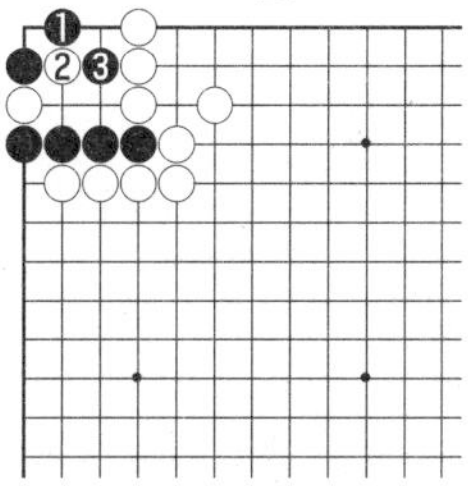

691 题　劫

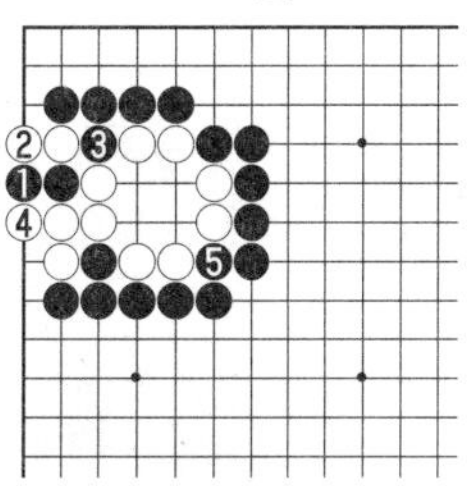

692 题

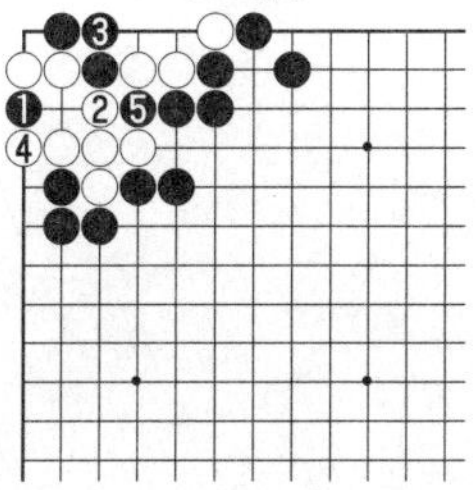

693 题

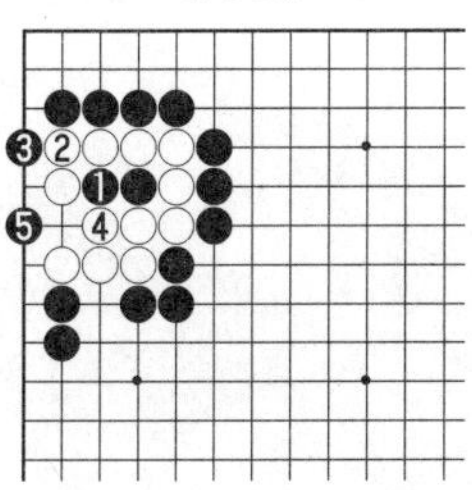

694 题

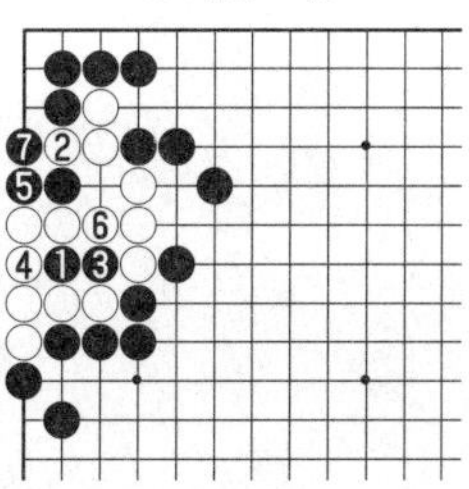

695 题

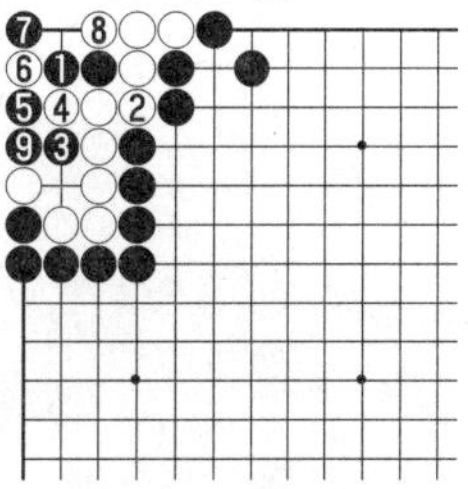

696 题

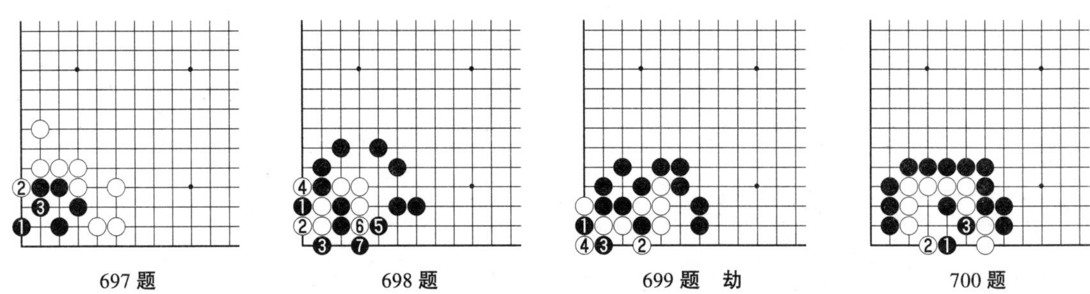

697 题　698 题　699 题　劫　700 题